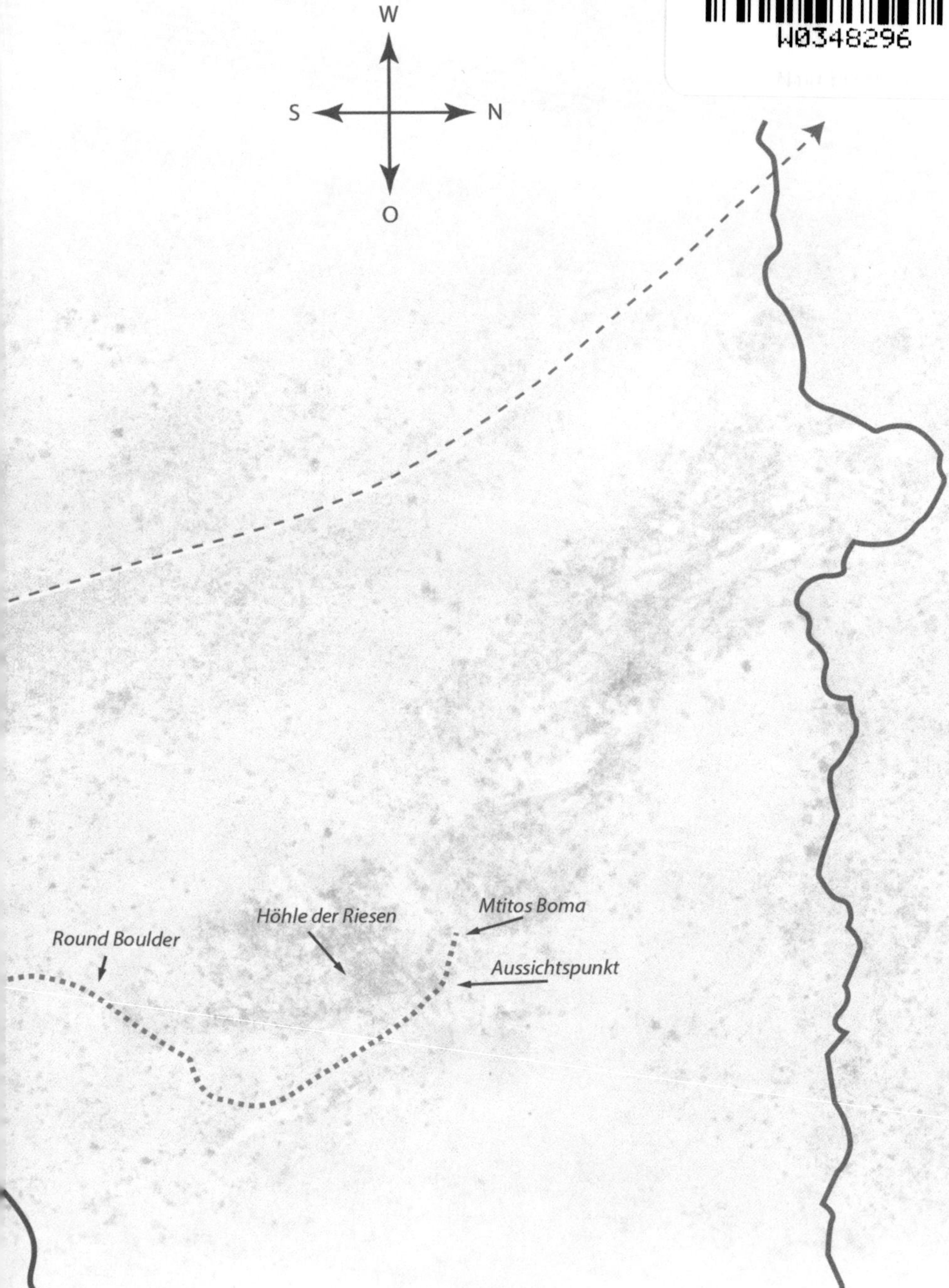
W
S
N
O
Höhle der Riesen
Mtitos Boma
Round Boulder
Aussichtspunkt

NANA GROSSE-WOODLEY

Mtitos Weg in die Freiheit

NANA GROSSE-WOODLEY

Konzeption und deutsche Bearbeitung
Herbert Ostwald

MTITOS WEG IN DIE FREIHEIT

Die Geschichte einer Freundschaft in Afrika

Ehrenwirth

FSC
www.fsc.org
MIX
Papier aus verantwortungsvollen Quellen
FSC® C014496

Dieser Titel ist auch als Hörbuch und E-Book erschienen.

Originalausgabe

Textredaktion: Ulrike Strerath-Bolz
Bildnachweis Tafelteil: alle Bilder © Nana Grosse-Woodley, außer Bilder 6, 16, 21, 24, 28, 33, 53, 55, 58, 61, 64, 65 und 66 © Danny Woodley, Bilder 12 und 38 © Duncan Willetts, Bild 60 © Emma und Anthony Childs
Umschlaggestaltung: Kirstin Osenau
Einband-/Umschlagmotiv: © shutterstock/StretlovM
© getty-images/Davor Lovincic
© shutterstock/Richard Laschon
© N.Grosse-Woodley
Satz: Greiner & Reichel, Köln
Gesetzt aus der Bembo Std
Druck und Einband: GGP Media GmbH, Pößneck

Printed in Germany
ISBN 978-3-431-03890-3

5 4 3 2 1

Sie finden uns im Internet unter: www.luebbe.de
Bitte beachten Sie auch: www.lesejury.de

Für meinen Sonnenschein Chloe
und meine Eltern, dafür, dass sie mich als Kind nach Afrika gebracht haben. Für meine Mutter im Besonderen, die mir unendlich viel Zeit geschenkt hat und mir näher nicht sein könnte.

1
Schatztruhe der Erinnerungen

Der Leopard lief aufgeregt ums Haus, stellte die Vorderpfoten auf die Fensterbänke und suchte jeden einzelnen Raum nach mir ab.

»Okay«, sagte ich zu Danny, »er hat gewonnen. Ich bring ihn zurück zum Camp.«

Danny grinste und nickte dabei. Er kannte das Ritual schon.

»Ich kann ihm nicht böse sein: Unser Haus ist schließlich seine Heimat und gehört zu seinem Revier. Er kommt ja nur, um mich zu suchen und zu begrüßen, so, wie männliche Leopardenkinder mit ihren Müttern Kontakt halten.«

Allerdings konnte es mit Mtito auf die Dauer so nicht weitergehen. Er sollte sich daran gewöhnen, in der Nähe seines Geheges zu bleiben, um eines Tages wieder ein wild lebender Leopard zu sein. Ich musste ihn vom Haus wegbringen.

»Na dann, bis gleich«, rief mir Danny zu. »Nimm das Auto, lauf nicht durch die Dunkelheit, mit dem Babybauch ist der Weg für dich zu weit.«

Ich nahm die Autoschlüssel und ging vor die Tür. Mtito stolzierte sofort zu mir, schob seinen Kopf gegen meine Beine und drückte sich eng an mich. Dabei gab er die Begrüßungslaute von sich, die Leopardenkinder sonst nur mit ihren Müttern austauschen.

»Ptuff, ptuff …« Es klang wie ein Niesen. Ich fuhr ihm mit der Hand kurz übers Fell, stieg in den Wagen und ließ den Motor an. Mtito wusste genau, was das bedeutete.

»Ab geht's, heim ins Camp«, rief ich dem Leoparden aus dem heruntergekurbelten Autofenster zu und fuhr los.

Als ich im Dunkeln die Piste ansteuerte, huschte Mtito ins Dickicht und nahm seinen Weg durch den Busch.

Während ich darauf wartete, dass er mich an der Weggabelung zu seinem Gehege wieder einholte, stieg über der Piste ein großer, runder, leuchtend orangefarbener Mond auf. Es war ein so unglaublicher Anblick, dass ich den Motor abstellte und aus dem Auto ausstieg, um diesen besonderen Moment zu genießen. Es ist ein unvergleichliches Erlebnis, inmitten der Savanne, von nichts als Natur umgeben, den Aufgang eines vollen Mondes zu sehen.

Ich setzte mich auf einen Stein am Wegesrand und fühlte mich unendlich klein vor diesem Naturspektakel und zugleich unendlich glücklich. Gerade war es noch stockfinster gewesen, allmählich aber erhellte das Mondlicht die Landschaft um mich herum, sodass ich Konturen und Schatten erkennen konnte.

So sah ich nun deutlich Bäume und Felsen, die sich gegen den Horizont abzeichneten. Der Mond schien buchstäblich zum Greifen nah. Er war so klar, dass ich jeden einzelnen Krater deutlich erkennen konnte. So hell schien das Mondlicht nun, dass selbst die Vögel um mich herum zu singen und zu zwitschern begannen. Der Busch erwachte zu neuem Leben, und ich wusste, dass ich nicht mehr allein in der Dunkelheit war.

Plötzlich, aus dem Nichts und ohne einen Laut von sich zu geben, tauchte Mtito auf, legte sich zu meinen Füßen, rollte seinen Schwanz um meine Beine und berührte sanft meinen Babybauch. Sehr leise gab er wieder seinen Begrüßungsruf von sich: »Ptuff, ptuff.«

Mtito suchte meine Nähe, und er schien vom Zauber des aufgehenden Mondes genauso gefangen wie ich. Vollkommen ruhig und zufrieden drückte er sich an mich. Achtzehn Monate war er alt, ein fast ausgewachsener Leopardenkater. Von kräftiger Statur, mit einem wunderbar samtenen Fell, das herrliche Rosettenmuster trug. Die Ohren hatte er aufgestellt und bewegte sie, um jedes Geräusch zu erfassen. Mtitos langer Schwanz tanzte dabei in der Luft und pendelte unablässig hin und her.

Was für ein Moment: Fernab der Zivilisation saß ich direkt neben einem Raubtier, das enorme Kräfte besaß. Dazu Krallen und Zähne, die mit einem einzigen Zugriff sekundenschnell töten konnten. Und doch vertraute ich Mtito und er mir. Unglaublich, wie nah wir uns in all den Monaten gekommen waren, die wir gemeinsam im Haus und im Busch verbracht hatten.

Dieser Moment voller Glück in der unberührten Wildnis des Tsavo-Nationalparks in Kenia, mit meinem wachsenden Kind im Bauch an der Seite von Mtito, war einer der schönsten Augenblicke meines Lebens. Diese Minuten gehören zu den Schätzen meiner Erinnerungen und gaben mir Kraft für alles, was auf mich zukam.

2
In einer deutschen Klinik

Mtitos Gesicht verschwamm. Ich wollte ihn streicheln, doch er war unerreichbar. Stattdessen schaute ich auf den Beutel an der Stange neben mir, sah die Tropfen durch den Plastikschlauch rinnen, wie Körner in einer Sanduhr. Anderthalb Jahre nach der herrlichen Mondnacht in der Savanne lag ich fast reglos in der Universitätsklinik von Köln.

Mein Blick wanderte über die Monitore und Maschinen um mich herum, ich sah den zusammengeklappten Rollstuhl, den jemand an die Wand gelehnt hatte. Schließlich schaute ich auf meine Hand, in der eine Kanüle steckte. Sie war angeschwollen von dem Kortison und schien fast zu platzen. In meinem Kopf hämmerte es schmerzhaft gegen die Schädeldecke, als wollten meine Gedanken ausbrechen. Mein Rücken tat weh, und mein rechtes Bein reagierte nicht auf meine Befehle. Ich spürte es nicht einmal mehr.

Ich schaute aus dem Fenster, doch das Einzige, was ich sah, war das graue Nichts. Eine triste Wolkendecke verhüllte die Sonne, die ich in Kenia für so selbstverständlich gehalten hatte. Mein Leben, gerade noch in der Freiheit des afrikanischen Busches, war plötzlich eingesperrt in dieses kleine Krankenzimmer einer deutschen Klinik.

Mir wurde schwindelig, sobald ich an den Stich der Spritze in meine Nervenbahn zwischen den Rückenwirbeln dachte. Sie hatten eine Lumbalpunktion vorgenommen, mir Nervenwasser entnommen, um ihre Diagnosen zu untermauern. Der Verdacht lag bereits auf dem Tisch: Multiple Sklerose. Eine tückische Erkrankung des zentralen Nervensystems, deren Ursachen noch immer nicht eindeutig geklärt sind. Prognosen über den Verlauf sind unmöglich. In meinem Innern zitterte alles vor Angst. Ich war erst vierunddreißig, aber plötzlich völlig unfähig, mein Leben selbst zu bestimmen.

Ich fühlte mich am Ende meiner Kräfte und verlor immer

wieder mal die Beherrschung, vor allem dann, wenn ein kleiner Trupp von weißen Kitteln den Raum betrat, und ohne mir in die Augen zu schauen, an meinem Bein herumhantierte. Währenddessen berieten sie vor sich hin murmelnd in ihrem Fachchinesisch, wichen meinen Fragen aber fast schon hinterhältig aus. Die einzige Antwort auf mein Fragen, mein Weinen und Betteln um Erklärungen waren noch mehr Schmerz- und Schlafmittel.

Der einzige Trost, der mir blieb, waren die Gedanken an meine Tochter, meinen Mann, meine Eltern und nicht zuletzt – an Mtito. Es war zum Verrücktwerden – jetzt, wo der kleine Leopard irgendwo da draußen im großen Tsavo Park in Kenia ums Überleben kämpfte, war ich selbst eingeschlossen wie ein Tier im Käfig. Es gab nichts mehr, was ich hätte für ihn tun können, so hilfsbedürftig, wie ich jetzt dalag.

Dennoch: Meine Gedanken konzentrierten sich auf Mtito, der mit unbändiger Kraft selbst schwersten Verletzungen nach Kämpfen mit Artgenossen getrotzt hatte. Mtito, der nie aufgab und sich seine Freiheit willensstark zurückerobert hatte. Wie er, so wollte auch ich wieder durch die Savanne laufen, die warme Luft auf meiner Haut spüren und die Webervögel zwitschern hören. Mein Leben sollte nicht in einem Rollstuhl enden. Auf keinen Fall!

Ich bündelte meine verbliebenen Kräfte, um an ihn zu denken: Was er jetzt wohl gerade tat? Würde ich ihn jemals wiedersehen? Ich schloss die Augen, konzentrierte mich auf den Felsen vor dem Haus, von dem ich mit Mtito bei untergehender Sonne so gern in die endlose Weite unseres gemeinsamen Paradieses blickte. Noch bevor die Beruhigungsmittel wirkten, machten sich meine Gedanken wieder auf die Reise – zurück zum Anfang, als ich Mtito das erste Mal in meinen Händen hielt.

3
Erste Begegnung

Unruhig schaute ich aus dem Fenster meiner Unterkunft auf dem Wilson Airport am Stadtrand Nairobis und sah den laut brummenden Buschflugzeugen zu, die zum Greifen nah auf der Landebahn direkt vor meinem Zimmer aufsetzten. Hier war ich unzählige Male zuvor mit meinem Mann Danny gelandet und gestartet, wenn wir für Einkäufe aus unserem Paradies in den Moloch der kenianischen Hauptstadt reisen mussten und im Aero Club wohnten.

Heute jedoch, am 10. Februar 2002, wartete ich nicht auf die alte Maschine am Himmel, sondern auf unseren Geländewagen, mit dem Danny Hunderte Kilometer östlich von hier zu mir aufgebrochen war. Während ich noch zu Besuch bei Freunden in Nanuyki am Mount Kenya weilte, hatte er mich an diesem Morgen am Telefon mit der Nachricht überrascht, dass Ranger im entfernten Tsavo Park ein verwahrlostes Tierkind gefunden hatten. Umgehend waren wir uns einig, uns so schnell wie möglich in Nairobi zu treffen, um den Findling von einem Tierarzt in der Metropole untersuchen zu lassen.

Denn bei uns zu Hause, in der Wildnis der Savanne, gab es keinen Veterinär. Möglicherweise hätte das hilflose Tier dort ohne medizinische Betreuung keine Überlebenschance gehabt. Nun endlich, fünf Stunden nach dem Gespräch mit Danny, erkannte ich am unverkennbar lauten Heulen unseres Geländewagens, dass er angekommen war – mit seinem vierbeinigen Passagier im Gepäck.

»Hier ist der Wildfang«, rief mir Danny zu und stellte einen verschlossenen Korb vorsichtig auf den Tisch unseres Zimmers.

»Ich bin ja so gespannt!«, sagte ich und begann gleichzeitig, den zugebundenen Korb zu öffnen. »Das muss ja ein Winzling sein«, meinte ich, und schon schob sich mir ein gefleckter Fellball entgegen, der leise Töne von sich gab, die man durchaus als zaghaftes Fauchen bezeichnen konnte.

»Der ist ja hinreißend!«, rief ich.

»Pass auf, das Kerlchen ist ziemlich kratzbürstig«, warnte mich Danny.

Langsam ertastete ich die scharfen Krallen, und dann zeigte mir der Kleine auch schon leise fauchend seine spitzen Zähnchen. Viele schwarze Punkte auf hellbraunem Fell – sein Fleckenmuster verriet mir gleich: Es war ein Leopardenbaby! Ich blickte in seine blauen, milchigen Augen, die mich wie die Knöpfe im Gesicht eines Stofftieres anschauten: einfach umwerfend. Vorsichtig hob ich die kleine Raubkatze hoch, um sie mir genauer anzusehen.

Bei der Berührung des Tieres erschrak ich jedoch. Das Fell fühlte sich hart und struppig an, ich spürte die Knochen des dünnen Körpers. Unübersehbar zeigten sich nun auch Wunden am Hals und der Schulter und eine Schramme am Unterkiefer. Der kleine Kerl wirkte verwahrlost, schwach und hilfsbedürftig.

»Wo haben die Ranger ihn denn gefunden?«, fragte ich Danny.

»Auf der Höhe der Stadt Mtito, nicht weit von der Grenze des Tsavo-Nationalparks. Sie waren auf Patrouille gegen Wilderer, suchten wie üblich zu Fuß in Büschen und Bäumen nach illegalen Drahtschlingen und Fallen. Auf einem schmalen Pfad sind sie dann fast über den kleinen Wicht gestolpert. Er fauchte, war ganz verschreckt und blutete. Die Männer haben das einzig Richtige gemacht: ihn sofort gepackt, in einen Korb gesteckt und zu mir gebracht.«

»Gut, dass du gleich mit ihm hergekommen bist. Er braucht dringend Hilfe.«

Ich wusste nicht, wie lange das Jungtier nicht mehr gesäugt worden war, und das machte mir am meisten Sorgen. Kleine Raubkatzen können nach mehr als zwei Tagen ohne Muttermilch eine bedrohliche Infektion und Würmer bekommen, was dazu führt, dass sie schnell den Appetit verlieren und letztlich verhungern. Weil ich das zuvor schon bei anderen Pfleglingen miterlebt hatte, wollte ich jetzt keine Zeit mehr verlieren.

Schnell griff ich zum Telefon und wählte die Nummer einer sehr guten Tierärztin, mit der ich befreundet war und der ich zuvor schon ein Löwenbaby namens Jipe erfolgreich anvertraut hatte.

»Diesmal ein Leopardenbaby?«, fragte Dr. Surita Ghalay am anderen Ende der Leitung erstaunt nach, denn solche Waisen werden selten gefunden. »Nun gut, bringen Sie es sofort vorbei, ich bereite alles vor.«

Ich war froh, das zu hören, und packte umgehend den Korb samt dem kleinen Patienten ins Auto. Überfüllte Matatus – Kleinbusse, die als Sammeltaxis genutzt werden – und unzählige Autos verstopften die Straßen. Nur langsam kämpfte ich mich durch den dichten Verkehr der kenianischen Metropole. Bei jedem Halt schaute ich besorgt in das Körbchen auf dem Beifahrersitz. Schwach fauchte der kleine Kerl und wirkte ausgelaugt. Es war höchste Zeit, dass ich die Praxis der erfahrenen Tierärztin erreichte.

»Er sieht nicht gut aus«, sagte sie mit ernstem Gesichtsausdruck beim ersten Blick auf den jungen Leoparden und begann sofort, ihn genauer zu untersuchen. Sie drehte und wendete ihn und tastete ihn ab. Dann hantierte sie mit einem Thermometer, packte den mauzenden Kerl auf eine Waage und schaute ihm in Rachen und Ohren. So vergingen einige Minuten, die sich für mich wie eine Ewigkeit anfühlten.

Dr. Ghalay schwieg zunächst, das Tier fauchte, dann endlich sprach die Ärztin. »Er hat hohe Temperatur, ist unterernährt, anämisch und zu klein für sein Alter. Seine Knochen sind spröde, und er leidet unter Würmern und Entzündungen.«

Und als sei das nicht schon alles schlimm genug, fügte sie noch hinzu: »Ach ja, und es ist ein Männchen.«

Die Ärztin schaute mich dabei an, als hätte das Tier eine unheilbare Krankheit. Denn sie wusste genau wie ich, dass Kater viel schwerer aufzuziehen und auszuwildern sind als Kätzchen, weil sie eine stärkere Beziehung zu ihrer Mutter aufbauen, die viel länger anhält als bei Weibchen, mitunter mehr als zwei Jahre.

»Es gibt ein paar Leute, die haben Leopardenkatzen aufgezogen und freigelassen«, sagte Dr. Ghalay, »aber mir ist niemand bekannt, der es je mit einem Kater versucht hätte. Die gelten als hinterhältig und gefährlich.«

Mit kleinen Löwen kannte ich mich bereits aus, aber einen Leopardekater? Mir wurde heiß und kalt. Wie also sollte es weitergehen, falls der Bursche überleben würde? Die letzte Frage hing unausgesprochen in der Luft.

Zugegeben, ich war sehr entmutigt von Dr. Ghalays Diagnose. Sie aber untersuchte unbeeindruckt von meinem vielsagenden Gesichtsausdruck ihren Patienten vorsichtig und liebevoll weiter, hielt ihn mit einer Hand fest, während die andere sich durchs struppige Fell tastete.

»Die Wunden hat er entweder von einem Greifvogel oder von Drahtschlingen, in denen er sich verfangen haben könnte.«

»In letzter Zeit wird viel gewildert im Park. Sicher hat er seine Mutter verloren. Vielleicht ist sie in einer Schlinge verendet oder erschossen worden«, mutmaßte ich.

Dr. Ghalay ergänzte: »Es kann aber auch sein, dass sie ihn verstoßen hat. Wenn er der Schwächste ihres Wurfs gewesen ist, könnte sie ihn einfach liegen gelassen haben. Möglich ist auch, dass sie zwei Männchen geboren hat. Dann musste sie sich von einem trennen, um spätere Kämpfe zwischen ihnen zu vermeiden, denn nur einer kann das Revier der Mutter übernehmen. Vielleicht hat sie ihn einfach allein zurückgelassen.«

Welches Schicksal auch immer hinter ihm lag – der kleine Kater war in schlechter Verfassung, ein kleines Bündel Elend, das mein Mitleid weckte. Seine Zukunft hing – wenn überhaupt – von mir und meiner Entscheidung ab, ihn erst einmal gesund zu pflegen.

»Ich gebe ihm eine Wurmkur und spritze ihm ein Antibiotikum gegen die Infektionen«, beschloss Dr. Ghalay. Dann zwang sie den Schützling mit kräftigem Griff der einen Hand, die Kiefer zu öffnen, und drückte ihm mit der anderen Hand eine dicke Spritze in das kleine Maul.

»Das ist Milchersatz für Hauskatzen, der sollte wohl auch bei Leoparden helfen«, erklärte sie lächelnd.

»Was glauben Sie, wie alt ist er?«, fragte ich die erfahrene Ärztin.

»Hm, na ja … ich denke, der Bursche ist so etwa einen Monat alt, auch wenn er wegen seines schlechten Zustands jünger aussieht.«

Er wog knapp zwei Kilogramm und maß nur fünfundzwanzig Zentimeter. Vom Kopf bis zum Schwanzansatz passte er locker auf ein Blatt Papier.

»In seinem Alter sollte er ein, zwei Kilo mehr wiegen und fast zehn Zentimeter länger sein«, stellte Dr. Ghalay fest, zog die Augenbrauen hoch, atmete langsam ein und sagte dann mit einem tiefen Seufzer: »Liebste Nana, ich glaube kaum, dass er die erste Nacht überstehen wird. Es tut mir leid.«

Ich schaute sie mit großen Augen an, schluckte einmal, nickte leicht – und schwieg. Sie hatte ja recht, es sah nicht gut für ihn aus.

Noch während die Ärztin ihre Bestecke und Medikamente zusammenpackte, rollte sich das zitternde Leopardenkind im Körbchen zusammen und schlief erschöpft ein. Ob es überhaupt wieder aufwachen würde?

Frustriert bahnte ich mir meinen Weg durch die Blechlawine Nairobis zurück zum kleinen Flughafen. Und jedes Mal, wenn ich im Verkehr feststeckte, schaute ich wieder voll Sorge in das Körbchen auf dem Beifahrersitz. Doch alles schien erst einmal gut. Der kleine Kater lag dort zusammengerollt wie ein Ball, die Augen geschlossen, und atmete ruhig.

So brachte ich ihn im Korb zurück in unser Zimmer im Aero Club und achtete darauf, dass niemand etwas von meinem Begleiter bemerkte. Vor einiger Zeit hatte mein anderer Pflegling, das Löwenbaby Jipe, dort ein ziemliches Chaos angerichtet, daher wären die Manager über eine weitere Raubkatze als Gast sicher nicht besonders erfreut gewesen. Sollten sie den Leoparden entdecken, würde es diesmal vermutlich auch nichts nützen, dass Danny aus der in Kenia wohl bekannten Familie Woodley stammte und ein angesehener und respektierter Wildhüter des *Kenya Wildlife Service* (KWS) war. Der Aero Club musste schließlich sein gutes Image wahren. Denn das Haus am Wilson Airport war ein traditionsreicher Treffpunkt am ältesten Flughafen Kenias. Hier landete schon die legendäre Pilotin Beryl Markham, und Karen Blixen trank dort ihre Cocktails.

Das Gebäude ähnelte einer Safari-Lodge mit rustikalen Holzmöbeln, besaß einen kleinen Garten samt Schwimmbecken, ein Restaurant und eine Bar. Über Jahrzehnte trafen sich dort einflussreiche Politiker, kehrten Buschpiloten ein und versammelten sich nostalgische Großgrundbesitzer zum beliebten Sundowner: Tonic Water mit einem Schuss Gin. Leoparden als Untermieter waren nicht vorgesehen. Ein kleines Raubtier als Gast hätte sicher Verwirrung gestiftet.

Mitten in der Nacht wachte der Kater – noch immer unentdeckt von den Clubangestellten – in unserem Zimmer auf. Nach sechs Stunden hatte er offenbar fürs Erste ausgeschlafen, denn er gähnte ausgiebig, streckte sich und begann sich sofort mit der Zunge sein Fell zu lecken. Als ich ihn so auf seiner Wolldecke sitzen sah, war ich unglaublich erleichtert. Denn gibt es positivere Signale einer Katze für ihr Wohlbefinden als Recken, Strecken und Lecken?

Rasch holte ich ihm etwas von der Katzenmilch, die mir Dr. Ghalay mitgegeben hatte, und füllte eine Spritze damit bis zum Rand. Erst schnupperte das Kätzchen vorsichtig, doch dann saugte es, ohne weiter zu zögern, die ganze Portion, als hätte es nie etwas anderes getan. Derart ermuntert, griff ich zu dem kleinen Vorrat der Katzennahrung, die ich aus Hackfleisch, Salz, Eigelb, Knochenmehl und einem Schuss warmem Wasser vorbereitet hatte.

»Nachdem der Kater die Milch so gierig getrunken hat, kann ich ihn doch sicher noch zu einer Mahlzeit überreden«, dachte ich.

Ich schnappte mir den kleinen Kerl und schob ihm mit viel gutem Zureden eine kleine Portion des Futters mit den Fingern in sein Mäulchen. Er war offensichtlich nicht allzu begeistert davon, das Futter auf diese Art gereicht zu bekommen, schluckte das Fleisch aber gierig herunter. Nachdem er noch eine zweite Portion gefressen hatte, war er offenbar bereit für ein weiteres Nickerchen und rollte sich wieder zusammen. »Was für ein Fortschritt!«, freute ich mich.

»Das ist ja großartig«, reagierte Dr. Ghalay am folgenden Tag auf die Nachricht von der nächtlichen Heißhungerattacke des Leoparden-Pfleglings. »Das kann ich ja kaum glauben!« In ihrer Praxis holte sie das Kätzchen aus seinem Korb und machte sich ihr eigenes Bild.

»Donnerwetter!«, stieß sie aus. »Der hat aber einen starken Überlebenswillen.«

Die Augen des Patienten schauten klarer als tags zuvor, er patschte mit den Pfoten nach den tastenden Händen der Ärztin. Widerwillig fauchte er, doch sein Fell hatte bereits an Glanz gewonnen.

»Er ist jetzt stark genug für weitere Spritzen«, beschloss Dr. Ghalay und gab ihm noch einmal Antibiotika, dazu ein Mittel gegen Tollwut und eines gegen Katzenstaupe. »Mach dir aber nicht zu viel Hoffnung, Nana. Die Hälfte der Leopardenkinder stirbt in den ersten Monaten. Doch wenn er jetzt die richtige Pflege und entsprechende medizinische Hilfe bekommt, dann hat er vielleicht eine kleine Chance zu überleben.«

»Ich habe das Gefühl, er schafft das. Wir sind auf einem guten Weg«, prophezeite ich und dankte Dr. Ghalay für ihre schnelle Hilfe. Sie verabschiedete mich mit den Worten: »Denk daran, es ist ein Kater …!«

Und ich wusste, sie meinte ihre Warnung bitter ernst. Was, wenn er die Medizin gut vertrug, größer und kräftiger wurde? Noch war er ein hilfloses Katzenkind, sein Kopf kaum größer als meine Faust, ein Haufen Fell mit ein paar spitzen Zähnchen und kleinen Krallen. Ich verdrängte alle Gedanken an das, was auf mich zukommen würde, wenn er wachsen würde. Zunächst ging es mir nur darum, ihn gesund zu pflegen.

Die Medikamente schienen anzuschlagen, und mit der Zeit genoss er meine Zuwendung. Während Danny in den folgenden Tagen im Hauptquartier des *Kenya Wildlife Service* neue Aktionen gegen Wilderer im Tsavo Park besprach und bei seinen

Vorgesetzten für mehr Geld und Personal kämpfte, sorgte ich für das Wohl des Leopardenjungen.

Beim Fressen zeigte er schon in den ersten Tagen eine seltsame Angewohnheit: Er kniete sich auf seine Ellbogen, anders als ich es von dem Löwenjungen Jipe gewöhnt war. So kam er natürlich leichter mit dem Kopf an den Napf. Seine Beine aber waren noch so schwach, dass er ständig stolperte und fiel, wenn er herumlief. Darum packte ich den kleinen Kater alle paar Stunden auf meinen Schoß und fütterte ihn dort aus der Hand.

Zunächst verwendete ich noch die dicke Spritze von Dr. Ghalay, doch schnell akzeptierte er auch die Babyflasche und genoss das Nuckeln. Jeden Tag trank er nun mehr Milch, manchmal sogar einen halben Liter am Tag. Dabei wackelten seine kurzen weißen Schnurrhaare aufgeregt, als wollten sie die Umwelt abtasten. Oberhalb der Stelle, an der sie auf beiden Seiten der Nase aus der Haut kamen, zeigte der kleine Kater zwei auffällige schwarze Flecken auf seiner rechten Kopfseite. Auch auf der rechten Seite des Halses entdeckte ich drei kleine schwarze Flecken, die fast eine Linie vom Ohr herunter bildeten. Außerdem zählte ich sechs deutliche weiße Ringe an seinem Schwanz, die durch dickere schwarze Ringe unterbrochen wurden. Gäbe es einen Leopardenpass, all dies hätte ich in der Rubrik der »unveränderlichen Kennzeichen« aufgeführt.

Dem Leoparden ging es täglich besser und ich konnte ihm immer mehr Hackfleisch geben. Das schnappte er sich dann schnell mit den Zähnen und schüttelte es derart wild, dass die Fleischteilchen durch die Luft flogen. Erst nach diesem individuellen und für mich durchaus gewöhnungsbedürftigen Ritual begann er seine Beute zu kauen und gierig hinunterzuschlingen. Im Umkreis von zwei Metern hinterließ er dabei eine ziemliche Schweinerei. Aber ich hatte den kleinen Kater schon so sehr ins Herz geschlossen, dass es mir ganz egal war, wie er fraß. Hauptsache, er fraß. Er hatte eben seinen eigenen Stil.

Ich war nur froh, dass der Manager des Clubs immer noch nichts von dem heimlichen Gast mitbekommen hatte. Er wäre über die Tischmanieren unseres vierbeinigen Zöglings wohl nicht begeistert gewesen.

Nach seinen Mahlzeiten trottete das kleine Raubtier müde in eine dunkle Ecke des Raumes unter das Bett und fiel in einen tiefen Schlaf. Ich räumte derweil auf, so gut es ging. Um nicht aufzufliegen, ließen wir das Zimmerpersonal den Raum nur dann reinigen, wenn ich mit dem kleinen Patienten aus dem Haus ging und zur Ärztin fuhr.

Die ganze Woche verbrachte ich viel Zeit mit der Pflege des Katers. Wenn Danny abends von der Arbeit in den Aero Club kam, sah er mich mit dem Tier herumtoben oder es mit großer Hingabe füttern. Danny hatte dabei gemischte Gefühle und konfrontierte mich bald mit seinen Zweifeln. »Je älter er wird, umso mehr wirst du ihm die Mutter ersetzen müssen, damit die Pflege einen Sinn macht«, gab er mir zu bedenken. »Wie willst du das machen?«

Zugegeben, einen Plan hatte ich noch nicht. »Ich werde einfach seine Mutter nachahmen«, entgegnete ich spontan.

Danny lachte. »Willst du ihn abschlecken, um ihn zu waschen?«

»Natürlich nicht! Ich werde es mit einem warmen feuchten Handtuch versuchen und ihn jeden Abend sauber rubbeln. So wie eine riesige Zunge halt …«

Danny guckte mich an und schmunzelte. Aber er widersprach nicht. Er sah, wie glücklich mich die Entwicklung des Tausendsassas machte, und auch er als Parkmanager wollte es ermöglichen, dass Leoparden in Kenia weiterhin überleben können, trotz der rasant wachsenden Bevölkerung. Und er wusste, dass ich mit Löwen und anderen Pflegetieren reichlich Erfahrung im Umgang mit Findlingen und Waisen gesammelt hatte.

Damit hatte ich etwas Zeit gewonnen und die Zukunftsfrage erfolgreich vertagt. Dennoch schwirrten mir immer wieder Dr. Ghalays Worte durch den Kopf, dass bis dahin noch niemand einen männlichen Leoparden aufgezogen hatte, weil die Tiere viel zu gefährlich seien. Aber über die Herausforderungen wollte ich jetzt noch nicht nachdenken. Erst einmal müsste das Tier die nächsten Tage überstehen.

Die Idee mit der Ersatzzunge zeigte Wirkung. Das warme Handtuch reinigte den Kater nicht nur, es war in den ersten Tagen auch wichtig für die Entwicklung der Beziehung zwischen dem Tier und mir. Jeden Abend packte ich den Kleinen am Nacken und strich mit dem Handtuch über sein inzwischen flauschiges Fell. Zunächst wehrte er sich gegen meinen festen Griff, doch bald zeigte er mir gegenüber mehr Vertrauen. So wurde die allabendliche Katzenwäsche zu einem geliebten Ritual, bei dem sich der kleine Kater auf meinem Schoß entspannte. Ich konnte richtig spüren, wie der zunächst harte Körper unter meinen Händen immer weicher wurde, weil das Tier seine Muskeln lockerte.

Da er mich inzwischen offenbar mehr und mehr als Ersatzmutter akzeptierte, hielt er mich auch rund um die Uhr auf Trab, ganz wie er es mit seiner Katzenmama getan hätte. Wenn ich schlief, kletterte er mit seinen Krallen das Moskitonetz über dem Bett hinauf und hangelte sich an ihm entlang, bis ich wach wurde und seinem Verlangen nachgab. Egal ob Tag oder Nacht – er wollte alle drei Stunden gefüttert werden, ich hätte die Uhr danach stellen können.

So umsorgt, kam er schnell zu Kräften. Seine Lieblingsbeschäftigung bestand darin, sich auf dem Rücken unters Bett zu legen, alle viere in die Höhe zu strecken und sich von unten an der Matratze entlangzuhangeln. Dabei trainierte er kräftig seine Muskeln, und so turnte er bald mit wachsender Ausdauer durchs Zimmer. Er inspizierte seine Umgebung und gewöhnte sich an unsere Stimmen.

Mit jedem Tag seines jungen Lebens spielte er wilder, und unsere Hände erhielten immer mehr blutige Kratzer durch seine Krallen und Zähnchen. Vor allem wenn ich ihm die Flasche gab, ritzte er mir dabei die Haut auf. Nach Katzenart wollte er damit den Milchfluss »seiner Mutter« mit tastenden Klauen und Pfoten stimulieren – mit dem Unterschied, dass er eben nicht gegen den felligen Bauch seiner Katzenmama trat, sondern meinen

Arm malträtierte. Also beschaffte ich mir Lederhandschuhe, um mich fortan gegen Verletzungen und folgende Entzündungen zu schützen. Außerdem ließ ich mich für alle Fälle vorsorglich gegen Wundstarrkrampf impfen.

Der Spieltrieb des Kleinen wuchs. Alle Versuche, durch den Raum zu sprinten, schlugen aber fehl. Weil die kleinen Pfoten des Babykaters auf dem lackierten Parkettboden des Zimmers keinen Halt fanden, rutschte er ständig durch den Raum und rammte regelmäßig unsanft eine Wand oder einen Schrank. Irgendwann hatte er von den ständigen Zusammenstößen genug und begnügte sich damit, von Betten und Stühlen zu springen.

Bald mussten wir die Vorhänge von den Fenstern abnehmen, denn auch die entdeckte er als Spielobjekt und versuchte mit Hingabe, daran herumzuklettern und die guten Stücke mit seinen scharfen Krallen zu zerfetzen.

»Sein lieb gewonnenes Revier wird zu klein für ihn«, mahnte Danny schließlich. Er hatte die Gespräche mit seinen Vorgesetzten vom *Wildlife Service* beendet. Und der Leopard schien topfit: Nach nur einer Woche war der angeschlagene Kerl frei von Würmern und ohne Fieber. Das war gut so, denn Danny musste zurück in den Tsavo, wo er die Aktionen gegen Wilderer beginnen sollte.

»Was machen wir denn nun mit dem Kleinen?«, fragte er.

»Hierlassen können wir ihn ja nicht. Und wenn wir ihn ins Tier-Waisenhaus am Nairobi-Nationalpark bringen, dann wird er zum stupiden Zootier. Das können wir nicht zulassen«, untermauerte ich meine Position.

Auch Danny hatte keine Lösung parat, und so seufzte er nur tief und gab sein stummes Einverständnis, den Leoparden mitzunehmen. Wenig später brachen wir vom Aero Club in Nairobi zur langen Fahrt nach Hause auf: in die abgeschiedene Wildnis des Tsavo-Nationalparks.

Ich setzte den Leoparden in eine Reisekiste für Katzen, legte ihm ein paar von den Schnuffeltüchern aus seiner Höhle unterm Bett dazu und hoffte, ihm damit ein Stück Geborgenheit mit auf den Weg zu geben. Tatsächlich beruhigte er sich schnell und schlief die meiste Zeit der Reise, ungerührt vom Gerumpel auf der löchrigen Asphaltpiste.

Rund drei Stunden brauchten wir über den Nairobi-Mombasa-Highway bis zu dem kleinen Dorf Kibwezi. Von dort führte uns unsere Tour noch einmal 150 Kilometer über eine raue Piste voller Risse und Schlaglöcher durch besiedeltes Gebiet der dort lebenden Kamba zur Grenze des nördlichen Teils von Tsavo East.

Nur langsam kamen wir voran. Unser leidgeprüfter Geländewagen schaukelte über die rot leuchtende Erde, vorbei an silbergrauen Büschen und mächtigen Balsambäumen und Akazien, die wie Wegweiser aus der flachen Savanne wuchsen. Hinter uns her zogen wir eine Fahne aus rotem Staub, der durch die dicken Reifen aufgewirbelt wurde. Über der Savanne flirrte die Hitze, und durch die geöffneten Fenster des alten Fahrzeugs wehte der leicht kühlende Fahrtwind.

Als wir die Parkgrenze überquert hatten, stoppten wir immer wieder, wenn Giraffen gemächlich den Fahrweg überquerten oder sich Zebras auf der Piste tummelten. Danny und ich freuten uns jedes Mal, wenn wir Tierherden trafen, denn es ist immer wieder ein erhabenes Gefühl, die wilden Tiere in ihrer natürlichen Umgebung zu sehen.

Weiter ging es, vorbei an Büschen, die im Sonnenlicht silbern glitzerten und aussahen, als seien sie mit Talern behängt, daneben die blauen Balsambäume. Obwohl es eigentlich ein extrem raues und feindseliges Gebiet zu sein schien, war es für mich die Gegend, in der ich am allerliebsten leben wollte. Mein Herz fing vor Freude auch dieses Mal wieder heftiger an zu schlagen, so hingerissen war ich von der Schönheit dieser Landschaft.

Nach insgesamt fünf Stunden seit der Abfahrt in Nairobi erreichten wir das, was ich »mein Paradies« nannte – das Ithumba-Hauptquartier des nördlichen Teils des Tsavo-East-Nationalparks mit unserem Wohnhaus am Rande.

Doch anders als sonst, hatte ich keine Zeit, die Wiederkehr mit einem kräftigen Atemzug der frischen Luft zu feiern, denn unser gefleckter Pflegling musste schnell versorgt werden. Aus seiner Transportbox guckte er uns bereits mürrisch und mit verschleiertem Blick entgegen. Nach der langen Reise verließ er flink seine Kiste, als ich die Tür öffnete, und warf mir noch einen vorwurfsvollen Blick zu, weil ich ihn wohl zu lange eingesperrt hatte. Um ihn zu besänftigen, gab ich ihm eine Flasche Milch. Es wirkte: ohne zu zögern, leerte er sie.

Es war kurz vor Sonnenuntergang, die Vögel zwitscherten um den Kater herum, und eine warme Brise aus der Savanne wehte ihm auf unserer Veranda leicht durchs Fell. Es war zwar nicht genau der Ort, wo er gefunden wurde, aber ich fragte mich, ob er die Gerüche und Geräusche der Savanne nicht doch wiedererkannte. Der Kater hob den Kopf, hielt die Schnurrhaare in den Wind, spitzte die Ohren und musterte neugierig alles mit seinen großen Augen. Er sah die Bäume, Steine und Büsche, roch die Spuren vieler anderer Tiere und hörte die Rufe spielender Meerkatzenaffen aus der Ferne. Der kleine Leopard war zurück in seiner Heimat, inmitten des Nationalparks!

4
Rückkehr nach Ithumba

Der kleine Leopard erholte sich schnell von den Reisestrapazen. Noch am Abend seiner Ankunft Mitte Februar begann unser vierbeiniger Gast, seine neue Umgebung in unserem Haus zu erkunden. Es bot ihm zweifellos mehr Ecken, Winkel und Mobiliar als das kleine Zimmer im Aero Club am Wilson Airport, das wir mit ihm in seiner vergangenen Lebenswoche bewohnt hatten. Hier luden unseren Gast offene Türen zur Küche, ins Bad, ins Büro und in unser Schlafzimmer ein. Alle Räume warteten nur darauf, von dem kleinen Raubtier entdeckt zu werden.

Nur kurz schaute sich der gefleckte Kater im Wohnzimmer um, dann ging er wieder zurück ins Schlafzimmer, er wurde immer hektischer und panischer. So viele neue Gerüche und Eindrücke, aber keine sichere Höhle, wo er sich verstecken und in Sicherheit fühlen konnte. Die Suche ging weiter. Wagemutig sprang er auf einen Stuhl, weiter auf die gestapelten Reisetaschen darüber, und schon hockte er auf wackligem Untergrund in meiner Kopfhöhe. Dort verharrte er kurz und starrte mich mit großen Augen an, als wollte er fragen: »Und nun?«

Nicht lange, und er machte einen Satz auf den Rahmen des Spiegels, der bedrohlich zu wackeln begann. Mit einer Pfote ertastete er das Glas. Es schien, als würde der kleine Leopard in der dunklen Reflexion des Spiegels eine Höhle vermuten, in die er sich flüchten wollte. Ein Irrtum! Stattdessen fiel er kopfüber und landete gerade noch auf seinen Pfoten. Eine Höhle, die große wie kleine Leoparden brauchen, war aber immer noch nicht gefunden. Gespannt schaute ich zu, wie die Suche weiterging.

Ich ließ ihn alles in Ruhe erkunden, denn letztlich musste ich ihm die Wahl überlassen, welche Ecke des Hauses er für sein sicheres Versteck aussuchen und seinen Schlafplatz darin einrichten würde. So gut es ging, blieb ich ihm auf den Fersen, auch, um im Notfall noch rechtzeitig Zerbrechliches aus dem

Verkehr ziehen zu können. Denn er stieß bereits eine kleine Statue um, dann zog er am Kabel einer Stehlampe.

»Na, das kann ja heiter werden«, rief ich Danny zu, der die Reisetaschen auspackte. »Er wird alles auf den Kopf stellen.«

Vorausschauend band ich die Vorhänge hoch und nahm im Bad sämtliche Handtücher von den Stangen.

Auf seiner Expedition durch sein neues Reich zeigte sich der Kater immer mutiger. Er schlich kurz ins Bad, dann wieder zurück ins Schlafzimmer. Dort weckte das Bett sein besonderes Interesse. Erst warf er einen prüfenden Blick darauf, dann darunter und inspizierte den Raum schließlich weiter. Anschließend traf er seine Wahl. Der Hohlraum unter der Kommode gefiel ihm gut, der sollte seine neue Höhle werden. Der Kater steckte Vorderfüße und Kopf unter das Holzmöbel und schob dann den ganzen Körper nach, bis er nicht mehr zu sehen war. In seinem neuen Versteck blieb er eine Weile sitzen.

Ich stopfte seine gewohnten Handtücher und eine alte Decke unter das gute Stück, um es ihm dort angenehmer und vertrauter zu machen, und gab ihm dann eine Flasche Milch, die er zufrieden leerte. Das Hackfleisch aber, das ich ihm hingestellt hatte, rührte er nicht an. Erschöpft von der Aufregung und seiner Not, in der neuen Umgebung eine Höhle zu finden, dauerte es nicht lange, bis er seinen Kopf auf die Vorderpfoten legte und einschlief.

Danny und ich waren zwar auch von der langen Fahrt geschafft, wir rafften uns aber noch einmal auf, setzten uns auf die Terrasse vorm Haus, tranken ein lauwarmes Bier und genossen den funkelnden Sternenhimmel.

In Ithumba ist es absolut dunkel. Es gibt keine einzige künstliche Lichtquelle in dieser Landschaft. Am Himmel funkelten abertausende Lichtpunkte im schwarzen Nichts. So ein Sternenzelt bekommt man sonst nur selten zu sehen. In bewohnten Gebieten und in Städten ist es viel zu hell, um all die Sternbilder, die Unendlichkeit des Lichtermeeres am Himmel sehen zu können. Hier in der Weite des Tsavo Parks wurde mir mit dem Blick nach oben einmal mehr klar, wie klein wir sind, wie unbedeutend doch unser Planet in einem schier endlosen Raum von Himmelskörpern ist.

In der Nähe kicherten Hyänen. Fledermäuse schwirrten um unsere Köpfe und gaben helle Piepsgeräusche von sich. Und ein Buschbock bellte laut in die Nacht und übertönte damit das Konzert der abertausend Grillen, unsere gewohnte »kleine Nachtmusik«. Die Nacht – das ist die beste Zeit auch für Leoparden, ging es mir durch den Kopf. Im Dunkeln haben diese kraftvollen, auf Lauer liegenden Jäger die besten Chancen, eine Antilope zu überraschen oder wenigstens einen Hasen zu erwischen.

Schon seit einigen Jahren wurden die großen Raubkatzen seltener im Land. In Ithumba aber hatten wir das Glück, immer gleich mehrere Leoparden in der Umgebung zu haben. Sie zeigten häufig ihr Revier an, indem ihre Stimmbänder raue Geräusche von sich gaben, die so klangen, als sägte jemand einen Baum. Doch in dieser Nacht hörten wir keinen Ruf einer jagenden oder patrouillierenden Raubkatze.

»Vielleicht wird unser kleiner Leopard ja eines Tages da draußen sein, und wir werden von seinen Rufen geweckt?«, träumte ich laut vor mich hin.

Danny reagierte erstaunt. »Bist du dir ganz sicher, dass du versuchen willst, seine Ersatzmutter zu sein?«

»Was haben wir denn für eine Wahl?«, entgegnete ich mit einer weiteren Frage und fügte dann an: »Es gibt doch nur ein Alles oder Nichts!«

»Noch ist er klein und ungefährlich, aber eines Tages wird er ein ausgewachsenes Raubtier sein, ein geschickter Killer, clever und gefährlich – ein Leopard eben«, warnte Danny.

Das war mir natürlich klar. Aber die Option, das Wildtier aufzuziehen, um ihn dann in einen Zoo abzuschieben und ihn für immer hinter Gitter zu sperren, kam für mich nicht in Frage. Ihm die Krallen abzuschneiden, die Reißzähne entfernen zu lassen und ihn so zu einem Haustier zu degradieren? Oder ihn gar zu töten, um ihm das alles zu ersparen? Bei dem Gedanken daran schüttelte es mich.

»Die Zahl der Leoparden nimmt mittlerweile nicht nur in Kenia, sondern in ganz Afrika ab, diese wunderschönen Katzen sind vom Aussterben bedroht!«, argumentierte ich. »Er muss zurück in die Wildnis und für Nachwuchs sorgen können, das muss doch unser Ziel sein!«

Auch Dannys Leidenschaft war der Naturschutz, bei diesem Thema waren wir uns einig. Doch er wusste genau, wie schwierig und riskant das ganze Unternehmen sein würde.

»Das kann gefährlich werden. Für dich und für andere! Einen männlichen Leoparden auszuwildern, das hat meines Wissens bisher noch niemand geschafft.«

»Aber es gibt zumindest gute Erfahrungen mit Leoparden. Denk an die Leopardin Penny von Joy Adamson. Und Tony Fitzjohn hat auch mehrere Leopardinnen aufgezogen und ausgewildert«, hielt ich Danny entgegen.

»Das waren eben alles Weibchen, und das macht den Unterschied. Ich habe Angst um dich bei dieser Geschichte.« Danny blieb skeptisch, tippte nervös mit einem Zeigefinger an seiner Flasche Bier und schwieg.

Seit ich ihn getroffen hatte und mit ihm verheiratet war, kümmerte ich mich als Ehefrau eines Parkmanagers um Tiere, die verletzt oder verlassen aufgegriffen wurden und Hilfe brauchten. Dabei legte ich immer großen Wert auf das Wissen von Danny, Tierärzten und Freunden, die wie wir in der Natur zu Hause waren. An unterschiedlichen Tieren, an Straußen, Buschböcken, einer Gazelle und einer kleinen Löwin hatte ich Erfahrungen gesammelt, die mir Kompetenz im Umgang mit Tieren gaben. Danny traute mir die Pflege eines Leopardenkaters durchaus zu, doch seine Sorge um mich blieb.

Es war spät geworden, und wie jeden Abend um die gleiche Zeit würde bald der Generator abgeschaltet. So gingen wir ins Bad und suchten unsere Taschenlampen zusammen. Ich holte mir im Wohnzimmer das vergilbte Exemplar von Joy Adamsons Buch *The Queen of Shaba* über die Leopardin Penny und nahm es mit ins Bett. Nachdem ich ein paar Seiten gelesen hatte, schaute ich noch mal unter die Kommode, wo unser kleiner

Leopard zusammengerollt, ruhig und friedlich schlief. Zufrieden und müde machte ich die Taschenlampe aus, schloss die Augen, lauschte noch ein wenig den rufenden Käuzchen in der Savanne und träumte von tanzenden Sternen …

»Nein, stopp!«, schrie ich den Kater an. Er fauchte, zeigte die Zähne und schlich dann wieder mit gesenktem Kopf und starrem Blick auf mich zu. »Aus! Stopp!«, rief ich erneut energisch. Aber der Leopard ließ sich von mir nicht mehr kontrollieren. Mit einem Satz kam er auf mich zu, hielt vor mir an, stellte sich blitzschnell auf die Hinterbeine und legte seine kräftigen Pfoten auf meine Schultern, die Krallen ausgefahren. 60, 70 Kilo geballte Muskelkraft drückten gegen meinen Körper, ich machte einen Ausfallschritt nach hinten, verlor für einen kurzen Moment die Balance und drohte zu fallen, da öffnete der Kater auch schon sein Maul. Seine Zähne stachen heraus, ich roch seinen Atem, mir blieb vor Angst die Stimme weg. Ich konnte mich nicht mehr bewegen, war zu einer Eissäule erstarrt, unfähig, mich zu wehren …

Dann erwachte ich. Danny lag friedlich neben mir im Bett und schlief tief und fest, und der kleine Leopard ruhte regungslos unter der Kommode. Es war nur ein Albtraum gewesen!

Kalter Schweiß perlte auf meiner Stirn. Unser Gespräch, unsere Sorgen hatten im Unterbewusstsein ein Ventil gefunden. Was machen wir bloß mit einem heranwachsenden Leopardenkater, wie kann ich ihn gleichzeitig großziehen und mich vor ihm schützen? Wie konnte ich ihm alles beibringen, was er wissen musste, um in der Wildnis allein zu überleben?

Noch kannte ich die Antworten auf all diese Fragen nicht. Die Verantwortung, die ich auf mich nehmen würde, schüchterte mich ein und schreckte mich ab. Doch ich musste schnell entscheiden, denn auf halber Strecke würde es keinen Weg zurück geben, das war mir bewusst. »Ich will es versuchen«, beschloss ich. Und diese Entscheidung fühlte sich gut an. Beruhigt legte ich mich wieder hin und schlief diesmal tief und friedlich.

Schon um sechs in der Früh weckten uns wie gewohnt die gurrenden Rufe der Tauben und das grelle Gezeter der vielen Webervögel an den hängenden Nestern in den Bäumen vor unserem Schlafzimmerfenster. Danny packte einen Tagesrucksack zusammen; er wollte früh mit der kleinen Maschine von der nahe gelegenen Startpiste zu einem Rundflug starten. Er hatte schon in Nairobi von Wilderern gehört, die sich aus dem Norden kommend durch den Park bewegten. Und nun wollte er versuchen, sich ein eigenes Bild zu machen, wollte Spuren von ihnen finden, um die bewaffneten Ranger auf ihre Fährte zu setzen.

Während Danny Batterien, Funkgeräte, Munition und sein Gewehr checkte, setzte ich mich mit einem Kaffee auf die Veranda und blickte in die Landschaft. Bis zum Horizont sah ich nur Büsche und kleine Bäume, Hügel und Felsen. Hier erstreckte sich die scheinbar endlose Wildnis des Tsavo. Das Land war weit, dünn besiedelt und mein Mann der Parkmanager. Dazu wachte eine schlagkräftige Truppe bewaffneter Ranger über die Tiere. Es konnte keinen geeigneteren Ort als Ithumba für mein Experiment geben, einen männlichen Leoparden auszuwildern, dachte ich dankbar.

Der Tsavo Park ist einer der größten Nationalparks in Afrika und Kenias weitflächigstes Schutzgebiet, etwa so groß wie das Bundesland Hessen. Das Gebiet ist aus Gründen der Verwaltung in »East« und »West« unterteilt. Der viel befahrene Nairobi-Mombasa-Highway und die Eisenbahngleise des »Lunatic Express«, der von der Küste bis nach Uganda führt, trennen die beiden Teile. Doch die Tiere können Straße und Bahngleise überqueren und von East nach West wandern. Von wenigen Ausnahmen abgesehen, gibt es keine Zäune um das Tierschutzgebiet und kaum befahrene Wege. Die Safari-Touristen können beide Parks nur durch eine kleine Zahl kontrollierter Eintrittstore und auch nur in ausgewiesenen Gebieten auf dafür angelegten Pisten befahren. Es ist unter den vielen Schutzgebieten des Landes die letzte wirkliche Wildnis Kenias, in der die Tiere ohne jede Einflussnahme ganz natürlich leben können. Und Tsavo ist auch die letzte Hochburg für Kenias Elefanten. Ein

Drittel der gut dreißigtausend grauen Riesen im Lande leben dort.

Ithumba, unser Zuhause, war das Hauptquartier des *Kenya Wildlife Service* im nördlichen Teil des Tsavo East. Die Region war für Touristen und Siedler gesperrt, es gab weder Camps noch Hotels in Reichweite.

Im Westen trennte uns das 270 Kilometer lange Yatta Plateau aus erkaltetem Lavagestein von der Zivilisation, und im Süden schützte uns der große Galana River vor den vielen Safaribussen aus dem stark besuchten Teil des Tsavo East. Nach Osten erstreckte sich eine unwirtliche und gnadenlose Halbwüste bis hoch nach Somalia, in der schon viele beim Versuch, sie zu bewältigen, ihr Leben gelassen hatten. Uns umgaben keine anderen Geräusche als die der Natur und der in ihr lebenden Tiere. Ein absoluter Frieden, eine perfekte Heimat für mich – und für einen kleinen Leoparden.

Ich nahm einen großen Schluck Kaffee, blickte in den großen Newtonia-Baum vor dem Haus und dachte zurück, wie wir drei Jahre zuvor, im Jahr 1999, unser Haus im Hauptquartier des südlichen Teils vom Tsavo East in der Provinzstadt Voi verlassen und uns in dieses Abenteuer in der Wildnis gestürzt hatten. Bis dahin hatte Danny als Pilot in der Hauptverwaltung für den Tsavo East gearbeitet, während ich freiberuflich für deutsche Zeitschriften fotografierte und Reportagen für Naturmagazine schrieb. In Voi besaß ich auch eine kleine Dunkelkammer, um meinem Beruf als Fotografin nachgehen zu können. Einen Job in einer Werbeagentur hatte ich zuvor aufgegeben, um in der beschaulichen Provinz bei Danny zu leben.

Dann aber bekam er das Angebot, nach Ithumba zu ziehen, um Leiter des Hauptquartiers der sogenannten Northern Area zu werden.

Ithumba war 150 Kilometer von Voi entfernt, nur über eine Piste zu erreichen, die durch nichts als unberührte Wildnis führte.

Auf tiefroter Erde fuhren wir vorbei an Büschen, die im Sonnenlicht silbern glitzerten. Vorbei auch an den blauen Commiphora-Bäumen in dieser Gegend. Es schien mir damals wie die Fahrt ins Paradies. Obwohl eigentlich ein extrem raues und feindseliges Areal, war es für mich das Gebiet, wo ich sein wollte, wo mein Herz vor Freude höherzuschlagen anfing. Ich war einfach hingerissen von der Schönheit der Landschaft.

Schließlich erreichten wir Dannys neuen Arbeitsplatz. Ein völlig zerfallenes Hauptquartier, am Fuße des Ithumba Hills gebaut. Uralte Tamarindenbäume spendeten den Unterkünften der Ranger und dem alten Bürogebäude Schatten, aber alles wirkte verlassen und verwahrlost. Wir fanden nur Ruinen vor, kleine Steinhäuser mit löchrigen Dächern und bröckelnden Mauern, einer Geisterstadt ähnlich, wie ich sie aus Amerika kannte. Die Gebäude waren zu Höhlen für Schlangen und Eidechsen verkommen, Brunnen und Mauern von wurzelnden und kletternden Pflanzen in Besitz genommen und zerbröckelt.

Danny seufzte und machte einen ersten Rundgang übers Gelände. Währenddessen setzte ich mich auf eine geborstene Bank unter einem der knorrigen Tamarindenbäume. Ich spürte den leichten Wind auf meiner Haut und hörte einen Papagei schreien. In diesem Moment wusste ich, dass ich angekommen war. Der Blick von der Sitzbank und das damit einhergehende Glücksgefühl werden für immer in meiner Erinnerung bleiben.

Ich musste darüber schmunzeln, wie viele Bekannte und Freunde mich für verrückt erklärt hatten, weil ich mich auf diesen scheinbar gottverlassenen Ort so sehr gefreut hatte. Ein Ort, der mir weder Einkaufsmöglichkeiten oder Nachbarn, noch eine reguläre Stromversorgung bot, dafür aber akuten und konstanten Wassermangel und drückende Hitze tagaus, tagein. Das sollte nun mein neues Zuhause werden.

Kurz zuvor hatten wir damals im Tsavo West, inmitten des Parks auf den Roaring Rocks, geheiratet. In paradiesischer Kulisse mit einem unglaublichen Ausblick. Wohin wir auch schauten, nur menschenleere Savanne mit Elefanten und Büffelherden im magischen Nachmittagslicht der tief stehenden Sonne. Das »Licht der Belohnung«, wie es die Kenianer nennen, das die Farben am Ende eines arbeitsreichen Tages zum Leuchten bringt. Schöner konnte ich mir meine Hochzeit nicht wünschen. In der klaren Luft blickte ich sogar auf den 200 Kilometer entfernten Gipfel der Ithumba Hills, unter denen wir heute lebten.

Hoch am Himmel stand damals ein Adlerpaar, unbeweglich während der ganzen Zeremonie. Im letzten Sonnenlicht verabschiedete sich auf der einen Seite der Kilimandscharo mit seiner schneebedeckten Kuppe, während uns auf der gegenüberliegenden Seite der aufgehende Vollmond begrüßte. Was für eine Kulisse!

Von Ithumba aus, wohin wir frisch verheiratet umzogen, war der mächtige Kili-Gipfel nicht zu sehen. Die unendliche Weite der unbewohnten Landschaft, in der wir von nun an lebten, war für mich der Garten Eden. Und das Wohl der rund 9000 Quadratkilometer, einer Pufferzone für die Tierwelt, lag jetzt in Dannys Händen.

Als Sohn des kompromisslosen Mitbegründers des Tsavo-Nationalparks, Bill Woodley, schien Danny der Richtige zu sein, den maroden Park gegen die zunehmende Wilderei zu wappnen, Straßen wiederherzustellen und eine funktionierende Rangerstation aufzubauen. Danny war einer, der als nicht korrupt galt. Einer, der kompromisslos für den Schutz der Wildnis kämpfte. Einer, der anpackte. Somalische Banditen, sogenannte Shifta, kamen und gingen damals von Norden her in den Park wie in einen Selbstbedienungsladen. Wann immer sie wollten, töteten sie Elefanten des Elfenbeins wegen. In der abgeschiedenen Region hatten sie nichts zu befürchten.

Ithumba galt bis dahin beim *Wildlife Service* immer als Strafposten wegen der Abgelegenheit und Feindseligkeit des Gebiets. Die vorherige Parkleitung war deshalb unmotiviert gewesen und über Jahre auch finanziell vernachlässigt worden, sodass es keine Fahrzeuge, Maschinen oder sonstiges Gerät gab, das notwendig war, um einen Park zu leiten. Viele Straßen blieben ungenutzt, die Natur hatte sich ihr Terrain gnadenlos zurückerobert. Die Pisten waren nicht mehr passierbar, zum Teil nicht einmal mehr erkennbar. Nur jemand wie Danny konnte sich erinnern, wo die alten Wege langführten. Durch die Zusammenarbeit mit seinem Vater kannte er diese Gegend wie seine Westentasche und wie kein anderer.

Dannys Vater Bill war einer der Pioniere, einer der ersten Wildhüter in den Nationalparks Kenias gewesen. Als Assistant Warden (Assistent des Parkleiters) hatte er schon im Tsavo gearbeitet, als das Gebiet im Jahr 1948 unter Schutz gestellt wurde. Er musste damals den ganzen Weg von Ithumba bis Voi – das sind rund 150 Kilometer – laufen, um sich sein Gehalt abzuholen. In Kenia galt sein Name lange als Synonym für Naturschutz und für den Erhalt des Wildtierbestandes. Selbst Wilderer zollten Bill Woodley Respekt. Vom hohen Ansehen des Vaters profitierte nun lange nach dessen Tod auch sein Sohn Danny.

Der sollte jetzt nach Maßgabe der Regierung das Hauptquartier und den Norden des Tsavo East wieder auf Vordermann bringen. Da es anfangs kein einziges Parkfahrzeug gab, ging Danny morgens oft zu Fuß mit seinen Rangern auf Patrouille, bevor er sich dann der größten Herausforderung widmete: das verfallene Camp in der »Northern Area« zum Hauptquartier der Parkverwaltung auszubauen.

Strom, fließendes Wasser, Telefonleitungen – all das gab es nicht. Wir lebten ein Jahr lang in Zelten, duschten im Freien unter einem an den Baum gehängten Eimer, nutzten Petroleumlampen zum Lesen und kochten auf offenem Feuer. Zu dieser Zeit waren wir fast vollständig in die Wildnis der rauen Umgebung eingebettet, hörten nachts Leoparden rufen, Affen zetern und wurden morgens vor dem Sonnenaufgang vom Gesang der vielen Vögel geweckt. Neben den alltäglichen Sorgen mit giftigen Schlangen und kaputten Automotoren widmeten wir uns dem Nächstwichtigen: Danny und ich kämpften um Spenden und Gelder für die Sanierung und den Wiederaufbau des Hauptquartiers.

Ein Jahr später hatten wir es geschafft. Jetzt, im Jahr 2002, wohnten die Ranger in funktionstüchtigen Häusern mit Nasszellen und Küchen, daneben gab es ein Haus mit zwei Büros, einem Funkraum, einer Waffenkammer und zwei Gefängniszellen.

Weiter entfernt lagen noch eine Werkstatt und ein Haus für den Generator, der uns für begrenzte Zeiten Strom lieferte. Eine kleine Straße führte an den Offiziersunterkünften vorbei zu unserem etwas abgelegenen Haus. Ich lebte als einzige Frau im Hauptquartier, und mit mir lebte hier nun auch ein kleiner Leopard.

Ich hatte meinen Kaffee noch nicht ausgetrunken, da kam das kleine Raubtier auch schon um die Ecke.

Noch unsicher auf den Beinen nach der ersten Nacht im neuen Heim, nahm der Pflegling sofort meine Hosenbeine ins Maul und fuchtelte wild mit den Pfoten in der Luft, die Krallen brav eingezogen.

»Willst du spielen? Geht es dir wieder gut?« Ich kommentierte nun vieles, was ich tat, damit er sich an den Klang meiner Stimme gewöhnte. »Jetzt gibt es etwas zu trinken«, rief ich ihm zu, holte die Milchflasche, nahm den Kater auf den Schoß, und er begann sofort zu saugen. Dabei kräuselte er die ganze Zeit die Nase, und die Ohren bewegten sich wie ein Radarschirm von einer Seite zur anderen. Das vielstimmige Vogelkonzert und die vielen ungewohnten Gerüche verunsicherten ihn ein wenig. In letzter Zeit hatte er ja hauptsächlich Menschen gewittert, Medikamente geschmeckt und unsere Stimmen sowie Fahrgeräusche im Gedächtnis gespeichert.

Als er genug Milch getrunken hatte, lief ich von der Veranda ein paar Schritte hinaus in die Savanne. Geduckt und in schnellen Schritten folgte mir das leicht verängstigte Katzenkind von Busch zu Busch. Immer wieder fauchte es leise, wenn es etwas beunruhigte.

»Komm, Kleiner, komm, alles ist gut«, ermunterte ich den Kater zum ersten kurzen Ausflug vor die Haustür. Zweige, Dornen, Steine – alles schien ihm neu. Seine Pfoten färbten sich beim Laufen rot vom typischen Tsavo-Boden, einem eisenhaltigen Ton- und Lehmgemisch. Manche Kenianer behaupten, der Boden sei blutrot von den Schlachten um Elefanten zwischen Wildhütern und Wilderern. Der Tsavo ist berühmt für seine

»roten« Elefanten, die nach einem ausgiebigen Schlammbad das Aussehen wechseln und nicht mehr grau erscheinen.

»Ithumba« bedeutet »Ton« in der Sprache der Kamba, einer Volksgruppe Kenias, die in der Region beheimatet ist. Die Bezeichnung bezieht sich auf die Erde, die nur hier am Berg gefunden wird und zum Töpfern von Gefäßen benutzt wurde. Die Kamba sind ein handwerklich geschicktes Volk, das bis heute Geld mit geschnitzten Figuren aus Holz verdient. Ihre schlanken Statuen von Massai, Giraffen, Elefanten, Löwen und Masken findet man überall im Land und auf den Märkten.

»Komm, es ist Zeit, dass ich dir jemanden vorstelle«, sagte ich zu dem Leoparden. Der verstand natürlich kein Wort, schien aber froh, dass ich wieder zurück ins sichere Haus gehen wollte, und heftete sich sofort an meine Fersen.

Ich lief in die Küche, wo es zischte und dampfte. Der kleine Kater blieb an der Eingangstür zurück und fauchte. Im Raum stand Philip Kimwele und bügelte Dienstuniformen von Danny. Kimwele, ein Mann vom Volk der Kamba, arbeitete mit uns in Ithumba. Er war meine rechte Hand in den meisten Angelegenheiten, meine Vertrauensperson, und er hatte schon mit uns im Camp gelebt, als wir noch in Zelten gewohnt hatten.

In Kenia haben die meisten Leute einen christlichen und einen traditionellen Vornamen. Wir bevorzugten seinen Kamba-Namen und riefen ihn nur Kimwele. Er war ein freundlicher, weiser Mann, der einen ganz besonderen Platz in meinem Herzen fand. Wann immer ich vor einem Rätsel stand, das Afrika mir zu bieten hatte – Kimwele brachte die Geduld und das Wissen auf, mir Erklärungen zu liefern. Er wusste viel über das Leben im Busch, erzählte alte Legenden von Wilderern und Tieren. Kimwele lehrte mich viel über das Leben – nicht zuletzt erinnerte er mich immer wieder daran, dankbar, ruhig und friedfertig zu sein. Was auch immer ich plante und in Angriff nahm, Kimwele unterstützte mich und war absolut loyal. Auch wenn es ihm ziemlich verrückt erschien, einen männlichen Leoparden aufzuziehen, freundete er sich schnell auch mit dieser Idee an.

Der kleine Leopard beobachtete ihn skeptisch. Ob der Kater nun ihm drohte oder dem Bügeleisen, war nicht genau auszumachen. Jedenfalls begann er an Hemdsärmeln und Hosenbeinen zu zerren, die vom Bügelbrett hingen, bis er plötzlich vor Kimweles Füßen stand. Er schaute kurz hoch und schien eine Attacke starten zu wollen. Doch er biss nicht oder kratzte, sondern klopfte vorsichtig mit eingezogenen Krallen auf den Fuß.

Kimwele schaute runter auf die kleine Raubkatze, zog aber weder seinen Fuß weg, noch reagierte er in irgendeiner anderen Weise. Das Tier schien vor dem hageren Mann in der Küche Respekt zu haben und hielt Abstand.

»Hier ist ja schon richtig was los«, rief Danny, der kurz in die Küche schaute, seinen leeren Becher abstellte und sich rasch verabschieden wollte.

»Warte, Danny, der kleine Kerl …«, zögerte ich kurz, »… er braucht einen Namen.«

»Gehört er denn schon zur Familie?«, fragte Danny, wohl mehr, um mich zu provozieren.

»Ich muss ihm ja Kommandos geben und ihn rufen können. Er muss doch auf Ansprache reagieren.«

»Ja, ja«, unterbrach mich Danny. Auch ihm war klar, dass der Leopard vorerst bei uns bleiben würde. »Dann machen wir es eben wie immer«, schlug er vor. Alle Pfleglinge, die wir bislang aufgenommen hatten, ob Gazellen, Strauße, Löwen oder Hasen, erhielten ihre Namen nach ihrem Fundort. »Dann benennen wir ihn nach dem Ort, an dem die Ranger über ihn gestolpert sind.«

Ich schaute den Kater an und rief ihn das erste Mal: »Mtito!« Er blickte hoch, aber wohl mehr wegen des Tonfalls. Doch er würde ihn ab jetzt sicher sehr häufig hören, seinen Namen: »Mtito.«

»Na, ich geh dann mal Mtitos Zukunft sichern«, witzelte Danny und verabschiedete sich.

Kurz darauf hörten wir die kleine Propellermaschine mit Danny darin dröhnen, als sie sich ihren Weg über die holprige Landebahn und dann hoch in die Luft bahnte. Mtito lauschte dem Motorengeräusch und schaute aufmerksam Richtung Fenster.

»Und was soll aus dem kleinen Mtito werden? Er wird irgendwann merken, dass er Krallen hat, dann klopft er nicht mehr nur auf Füße. Willst du ihn wirklich hierbehalten?«, fragte Kimwele. Für einen Moment unterbrach er die Arbeit, stellte das Bügeleisen ab und schaute mich mit seinen warmen Augen fragend an.

Ich zögerte kurz. »Ich glaube, ja, wenn er mitmacht …«, hielt ich entgegen und fügte dann hinzu, »… und wenn *alle* mitmachen.«

Kimwele lächelte so freundlich, wie nur er lächeln konnte, nickte leicht, drehte sich zum Bügelbrett, wendete den Ärmel darauf und sagte in überzeugtem Tonfall: »Wir werden das schon schaffen. Ithumba ist die beste Gegend dafür.«

»Ja, findest du?«

»Ja doch. Hier ist der Kater sicher. Viele Leute machen um Ithumba einen großen Bogen. Mein Volk siedelte niemals um Ithumba herum. Sie glaubten, böse Geister herrschten hier. Tatsächlich hört man sie auch heute noch manchmal rufen.«

»Das ist doch nur der Wind, der oben durch die Felsspalte pfeift, wenn er besonders stark ist«, entgegnete ich.

»Oder es ist ein Drache, der Feuer speit.«

»Na, manchmal hört es sich eher an, als stürzte ein Wolkenkratzer ein.«

»Es ist jedenfalls ein Krach, der durch Mark und Bein geht, wie auch immer er zustande kommt«, bot Kimwele einen Kompromiss an und fuhr fort: »Ithumba ist ein Platz voller Legenden und Mythen. Es ist magisch schön, aber auch täuschend gefährlich. Jede Menge Kreaturen nennen die Gegend ihr Zuhause, die es uns Menschen schwer machen, hier zu überleben: Skorpione, Tsetsefliegen und einige der giftigsten Schlangen, die unser Land zu bieten hat, um nur wenige zu nennen.«

»Da gebe ich dir recht. Dieses Gebiet ist so heiß und trocken, dass eine einfache Autopanne zu einem lebensgefährlichen Abenteuer ausufern kann. Das hab ich schon selbst erlebt«, stimmte ich Kimwele zu, und er resümierte: »Ithumba ist wunderbar für denjenigen, der es kennt und respektiert, aber es ist weder freundlich noch gnädig zu den Respektlosen.«

Kimweles Worte hallten noch in mir nach, als mich etwas ans Bein stieß. Es war Mtito, er hatte einen Handfeger im Maul und war mit dem Griff gegen mich gelaufen. Ich grinste ihn an, blickte wieder zu Kimwele und fügte seinen Worten hinzu: »Genau – Ithumba ist ideal für eine Kreatur, die mit den schärfsten Sinnen und viel Kraft ausgerüstet ist: einen Leoparden. Einen wie Mtito!«

5
Unser Haus als Leopardenhöhle

Anfang März brannte die Sonne zunehmend stärker über der Savanne des Tsavo Parks; es fühlte sich an, als würde man in einem Backofen leben. Das Thermometer stieg immer weiter und zeigte 35 Grad im Schatten. Durch die Sonnenstrahlen aufgeheizt, flirrte die Luft über dem trockenen Boden und ließ die Bäume in der Ferne aussehen, als würden sie tanzen. Kein Lüftchen wehte, kein Vogel sang mehr. Antilopen suchten hechelnd Schutz unter dem Dach der großen Akazien oder legten sich träge in die Büsche. Das Wasserloch vor unserem Haus, das mit gefiltertem Brauchwasser aus dem Haus gespeist wurde, war tagsüber bei den Pavianen heiß begehrt und wurde nachts von allen möglichen Vierbeinern besucht. An den aufgeheizten Mauersteinen unseres Hauses klebten regungslos Geckos und tankten Wärme an Bauch und Rücken. Auch im Haus war es kaum kühler als draußen. Die einfache Verglasung der Fenster isolierte weder gegen Kälte noch gegen Wärme.

Mtito suchte sich den kühlsten Platz im Haus: unter dem Bett in unserem Schlafzimmer. Dort dämmerte er schon den ganzen Vormittag reglos vor sich hin. Selbst die Geräusche der zankenden Affen am Wasserloch konnten ihn nicht hervorlocken.

Drei Wochen lebte Mtito nun bereits bei uns, schlief entweder in seiner Höhle unter der Kommode oder tollte durch die Räume. Morgens und abends machten wir regelmäßig unsere kleinen Erkundungsspaziergänge rund ums Haus.

An diesem Morgen aber war alles anders als die Tage zuvor. Ich stellte ihm wie üblich sein Futter hin, doch er rührte es nicht an. Stattdessen kaute er pausenlos auf seinem Handtuch herum, wimmerte und wollte auch seine Milch aus der Flasche nicht trinken. Seine Pfoten waren heiß und die Schnauze trocken, er hatte Fieber. Den ganzen Tag über blieb er unter der Kommode und schlief, wollte nichts fressen oder trinken und auch nicht spielen. Hatte er wieder eine Infektion? Gab es nach Wochen des guten Fortschritts nun einen Rückschlag? Ich machte mir Sorgen um ihn und beobachtete sein Verhalten sehr genau.

Die nächsten Tage verliefen genauso. Mtito nahm ab, wirkte apathisch und lag da wie ein Häufchen Elend. Ich stellte ihn auf die Pfoten, doch er schien schwach und lief wackelig. Er wollte auch nicht hinaus ins Gras, lediglich auf meinem Schoß fand er Ruhe, rollte sich zusammen und versteckte seinen Kopf zwischen seinen Vorderbeinen. Als ich ihn kraulte, suchte er sich einen meiner Finger und kaute sofort darauf herum. Ich nutzte diese Gelegenheit und tastete sein Maul von innen ab. Zunächst fiel mir nichts auf, doch dann spürte ich auf seinen Kauleisten einen kleinen Widerstand: Durch die Haut bahnte sich ein Backenzahn seinen Weg.

Das also war der Grund für Mtitos Leid: Er zahnte! Ich erlebte nun mit, was ich bislang nur aus der Fachliteratur kannte, die sehr schmerzhafte und auch gefährliche Phase im Leben eines Leopardenkindes. Ich wusste, dass fast jeder zweite junge Leopard im ersten Jahr starb. Grund dafür waren das Zahnen und die daraus folgenden Komplikationen. Denn während dieser Zeit fressen die Kleinen wenig, werden schwächer und anfälliger für Krankheiten und Feinde. Davor hatte mich bereits Dr. Ghalay in Nairobi gewarnt. Und nun erlebte ich es an Mtito mit.

Der weiche Hackfleischbrei, mit dem ich Mtito fütterte, tat ihm beim Kauen nicht weh, er hatte aber wegen der Zahnschmerzen einfach keinen Appetit. Dafür biss er gleich zwei Gummisauger seiner Trinkflasche in nur wenigen Minuten kaputt. Alles, was ihm in die Pfoten kam, wurde in diesen Tagen zermalmt. Ich probierte vieles, um ihn aufzumuntern, doch es half nur wenig. Da kam mir eine Idee: Vielleicht war dies der Zeitpunkt, ihm einen Spielkameraden zu schenken?

In einer alten Truhe ruhte »Elsa«. Sie hatte ein braunes, kurzes Fell, war weich, etwa so groß wie Mtito und hatte in ihren fast dreißig Jahren schon viel durchgemacht – ein Prachtexemplar von einem Stofftier, ein Löwe. Ihren Namen Elsa hatte sie nach dem weltbekannten Film über eine Löwin, die von Joy und George Adamson in Kenia großgezogen und ausgewildert wurde.

Als wir 1976 von Deutschland nach Kenia umzogen, weil mein Vater von der ARD als Fernsehkorrespondent für Afrika nach Nairobi entsandt wurde, zog Elsa natürlich mit und war seither ein Stück Erinnerung an meine glückliche und ereignisreiche Kindheit in Kenia.

Ich holte Elsa aus der Truhe, klopfte ihr den Staub aus dem Fell und legte sie direkt vor Mtitos Höhle ab. Auch nach all den Jahren fehlte dem Stofftier noch kein einziges Schnurrhaar. Wie würde wohl Mtito auf Elsa reagieren?

Der Kater machte großen Augen, und seine Tasthaare wippten im Gesicht, als er den Neuling anstarrte, dann schubste er ihn mit einer Pfote. Doch keine Reaktion vom Gegenüber. Mtito fauchte leicht. Wieder nichts. Plötzlich sprang er aus seiner Höhle und biss in seinen regungslosen Herausforderer, der sich aber nicht wehrte und keinen Ton von sich gab. Kurze Zeit später ließ Mtito von dem vermeintlichen Opfer ab, denn Gefahr schien von dem wehrlosen Eindringling ja nicht auszugehen. Im Gegenteil, Mtito bemerkte, dass er mit ihm herrliche Sachen anstellen konnte. So leckte er Elsa ab, warf sie hoch und fing sie wieder, biss aber auch hinein, attackierte und »tötete« den Spielkameraden, um ihn dann in die Höhle zu schleppen und innig an seinem Fell zu knabbern.

Ich war gespannt, wie lange das gute alte Stück ganz bleiben würde. Aber ich war zuversichtlich, denn das Knuddeltier war robuste deutsche Wertarbeit und hatte schon Krallen und Zähne eines anderen Pfleglings aushalten müssen.

Denn vor Mtito hatte auch schon Jipe mit ihm gespielt. Jipe, so hieß die kleine Löwenwaise, die ihre Eltern in einem heftigen Buschfeuer verloren hatte und die über einen Ranger in meine Hände gelangt war. Ich hatte sie etwa drei Jahre vor Mtito für einige Zeit gepflegt, bevor sie von unserem Freund Tony Fitzjohn über mehrere Jahre hinweg ausgewildert und in die Savanne entlassen werden konnte.

Ob Stofftier Elsa nun eine wirksame Medizin für Mtitos Seele war oder aber die Schwellungen im Kiefer nachließen, ließ sich nicht mit Gewissheit nachprüfen. Nach einer Woche jedenfalls hörte ich es wieder: »Ptuff, ptuff.« Mit diesem Geräusch begrüßte mich Mtito. Er hatte es schon zuvor getan, dann aber in letzter Zeit nicht mehr, da er fast nur noch geschlafen hatte.

»Ptuff, ptuff« – Ich konnte dieses Geräusch zunächst nicht einordnen. Aber wenn ich lernen wollte, diesen Leoparden zu verstehen, musste ich auch wissen, was seine unterschiedlichen Geräusche und Gesten zu bedeuten hatten. Wie eine Katzenmama achtete ich daher aufmerksam auf seine Laute, die Stellung seiner Ohren und die Bewegungen des Schwanzes. Umgekehrt registrierte der kleine Bursche sehr genau meine Bewegungen und den Tonfall meiner Stimme. Unentwegt bezog er mich in seine Spiele ein, kletterte an mir hoch und sprang wieder hinunter. Warf ich einen Tennisball ins Wohnzimmer, so rannte er hinterher, fing und »tötete« ihn. Er hielt den Ball selbst dann noch zwischen den Fängen, wenn er sich vor Spielfreude auf dem Boden wälzte und sich überschlug.

Während Mtito auf dem Boden hockte und auf dem »erlegten« Tennisball kaute, inspizierte ich ihn. Wo zuvor die offenen Wunden geklafft hatten, verschloss diese nun neue Haut, und das Fell begann wieder darüber zu wachsen. Die Hüftknochen verschwanden unter der gestärkten Muskulatur und der Bauch wölbte sich zunehmend runder.

Als Mtito wieder aufsprang, bemerkte ich, dass er seine Bewegungen besser koordinierte als am Anfang. Während des Spiels übte er den Rückwärtsgang und beherrschte perfekt den Galopp eines Katzenjungen. Dazu schwang er die beiden Hinterbeine in die Luft, um sie wie einen Ball auf dem Boden abprallen zu lassen, während die Vorderpfoten unabhängig davon bewegt wurden. Als ich über diese neue Gangart lachen musste, fühlte er sich ertappt und schaltete auf einen anderen Bewegungsmodus um. Nun hielt er den Kopf hoch, schob die Brust raus und setzte ruhig einen Fuß nach dem anderen auf den

Boden. An den Beinen konnte ich deutlich entwickelte Muskeln sehen. Stolz hielt er den geschwungenen Schwanz in die Höhe, ein Zeichen dafür, dass er sich wohlfühlte. Nur mir präsentierte er sich so, anderen gegenüber blieb er vorsichtig und misstrauisch.

Als Kimwele mit dem Besen um die Ecke kam, flüchtete Mtito unter die Kommode. Kimwele lächelte still vor sich hin, fegte den Zimmerboden und kehrte friedlich weiter, während Mtito sich langsam wieder aus dem Versteck heraustraute und ihm aus sicherer Entfernung folgte. Er starrte auf die wandernde Bürste auf dem Boden und fauchte gelegentlich, um sich Respekt zu verschaffen. Aber schon bald war ihm klar: Das komische Ding stellte keine Gefahr für ihn dar. Er blieb jedoch neugierig und schlich sich erneut von hinten an.

»Ich bin nicht gefährlich und der Besen schon gar nicht«, sagte Kimwele in ruhigem Ton, wie es seine Art war. Mtito kam näher, schnupperte erst zaghaft an Kimweles Händen, dann am Feger, um diesen anschließend zu jagen, als Kimwele wieder anfing, ihn über den Boden zu schieben. Als Kimwele kurz darauf in die Küche ging, um einen Handfeger und eine Kehrschaufel zu holen, schnappte sich Mtito den abgestellten Besen mit dem Maul, biss in die Stielmitte und flitzte damit durchs Wohnzimmer. Die beiden Enden der Stange schlugen knallend links und rechts gegen Schränke, Stühle und sonstiges Mobiliar.

»Mtito, nein!«, schrie ich, aber mein Versuch, den Besen zu schnappen, machte ihn noch wilder. Das Katz-und-Maus-Spiel war in vollem Gang. Erst ein beherzter Sprung von Kimwele und ein anschließender fester Griff von mir in Mtitos Nackenfell beendete die Hetzjagd durchs Wohnzimmer. Mtito schmollte, weil das Spiel zu Ende war, und verließ das Zimmer.

Während Kimwele und ich herausgefallene Bücher zurück ins Regal stellten und umgeworfene Stühle wieder aufrichteten, entdeckte Mtito schon das nächste Spiel. Er hatte die Stapel aus Hemden und Hosen gefunden, die ich nach Farbe und Material für die spätere Wäsche in verschiedenen Haufen sortiert hatte. Jetzt verschwand er in den Stapeln, durchwühlte sie von innen, warf Hemden und Hosen mit kleinen Sprüngen durch die Luft und brachte so alles durcheinander.

So hielt mich der kleine Leopard den ganzen Tag auf Trab. Auch das Fotobuch, an dem ich die letzten Monate gearbeitet hatte, konnte ich erst einmal wieder in die Ecke legen. Darin wollte ich endlich meine Fotos von den Hadza, einem in Tansania lebenden Buschmann-Volk, veröffentlichen.

Um meinen Beruf als Fotografin nicht ganz zu vernachlässigen, nahm ich ein anderes Projekt in Angriff, ein Problem, das ohnehin dringend einer Lösung bedurfte. Ich musste Sponsoren für Mtito finden. Mit dem geringen Gehalt, das Danny vom Ministerium bekam, hätten wir weder die Kosten für die Ernährung des Tieres noch den Tierarzt bezahlen können. Für eine Projektbeschreibung und auch für die kontinuierliche Dokumentation der Rehabilitation begann ich, Mtito zu fotografieren.

Dieses Vorhaben war aber nicht so leicht zu realisieren, wie ich gedacht hatte. Jedes Mal, wenn ich die Kamera auf Mtito richtete, schaute er weg, sprang auf mich zu und versuchte, mich umzuschubsen. Er mochte es überhaupt nicht, wenn ich das Objektiv auf ihn richtete. Nach längerem Überlegen wusste ich auch, warum – Katzen direkt in die Augen zu sehen kommt einer Aufforderung zum Kräftemessen gleich. Selbst Hauskatzen gehen direktem Blickkontakt aus dem Weg.

Zudem rebellierte Mtito gegen jede meiner Beschäftigungen, die nicht unmittelbar ihm galten. Wenn ich mich abends an das Tagebuch setzte, das ich zu schreiben angefangen hatte, zwickte er mich erst in die Beine und sprang dann mit einem Satz auf den Schreibtisch, um mich von meiner Arbeit abzuhalten. Kaum erreichte er das beschriebene Papier, packte er es und riss es mit Maul und Pfoten im Nullkommanichts in Fetzen. Er zeigte mir deutlich, dass er im Mittelpunkt stehen wollte und ich meine Energie nicht für anderes einsetzen sollte.

Ich musste mir wohl neue Strategien ausdenken, Zeit für mich zu finden. Müde von einem langen Tag, setzte ich mich auf das Sofa, während Mtito sich ins Schlafzimmer zurückzog, seinen »sicheren Hafen«, wo er sich am wohlsten fühlte, egal ob unter der Kommode, auf oder unter dem Bett.

Kurz bevor die Nacht den Himmel verdunkelte, hörte ich ein Brummen am Himmel, das näher kam. Es war Danny, der vom Einsatz gegen Wilderer zurückkehrte. Auch Mtito hatte inzwischen gelernt, was dieses Geräusch bedeutete, und kam erwartungsvoll aus dem Schlafzimmer gelaufen.

Kaum trat Danny eine Weile später durch die Tür und begrüßte mich, zupfte Mtito ihm wild am Hosenbein, sprang an ihm hoch, schnappte ihm seine Tasche weg und ärgerte ihn auf jede erdenkliche Art, um ihn herauszufordern. Danny wurde das bald zu viel, und er versuchte, ihn zu packen. Die beiden rauften miteinander, bis Danny Mtito am Nacken packte, auf den Rücken kippte und ihn in harschem Ton stoppte: »Mtito, nein!«

Dies war kein neugeborenes Leopardenkind mehr, das war ein möchtegernstarker Leopard, der Dannys Autorität in Frage stellte. Daher musste er Mtito die Rangordnung ganz schnell deutlich machen. Die kleine Balgerei endete bald, doch es war klar, dass Mtito Danny an meiner Seite nicht so gern sah – er wollte mich für sich allein. Aber er musste feststellen, dass ihm dazu die Kräfte fehlten – noch.

»Der Kerl wird übermütig«, warf Danny in den Raum. »Wenn er nicht seine Grenzen kennenlernt, wird er eines Tages gefährlich werden.«

»Und was schlägst du vor?« fragte ich.

»Auf alle Fälle muss er bald raus aus dem Haus. Er braucht ein eigenes Zuhause.«

»Denke ich auch«, stimmte ich zu. »Wir sollten ihm ein Gehege vor dem Haus bauen, wo er zumindest tagsüber eine gewisse Zeit verbringen kann.«

»Weißt du eigentlich, dass eine interne Studie des *Wildlife Service* über Leoparden mit der Empfehlung endet, alle Leoparden, die von Hand aufgezogen oder in einer Falle für Problemleoparden gefangen werden, zu töten und gar nicht erst den Versuch zu unternehmen, sie wieder auszuwildern?«, gab Danny zu bedenken.

Mir stockte der Atem. »Aber Mtito ist kein Problemleopard, der bereits Konflikte ausgelöst hat. Er ist gesund und wild. Auch wenn er von uns per Hand aufgezogen wurde – er hat keinen Grund, ein Ziegenfresser oder Menschenkiller zu werden.«

Ich wollte daran glauben, dass Mtito eine Chance haben würde. »Hier im Tsavo leben nur wir und ein paar Ranger. Wenn er später ausgewildert wird, hat er gute Chancen, weder Viehherden noch Menschen zu begegnen. Der Tsavo ist Mtitos einzige Chance«, hielt ich Danny entgegen.

»Ich weiß«, beruhigte er mich. »Wir werden seine Entwicklung genau im Auge behalten müssen. Aber das ist gerade das geringere Problem.« Danny schien abgelenkt und nachdenklich. »Von Somalia aus sind wieder Gangs im Park. Sie sind schwer bewaffnet und haben es sicher auf Elfenbein abgesehen.«

»Woher wisst ihr das?«

»Von den Informanten in den Dörfern, die verdeckt arbeiten. Die Banditen waren vom Flugzeug aus nicht zu sehen, aber ich habe am Verhalten der Tiere bemerkt, dass etwas nicht stimmt. Die Elefanten meiden die ganz nördlich gelegenen Gebiete, haben sich in größeren Gruppen zusammengeschlossen und sind, soweit die Kälber mithalten können, ständig auf Wanderung. Sie spüren, dass Gefahr droht.«

»Was ist euer Plan?«

»Ich hab da so eine Idee mit Sergeant Hammud …«

»Sergeant Hammud, die Geheimwaffe?«

»Ja, genau. Er ist der beste Mann für diese Operation. Er ist Somali, er kennt sich mit den Shifta aus, und er ist erfahren.«

Sergeant Hammud war eine Legende! Als ich den schlanken, hochgewachsenen Mann das erste Mal traf, zog mich seine Aura sofort in den Bann. Er lief aufrecht, stolz und würdevoll, mit der für Somalis so typischen Leichtigkeit im Gang. Sein Gesicht war schmal und markant, sah hart aus. Es trug schlecht verheilte Wunden und Narben, die großen Augen wurden stechend, wenn er wütend war.

»Er hat auch Menschen getötet, das ist wahr«, ergänzte Danny, als würde er meine Gedanken lesen können. »Wir haben sogar gegeneinander gekämpft, auch mit heftigen und langen Schusswechseln, als er noch auf der Seite der Wilderer stand. So effektiv wie Sergeant Hammud heute für uns ist, so effektiv war er früher auf der anderen Seite, und er hat viele, sehr viele Elefanten auf dem Gewissen.«

»Wie kam er denn eigentlich zum *Kenya Wildlife Service*?«

»Ach, das war die typische Geschichte. In einem Schusswechsel mit Rangern wurde er von einer Kugel getroffen und dann verhaftet. Danach hat er die Seiten gewechselt und ist heute einer der furchtlosesten und erfolgreichsten Offiziere innerhalb des KWS.«

»Ich erinnere mich an einen Fußmarsch mit ihm den Tiva River entlang. Ich fühlte mich absolut sicher an seiner Seite. Seine Augen leuchteten vor Lebensfreude, und er hat ein ansteckendes Lachen«, schilderte ich.

»Auch die Ranger haben viel Respekt vor ihm. Er ist freundlich zu ihnen, gerecht und bestimmt. Und alle kennen seine legendären Geschichten. Aber keiner wünscht sich ihn zum Feind, denn er tötet, ohne mit der Wimper zu zucken, und ist zudem extrem akkurat beim Zielen seiner tödlichen Kugel«, sagte Danny, machte eine kurze Pause und fuhr fort: »Doch nun nur noch im Einklang mit dem Gesetz.«

Mir lief ein Schauer über den Rücken, aber ich wusste, da draußen in der Savanne wird nicht lange gefackelt, da geht es ums Überleben, wenn Shifta und Ranger aufeinandertreffen.

»Wir müssen an die Hintermänner der Typen rankommen, die die Elefanten wildern. Sergeant Hammud ist vertrauenswürdig. Er ist abgehärtet, furchtlos, entschlossen, präzise und absolut zuverlässig. Er kennt die Strategien der Banditen, weiß, wie sie denken, wie sie sich bewegen. Und er hat viele nützliche Kontakte, kurzum: genau der richtige Mann für unsere Aktion.«

Es war spät geworden an diesem Abend, und wir wollten schlafen gehen. Doch als ich das Schlafzimmer betrat, traute ich meinen Augen kaum: Es sah aus, als hätte es einen Schneesturm über Tsavo gegeben. Mtito hatte sich den gesamten Vorrat des vorsorglich versteckten Toilettenpapiers geschnappt und es sich gründlich vorgenommen, in tausend Stücke gerissen und im gesamten Raum verteilt. Jetzt ruhte sein Kopf seelenruhig auf den ausgestreckten Vorderbeinen, und er blickte zu mir auf. Er zog nur eine Augenbraue hoch, als wollte er mir sagen: »Ich hab damit nichts zu tun, im Gegenteil, diese Unordnung widert mich an.«

Ich war alles andere als erfreut; auf diese Extra-Arbeit hätte ich gern verzichten können. Unbeteiligt schaute Mtito zu, wie ich das Chaos beseitigte, ohne dass er auch nur einmal mit den Fetzen spielte. Erst als ich auch noch seine Decke nahm und vor der Tür ausschütteln wollte, zeigte er eine Reaktion. Er packte die Decke mit den Pranken und zerrte so lange daran, bis er sie wieder in seine Höhle geschleppt hatte. Dann kletterte er aufs Bett, wie er es die Nächte zuvor getan hatte, als Danny unterwegs gewesen war.

»Raus«, herrschte Danny den Kater an, der leicht fauchend und äußerst widerwillig die Bettdecke verließ und sich noch nicht ganz zurückzog, sondern auf dem Boden neben dem Bett hocken blieb. Die harten Einsatztage zeigten ihre Wirkung, und Danny schlief schnell ein. Mtito beobachtete ihn dabei sehr aufmerksam, denn nun gab Danny Laute von sich, die er am Tag von ihm noch nicht gehört hatte: Danny schnarchte. Es brauchte einige Zeit, bevor Mtitos Interesse an diesem neuen Geräusch erlahmte und er sich müde unter die Kommode zurückzog.

Bevor auch ich einschlief, blitzten die Gedanken durch meinen Kopf. Was sollte mit Mtito werden? Bislang hatten mich Freunde und Bekannte vor einem männlichen Leoparden gewarnt, aber nun kreisten auch noch Dannys Worte von der Studie im Kopf, dass es nicht ratsam sei, überhaupt den Versuch zu unternehmen, einen Leoparden aufzuziehen und wieder auszuwildern. Düstere Prognosen stellten diese Experten!

Machte ich mir etwas vor? Täuschten mich Knopfaugen, Stupsnase und flauschiges Fell darüber hinweg, dass ich einen potenziellen Killer aufzog? Ich wollte nicht aufgeben – und ich konnte es auch gar nicht mehr. Noch in dieser Nacht beschloss ich, mir alle verfügbaren Studien über Leoparden zu besorgen, um mir einen Überblick über die Expertenmeinungen zu verschaffen. Müde drehte ich mich auf die Seite und versuchte zu schlafen.

Danny stand bereits um halb vier in der Früh auf, um sich auf eine weitere Patrouille vorzubereiten. Mtito zeigte sich über diese unerwartete Aktion mitten in der Nacht hocherfreut, kroch unter der Kommode hervor und startete energiegeladen kleine Attacken auf Danny. Während Danny in dem stockdunklen Haus im Schein seiner Taschenlampe mühevoll seine Uniform zusammensuchte und in seine Reisetasche packte, riss Mtito seine Klamotten sofort wieder heraus. »Nein, stopp!«, zischte Danny und scheuchte Mtito aus dem Raum. Doch während Danny noch einige Socken aus dem Kleiderschrank holte, hatte Mtito schon wieder Hemden aus der Tasche gestohlen.

»Du machst mich wahnsinnig!«, rief Danny und fand die ganze Sache überhaupt nicht lustig.

Er legte die Tasche außerhalb Mtitos Reichweite auf die Kommode, doch nun entwickelte der kleine Leopard eine neue Taktik: Er attackierte die Hosenbeine und Schuhe, sprang an Danny hoch. »Nana, bitte halt mir das Tier jetzt vom Leib«, forderte mein Mann sichtlich genervt. Ich konnte Mtito packen, ihn festhalten, und Danny trank schnell noch seinen Kaffee. »Das geht so nicht weiter mit dem Raufbold, er muss bald raus«, rief er noch zwischen Tür und Angel.

Kaum war er verschwunden, beruhigte sich Mtito und hockte sich ruhig neben mich, die Vorderbeine unter den Kopf gelegt. Er hatte sein Ziel ja erreicht: Danny verschwand erst einmal wieder aus meinem Umfeld.

Da ich nun eh schon wach war, stand ich auch gleich auf. Ich ging ins Bad, um schnell zu duschen. Bislang war dieser Ort eine Tabuzone für Mtito gewesen. Sobald der Duschkopf mit zischendem Geräusch anfing Wasser zu sprühen, flitzte er normalerweise aus dem Raum. Doch heute guckte er neugierig um die Ecke, schaute mich kurz an und sprang dann an den Duschvorhang. Er zog mit seinen Krallen so stark daran, dass das gute Stück abzureißen drohte. Ich richtete den Duschkopf sofort auf ihn, sodass er nass gespritzt wurde. Das wirkte. Angewidert ließ Mtito den Vorhang augenblicklich los und zog sich zurück. Dann schüttelte er heftig seine Pfoten und reinigte sich mit ihnen den nassen Kopf.

»Gewonnen«, dachte ich, trocknete mich ab und ging ins Schlafzimmer. Aber das Bad war noch nicht trocken, da schlich Mtito zurück und benutzte den Ort als Katzenklo. Nicht ohne auch gleich noch eines der Handtücher von der Stange zu Boden zu reißen. Ich kam hinein und fluchte. Mtito verstand und machte sich schleunigst aus dem Staub.

Vor lauter Frust knabberte er zunächst das Kabel vom Weltempfänger an, dann das von unserem einzigen Ventilator. Die Liste von Neuanschaffungen und Reparaturen für unseren nächsten Flug in die Provinzstadt Voi wuchs über die Papierlänge hinaus. Auch das geflickte Moskitonetz überm Bett musste ersetzt werden, und ich benötigte neue Schnürsenkel, weil Mtito mir die alten aus den Schuhen geklaut hatte.

Nachdem ich die Aufräumaktionen beendet hatte, ging ich, immer noch vor Tagesanbruch und mit meiner Stirnlampe auf dem Kopf, in mein Arbeitszimmer. Ich wollte endlich in den Fachbüchern, die sich auf meinem Schreibtisch stapelten, nachsehen, was die »Ptuff, ptuff«-Geräusche zu bedeuten hatten. In den Büchern fanden sich viele allgemeine Erklärungen, aber wenig Konkretes, und nichts über die Sprache der Großkatzen. Nur an einer Stelle entdeckte ich schließlich einen Hinweis. Es gäbe einen Laut, das sogenannte Prusten, mit dem sich Leopardenmütter und -kinder begrüßen würden. »Ptuff, ptuff?« Vielleicht war es das? Ein Prusten?

Es ließ mir keine Ruhe, ich wollte es ausprobieren, schlug das Buch zu, ging zu Mtito und ahmte seinen Ruf bestmöglich nach: »Ptuff, ptuff!«

»Ptuff, ptuff«, hallte es zurück. Er kam auf mich zugelaufen und schmiegte sich an mich. Tatsächlich, das war wohl der Laut, den Leopardenmütter und ihre Kinder benutzten, um sich zu rufen und zu begrüßen.

Danach wandte sich Mtito wieder Elsa zu und trug sie im Maul stolz durchs Wohnzimmer. So war er nun beschäftigt, eine gute Gelegenheit für mich, mir Frühstück zu machen. Sehnsüchtig wartete ich dabei auf den Sonnenaufgang.

Kaum erwachte der Tag, ging ich hinaus, um die Wäsche abzunehmen, die vor dem Haus auf der Leine hing. Selbst die Nächte waren inzwischen so warm, dass die Sachen längst getrocknet waren. Mtito tapste mir hinterher, blieb aber nicht wie gewohnt auf Abstand zur Wäscheleine. Bisher hatten ihn flatternde Hemden und Hosen, die im Wind fremde Geräusche machten, abgeschreckt wie Vogelscheuchen die Krähen auf dem Acker. Nun aber kam er näher.

Ich sammelte die Kleidungsstücke ein und warf sie in einen bereitgestellten Korb. Mtito sprang in den Behälter mit der sauberen Wäsche, wühlte darin und zog ruckzuck seine »Opfer« heraus. Noch bevor ich dazwischengehen konnte, breitete er die gewaschenen Bettbezüge über dem roten Erdboden aus wie erlegte Beute.

»Oh nein!«, rief ich wütend. Ich fand das wirklich nicht besonders lustig, denn viele Teile mussten jetzt noch einmal gewaschen werden, und das bei unserer konstanten Wasserknappheit in Ithumba. Die Zerstörungen unseres Mobiliars, unserer Kleidung und Wäsche nahmen stetig zu, und ich kam zu dem Schluss: Mtito musste wirklich raus aus dem Haus, er brauchte mehr Auslauf. Er musste mehr und mehr in seiner natürlichen Umwelt leben, sich den Herausforderungen der Savanne stellen, auch wenn ich ihn dabei bis auf Weiteres ständig würde begleiten müssen.

6
Eine weite Welt

»Ptuff, ptuff«, so begrüßte mich Mtito an diesem Morgen Mitte März wie gewohnt. Er kam aus seinem Versteck gelaufen und forderte mich zum Spielen auf. Ich wollte ihn mehr und mehr draußen beschäftigen, damit er nicht mehr so ein großes Chaos im Haus anrichtete. Dafür zog ich den Lederhandschuh aus, den ich immer beim Füttern trug, und warf ihn über die Veranda hinaus in den Garten. Mtito rannte hinterher, vergaß dabei alles um sich herum, was ihn sonst erschreckt hatte, schnappte sich das zähe Ding mit den Zähnen und kam damit im Maul angerannt, als wäre er ein ausgebildeter Apportierhund.

Ich hielt ihn fest und streichelte ihn. Mir fiel auf, dass er nun, nach mehr als einem Monat bei uns, sein Aussehen weiter verändert hatte. Seine Wimpern waren länger geworden und die Tasthaare an der Wange und den Augenbrauen kamen heraus. Seine Zunge strich zunehmend rauer über meine Haut. Das Bauchfell erschien dichter, die Haare auf dem Rücken glänzten und fühlten sich viel weicher an. Die Fußballen verloren ihre glänzende Oberfläche, waren nun lederig rau.

Als ich ihn auf die Waage stellte, zeigte sie ein stattliches Kilogramm mehr an als nach Mtitos Ankunft in Ithumba. Ich nahm ein Metermaß, las seine Schulterhöhe ab und staunte nicht schlecht: Im ersten Monat hatte er immerhin acht Zentimeter zugelegt. Er war so sehr gewachsen, dass er nun auch mit seinen Hinterbeinen von meinem Schoß rutschte, wenn ich ihm die Flasche gab. Sehr zu seinem Leidwesen: Er strampelte und klammerte, versuchte sich irgendwie klein zu machen, um weiterhin auf meinen Beinen liegen zu können. Aber auch wenn er noch so gern der Kleine sein wollte, verlor er doch mehr und mehr seine kindlichen Züge. Der Kopf nahm immer stärker die Konturen einer großen Raubkatze an, und die Muskulatur bildete sich aus.

Obwohl er die Flasche leer getrunken hatte, protestierte er, als ich ihn vom Schoß nehmen wollte. Er klammerte sich an mein Hosenbein. Aber ich hielt den Zeitpunkt für gekommen, ihm nun mehr von der Savanne vor unserer Haustür zu zeigen, damit ich ihn so noch besser an seinen wilden Lebensraum gewöhnen konnte.

»Komm, Mtito, wir gehen raus«, rief ich ihm zu, und als ob er mich verstanden hätte, galoppierte er auf die Wiese. Die Scheu der ersten Wochen, als er nur von der Veranda aus in die Ferne geschaut hatte und bei jedem kleinen Geräusch zusammenschrak, war offensichtlich vergangen. Mtito lief hinaus.

Wir nahmen den Weg ins Tal unterhalb des Hauses, vorbei am Wasserloch und dem großen Tamarindenbaum. Nach einigen hundert Metern verließen wir den befestigten Weg und liefen auf einem kleinen überwucherten Pfad durchs Dickicht. Mtito freute sich über die neue Umgebung. Gräser strichen über sein Fell, und unter den Pfoten spürte er den weichen Sand. Seine Ohren lauschten ständig und folgten selbst dem kleinsten Brummer, der von Blüte zu Blüte flog. Ich blieb dicht bei ihm, immer wieder drehte er sich um und versicherte sich meiner Nähe. Mir war es eine Freude, dabei sein zu dürfen, wenn er die vielen kleinen Dinge des Lebens in seiner Umwelt entdeckte.

Mtito stöberte unaufhörlich links und rechts des Weges und hielt die Nase immer wieder dicht über dem Boden. Mit den Pfoten drückte er die Halme des hohen Grases hinunter und hatte seinen Spaß, wenn sie wieder hochschnellten. Auch die herunterhängenden Äste kleiner Bäume versuchte er zu packen. Er sprang hoch, hielt mit den Vorderpfoten kleine Zweige fest und zog sie herunter. Manchmal fiel er dabei etwas tollpatschig auf die Seite, und ich musste lachen. Dann blickte er mich verunsichert an.

Doch seinem Forscherdrang tat das keinen Abbruch. Unter einem Baum fand er ein herabgefallenes Nest von Webervögeln. Diese kunstvoll verknoteten Geflechte aus trockenem Gras, die die Größe eines Handballs erreichen, hängen nur mit einer Faser befestigt am Baum. Vertrocknet diese Verbindung zum ewig wippenden Zweig, fallen die federleichten Hohlkörper hinunter.

»Mtito, los, schau doch mal, ob was darin ist.«

Der Tonfall und die Art, wie ich sprach, machten ihn noch aufgeregter. Er näherte sich nur langsam dem strohigen Gebilde. Vielleicht hatte er Witterung von den ehemaligen Bewohnern des Nestes aufgenommen. Dann, als er nah dran war, zuckte sein Kopf zurück, als wäre es ihm doch nicht geheuer.

»Los, nicht aufgeben«, unterstützte ich Mtitos Abenteuerlust. Mehrmals schlug er mit einer Pfote gegen das Nest, und kurz darauf nahm er das Fundstück zwischen die Vorderpfoten und zerfledderte es in Sekundenschnelle. Vermutlich war es für ihn wie eine Verpackung ohne Inhalt, irgendwie enttäuschend. Er schaute mich fragend an.

»Ja, hast du prima gemacht«, lobte ich ihn. Doch er verlor das Interesse an seiner Entdeckung, stand auf und würdigte die Reste seines Spielzeuges keines Blickes mehr.

Kaum ein paar Schritte weiter, spürte er einen Käfer auf, der sich mühsam seinen Weg über den unebenen Boden bahnte. Dieses komische Ding bewegte sich wenigstens, im Gegensatz zu dem Nest. Mtito stieß das krabbelnde Insekt mehrfach mit einer Pfote an.

Nun reagierte ich anders als zuvor, ich warnte ihn vor allzu forschem Vorgehen.

»Schön langsam, Mtito. Aufgepasst!«

Tatsächlich konnte der Leopard meinen Tonfall unterscheiden. Er blieb kurz stehen, doch der Käfer nutzte die Chance und flüchtete, tippelte nun schneller durch den Sand, was Mtitos Jagdinstinkt noch mehr weckte. Er attackierte die fliehende Kreatur, nahm sie zwischen die Zähne, als wollte er sie verspeisen, spuckte den Käfer aber sofort wieder aus. Dabei zog er die Lippen hoch und rümpfte protestierend die Nase. Offenbar traf das Insekt nicht seinen Geschmack.

»Siehst du, immer langsam. Und vorsichtig«, kommentierte ich seine Erfahrung.

Der Käfer landete auf den Beinen, schien dank seines elastischen Panzers unverletzt und suchte sofort Schutz unter einem Stein. Mtito fand offensichtlich, dass er die Mühe weiterer Jagdversuche nicht wert war, und ließ ihn in Ruhe.

Seine Sinne liefen auf Hochtouren. Die Nase bewegte sich unaufhörlich hin und her, die Lauscher drehten sich, und die Augen hatte er die ganze Zeit weit offen. So viel Unbekanntes gab es zu entdecken!

Von einem Baum in der Nähe hörten wir lautes Gezeter. Mir war dieses Geräusch vertraut, ihm aber nicht. Grauwürger saßen dort, gesellige Sperlingsvögel, die im Tsavo Park nicht selten in Gruppen auftauchen und sich meist viel mitzuteilen haben. Mtito stoppte, lauschte und beobachtete. Seine Augen wanderten von einem Vogel zum anderen, als wollte er sie zählen. Vor Aufregung begann seine Schwanzspitze zu zittern.

Ich schwieg und war selbst gespannt, was er nun unternehmen würde. Mtito peilte die Schreihälse an. Er duckte sich ab, schlich näher, als würde er über dem Boden schweben. Den Bauch dicht über der Erde, die Schulterblätter hochgedrückt, setzte er lautlos Pfote vor Pfote. Mein Atem stockte, als ich die Szene gebannt beobachtete. Würde er tatsächlich seinen ersten Fang machen? Nur noch wenige Meter trennten ihn von seiner Beute, dann erreichte er den Baum.

Ich drückte ihm einerseits die Daumen, andererseits tat mir der Vogel leid, den er gleich erwischen konnte. Unbeweglich stand ich einige Meter hinter Mtito. Ich konnte beobachten, wie er seine Muskulatur anspannte, den Kopf noch tiefer nahm und zum Sprung ansetzte. Gerade als er hochschnellen wollte, flatterten die Vögel laut schreiend in den Himmel auf und ließen Mtito ratlos blickend hinter sich zurück. Er legte die Ohren an, leckte sich mit der Zunge über die Nase und zeigte seinen unglücklichsten Augenaufschlag.

»Na, das musst du noch üben, Mtito«, rief ich ihm zu, nicht ohne ihn zu loben. »Gut gemacht, Mtito, gut.« Sofort lief er weiter, als wäre seine Ehre wiederhergestellt.

Offensichtlich genoss Mtito unseren Spaziergang. Er stöberte aufgeregt zwischen den Büschen umher, rief häufig »ptuff, ptuff«, um Kontakt zu halten und den Abstand zu mir nicht zu groß werden zu lassen.

Während er lautlos seine Pfoten auf den Boden setzte, knackten bei mir kleine Zweige und Blätter unter den Schuhen. Mal wehte mir die leichte Brise den Gestank eines frischen Dunghaufens von einem Büffel in die Nase, dann wieder duftete es nach Blüten. Mtito, da war ich mir sicher, hatte zwischen diesen Extremen sicher noch Dutzende anderer Abstufungen und Nuancen wahrgenommen.

Nicht lange, und er verschwand tief im Gras. Zwischen den trockenen braunen Halmen konnte ich ihn kaum noch sehen. Dafür hörte ich plötzlich den spitzen Ruf eines großen Raubadlers, der soeben aus dem Nichts dicht über Mtitos Kopf gesaust war und einen Bogen machte, um erneut anzugreifen. Ein Leopardenkind dieser Größe passte durchaus ins Beuteschema des großen Greifs. Panisch rannte ich, so schnell ich konnte, zu Mtito und schrie laut, um den Vogel zu vertreiben. Der Adler segelte bereits mit hoher Geschwindigkeit auf ihn zu, sah mich dann aber wild fuchtelnd auf ihn zustürmen, drehte ab und schwebte laut protestierend davon.

Mir fiel ein Stein vom Herzen, dass ich den mächtigen Vogel gerade noch rechtzeitig vertrieben hatte. Als ich danach sofort ins Gras stiefelte, fand ich Mtito zunächst nicht. Ich rief und suchte ihn, hörte aber keinen Mucks. Er musste doch irgendwo dort sein, konnte doch nicht vom Erdboden verschluckt worden sein! Dann stöberte ich ihn auf. Tatsächlich hätte ich fast auf ihn treten können, denn vor Schreck hatte er sich ganz klein gemacht und dicht an den Boden gepresst. Als ich ihn ansprach, sprang er auf und grüßte mich mit seinem Prusten und kleinen Freudensprüngen. Ihm war nichts passiert. Diesmal hatte er Glück gehabt.

Im Tsavo jagen viele Greifvögel von beachtlicher Größe. Der weit verbreitete Raubadler stellte die größte Gefahr aus der Luft für Mtito dar. Dieser Vogel hat eine Flügelspannweite von mehr als einem Meter achtzig. Mit seinen messerscharfen Krallen an den Füßen und seinem dolchartigen Schnabel am Kopf hätte er Mtito blitzschnell packen und töten können. Danny hatte schon beobachtet, wie ein Raubadler Dikdiks erbeutete. Diese Zwergantilopenart ist ausgewachsen etwa so groß, wie Mtito jetzt mit seinen zwei Monaten war.

Solange sich der kleine Kerl im Schutz von hohem Gras oder Büschen bewegte, war er vor Attacken einigermaßen sicher. Aber wenn er die Deckung verließ, konnte der Adler seine Chance zum Anflug nutzen. Diese Vögel besitzen sehr gute Augen, mit denen sie ihre Beute schon aus großer Höhe entdecken können.

Ich schaute in den Himmel, um zu sehen, ob noch Gefahr drohte. Doch in jeder Richtung schien die Luft rein, kein einziger Adler weit und breit. Mein Herz aber raste noch immer. Ich blieb nun näher an Mtito dran, um ihn im Notfall wieder verteidigen zu können.

Mtito hatte der Zwischenfall offenbar nicht weiter beeindruckt, denn schon bald sprang er wieder furchtlos durch das trockene Steppengras und versuchte vergeblich, Schmetterlinge am Wegesrand zu jagen.

Als er mit seinen großen Pranken und tollpatschigen Sprüngen versuchte, die durch die Luft tanzenden Insekten zu fangen, musste ich lachen, doch davon ließ er sich nicht stören, sondern fühlte sich eher angespornt. Er tobte völlig selbstvergessen durch die Gegend.

Die Sonne stieg höher, und es wurde unerträglich heiß. Zeit, den Morgenspaziergang zu beenden. Wir waren schon fast zurück am Haus, als ich aus einer Akazie Klick-Geräusche hörte. Mtito blieb stehen, dann sah ich, wie eine Meerkatze vom Stamm sprang und langsam näher kam.

Das Klicken kam von diesem Tier, mit diesem Ruf warnen sich die Artgenossen vor Gefahren am Boden. Meerkatzen heißen zwar Katzen, sind aber pudelgroße schlanke Affen mit einem grauen bis olivgrünen Fell. Sie leben in großen Gruppen, und Leoparden sind ihre größten Feinde. In Kenia sind sie weit verbreitet, wenig menschenscheu und treiben besonders gern in Hotelanlagen ihr Unwesen, wo sie auf den Dächern lauern und bei erstbester Gelegenheit den Touristen das Frühstück vom Tisch klauen. In Ithumba besuchten uns jeden Tag mehrere Affenfamilien, die auf der Suche nach Futter durch das Hauptquartier zogen.

Jetzt kreischte der Affe, der als Späher für den Trupp Ausschau hielt. Er hatte Mtito entdeckt, aus der Nähe inspiziert und alarmierte die Affenbande: »Leopard in Sicht!«

Im Nu hallte ein riesiges Gezeter aus allen Richtungen von den Baumwipfeln um uns herum, das bis in weite Ferne zu hören war. Der Alarm verfehlte nicht seine Wirkung. Mtito erschrak, flüchtete, so schnell er konnte, in Richtung Haus, überquerte im Eiltempo die Veranda, raste vorbei am Napf voller Fleisch hinein in unser Schlafzimmer bis unter die Kommode. Dort blieb er mucksmäuschenstill liegen, bis das Geschrei verhallte.

Ich ging schmunzelnd hinter ihm her ins Haus und erzählte Kimwele in der Küche von unseren Abenteuern beim ersten großen Ausflug. Er schüttelte den Kopf, während er einige Töpfe abtrocknete, und lachte. »Dann wird er ja gut schlafen, der kleine Entdecker.«

»Zum Glück stellen die Affen keine Gefahr für Mtito dar«, meinte ich.

»Nein, das tun sie nicht«, bestätigte Kimwele. »Aber er wird lernen, sie zu hassen. Solange er so unerfahren ist, werden sie ihm mit ihrem Alarm jeden Pirschversuch zunichtemachen. Alle anderen Tiere reagieren darauf und flüchten.«

Draußen vor dem Fenster hatte sich die Lage beruhigt, doch einige Meerkatzen hoppelten noch übers Haus. Wir hörten es ploppen und klackern, wenn sie im leichten Sprint auf dem Dach liefen. Dann wurde es ruhig: Sie schienen weitergezogen zu sein.

Ich putzte zusammen mit Kimwele die Küche, als ich zufällig durchs Fenster Mtito draußen erblickte. Offenbar hatte auch er mitbekommen, dass die Affen wieder verschwunden waren.

»Oh nein«, rief ich Kimwele noch zu, als ich sah, dass Mtito es schaffte, sich unter dem Maschendrahtzaun hindurchzuzwängen, den ich um unsere Wüstenrose gespannt hatte. Eine Schutzmaßnahme, denn er biss öfter bei seinen Ausflügen in Blätter und Pflanzen, sogar in Wurzeln und Baumrinden. Die Wüstenrose vor unserer Küche aber war hochgradig giftig, deshalb hatte ich sie vorsorglich eingezäunt.

Ich lief hinaus, schrie Mtito an, er solle von der Rose wegbleiben, doch es war schon zu spät. Er hatte in die Pflanzenknolle gebissen, und in Sekundenschnelle wälzte und krümmte er sich. Vor seinem Maul bildete sich weißer Schaum. Er fauchte und zischte. Mein Herz pochte schneller, ich bekam große Angst um den kleinen Leoparden und schnappte mir in der Küche einen Liter Milch. Kimwele kam hinzu. Er hielt Mtito fest und ich goss dem leidenden Tier Milch ins Mäulchen, um das Gift zu neutralisieren und auszuspülen. Kurze Zeit später hörte der Schaum auf, aus der Schnauze zu blubbern. Ich begann Hoffnung zu schöpfen, dass alles nicht so schlimm sei. Mtito aber wand sich vor Schmerz weiter auf dem Boden und blickte uns dabei mit weit aufgerissenen Augen und offenem Maul an.

»Bei manchen Völkern wird der Saft aus Knolle und Stamm als Pfeilgift benutzt«, gab Kimwele zu bedenken. »Damit jagen sie Großwild, weil es die Tiere schnell tötet; sie können dann nicht mehr weit laufen und nicht aus dem Blickfeld verschwinden.«

Wir nahmen Mtito mit ins Haus und beobachteten ihn weiter. Er kam nicht zur Ruhe und rannte eine Zeit lang wie aufgezogen von einer Ecke in die andere. Eine halbe Stunde später fiel er dann schließlich erschöpft in Tiefschlaf.

»Er wird das überstehen«, beruhigte mich Kimwele. »Er hat das Gift zwar im Magen, aber es ist nicht in seinem Blut. Das macht einen großen Unterschied aus.«

»Aber wir wissen nicht, wie viel er abbekommen hat, und wir haben keine Ahnung, was das Zeug mit ihm macht«, hielt ich entgegen.

Kimwele winkte nur ab. »Keine Sorge, wenn er bis jetzt überlebt hat, dann wird er es überstehen.«

Ich blieb neben Mtito sitzen und beobachtete ihn aufmerksam, schaute auf seine Reaktionen im Schlaf. Gelegentlich zuckte er mit den Muskeln und gab knurrende Geräusche von sich. Aber sonst sah ich nichts, was mich weiter beunruhigt hätte.

Nach zwanzig Minuten wachte der kleine Patient auf, durchstöberte das Haus sichtlich aufgewühlt, nervös und ziellos, war wie aufgezogen. Ich schnappte ihn, packte ihn zum Trost doch noch einmal auf meinen Schoß und gab ihm zwei volle Flaschen Milch zu trinken, die er bis auf den letzten Tropfen ohne Unterbrechung gierig leerte. Dann legte er sich wieder unter die Kommode und schlief weiter. Der Nachmittag verlief im gleichen Rhythmus, und auch in der Nacht wachte er mehrfach auf, trottete zum Wassernapf und trank ungewöhnlich viel.

Ich schlief schlecht in dieser Nacht und machte mir Sorgen. Wie sollte Mtito nur allein in der Wildnis klarkommen? Unendlich viele Gefahren drohten dort. Seine Leopardenmutter hätte ihm alles beibringen können, was er zum Überleben brauchte. Aber ich?

Hin und wieder hörte ich ein Klappern. Wohl von Mtitos Napf, dachte ich. Wie gut, wenn er trinkt, dann wird er sich gesund schlafen. Ich drehte mich auf die andere Seite und schlief dann doch endlich ein.

Am Morgen traf ich Kimwele in der Küche. »Nana, komm mit, ich zeig dir etwas«, sagte er und ging voraus in den Garten. »Hier, schau.« Kimwele deutete mit dem Zeigefinger einer Hand auf den Boden.

»Das sind ja Leopardenspuren, richtig große Tatzen«, rief ich überrascht.

Kimwele nickte und fügte hinzu: »Das muss ein großer Kater gewesen sein.«

Rund um das Haus fanden wir zahllose weitere Fußabdrücke im Sand. Sie führten auch zur Vogeltränke. Offenbar hatte der mächtige Leopard in der Nacht vor meinem Schlafzimmerfenster daraus getrunken. Das war es, was ich in der Nacht scheppern gehört hatte. Es war dieser fremde Leopard und nicht Mtito gewesen!

»Ich kam in der Nacht vom Generatorhaus zurück«, erzählte mir Kimwele weiter, »da lief der Leopard direkt vor mir über den Weg. Ein großes Tier. Ich habe meine Taschenlampe auf ihn gerichtet, der Kerl sprang zur Seite und duckte sich unter einem großen Stein ab.«

»Und du hattest keine Angst?«

»Es ging alles so schnell! Ich ging langsam, aber stetig und hoch aufgerichtet an ihm vorbei, und der Kater blieb völlig reglos, stumm und unsichtbar. Kein Fauchen, kein Drohen. Es war merkwürdig.«

»Glaubst du, er weiß, dass hier ein Leopard im Haus ist?«, fragte ich.

»Aber sicher weiß er das. Genau das wird ihn so nah ans Haus gelockt haben. Er wird sein Revier abgegangen sein. Dabei hat er Mtitos Fährte aufgenommen und wollte dann genauer nachschauen. Am Ende hat er sein Territorium mit seiner Duftmarke markiert.«

Zwei Kater? Das konnte böse für Mtito enden, denn der ausgewachsene Leopardenkater würde ihn in seinem Revier nicht dulden. Von nun an, das wusste ich, musste ich noch wachsamer sein, wenn ich mit Mtito spazieren ging.

Mtito schlief länger als gewohnt. Als er aufwachte, war er wieder ganz der Alte, vielleicht ein wenig schwächer als tags zuvor und von einer laufenden Nase geplagt – aber sonst gab es keine Anzeichen mehr für eine Vergiftung. Er hatte die Sache wohl gut überstanden, fraß auch das Fleisch aus dem Napf, als wäre nichts geschehen.

Danach brach ich mit Mtito zum nächsten Spaziergang auf. Er kam an der giftigen Wüstenrose vorbei, schaute kurz zu ihr hinüber und kümmerte sich nicht weiter um sie. Es sah so aus, als hätte er seine Lektion gelernt.

Schnell fand er die Spuren des wild lebenden Leoparden im Sand, nahm die Witterung auf und drückte die Nase an den Boden. Er schien die Botschaft zu verstehen und antwortete in seiner Sprache: Im Stehen kratzte er mit den hinteren Pfoten am Boden entlang.

Mtito wusste instinktiv, dass hier ein Artgenosse seine Duftmarke hinterlassen hatte, und meldete nun seinerseits Besitzansprüche auf das Revier an. Ich war stolz auf ihn und zufrieden, dass er, so klein er noch war, wie ein wilder Leopard reagierte. Gleichzeitig wusste ich aber, dass Mtito den anderen Leoparden damit herausgefordert hatte. Das bereitete mir Sorgen, denn wie sollte ich ihn vor den Attacken eines ausgewachsenen Artgenossen beschützen?

Die Sonne stieg höher und erwärmte schnell die Luft über der Ebene. Mtito durchstöberte wie gewohnt das hohe Gras. Doch plötzlich stoppte er. Irgendetwas musste sein Interesse geweckt haben. Ich lief zu ihm, da kam er auch schon aus dem Dickicht, im Maul den Torso eines toten Jungvogels. Auch wenn das Küken schon zuvor von einem anderen Raubtier erlegt worden war, trug Mtito es mir als seine Beute entgegen. Stolz legte er mir das leblose Tier vor die Füße und schaute mich an, als wollte er sagen: »Siehst du, was ich schon kann?«

»Gut gemacht«, reagierte ich, und schon meinen Tonfall verstand er als Lob und begann zufrieden, seinen Fund zu verspeisen.

Während ich bei ihm saß und ihm beim Fressen Gesellschaft leistete, versuchte ich mich etwas von der unappetitlichen Prozedur abzulenken. Ich dachte an Danny, der da draußen bei seinem Einsatz gegen wildernde Banditen sein Leben riskierte, und hoffte, ihn bald wieder gesund und wohlbehalten in die Arme nehmen zu können.

Nach zehn Minuten war die Beute verspeist, Mtito leckte sich die Pranken, um sich dann mit sauberen Pfoten die Schnauze zu säubern. Als wir unsere Runde fortsetzten, peilte er jedes Federvieh an, das wir sahen. Er schien auf den Geschmack gekommen zu sein, sein Jagdtrieb war geweckt. Er drückte sich auf den Boden, legte die Ohren seitlich an den Kopf an und hielt den Schwanz flach. Lautlos lag er da, die Muskeln angespannt. Nur die Spitze seines Schwanzes tanzte und zeigte an, dass er im Jagdfieber war. Vorsichtig pirschte er von Busch zu Busch – bis ihn die Vögel doch wieder enttarnten und schimpfend aufflogen.

Als er erfolgreich alle Vögel verscheucht hatte, spielten wir Verstecken, und Mtito wollte gar nicht mehr aufhören. Mal verschwand er im Gras, und ich suchte ihn, dann stellte ich mich hinter einen Baum, und er musste mich suchen. Bis ihn dann plötzlich dieser Baum mehr interessierte als ich.

Er klammerte seine Vorderpfoten um den Stamm und schaute prüfend hoch. »Schaff ich das?«, schien er sich zu fragen. Bislang war er schon in Büschen und auf kleineren Bäumchen vor dem Haus herumgeturnt, nun aber forderte ihn dieses stattliche Gewächs heraus. Er hackte die Krallen seiner Vorderpfoten in die Rinde und verankerte sich auf diese Weise am Stamm, um dann die Hinterbeine in Pavianmanier gegen den Baum zu stemmen. Vorderpfoten umsetzen, Hinterbeine nachziehen. So kam er schnell höher und höher. Bevor ich ihn nicht mehr erreichen konnte, packte ich ihn blitzschnell, denn ich hatte Sorge, er könnte später nicht mehr hinunterfinden. Mtito aber fauchte und war sauer, dass ich ihm sein erstes großes Kletterabenteuer vermasselt hatte. Und darum wollte der Sturkopf auch nicht aufgeben.

Kaum hatte ich ihn am Boden abgesetzt und ihm den Rücken zugedreht, sprintete er einem anderen Baum entgegen und versuchte sein Glück ein weiteres Mal. Noch bevor ich ihn wieder greifen konnte, war er schon auf die höher gelegenen Äste gekraxelt.

Mehrere Meter über dem Boden, unerreichbar für mich, triumphierte er erhobenen Hauptes und machte es sich in der Baumkrone gemütlich. Er setzte sich in eine Astgabel und blickte in die Gegend wie ein Eroberer. Gleichzeitig schaute ich mir den Stamm näher an: Er trug kaum Äste und war ziemlich gerade gewachsen. Dort abwärts zu steigen würde großes Geschick und viel Erfahrung erfordern. Mir dämmerte schnell: Mtito kam da nicht mehr so ohne Weiteres herunter, er war da oben gefangen!

In Gedanken malte ich mir schon absehbare Unglücke aus, sah ihn einen gewagten Sprung machen, mit gebrochenen Knochen am Boden liegen. Wie nur sollte ich ihn ohne Schaden herunterbekommen?

Ich stellte mich nah an den Baum, blickte hoch und rief: »Mtito, komm!« Er stand zwar auf, traute sich dann aber doch nicht, sondern begann zu jammern und suchte Hilfe.

Ich beschloss, zum Haus zurückzueilen, um einen großen Stuhl als Kletterhilfe zu holen. Dazu musste ich ihn da draußen eine Viertelstunde allein lassen. Hoffentlich würde in der Zwischenzeit kein Adler die Gelegenheit für eine Attacke auf Mtito nutzen, schoss es mir durch den Kopf. So schnell ich konnte, hetzte ich zum Haus und lief mit dem Stuhl zurück zum Baum.

Mtito war nichts passiert; er wartete immer noch ungeduldig in der Krone und mauzte. Aber seine Laune schien schlechter zu werden, er fauchte mehrmals. Anstatt beim Laufen auf den Boden zu schauen, hatte ich besorgt zu Mtito hinaufgeblickt, war in ein Loch getreten und fiel ziemlich unsanft mit dem Stuhl in der Hand auf den Boden. Es muss reichlich ungelenk ausgesehen haben. Als Stiefmutter eines Leoparden fühlte ich mich in diesem Moment gänzlich unnütz. Jede Katzenmama wäre problemlos auf den Baum geklettert, hätte ihn mit dem Maul am Nacken gepackt und den Ausreißer sicher heruntergebracht. Und ich? Ich stolperte beim Rettungsversuch sogar noch über meine eigenen Füße …

Ich merkte schnell, dass selbst der Stuhl noch zu klein für mich war, um Mtito zu erreichen. Auch er begriff, dass ich es nicht schaffen würde, und begann die Tonart seines Rufens zu verändern. Aus seinem ursprünglichen »ptuff, ptuff« war ein Niesen geworden, ein ganz neues Geräusch. Dabei verzog er sein Gesicht, fauchte und wimmerte gleichzeitig und schaute mich mit weit aufgerissenen Augen an.

Mir wurde klar, dass ich Hilfe brauchte, also ließ ich Mtito erneut für kurze Zeit allein, um Kimwele zu alarmieren. Völlig außer Atem berichtete ich ihm von Mtitos Lage. Er verstand sofort, nahm eine Leiter mit, und wir rannten gemeinsam zum Baum.

»Ich habe Höhenangst, deshalb klettere ich sehr ungern auf eine hohe Leiter«, gestand ich Kimwele.

»Kein Problem«, antwortete er, »ich versuche es.«

Sprosse für Sprosse stieg der Gentleman hinauf und redete mit wenigen Worten ruhig auf Mtito ein. Der aber bekam immer mehr Angst, fauchte zunächst und knurrte dann bedrohlich.

Schließlich überraschte er uns mit dem für ausgewachsene Leoparden so typischen und haarsträubenden Bellen, das die Tiere dann von sich geben, wenn sie sich in einer lebensbedrohlichen Situation befinden. Von den Ithumba-Bergen hallte das Bellen so laut, dass nun jeder Artgenosse in der Umgebung Bescheid wissen musste: Hier befand sich ein Leopard in äußerster Not.

Sein Gebrüll zeigte Wirkung: Kimwele zuckte zurück und kletterte wieder hinunter.

»Nana, ich denke, das ist keine gute Idee«, verpackte er seine Angst in gewählte Worte.

»Ich hole dir Lederhandschuhe und ein Handtuch«, rief ich Kimwele zu, »dann kann er dich nicht beißen und kratzen.«

Als ich nun zum dritten Mal zurückkam, empfahl Kimwele eine neue Strategie. »Mtito hat jeden Schritt von dir beobachtet, er traut dir sicher mehr als mir«, meinte Kimwele, immer noch sichtlich beeindruckt von der Abwehr des kleinen Leoparden.

Nun gut, dachte ich, nahm meinen ganzen Mut zusammen und setzte langsam einen Fuß nach dem anderen auf die Sprossen der Leiter. Kimwele stützte mich von unten.

»Ruhig, Mtito, ruhig«, wiederholte ich dabei, eigentlich mehr, um mich von meiner Höhenangst abzulenken und mir selbst Mut einzureden. Der kleine Abenteurer beobachtete mich ängstlich von oben, und ich hoffte nur, bald wieder mit ihm gemeinsam auf dem Boden zu sein. Bloß weg von diesem verflixten Baum und der noch verflixteren Leiter!

Je näher ich ihm kam, desto schwindeliger wurde mir. Mtito starrte mich flehend an, aber ich konnte mich nicht überwinden, auch nur einen einzigen Schritt weiter nach oben zu steigen. Ich gab auf und kletterte zurück. Mtito schaute völlig verstört, aber er schien zu verstehen, dass ich ihn nicht retten konnte. Nun blieb er stumm.

»Ich versuche es noch einmal«, sagte Kimwele und nahm all seinen Mut zusammen. Er zog die Lederhandschuhe über und stieg hoch. Auch diesmal fauchte Mtito zunächst wieder, dann aber jammerte er, und seine Abwehr schien wesentlich weniger aggressiv als beim ersten Rettungsversuch. Als Kimwele Mtito packen wollte, verteidigte er sich kurz, gab dann aber schnell auf und ließ sich von ihm sicher hinunterbringen.

»Bravo, gut gemacht!«, freute ich mich, dass beide unverletzt geblieben waren, vom angeschlagenen Ego des kleinen Leoparden einmal abgesehen. »Hoffentlich war es ihm eine große Lehre«, rief ich Kimwele zu. Doch mir war jetzt schon bewusst, dass Mtito es wieder versuchen würde, und zwar so oft, bis er das Klettern beherrschen würde.

»Na immerhin wissen wir jetzt, dass er angsteinflößend bellen kann wie ein Großer«, sagte Kimwele. Ich bewunderte seine leichte Art, mit der er auch die bedrohlichsten Situationen entspannen konnte.

Ich packte mir Mtito wie einen Schal um den Hals, und Kimwele trug die Leiter. Mtito blieb den ganzen Nachmittag am Haus, vermutlich saß ihm der Schock noch heftig in den Gliedern.

Als er sich nach dem Fressen am Abend zurückziehen wollte, beobachtete ich zum ersten Mal, dass er alle Mühe hatte, seinen gewachsenen Schädel unter die Kommode zu schieben, ohne sich den Kopf zu stoßen. Er wechselte die Taktik und drückte sich nun rückwärts mit dem Hinterteil voran in sein liebstes Versteck.

Ihm fiel buchstäblich die Decke auf den Kopf, das Haus war ihm zu klein geworden. Oder anders ausgedrückt: Er gehörte nach draußen. Es war allerhöchste Zeit, ihm vor dem Haus ein neues Versteck anzubieten: ein Gehege, in dem er nachts geschützt schlafen konnte. Noch in dieser Nacht begann ich, dafür konkrete Pläne zu schmieden.

7
Schmerzhafte Erfahrungen

Einige Tage später begannen Danny und ich, vor unserem Schlafzimmerfenster die Erde aufzuhacken und Pflöcke in den Boden zu rammen. Nachdem wir alle Materialien besorgt hatten, halfen uns einige der Ranger, den Maschendrahtzaun zu befestigen, der das künftige Gehege von Mtito vollständig umschließen sollte. Doch der Bau sollte noch einige Zeit in Anspruch nehmen.

Der Leopard spielte unterdessen im Haus mit Elsa, dem Stofflöwen, und schien völlig unbeeindruckt von unserem Hämmern und Sägen. Als ich hereinkam, kaute er auf seinem Spielkameraden herum und hockte auf der Armlehne des Sofas, seinem Lieblingsplatz. Von dort hatte er den besten Überblick und stand gleichzeitig buchstäblich im Mittelpunkt des Geschehens.

Ich lief zur Küche, um Tee für die Ranger zu kochen, als Mtito mich plötzlich ansprang. Er krallte alle vier Pfoten in mich und begann zu beißen und zu kratzen. Darauf war ich nicht vorbereitet und erschrak. Ich spürte den schmerzhaften Griff seines Kiefers am Arm, und auf der Haut brannten die Kratzer. Ich versuchte ihn wegzudrücken, forderte ihn auf, es sein zu lassen, doch immer wieder begann er von Neuem.

Meine Güte, dachte ich, davor hatten mich alle gewarnt. Leoparden seien unberechenbar. Oder wollte er mir etwas anderes zu verstehen geben?

Es war schwierig für mich zu entscheiden, wie ernst der Angriff gemeint war. Er probierte seine Kräfte an mir aus, denn je mehr ich ihn abwehrte, desto heftiger packte er zu. Ich musste handeln und beschloss, mich zu wehren. Ich biss in sein Nackenfell, da ich wusste, dass es ihm dort nicht allzu wehtun würde, und imitierte ein leichtes Fauchen. Blitzschnell drehte er sich herum und streckte mir in Abwehrhaltung alle vier Füße entgegen wie in einem Kampf. Dann schubste ich ihn weg, er schlug mit einer Pranke zurück, erneut schlug ich ihn, und erst dann ließ er von mir ab. Er schnappte sich Elsa, sprang von der Lehne und biss vor lauter Wut und Frustration in das Stofftier. Dann wandte er sich dem Sofa zu, das auch noch seine Zähne und Krallen zu spüren bekam.

Wir hatten schon häufiger spielerisch gebalgt, aber es war das erste Mal, dass ein Spiel in eine ernstere Situation gekippt war. Ich war schockiert, mit so einer heftigen, unverhofften Attacke hatte ich nicht gerechnet. Zum Glück war er noch ein Jungtier. Aber was würde passieren, wenn er größer und kräftiger wäre?

Mir wurde deutlich, dass ich mir Rat und Unterstützung holen musste, um Mtito besser verstehen zu lernen. Dabei konnte mir nur einer helfen: unser Freund Tony Fitzjohn, ein erfahrener Experte für die Aufzucht und Auswilderung von Großkatzen. Wir hatten ihn in den vergangenen Jahren mehrfach in seinem Zuhause in Mkomazi in Tansania besucht. Er hatte dort die kleine Löwenwaisin Jipe, die ich über mehrere Monate gepflegt und aufgezogen hatte, übernommen, um sie schließlich auszuwildern. Auch er war skeptisch, ob es mir gelingen würde, einen männlichen Leoparden auszuwildern. Tony hatte achtzehn Jahre in Kora im Norden Kenias mit George Adamson zusammengearbeitet, jenem legendären Pionier, dem es erstmals in den 1950er Jahren gelungen war, in Kenia Löwen erfolgreich auszuwildern. Mit ihm zog Tony viele Löwen und einige Leopardenweibchen groß und ließ die Tiere frei, sobald sie alt und erfahren genug waren. Wenn einer wusste, wie man ein halbstarkes junges Leopardenmännchen im Zaum hält, dann war es dieser Fachmann.

Da wir in Ithumba kein Telefon hatten, nutzte ich die nächste Gelegenheit des Einkaufs in Voi, rund 150 Kilometer von uns entfernt, um ihn anzurufen. Ich wählte Tonys Nummer in Tansania, und er meldete sich am anderen Ende der permanent knackenden Leitung. Ich erklärte ihm, was passiert war, und dann sprudelte es auch schon aus ihm heraus.

»Du musst dich durchsetzen, dem Leoparden von Anfang an körperlich überlegen bleiben, damit er dich respektiert. Wenn er dich attackiert, boxt du ihm am besten so fest du kannst auf die Nase.«

»Aber verliert er dann nicht sein Vertrauen in mich?«, warf ich ein.

»Nein, nein. Leoparden werden von ihren Müttern häufig mit Prankenhieben heftig zurechtgewiesen. Das sind sie gewohnt. Wehrst du dich aber nicht, dann werden die Angriffe immer schlimmer. Wenn du zulässt, dass er dich kratzt und beißt, kann das für dich gefährlich werden.«

»Okay, aber was soll ich am besten tun?«

»Schnapp dir bei einem normalen spielerischen Kratzen seine Pfoten und drücke sie fest zusammen. Wenn er dich so fest kratzt, dass eine Kralle richtig in deine Haut geht, dann schnipp mit deinen Fingernägeln auf seine Kralle, und er wird sie sofort einziehen, weil ihm das wehtut. Und wenn er dich richtig attackiert, dann musst du dich einem Boxkampf stellen und ihm einmal fest auf die Nase schlagen, ihn dabei laut zurechtweisen und dich sofort wutentbrannt umdrehen und davonstürmen. Wichtig ist, dass du von dir überzeugt bleibst und es beharrlich wiederholst. Leoparden haben einen anderen Charakter als Löwen. Sie brauchen nicht den vollen Körpereinsatz, sondern du musst vor allem geistesgegenwärtig sein und entschlossen wirken. Du musst versuchen, dich in seinen Kopf und seine Denkweise hineinzuversetzen. Finde heraus, was er plant, was er denkt, um ihm immer und in allem einen Schritt voraus zu sein. Sonst ziehst du den Kürzeren, und das kann lebensbedrohlich ausgehen. Bleib hart, das versteht ein Leopard. Ein bisschen Schmerz macht ihm nichts aus, denn er ist ein robuster, zäher Sturkopf.«

»Okay, ich verstehe. Ich werde es versuchen …«

»Nein, Nana, nicht versuchen – du wirst es machen! Machen müssen, sonst hast du verloren!«

Tonys Rat wirkte auf mich wie ein Schlag in den Magen: kompromisslos, klar und gezielt. Ich dankte ihm für seinen Rat und brauchte einige Zeit, um seine Worte zu verdauen und zu verinnerlichen. Im Kopf spielte ich die nächste Attacke durch. Ich sah mich schreien, boxen, toben. Eine richtige Leopardenmutter würde ihm einen so heftigen Prankenschlag verpassen, dass er einen Purzelbaum rückwärts schlagen würde. Keine schöne Vorstellung. Aber es ging um ein kleines Kraftpaket mit lebensbedrohlichen Waffen.

Am Nachmittag hatte sich Mtito beruhigt, spielte mit mir und grüßte mit seinem »ptuff, ptuff«. Unsere Spaziergänge verliefen wieder freundlich und harmlos. Doch die Freude dauerte nicht lange, denn über der flimmernden Luft der aufgeheizten Savanne türmten sich dunkle Wolken wie gestapelte Federbetten auf. Gelegentlich blitzte es in der Ferne, und ich ahnte, was bald passieren würde.

Schnellen Schrittes marschierten wir zurück ins Haus. Dann dauerte es auch nicht mehr lange, und dicke Regentropfen klatschten auf das Dach, trommelten so laut, dass Mtito irritiert aus seiner Höhle herausschaute und seinen Kopf immer wieder fragend zu mir drehte: »Was ist das? Was soll das?«

Angezogen von den tanzenden Tropfen auf der ausgetrockneten und verhärteten Erde, wagte er es nach einigen Minuten der Gewöhnung an den Lärm des prasselnden Regens, ein paar Schritte vor die Tür zu setzen. Doch kaum trafen ihn die ersten dicken Tropfen im Gesicht, stemmte er die Vorderpfoten gegen den Boden, schüttelte sich, drehte auf der Stelle um und flitzte wieder zurück ins schützende Haus. Ich schaute ihm belustigt zu. Was für eine wasserscheue »Landratte«, dachte ich.

Er hockte sich aufs Sofa und wartete, bis alles vorüber sein würde. Draußen vor dem Fenster sah ich eine Heerschar von geflügelten Termiten, die mit dem Regen aus ihren unterirdischen Bauten ausschwärmten, um sich auf Hochzeitsreise zu begeben.

Kaum war der heftige Schauer weitergezogen, wagte sich Mtito wieder nach draußen und beschloss, nun das Abflussrohr zu untersuchen, aus dem die angestauten Wassermassen sprudelten. Er hielt die Nase über das fließende Wasser, beschnüffelte es, tauchte eine Pfote kurz hinein, riss sie aber sofort wie von einer Tarantel gestochen heraus, schüttelte sie heftig und machte ein Gesicht wie sieben Tage Regenwetter. Er zog die Lippen bis zu den Wangen hoch und zeigte angewidert die Zähne. So als wollte er mir sagen: Nein, nass werden – das will ich nicht! Der

Tag war gelaufen, Mtito blieb im Haus, bis es draußen stockfinster war.

In der Nacht weckte uns der Krach eines Donners, ein Geräusch, als hätte jemand mit einem Vorschlaghammer auf eine Blechwand geschlagen. Mtito sprang auf, setzte sich von außen auf mein Moskitonetz über dem Bett und suchte Zuflucht. Das Licht der Blitze zuckte durch den Raum, für Sekunden war es taghell, dann wieder stockfinster. Der kleine Leopard zitterte am ganzen Leib, umso mehr, als der Himmel erneut zu explodieren drohte und mächtige Donnerschläge ertönten.

Fast achtzig Liter Regen pro Quadratmeter ergossen sich über Ithumba. Solche Mengen in kurzer Zeit hatten Folgen. Vom Dachfirst tropfte es zunächst leicht, dann stetig an immer mehr Stellen auf den Zimmerboden. Ich holte ein paar Eimer und stellte sie direkt unterhalb der Löcher ab, um möglichst viel Wasser aufzufangen, bevor es sich am Boden verteilte. An Schlaf war nicht mehr zu denken. Und wie meist in solchen Situationen, in denen ich Hilfe hätte gebrauchen können, war Danny nicht da, sondern irgendwo im Park unterwegs.

Am nächsten Morgen machte ich mich, noch gerädert von der unruhigen Nacht, zum Spaziergang bereit, doch während ich mich im Bad aufhielt, stieß Mtito einen der Wassereimer um und flutete Wohn- und Schlafzimmer. Natürlich flüchtete er so schnell er konnte auf die verbliebenen Inseln trockenen Bodens, um bloß keine nassen Pfoten zu bekommen.

Im Wohnzimmer zog er alle Bücher und Landkarten aus dem Regal und fing an, sie zu zerfetzen. Als ich aus dem Bad kam, stand ich fassungslos inmitten eines Trümmerfelds mit einem Leoparden, der das ganze Chaos als ein wunderbares Spiel ansah. Plötzlich unterbrach er seine Attacken auf die Bücher für etwas noch Aufregenderes: die Jagd auf »Dudus«, wie alles Krabbelzeug in Suaheli bezeichnet wird. Die Termiten, die nach dem Regen aus ihren unterirdischen Bauten ausgeschwärmt waren, verirrten sich während ihres Hochzeitsfluges auch zu Tausenden in unser Haus. Sie verloren ihre Flügel und gingen ermattet zu Boden. Mtito stellte ihnen nun unerbittlich nach und schlug mit den Pfoten auf die krabbelnden und schwirrenden Biester. Er war völlig aus dem Häuschen und überdreht.

Inzwischen kletterte die Temperatur auf dreißig Grad, und die feuchte Luft sorgte dafür, dass mir schon bei der geringsten Bewegung der Schweiß ausbrach. Um mich herum herrschte das pure Chaos, und Mtito arbeitete unermüdlich daran, es weiter zu vergrößern.

Was für ein trauriger Anblick, all die aufgeblätterten, geknickten und teilweise zerfetzten Bücher. Für Mtito waren das nur Spielzeuge, für mich aber waren sie neben unserer Plattensammlung meine einzige Unterhaltung. Wir hatten im Park kein Fernsehprogramm, kein Telefon und keine Freunde, die spontan vorbeischauten.

»Jetzt erst mal raus hier«, beschloss ich und schnalzte Mtito zu. »Komm mit! Wir räumen später auf.« Das ließ sich Mtito nicht zweimal sagen.

Wir schlenderten hinaus in die völlig verwandelte Landschaft. Ein Großteil des Regenwassers war vom ausgetrockneten Boden wie von einem Schwamm aufgesogen worden und direkt versickert. In der Luft lag der Duft nasser Erde, und der staubige Boden hatte sich in feuchten, klebrigen Lehm verwandelt, der von Pfützen durchzogen war.

Mtitos Pfoten färbten sich schnell rot, und kleine Erdklümpchen hingen am nassen Bauchfell. Was für eine Sauerei das wohl später im Haus würde, dachte ich noch, da entdeckte er auch schon eine Vielzahl von kleinen »Vulkanen«: aufgeschüttete Hügel aus frischer Erde, die kleine Nager nach dem ersten Regen mit ihren Hinterfüßen aus ihren Tunnelgängen an die Oberfläche geschaufelt hatten. Kolonien von Nacktmullen, mausähnlichen Säugetieren, die aussehen wie Würstchen mit großen Zähnen, waren jetzt besonders emsig dabei, neue Gänge zu bauen, um unterirdisch den Maulwürfen gleich an den Wurzeln von Pflanzen zu knabbern. Als Mtito die Erde wie eine Fontäne aus den Löchern fliegen sah, fing er selbst wie wild an zu buddeln. Er versuchte wohl, einen dieser Nager zu erwischen. Vergeblich, dafür färbte sich nun auch noch seine ganze Schnauze von der Erde rot. Erst als er alle Hügel in der Kolonie platt gemacht hatte, setzten wir unseren Spaziergang fort.

Mtito tollte durch das feuchte Gras, als er mich plötzlich, aus dem Spiel heraus, ansprang und mit dem Maul zupackte. Sobald er seine scharfen Zähne in meine Jeans schlug, spürte ich einen stechenden Schmerz, doch diesmal reagierte ich sofort.

Ohne zu zögern, ergriff ich seine Pfoten, quetschte sie zusammen, brüllte »Nein, Mtito!«, schubste ihn von mir weg, drehte mich zornig um und stapfte davon, ohne mich nach ihm umzudrehen. Mir rauschte das Blut in den Ohren, und ich war aufgeregt, ob mein harsches Verhalten die gewünschte Wirkung zeigen würde. Mtito jedenfalls folgte mir nicht, denn ich hätte seine Schritte gehört. Ich zwang mich aber weiterhin, nicht zurückzuschauen und überzeugend zu wirken.

Für Momente, die mir endlos erschienen, hörte ich nichts von Mtito. Dann aber vernahm ich das Tapsen seiner Pfoten auf dem Boden, und ich wusste, dass er mir in kurzem Abstand folgte. Er blieb hinter mir. Erst am Haus schloss er wieder auf und fing sofort an, mich abzulecken, als wollte er sich entschuldigen. Tonys Rat war Gold wert gewesen. Fürs Erste schien ich gewonnen zu haben.

Am Abend hockte ich mich mit Mtito ein Stück vom Haus entfernt auf einen Felsen und schaute von dort in den endlosen Himmel über uns und die Ebene von Tsavo. Mtito legte sich auf Tuchfühlung neben mich und entspannte sich total. Nur seine Ohren lauschten jedem Geräusch und bewegten sich. Er beobachtete die vorbeifliegenden Vögel und das Gras, wie es sich im Wind wiegte. Ab und zu schlug er mit einer seiner Pfoten nach den nervigen kleinen Schweißbienen, die sich um seine Schnauze tummelten, aber sonst blieb alles friedlich. Es war ein Moment des absoluten Glücks. Mitten im Tsavo auf einem Felsen mit dem Blick in die unendliche Landschaft ungestörter Natur. Während sich die kräftigen Farben des Tages in die weichen Töne des Abendlichts verwandelten, genoss ich die Gesellschaft des jungen Leoparden, der mir das größte Geschenk offerierte –

sein Vertrauen. Aus der Ferne hörten wir ein Brummen, Mtito hob den Kopf von seinem Spielzeug Elsa, spitzte die Ohren und schaute mich an. Er wusste, dass ich mich freute, denn es konnte sich nur um das Motorengeräusch der alten Cessna 180 handeln. Und das bedeutete: Danny kam heim.

Wir liefen schnell zum Haus. Als Danny durch die Tür trat, nahm ich ihn in den Arm, glücklich, dass ihm nichts passiert war. Natürlich wollte ich sofort wissen, wie der Einsatz gegen die somalischen Banditen verlaufen war.

»Wir haben sie erst einmal vertrieben, aber nicht festnehmen können. Trotzdem, Sergeant Hammud hat die Ranger am Boden gut geführt, ich konnte die Aktion aus der Luft koordinieren.«

»Und? War es gefährlich?«, hakte ich nach. Danny nahm seine Brille ab, rieb sich seinen Nasenrücken und schwieg.

»Weißt du, was das Tollste war?«, fragte er dann, wohl um abzulenken.

»Nein, erzähl ...«

»Wir hatten einen neuen Helfer, eine unglaubliche Geschichte. Ein ehemaliger Wilderer hat uns unterstützt.«

»Noch einer? Sergeant Hammud war doch schon einer ...«

»Ja, Sergeant Hammud und dieser Neue eben, die kannten sich. Omar Vipi heißt er, und jetzt kommt's: Omar Vipi war Sergeant Hammuds Lehrer, er hat ihm beigebracht, wie man Tiere wildert. Er allein hat nach eigenen Angaben etwa zweihundertsiebzig Elefanten und über vierzig Nashörner getötet.«

»Und wieso traut ihr ihm?«

»Same old story, die gleiche Geschichte: Einer nach dem anderen aus seiner Sippe starb. Und seine Mutter glaubte fest daran, dass die Elefanten die ganze Familie mit einem Fluch belegt hatten.«

»Und Omar hat das für möglich gehalten?«

»Nachdem auch noch vier seiner fünf Kinder gestorben waren, stellte ihm seine Mutter ein Ultimatum. Entweder er würde aus der Familie ausgestoßen, oder er höre sofort mit dem Elefantentöten auf. Daraufhin hat er die Seiten gewechselt, vielleicht auch, weil er hoffte, etwas wiedergutmachen zu können.«

»Ist er jetzt ein Ranger?«

»Nein, aber er hat sich bei uns gemeldet und freiwillig wertvolle Tipps gegeben über Wilderer, geplante Aktionen und ihre Strategien. Das wird es uns möglich machen, einige von den Banditen bis in ihre Unterkünfte zu verfolgen.«

»Und? Ist jetzt erst mal Ruhe?«

»Leider nein. Wir haben eine Schlacht gewonnen, den Krieg noch lange nicht. Jetzt in der Regenzeit schleichen sich ganze Armeen der Shifta von Somalia aus in den Park. Nur dann haben sie eine Chance, gegen die unwirtliche Savanne und ihre tödliche Hitze zu bestehen. Wir müssen gewappnet sein.«

Danny trank seinen Tee, und ich erzählte von den ernster werdenden Kämpfen mit Mtito. Danny wurde nachdenklich, überlegte kurz und sagte: »Du hast richtig reagiert. Er muss dich als Chef akzeptieren. Sonst wird er seinen Übermut als Sieg werten.«

»Ja, schon«, entgegnete ich, »aber es ist doch auch normal, dass ein halbstarker Kater rebelliert. Ich glaube nicht, dass Leoparden von Natur aus hinterhältig sind. Ich denke, das ist ein Vorurteil, das basiert auf Missverständnissen und falschen Einschätzungen ihres Charakters.«

Danny lehnte sich zurück, schwieg und hörte mir zu. Er wusste, ich hatte mich mit dem Thema intensiv beschäftigt und gelesen, was ich zu dem Thema finden konnte. Und so fuhr ich fort.

»Als Einzelgänger müssen sie vor allem sich selbst vertrauen, deshalb entwickeln sie ein Misstrauen und Abwehrverhalten gegenüber allem und jedem, um sich vor potenziellen Gefahren zu schützen. Daher rührt ihre auf uns aggressiv wirkende Haltung.«

»Wenn wir nur in Mtitos Kopf schauen könnten …«, kommentierte Danny mit leicht ironischem Unterton. Er mochte meinen Worten zwar Glauben schenken, aber ich spürte, dass er Angst um mich hatte, wenn ich mich in weitere Auseinandersetzungen mit Mtito begeben würde. Noch bevor er etwas dazu sagen konnte, sah er Mtito von der Veranda ins Haus kommen.

»Hey, was hast du denn da im Maul?«, rief er dem Kater zu. Mtito schleppte Dannys Jacke, die er zum Lüften an eine Stuhllehne auf der Veranda gehängt hatte, ins Haus.

»Lass das«, herrschte er ihn an. Doch Mtito zerrte seine Beute zielstrebig hinter das Sofa. Dort versteckte er alles, was er uns gemopst hatte. Danny schüttelte nur den Kopf und ich versuchte, sein Verhalten zu erklären.

»Ich hab gelesen, dass sich bei Leoparden dieser Trieb, alles zu horten, noch vor dem Jagdinstinkt ausbildet. Selbst, wenn es nichts Essbares ist. Nun haben wir einen weiteren Beweis, auch wenn das, zugegeben, nicht ganz wissenschaftlich abgesichert ist.«

Danny musste lachen. Aber mir war es zunächst immerhin gelungen, ihn von seinen Zweifeln an der Beherrschbarkeit Mtitos abzulenken. Er stand auf und holte sich ein Bier, und ich ahnte, dass er mit mir noch etwas anderes besprechen wollte.

»Was gibt's?«, fragte ich ihn, noch bevor er es sich auf dem Sofa wieder gemütlich machen konnte.

»Wir …«, zögerte er, »wir planen größere Aktionen gegen die Banditen aus Somalia.« Ich verstand nur zu gut, was das heißen würde.

»Sie werden immer rücksichtsloser, wir müssen sie nicht nur zurückdrängen, wir müssen sie erwischen. Sonst richten sie hier ein Massaker unter den Tieren an.«

Dannys Miene wurde ernst, sehr ernst. So ernst, dass selbst Mtito die Stimmung mitbekam. Er hörte auf, mit Dannys Jacke zu spielen, schnappte sich leise den Stofflöwen und verschwand unter dem Sofa, sodass nur noch seine Vorderpfoten unter der Kante herausschauten. Auch ich verstand den Ernst der Lage. Eine Aktion gegen Wilderer, das bedeutete wieder tagelange Einsätze irgendwo in der Wildnis, und das alles mit ungewissem Ausgang. Es war kurz vor Ostern, doch nach Feiern stand mir nun nicht mehr der Sinn.

»Ja, du musst etwas tun«, bestärkte ich Danny in seinem Entschluss, wohl wissend, dass ich ihn ohnehin nicht davon abhalten könnte.

Ohne lange Pause fuhr Danny fort. »Mtito …«, begann er, und der kleine Kater drehte seine Ohren am Kopf unterm Sofa, als wollte er Danny zuhören, »Mtito verlangt Pflege rund um die Uhr.«

»Ich weiß«, fiel ich Danny ins Wort. »Wir brauchen eine Hilfe, eine Art Tierpfleger, der mich entlasten und dich ersetzen kann, wenn du unterwegs bist.«

»Genau.« Danny nickte und nippte an seinem Bier. »Wir brauchen jemanden, der unerschrocken, geduldig und durchsetzungsfähig ist, aufmerksam und engagiert.«

»Und dem wir trauen können. Aber vor allem: jemanden, den Mtito auch in seiner Nähe akzeptiert«, ergänzte ich.

Dann gingen wir ein paar Namen von Rangern durch, doch immer gab es den ein oder anderen Einwand.

Schließlich fiel mir jemand ein. »Erinnerst du dich noch, als wir von Voi nach Ithumba umgezogen sind und ich die lange Strecke im Konvoi mit dem Laster gefahren bin? Der hat damals all unsere Möbel transportiert, und ich hatte die zerbrechlichen Teile im Auto.«

Danny nickte und ich fuhr fort: »Dann hatte ich kurz vor dem Ziel einen platten Reifen, genau auf dem sandigen Stück vor Ithumba. Mir gelang es nicht, mein Auto hochzubocken, weil der Wagenheber immer wieder im Sand verschwand und das schwer beladene Auto abrutschte. Als mich der Laster einholte, war mir das total peinlich, weil ich meine Reifen sonst immer selbst wechseln kann. Bevor ich aber überhaupt um Hilfe bitten konnte, war ein junger Mann schon vom Laster gesprungen und wechselte das Rad für mich. Und gestern kam genau dieser junge Kerl um die Ecke, als ich mit Mtito spazieren ging. Normalerweise hätte sich Mtito sofort versteckt, aber bei ihm setzte er sich hin, beobachtete ihn aufmerksam und neugierig. Ich glaube, das war ein gutes Zeichen.«

»Wie heißt der Mann denn, weißt du das?«

»Hassan. Er ist einer vom Borana-Volk, ein Nomade, der von klein auf Ziegen hütete und sich mit ihnen fernab seiner Familie zwischen Wildtieren in der Savanne durchgekämpft hat. Er kennt das Leben in der Wildnis und kann sicher gut mit Tieren umgehen. Ich finde, wir sollten es mit ihm probieren.«

Danny überlegte kurz. »Das klingt gut. Rede mit ihm«, stimmte er zu. Dann trank er sein Bier aus und packte alle Sachen zusammen, die man für die Suche nach Wilderern braucht: seine Waffe, Munition, Funkgeräte, Scheinwerfer und den Notfall-Rucksack.

Am nächsten Morgen verabschiedete sich Danny schnell und schmerzlos, wie wir es beide mochten, um nicht zu lange über die möglichen Konsequenzen eines Zusammenpralls mit den Shifta nachzudenken. Ich stand auf der Veranda und schaute zu, wie sich die kleine Maschine mit knatterndem Motor in die klare Morgenluft über Tsavo erhob. Von nun war ich wieder allein auf mich gestellt. Doch so sollte es nicht bleiben.

8
Ein großer Bruder für Mtito

Sechs Wochen nachdem wir Mtito bei uns aufgenommen hatten, stellten wir sein neues Heim draußen vor unserem Schlafzimmerfenster fertig. Von nun an sollte es sein Rückzugsort zwischen den Spaziergängen sein. Nachts würde er aber bis auf Weiteres im Haus schlafen, denn ich wollte den Umzug nicht zu abrupt gestalten und den kleinen Leoparden mit zu vielen Veränderungen gleichzeitig verstören.

Die Fortschritte beim Bau des Geheges hatte er während unserer Ausflüge immer wieder schnüffelnd begutachtet. So konnte er sich bereits an seine neue »Boma«, wie das Gehege in Suaheli heißt, gewöhnen. Aus einigen Brettern zimmerten wir noch eine Kiste mit einem Eingangsloch und stellten sie auf einen Felsen in einer Ecke des Geheges. Das sollte Mtitos neue Höhle, sein Rückzugsort werden. Sein neues Zuhause war rundherum von Maschendraht und auch nach oben abgesichert, sodass Mtito nicht ausbüxsen konnte und vor anderen Leoparden sicher war.

Nachdem alles fertig war, führte ich Mtito in seine neue Unterkunft, gespannt, wie er darauf reagieren würde. Mit angelegten Ohren und abgeduckt schlich er in die ungewohnte Behausung und kam sofort wieder heraus. Dieses Ritual wiederholte er noch ein paar Mal, freundete sich dann aber schnell mit der Unterkunft an. Er setzte sich vor den neuen Höhleneingang auf den Stein und betrachtete ganz gelassen die Umgebung.

Erleichtert darüber, dass ihm sein neues Zuhause offenbar ganz gut gefiel, stellte ich ihm seine gewohnten Wasser- und Futternäpfe ins Gehege. Doch anstatt zu trinken, sprang er hinein und planschte im Wasser, bis er pitschnass war. Damit nicht genug, pinkelte er auch noch hinein. Ich war überrascht. Nun würde ich ihm irgendwie klarmachen müssen, dass dies nicht sein Katzenklo, sondern sein Fress- und Trinknapf war.

Aber fürs Erste reichte es. Er hatte sein Heim akzeptiert. Auch wenn noch nicht alles nach Plan lief, war ich doch guten Mutes, dass er sich bald an sein neues Gehege gewöhnen würde.

Wir beendeten diesen ersten Versuch und setzten unseren Vormittagsausflug ins Tal fort. Auf unserem Weg dorthin entdeckten wir ein dunkles Band am Boden, das sich stetig bewegte. Millionen von Wanderameisen zogen dicht an dicht ihren Highway durch die Savanne. Dabei bildeten die unendlich vielen unter- und übereinander verhakten Körper eine armdicke Schlange eines Superorganismus, eine Armee disziplinierter und gut organisierter Insekten auf Wohnungssuche. Während der Regenzeit und besonders ein paar Stunden vor einem weiteren Regenguss verließen diese wehrhaften Insekten ihre Nester und zogen in einer Karawane zielstrebig weiter, um in anderen Regionen an geeigneter Stelle einen neuen Bau zu errichten.

Ich blieb einige Meter vor der Kolonne stehen, denn ich hatte großen Respekt vor diesen kleinen Tieren. Auch Mtito stoppte zunächst und beobachtete aus der Entfernung die immerhin drei Zentimeter langen Insekten in ihrem endlosen Treiben. Nur langsam schlich er sich heran, um sich das Schauspiel näher anzugucken. Dabei übersah er die den Zug eskortierenden Wächterameisen, deretwegen ich vorsichtshalber Abstand hielt. Im Nu hatten ihn einige Soldaten mit ihren kräftigen Mundwerkzeugen in die Pfote gezwickt. Völlig überrascht von der schmerzhaften Attacke schoss Mtito fast senkrecht in die Höhe und rannte davon. Ich konnte mir das Lachen nicht verkneifen, denn sein Sprung verblüffte mich.

Welche Kraft diese kleinen Zangen haben, zeigt, was ich einmal miterlebt hatte: Die Massai nutzen Wanderameisen, um Wunden zu nähen. Sie setzen die Tiere an den Wundrändern ab und lassen sie in die Haut beißen, um danach die Leiber abzutrennen. Die Kneifer der Ameisen ersetzen medizinische Klammern; sie sind so fest und zäh, dass ihre Bisse Mtito mit Sicherheit wehtaten. Gefährlich waren sie aber nicht.

Kaum war der erste Schreck vorüber, kam Mtito erneut angelaufen und schaute, nun aber aus sicherer Distanz, hinterher, wie die Kolonne schmaler wurde und nach einigen Minuten irgendwo im Gras spurlos verschwand.

Mehr Abenteuer gab es an diesem Vormittag nicht. Das war auch gut so, denn auf dem Weg zurück zum Haus wollte ich testen, ob Mtito bis zum Nachmittag in seinem Gehege bleiben würde. Natürlich war ich etwas aufgeregt, denn ich machte mir trotz des vielversprechenden Anfangs Sorgen, dass er es gänzlich ablehnen würde, allein zu bleiben. Mtito spürte meine innere Unruhe. Immer wieder blieb er stehen und schaute mich an, als ob er fragen wollte: »Na, was hast du heute noch vor?« Das wiederum machte mich nicht gerade sicherer.

An der Boma angekommen, ging ich voran in das umzäunte Areal. Mtito hüpfte und sprang hinterher. Offenbar genoss er es, mit mir dort zu sein. Er bemerkte zwar, dass ich die Tür hinter mir schloss, was ich sonst nicht getan hatte, schaute aber nur kurz und zeigte sonst keine Reaktion. Nach ein paar kleinen Spielchen mit Stöckchen und Steinchen verließ ich das Gehege, um zum Haus zu gehen. Dort hatte ich mich mit Hassan für das Gespräch wegen seiner Mithilfe verabredet.

Mtito stand wie erstarrt und schaute mir mit großen Augen nach. »Warum darf ich nicht mit?«, schien er fragen zu wollen. Dann beobachtete ich durchs Fenster vom Haus aus, dass er am Zaun auf und ab hetzte. Ihn so zu sehen, tat mir weh. Dieses stupide Verhalten, das durch Gefangenschaft und Reizarmut entsteht, wird Hospitalismus genannt. Ich hoffte sehr, dass es sich bald wieder geben und bei Mtito nicht ausprägen würde.

Zur verabredeten Zeit kam Hassan von den wenige hundert Meter entfernten Rangerunterkünften mit ruhigen Schritten zum Haus und grüßte höflich. Hassan arbeitete als Helfer bei den Rangern, um deren Fahrzeuge zu reparieren. Viele Worte hatten wir nie gewechselt, doch war mir der junge, schlanke Mann wegen seiner Hilfsbereitschaft aufgefallen. Er lächelte, und seine weißen Zähne leuchteten aus dem dunkelbraunen Gesicht, als ich ihm einen Tee anbot. In Kenia besteht er immer aus warmer Milch mit Teebeuteln und sehr viel Zucker darin. Schnell kam ich zum Thema.

»Hassan, letzte Woche habe ich gesehen, wie du Mtito bei unserem Spaziergang begegnet bist. Er hat dich ganz eifrig und neugierig beschnüffelt. Vielleicht hat er gemerkt, dass du Tiere magst. Woher kommt deine Zuneigung zu ihnen?«

Hassan trank einen Schluck. »Die habe ich sicher von meinem Vater. Er war ein Hirte und zog mit seinen Viehherden von einem Ort zum anderen. Immer dorthin, wo es gerade geregnet hatte und wo es frisches Grün für das Vieh gab. Dabei habe ich ihn oft begleitet. Mein Vater hatte eine Leidenschaft für alle Tiere, auch für die wilden in unserer Gegend. Als ich noch ein Kind war, fiel ihm schon auf, dass immer mehr Antilopen und Zebras wegen ihres Fleisches gewildert wurden, denn es gab Leute, die damit gute Geschäfte machten. Mein Vater war kein Wissenschaftler, aber er ahnte, dass diese Wildtiere auch eine Bedeutung für die Natur haben und dass unsere Viehherden davon abhingen, wie es der Natur um uns herum ging.«

»Na, da war er ja schon damals vielen Leuten voraus«, staunte ich.

»Ja, das war er. Und eines Tages beschloss er, etwas gegen das Töten der Tiere zu unternehmen. So trat er der Anti-Wilderer-Brigade der Regierung bei und wurde dort zum Ranger ausgebildet. Von ihm habe ich viel gelernt.«

»Das ist ja toll«, sagte ich, aber da schob er auch noch das traurige Ende der Geschichte nach.

»Leider wurde mein Vater 1988 bei einer Schießerei mit Wilderern im Meru-Nationalpark getötet. Da war ich zehn.«

Seine Stimme senkte sich, er sprach die letzten Worte sehr leise und trank einen weiteren Schluck Tee aus dem Becher.

»Das tut mir sehr leid«, bedauerte ich. »Und wie seid ihr dann über die Runden gekommen? Wer hat für euch gesorgt?«

»Meine Mutter wurde nach Vaters Tod beim *Kenya Wildlife Service* eingestellt. Dort hielt man sich an die Richtlinien. Verliert jemand im Einsatz für die Behörde sein Leben, wird einem Angehörigen als Entschädigung ein Arbeitsplatz angeboten, um das Einkommen der Familie zu sichern. So konnte meine

Mutter die Schulgebühren zahlen, und ich ging in der Nähe des Meru Park in die Elsa-Grundschule.«

»Elsa? *Die* Elsa?« fragte ich.

»Jaja, *die* Elsa. Die Löwin, die von Joy und George Adamson im Meru Park aufgezogen wurde.«

Es erfüllte ihn mit Stolz, auf eine Schule gegangen zu sein, die nach dieser berühmten Löwin benannt war. In Kenia und unter Naturfreunden ist die Geschichte der mit den Menschen lebenden Raubkatze legendär. Viele Orte sind noch nach Elsa und den Adamsons benannt, Museen und Safari-Hotels werben damit.

»Nach der Oberschule musste ich zu Hause helfen, da habe ich dann unser Vieh gehütet.«

»Und dabei hast du dein gutes Gespür für Tiere entwickelt?«

»Ja, ich hab auch einmal eine verwaiste Thomson-Gazelle aufgezogen, sie zusammen mit den Ziegen gehalten und durchgebracht. Das hat mir viel Spaß gemacht, obwohl meine Mutter darüber nur den Kopf schüttelte.«

Dieser vierundzwanzigjährige junge Mann mit den kurzen gelockten Haaren sprach besonnen und in gutem Englisch, seine freundlich heitere Art gefiel mir gut. Auch die Art, wie er mir mit geradem Blick in die Augen schaute und ruhig den Zucker in seinen Tee rührte, machte einen sympathischen Eindruck auf mich. Er schien alle Voraussetzungen für die vorgesehene Aufgabe mitzubringen.

»Du weißt, Leoparden sind die gefährlichsten Raubtiere«, begann ich zum Punkt zu kommen.

Hassan nickte schweigend.

»Könntest du dir vorstellen, mir zu helfen, Mtito großzuziehen?«, fragte ich nun geradeheraus und war gespannt auf seine Reaktion.

»Oh ja«, antwortete er, ohne zu zögern, und fühlte sich sichtlich geehrt, dass ich ihn für diese Aufgabe in Erwägung zog.

Mir fiel ein großer Stein vom Herzen. »Gut, das freut mich«, reagierte ich sofort, »aber die letzte Entscheidung trifft natürlich Mtito selbst.«

Hassan nickte verständnisvoll. »Sicher doch, sicher.«

Ich war erleichtert. Das Gespräch verlief viel besser, als ich zunächst erwartet hatte. Und ich war voller Hoffnung, dass sich auch der kleine Leopard dem Charme von Hassan nicht entziehen würde.

Ich ging zurück ans Gehege, wo Mtito schon aufgeregt am Eingang stand, die Vorderpfoten fest an den Zaun gedrückt. Als ich die Tür öffnete, überschüttete er mich mit Liebkosungen, prustete und strich seinen Kopf immer wieder gegen meine Hosenbeine.

Nach der kurzen Abendrunde gingen wir wie gewohnt zum Haus. Mtito hatte aus Platzgründen von seiner Höhle unter der Kommode unter unser Bett umziehen müssen, wohin er sich nun wie gewohnt zurückzog, um zu schlafen.

Ich blickte in den dunklen Raum, der nur durch das Licht des leuchtenden Halbmonds erhellt wurde. Bald würde Mtito auch nachts draußen schlafen. Ich dachte daran, dass er mir doch ein bisschen fehlen würde, obwohl mir klar war, dass er ein Wildtier war und es auch bleiben sollte. Da Danny nicht da war, schlich sich Mtito bald aufs Bett und drückte dabei stark auf das gespannte Moskitonetz, um auf Tuchfühlung mit mir zu sein.

Am nächsten Morgen lief ich mit Mtito kurz nach unserem Spaziergang zur Boma. Doch er verweigerte sich, blieb stehen, während ich in sein Gehege ging. Ich lief zurück, packte ihn und brachte ihn im festen Griff unterm Arm hinein. Aber kaum setzte ich ihn auf den Boden, drehte er sich auf der Stelle um, flitzte zum Haus, raste durch die Verandatür und schlüpfte unter unser Bett in seine alte Höhle.

Ich folgte ihm, bückte mich, doch als ich seinen verstörten und gleichzeitig flehenden Blick sah, brachte ich es nicht übers Herz, ihn herauszuzerren und erneut in das Gehege zu schleppen. Ich ließ ihm Zeit.

Später versuchte ich es noch einmal und lockte ihn mit einem Fressnapf nach draußen, was dann besser funktionierte.

Ich beschloss, ab sofort die Boma als letzten Stopp unseres Morgenspaziergangs einzubauen. Guter Laune und voller Spieltrieb trottete Mtito diesmal in sein neues Reich und erkundete verschiedene Ecken darin.

Nach unserem Gespräch vom Vortag hatte ich mich mit Hassan an Mtitos Gehege verabredet. Er kam pünktlich und wartete zunächst vor dem Tor. Mtito sah ihn, bewegte sich aber kaum und fauchte ein wenig.

»Wir sollten ihm noch etwas Zeit geben, sich an dich zu gewöhnen«, schlug ich Hassan vor.

»Keine Eile«, erwiderte er und wartete am Zaun.

Nach einer Viertelstunde gab ich ihm ein Zeichen, und Hassan kam ins Gehege, rief in ruhigem Ton immer wieder geduldig »Mtito« und lud ihn mit getrocknetem Gras und Lederhandschuhen zum Spielen ein.

Mtito sprang auf und beobachtete das alles vom sichersten Platz für ihn – meinem Schoß. Gelegentlich kniff er mir mit seinem Maul in den Arm, als wollte er mich fragen, was das alles zu bedeuten hätte. Nach einer Weile ließ er sich dann aber doch von meinem Schoß gleiten und lief vorsichtig zu Hassan.

Mtito leckte seine ausgestreckte Hand und nahm sie sanft ins Maul. Aber sobald ihn eine Bewegung Hassans erschreckte, zog sich der kleine Leopard zurück und fauchte mit angelegten Ohren.

Hassan aber reagierte darauf nicht, blieb gelassen und redete weiter in ruhigem Ton mit Mtito. Der Leopard entspannte sich und leckte wieder Hassans Hand. Der junge Mann ließ alles seelenruhig über sich ergehen.

»So, jetzt reicht es für heute«, gab ich den Rat zum Aufbruch. Und als hätte er mich verstanden, verschwand Mtito in seiner neuen Höhle.

Kaum hatte Hassan die Tür hinter uns geschlossen, zeigte ich ihm meine Freude. »Das ist ja großartig! Er hat dich akzeptiert.« Für die nächsten Stunden ließen wir den kleinen Leoparden noch in seiner neuen Höhle schlafen.

Am folgenden Morgen kam Hassan dazu, als ich Mtito nach dem Spaziergang in sein Gehege führte. Sofort kletterte der Leopard auf den jungen Mann und spielte mit ihm. Hassan lachte und grinste den kleinen Kerl an, der sich vertrauensvoll in seine Obhut begab. Mtito folgte jeder Bewegung Hassans mit den Augen. Sein neuer Freund schien auf den kleinen Kater eine besondere Faszination auszuüben. Schließlich gab Hassan ihm auch noch die Milchflasche, die der Leopard ohne Zögern aus seiner Hand akzeptierte und leer trank. Was für ein Vertrauensbeweis!

Ich ließ die beiden allein, beobachtete sie aber vom Schlafzimmerfenster aus, wo sie mich nicht sehen konnten. Mtito schien Hassan wie einen großen Bruder anzusehen. Und der offenbarte eine starke Zuneigung und viel Geduld im Umgang mit dem verspielten Kater. Die ganze Zeit lachte er über Mtitos Streiche. Ich war sehr froh darüber, wie sich das Verhältnis zwischen den beiden entwickelte, denn Hassan würde mir sicher eine große Hilfe sein.

Ostern kam und verging ohne eine Spur von Danny. Das offizielle Funknetzwerk konnten wir nicht für persönliche Nachrichten benutzen, und so wusste ich nie, wann er nach Hause kommen würde. Erst als die Sonne abends untergegangen war, ohne dass ich das Geräusch von Dannys altem Flieger am Himmel gehört hatte, wusste ich, dass er auch an diesem Tag nicht mehr kommen würde. Vielleicht morgen, hoffte ich. Ich wusste aber von den Rangern, dass die Aktion gegen die Shifta noch andauern würde. Zehn tote Elefanten, deren Stoßzähne herausgehackt worden waren, hatten sie bereits entdeckt. Die Wildhüter konnten zwar das Elfenbein in einem Versteck sicherstellen, aber die Banditen hatten sich aus dem Staub gemacht. Die Ranger, so erfuhr ich, hefteten sich nun dicht an ihre Fersen. Das war alles, was ich mitbekam, und es bedrückte mich, denn niemand konnte vorhersehen, wie dieses gefährliche Unternehmen enden würde.

9
Attacken und des Rätsels Lösung

Als ich am Morgen dieses Märztages erwachte, sah ich beim Blick zum Fenster gegen die Sonne die Silhouette von Mtitos Kopf mit seinen großen Ohren. Er bemerkte schnell, dass ich nicht mehr schlief, begrüßte mich voller Freude, spazierte mir über den Kopf und schaute mich mit einem Blick an, der sagte: »Ich bin bereit für das nächste Abenteuer.« Es war sehr speziell, von einem Leoparden so geweckt zu werden, und ein wunderbares Gefühl, den Tag so beginnen zu können.

An diesem Morgen sollte uns Hassan in der Frühe begleiten. Nachdem er und Mtito zehn Tage Zeit gehabt hatten, sich tagsüber im Gehege besser kennenzulernen, und Hassan schon auf einigen Abendspaziergängen mit dabei gewesen war, wollte ich, dass er uns nun auch morgens begleitete. Mtito freute sich über seinen neuen Gefährten, spielte mit ihm im Busch Verstecken oder balgte mit ihm im Sand herum.

Je schneller sich die beiden aneinander gewöhnten, desto eher konnte ich mich auch mal wieder dem Fotografieren und dem Schreiben widmen. Hassan könnte mich ersetzen, falls ich krank würde oder nach Voi oder Nairobi zum Einkaufen musste. Das hätte auch den Vorteil, dass wir schneller mit der nächsten Phase der Auswilderung beginnen könnten.

Ich ging zum Gehege, wo Hassan bereits wartete. »Er ist morgens ein anderer Kerl als am Nachmittag, voller Energie, und oft sehr übermütig«, warnte ich ihn.

Wir verließen die Gegend ums Haus und liefen die ausgetretenen Pfade zwischen den Büschen entlang. Der Gesang vieler verschiedener Vögel begleitete uns. Während Hassan und ich nebeneinander herliefen und wenig miteinander redeten, um Mtito möglichst ungestört zu lassen, stöberte der junge Leopard durchs Dickicht. Ich blickte in die weite Ebene und freute mich darüber, dass wir mit Hassan einen guten Griff getan hatten, und darüber, dass sich Mtito so gut entwickelte.

Dann aber, aus dem Nichts, sprang mich Mtito an, krallte sich in meine Kleidung und versuchte mich zu beißen. Ich war völlig perplex. Er war nun schon ein gutes Stück größer und kräftiger als zuvor, seine Krallen schnitten tief in meine Arme und Beine. Ich blutete an einigen Stellen, doch Mtito hörte nicht auf. Ich schrie ihn an, und es war mir möglich, ihn auf die Seite zu rollen und ihm zur Strafe die Pfoten zusammenzudrücken. Aber er legte die Ohren an, drohte und fauchte. Dieses Mal musste ich härter durchgreifen, erst das brachte ihn zur Vernunft. Noch war es mir möglich, mich durchzusetzen, aber wie sollte ich mich in Zukunft gegen ihn wehren? Ich wusste aus Büchern, dass ein Leopard mit vergleichbarem Körpergewicht etwa siebenmal stärker ist als ein Mensch. Gegen Mtito hätte ich schon keine reelle Chance mehr, wenn er nur die Hälfte meines Körpergewichtes erreichte.

Ich hatte keine Ahnung, woher die Angriffslust rührte und wie ich ihr begegnen sollte. Ich war ratlos. Hassan zeigte sich ebenso überrascht, half mir aber, den Leoparden ins Gehege zurückzubringen.

»Irgendeinen Grund muss es doch geben«, war ich mir sicher.

»Leoparden haben ihren eigenen Kopf«, versuchte Hassan Mtitos Verhalten zu erklären.

»Trotzdem, ich denke, es gibt einen Auslöser. Es gibt eine Erklärung für sein Verhalten. Und ich muss sie finden, um solche Kämpfe in Zukunft zu vermeiden.«

Ich wollte nicht an die Mär von dem unkontrollierbaren Raubtier glauben, wie Leoparden allgemein in den Fachbüchern beschrieben werden. Ich war mir sicher, dass es für jede Handlung Mtitos einen guten Grund gab. Ich verstand ihn nur einfach nicht. Noch nicht.

»Vielleicht ist er krank, hat einen Hormonschub, oder er wittert etwas?«, vermutete ich.

Am nächsten Tag beobachtete ich ihn ganz genau. Seine Bewegungen, sein Verhalten, seinen Gemütszustand. Es war ein ungutes Gefühl, jederzeit wieder mit einer Attacke rechnen zu müssen.

Die frischen Wunden vom Vortag auf meinen Armen waren eine schmerzhafte Erinnerung und Warnung zugleich. Die langsam heilenden, älteren Narben an den Beinen juckten, und ich musste mich beherrschen, nicht daran zu kratzen. Zu oft hatten sich die Stellen zuvor schon entzündet.

Mtito blieb ruhig. Hassan spielte den ganzen Nachmittag mit ihm um das Haus herum. Er wedelte mit einem abgebrochenen Ast, und der Leopard hüpfte und sprang nach den tanzenden Zweigen, krallte sich die Blätter, biss darauf herum und riss sie heraus. Ich ging zu den beiden, setzte mich in der Nähe nieder, schaute dem Leoparden zu und beobachtete ihn genau.

Was war heute anders als gestern? Warum griff er mich heute nicht an? Als hätte Mtito meine Gedanken lesen können, begann er kurz darauf an Hassans Hosenbein zu zerren, biss in den Stopp und steigerte sich in eine Attacke hinein.

Hassan packte ihn beherzt, sperrte ihn in das Gehege und schloss das Tor. »Ich glaube, er ist müde vom vielen Spielen«, sagte er ganz nüchtern und sachlich.

»Meinst du wirklich, es ist so simpel?«

»Vielleicht kommt auch noch Hunger dazu, der ihn so aggressiv macht?«

Ich war noch nicht so ganz davon überzeugt. Um zu prüfen, ob wir recht hatten, ging ich ins Haus und bereitete eine Milchflasche zu, die Mtito gierig leerte, ohne ein einziges Mal abzusetzen. Danach leckte er sich ganz friedlich die Pfoten und strich sich damit über Auge, Nase und Ohren. Ruhig und friedlich saß er da und gähnte schließlich vor Müdigkeit. War das also des Rätsels Lösung?

»Siehst du, Hassan? Es war nicht die immer wieder behauptete Hinterhältigkeit einer unberechenbaren Raubkatze. Jedes Mal, wenn Mtito mich angreift, versteckt sich eine Botschaft dahinter. Kratzen und Beißen sind sein einziger Weg, mir sein Unbehagen über etwas mitzuteilen. Er spricht nur diese eine

Sprache. Es ist meine Aufgabe, sie zu übersetzen und den Sinn seiner Signale zu verstehen.«

Zum Glück wog der Kater erst neun Kilogramm und hatte nicht mal meine Kniehöhe mit seinen Schultern erreicht. Trotzdem mochte ich mich nicht an die täglichen Reibereien mit ihm gewöhnen. Am nächsten Tag beobachtete ich ihn daher noch genauer als zuvor. Nachdem er viel gelaufen war und herumgetobt hatte, stand er da und stierte auf meine Beine. Er hatte einen fast starren Blick, der mir sofort verriet, dass er müde geworden war. Und dass er nach den anstrengenden Ausflügen ebenso hungrig war, konnte ich mir denken. Jede Minute länger hätte das Risiko in sich geborgen, dass er mich wieder attackiert hätte. Also ging ich mit ihm schleunigst zum Gehege, sperrte ihn ein und gab ihm zu fressen.

Neben seinen vier Flaschen mit einem Cocktail aus Milch, Eigelb und Knochenmehl gab ich Mtito jeden Tag morgens, mittags und abends eine große Portion Hackfleisch mit Federn vermischt.

Auch dieses Mal wieder das gleiche Bild. Mtito entspannte sich nach der Mahlzeit und ruhte.

»Ich glaube wirklich, du hattest recht. Das war es, Müdigkeit und Hunger.«

Hassan lächelte zustimmend und verabschiedete sich zum Abendessen.

Ich dachte darüber nach, was mich Mtito schon alles gelehrt hatte. Und ich fragte mich einmal mehr, ob ich ihm wirklich die Mutter ersetzen konnte. Sein Jagdinstinkt war entwickelt, keine Frage. Die Angriffe auf Vögel hatten mir das bewiesen. Aber ein Leopardenjunges lernt von seiner Mutter auch, wo es den tödlichen Biss im Nacken ansetzen muss, um seine Beute zu erlegen. Und zwar so, dass sie nicht wieder entkommen kann.

Bei seiner leiblichen Mutter hätte Mtito viele Male zugeschaut, wie sie einem potenziellen Opfer auflauerte und es dann erlegte. Sie hätte für ihn auch immer wieder eine Beute nur verletzt und ihm dadurch die Möglichkeit geboten, zu lernen, sie mit einem Biss in den Nacken endgültig zu töten. So schrecklich und absurd es klang – ich musste dafür sorgen, dass Mtito das Töten lernte. Ich musste erreichen, dass er eines Tages im Freien jagen, leben und sich vermehren könnte. Dazu brauchte er Übung.

Gleichzeitig wollte ich auch nicht miterleben, wie Mtito bei unseren Spaziergängen ein Tier im Busch zu fangen versuchte und es schwer verletzt entkommen ließ. Dann hätten wir es suchen müssen und es vielleicht nicht mehr wiedergefunden. Wir hatten keine andere Wahl, Mtito musste töten lernen.

Am nächsten Morgen bat ich Hassan, die Ranger bei ihrem wöchentlichen Einkauf ins Dorf Kasaala zu begleiten.

»Kauf bitte ein lebendes Huhn. Es ist für Mtito«, erklärte ich.

Hassan guckte mich fragend an.

»Mtito muss lernen, Beute zu machen, und wir können ihm dabei nur helfen, indem wir ihm Beute zur Verfügung stellen. Vögel machen bei Leoparden einen großen Teil ihrer Nahrung aus. Und wir können ja wohl kaum wilde Vögel für ihn in einem Nationalpark fangen.«

Hassan lachte kurz und sagte dann: »Okay, ich mache mich gleich auf den Weg zum Ranger-Camp.«

»Aber erzähl niemandem, dass du das Huhn als Futter für einen Leoparden in unserer Obhut kaufst. Sonst haben wir schon nächste Woche unliebsame Besucher, die ein gutes Geschäft mit einem wertvollen Leopardenpelz wittern.«

Es war von Anfang an meine Strategie, so wenigen Menschen wie möglich von dem Kater zu erzählen. Das schützte mich zum einen vor unliebsamen Ratschlägen und dummen Fragen, und zum anderen bewahrte es Mtito vor zu viel Gewöhnung an Menschen und potenziellen Wilderern.

Am Nachmittag kam Hassan vom Einkauf außerhalb des Nationalparks zurück. Er ließ das Huhn ins Gehege flattern. Die Einzelheiten der anschließenden Jagd zu beschreiben, fällt mir bis heute schwer, weil es kein schönes Erlebnis war. Nur so viel: Auf Anhieb konnte Mtito seine Beute nicht nach Leopardenart erlegen. So ging ich ein Messer holen, und Hassan erlöste das Huhn von seinem Leiden.

Mir wurde klar: Dies würde noch Übung erfordern, und wir würden einen stetigen Nachschub an Hühnern brauchen.

Da wir keine Nutztiere im Park halten durften, um keine Seuchen einzuschleppen, konnten wir immer nur ein einziges Huhn besorgen, so lange, bis Mtito schnell und sicher zubeißen konnte. Es gab Anlass zur Hoffnung. Immerhin hatte er versucht, seine Beute auf einen Ast zu schleppen: ein Verhalten, das Leoparden zeigen, um ihre Mahlzeit vor anderen in Sicherheit zu bringen.

Nachdem Mtito sein erstes Huhn verdaut und sich ausgeschlafen hatte, gingen wir auf unsere Runde durch den Busch unterhalb des Hauses. Dort entdeckte er in der Nähe einige junge Nashornvögel am Boden. Doch bevor der Kater sie fangen konnte, flatterten sie laut protestierend in die Krone eines Baumes. Der Versuch Mtitos, ihnen nachzuklettern, scheiterte schnell. Der Stamm war zu glatt, sodass der kleine Jäger aufgeben musste.

»Er scheint auf den Geschmack gekommen zu sein«, meinte ich zu Hassan und machte einen Vorschlag. »Mal schauen, ob wir etwas nachhelfen können.«

Nicht weit vom Baum der Nashornvögel entfernt, an den Felsen in der Nähe des Hauses, sah ich einen Frankolin am Boden hocken. Dieser Fasanenvogel, etwa so groß wie ein Rebhuhn, der zwischen den Büschen am Boden lief und dort Nahrung pickte, schien eine ideale Beute für unseren Leoparden werden zu können.

Ich rief Mtito und lenkte seine Aufmerksamkeit auf den Vogel. Mtito begriff schnell, er duckte sich ab und suchte Deckung neben einem Stein. Der Frankolin tippelte ahnungslos genau in seine Richtung, aber Mtito machte noch keinen Versuch, ihn zu jagen. Er wartete.

Erst als der Vogel ihn wohl bemerkte, eine Kehrtwende machte und von ihm wegrannte, sprintete Mtito hinterher. Schnell kam er ihm näher, doch gerade als er seine erste wilde Beute erlegen wollte, flatterte der schwerfällige Vogel auf. Mtito sprang in die Luft und versuchte ihn noch mit einer ausgefahrenen Kralle zu erhaschen, doch alle Mühe war vergeblich. Der Vogel entkam. Aber es schien, als hätte ihn das erste Huhn im Gehege tatsächlich inspiriert, nun verstärkt nach Federvieh zu jagen.

Am Nachmittag hatten wir endlich den lang ersehnten Regen. Für Mtito war es der erste in seiner Boma, und er genoss ihn. Es schien ihn nicht mehr zu stören, dass seine Pfoten und das Fell nass wurden, und die kühleren Temperaturen, die mit dem Regen einhergingen, schienen ihm dieselbe Energie zu schenken wie mir.

Ich hatte Hassan frei gegeben und ging allein mit Mtito. Er genoss sichtlich die ungeteilte Aufmerksamkeit, und ich wurde mit allerbestem Benehmen belohnt. Es hatte aufgehört zu regnen, nur hin und wieder ging ein Schauer nieder, der Mtito, der voller Selbstvertrauen in den Bäumen herumkletterte, nicht zu beeindrucken schien, während ich unter dem Blätterdach Schutz suchte.

Es war einer dieser unvergleichlichen Spätnachmittage. Weite Sicht bis an den Horizont, alles roch frisch, die Natur schien wie neu geboren, die Farben weich. Aller Staub war aus der Luft verschwunden, die Konturen glasklar. Die Vögel sangen voller Freude und mit neuer Kraft zu einem Sonnenuntergang, der ein wahres Farbspektakel bot.

Doch sobald wir aus dem dichten Busch hinausliefen, fing es wieder an, wie aus Kübeln zu schütten. So heftig, dass Mtito unter Büschen Deckung suchte und ich so nass wurde wie seit Kindertagen nicht. Nichts, kein Zentimeter meiner Haut, der nicht klatschnass war.

Der Regen wurde noch heftiger, stärker als jede Hochdruckdusche, sodass Mtito sich strikt weigerte, seine Deckung zu verlassen. Er ließ sich nicht dazu bewegen, auch nur einen einzigen Schritt in Richtung Haus zu tun. So blieb mir nichts anderes übrig, als unter einen niedrigen und dornigen Busch zu kriechen, um den nassen, kalten und sehr unglücklichen kleinen Leoparden rauszuholen.

Sobald ich meine Hand nach ihm ausstreckte, sprang er auf meinen Arm und wollte auf meinen Schultern nach Hause getragen werden. Was für eine Schnapsidee, bei dem Wetter überhaupt rauszugehen! Das muss ein lustiger Anblick sein, wir zwei, dachte ich. Als ich uns beide auf der Veranda abtrocknete, kicherte ich vor mich hin.

Wenn es wenigstens eine warme Dusche gegeben hätte, aber das Wasser war kalt; wir hatten nie warmes Wasser in Ithumba. Es hätte mit dem alten System eines Boilers im Haus auf dem Weg durch die Leitung zu viel Wasser verschwendet, bis es warm aus dem Hahn gekommen wäre. Das wollten wir nicht, denn jeder Tropfen war in Ithumba kostbar.

Beim nächsten Spaziergang tags darauf schreckte Mtito ein Erdhörnchen auf und hetzte dem flinken Nager sofort hinterher. Aber in dem Moment, als er ihn fast erreicht hatte, drehte sich das gejagte Tier todesmutig um, richtete sich auf und drohte seinem Verfolger. Die Beute wurde zum Jäger, und der Jäger stoppte und schien überrascht. Diesen Moment des Zögerns nutzte das mutige Hörnchen und verschwand auf Nimmerwiedersehen im Busch. Mtito hatte buchstäblich das Nachsehen.

Wieder hatte ich etwas aus der Natur gelernt. Manchmal, so dachte ich, ist es wohl besser, überraschend das Gegenteil von dem zu tun, was andere erwarten, um sich aus einer beklemmenden Situation zu befreien.

Als ich nach unserem Ausflug am nächsten Abend Hassan und Mtito im Gehege besuchte, bemerkte ich einen intensiven, beißenden Geruch. Mtito markierte sein Territorium nicht nur mit Urin, sondern auch mit Sekreten aus Drüsen an der Schwanzwurzel, ein Gemisch, das ein individuelles Bukett ergibt. Dieser Duft ist wie eine Visitenkarte, er gibt den Artgenossen Informationen über Alter, Geschlecht und körperlichen Zustand des anderen. Die Nachricht kann sogar noch nach Wochen von Leoparden »gelesen« werden und muss nicht ständig wiederholt werden wie ein lautes Rufen.

»Er hat schon auf dem Weg hierher überall markiert«, erzählte Hassan. »Und er wechselt ständig seine Laune. Eben noch ist er der kleine Mtito, dann wieder benimmt er sich wie ein Halbstarker, der seine Kräfte in einem ordentlichen Kampf messen will.«

Mtito begann jetzt, die Türpfosten seines Geheges zu markieren.

»Die Kindertage sind vorbei«, stellte Hassan fest.

»Ja, nun beginnt bald der Ärger mit den anderen Leoparden, die hier leben«, fügte ich hinzu. »Er hat jetzt ganz offiziell das Revier besetzt. Da ist es nur noch eine Frage der Zeit, bis der hier ansässige Leopard Mtitos Ansprüche in Frage stellen wird.«

»Ab jetzt müssen wir auf der Hut sein, wenn wir mit ihm rausgehen. Irgendwo da draußen kann ein anderer Leopard auf der Lauer liegen«, meinte Hassan, zeigte aber kein Anzeichen von Furcht. Er war es ja von Kindesbeinen an gewöhnt, allein im Busch zu sein. »Ich hab jahrelang Ziegen in der Wildnis gehütet, da macht es mir keine Angst, mit einem kleinen Leoparden durch den Busch zu gehen und auf ihn achtzugeben«, versuchte Hassan mich zu beruhigen.

Trotz der neuen Herausforderungen in der Savanne – es wurde immer dringender, dass Mtito mit zunehmendem Alter auch seine Nächte im Außengehege verbrachte. Denn abends im Schlafzimmer geriet er immer wieder außer Rand und Band.

Meine Flipflops hatte er derart traktiert, dass sie nur noch mit einem Klebeband und Sicherheitsnadeln zusammenhielten. Und mit allen Mitteln versuchte Mtito mich abends davon abzuhalten, mein Moskitonetz über das Bett zu spannen. Er verwickelte mich in Balgereien und hinderte mich daran, ins Bett zu gehen. Auch hatte er bereits den letzten Nuckel seiner Milchflasche durchgekaut.

Am nächsten Tag ging ich in die Küche zu Kimwele.

»Wir brauchen dringend einen neuen Nuckel für Mtito«, sagte ich zu ihm.

»Aber er trinkt doch kaum noch aus der Flasche«, wunderte sich Kimwele.

Mtito in seiner Höhle im
Aero Club, Nairobi

Dank guter Nahrung und Medizin wird er bald kräftiger

Mtito zurück im
Tsavo – auf unserer
Veranda in Ithumba

Unser Haus in Ithumba, im nördlichen Teil vom Tsavo Ost National Park

Der Blick vom Hauptquartier auf den Kimathenya Hill

Ich füttere Mtito mit der Flasche vor unserem Haus in Ithumba

Unsere Hochzeit auf
den Roaring Rocks im
Tsavo West im
September 1999

Mtito frisst Hackfleisch aus seiner Schale
auf der Terrasse ...

... und erkundet die
Umgebung vom Haus, wo er
ein Stück Treibholz entdeckt

Erste Erkundungen der neuen
Heimat um das Haus herum

Mtito an seinem Lieblingsplatz im Haus:
auf der Sofalehne

Danny und ich im Ithumba
Camp am abendlichen Lagerfeue

In seinem Wasser-
napf spielend
im Schlafzimmer

Mtito erkundet den
Baum in
seinem Gehege

Erste Kletterversuche während unserer Spaziergänge

Hassan und
Mtito im Gehege

Mtito klettert im Pump House Valley mit mir

Impala-Antilopen am Tiva River
etwa 20 km vom Ithumba Hauptquartier

Mtito pirscht durch den Busch und erkundet sein Territorium

f der Lauer im Tal neben unserem Haus

Beim Ausflug in den südlichen Teil des Tsavo

Philip Kimwele,
meine rechte
Hand und die
Seele Ithumbas

»Die Flasche ist wichtig, um die enge Bindung zu mir zu erhalten. Er wird noch eine ganze Weile auf meine Fürsorge angewiesen sein.«

»Aber Nana, in den Dörfern am Nationalpark gibt es keine Nuckel. Die Mütter stillen ihre Kinder so lange, bis sie aus Tassen trinken können«, gab Kimwele zu bedenken. »Doch ich habe eine Idee«, schob er nach. »Du kannst sicher in der Stadt Voi einen Nuckel besorgen.«

Sofort notierte ich »Gummiverschlüsse für Milchflaschen« ganz weit oben auf der Einkaufsliste für den nächsten Abstecher nach Voi.

10
Böse Überraschungen

Meine Bemühungen, Mtito mit Hassan allein auf seine Ausflüge zu schicken und Hassan auch einige Fütterungszeiten zu überlassen, zahlten sich aus. Er war das kleine bisschen unabhängiger von mir geworden, das mir die Freiheit für einen funktionierenden Alltag gab und dafür sorgte, dass ich mich nicht länger vollständig von der Außenwelt abschnitt.

In den letzten zwei Monaten hatte ich niemanden außer Hassan, Kimwele, ab und zu Danny und mich selbst jeden Tag im Spiegel gesehen. Es wurde Zeit, mal wieder unter Menschen zu gehen. Außerdem waren alle unsere Vorräte aufgebraucht – ein Einkaufstrip in das 350 Kilometer entfernte Nairobi war dringend nötig.

Bevor ich es aber riskieren wollte, Mtito auch über Nacht allein zu lassen, wollte ich zunächst mal einen Tagesausflug wagen, um zu sehen, wie sich meine Abwesenheit auf Mtito auswirken würde. Die nächste Gelegenheit bot sich, als Danny für Gespräche nach Voi in das Hauptquartier vom Tsavo East fahren musste.

»Komm, Mtito!«, rief Hassan am Morgen und lief mit dem jungen Leoparden hinaus zum Spaziergang. Kaum waren beide aus meinem Blickfeld hinter Büschen und Bäumen verschwunden, stieg ich zu Danny ins Auto, um mit ihm unbemerkt zum Rollfeld zu fahren. Mtito mit seinen feinen Antennen hatte aber wohl gemerkt, dass etwas Besonderes vor sich ging. Er war wieder umgekehrt und schaute hinter einem Busch hervor, als ich abfuhr.

»So ein Mist«, dachte ich, »gerade das wollte ich vermeiden.«

Als ich dann aber sah, dass Mtito zu Hassan lief, weil er ihn gerufen hatte, war ich wieder beruhigt.

»Wird schon gut gehen«, meinte Danny.

Kurze Zeit später erreichten wir zusammen mit dem Ranger Kuloku, der uns begleiten sollte, die staubige Startpiste. Danny startete die Maschine, und mit heulendem Motor erhoben wir uns wenige Augenblicke später über Ithumba. Ich schaute aus meinem kleinen Fenster und versuchte, Hassan und Mtito zu erblicken – vergebens. Baumkronen und ausladende Büsche verdeckten, was sich am Boden abspielte.

»Bevor wir nach Voi fliegen«, verriet mir Danny, als wir in der Luft waren, »will ich noch nach Mukomwe an der somalischen Grenze, um dort nach dem Rechten zu schauen.«

Dort, so erklärte mir Danny, war eine Handvoll Ranger unterwegs. Sie zogen nur mit einem Kamel ausgestattet zu Fuß durch die wüstenartige Landschaft. Das Tier trug die Wasservorräte und Nahrung für die Männer auf dem Rücken.

»Seit den Sechzigerjahren kontrolliert niemand mehr diese abgelegene Region«, begründete Danny den ungewöhnlichen Einsatz.

Zusammen mit dem Ranger Kuloku schauten wir hinunter auf eine raue und unwirtliche Gegend. So weit das Auge reichte, nur ausgetrocknete Flussbetten, knorrige Bäume und verdorrte Sträucher, dazu fast weißer, sandiger Boden.

»Hier überleben nur die besten und fittesten aller Buschmänner«, schrie Danny gegen den ohrenbetäubenden Lärm der Propellermaschine an. »Da dies aber der direkte Weg von Somalia in den Park ist, sind zu jeder Regenzeit bewaffnete Banditen unterwegs, um die Elefanten und Nashörner hier zu wildern.«

»Wieso gerade in der Regenzeit?«, wollte ich wissen.

»Mit dem Regen füllen sich genügend natürliche Wasserstellen, sodass sie vorankommen können, ohne zu verdursten«, erklärte mir Danny.

»Und eine Kamelpatrouille hilft die Lücke im Sicherheitssystem zu schließen?«, fragte ich nach.

»Die Idee ist nicht neu und funktionierte früher gut. Wir haben kein Geld für motorisierte Einheiten, und außerdem gäbe es hier ja keine Möglichkeiten, aufzutanken. Daher ist das mit den genügsamen Lasttieren auch heute noch die effektivste Methode.«

»Das macht Sinn, auch wenn es riskant ist.«

»Ja, es ist riskant. Vor allem, wenn wir keinen Kontakt zu den Männern mehr haben. Wie jetzt. Seit Tagen haben wir nichts von ihnen gehört. Die Funkverbindung von Ithumba ist zu schwach dafür.«

Unser Flugzeug brummte am Himmel und konnte von weit her gehört werden. Danny berechnete die ungefähre Position der Kamelpatrouille und schaute immer wieder nach unten. Kuloku auf dem Copilotensitz hatte sein Funkgerät eingeschaltet und versuchte unentwegt, die Bodentruppe zu erreichen. Er sprach immer wieder in sein Walkie-Talkie. Doch außer Rauschen und Knacken hörten wir nichts, keine Antwort.

»Sie haben sicher ihr Funkgerät ausgeschaltet, um die Batterien zu schonen«, meinte Kuloku.

»Aber sobald sie unser Flugzeug hören, werden sie es bestimmt einschalten, damit wir kurz mit ihnen reden können«, entgegnete Danny. »Vorausgesetzt, die Akkus sind nicht komplett leer.«

Kuloku suchte mit seinen Augen den Boden ab, aber alles, was er entdecken konnte, waren nur Kamel- und Ziegenherden, die illegal im Park weideten.

»Nach meinen Schätzungen müssten sie hier jetzt irgendwo sein«, meinte Danny. Wir sahen einige Gruppen von Elefanten und einzelne Giraffen aus der Luft.

Dann plötzlich rief Kuloku: »Da unten, auf zwei Uhr, da sind sie!«

Tatsächlich, dort unten standen sie – fünf Männer, jeder mit einem Gewehr über der Schulter, zusammen mit einem Kamel mitten im Nirgendwo. Wir freuten uns – es war ein bewegender Moment. Kurz darauf meldeten sie sich auf ihrem Funkgerät.

Danny sprach sie an. »Na, ihr lebt ja noch!« Man konnte hören, wie sehr er sich freute, seine Leute zu sehen.

»Alles bestens«, knarrte die Antwort eines der grün uniformierten Ranger am Boden aus dem Gerät. »Nur die Schuhsohlen werden immer dünner.«

Danny lachte. »Wenn ihr barfuß seid, dann seid ihr zu weit gelaufen. Dann wärt ihr schon in Somalia.«

Alle lachten. Humor war die beste und einzige Methode, die Arbeitsmoral unter so harschen Bedingungen wieder anzukurbeln.

»Weit und breit keine Spur von Shifta«, beruhigte Danny seine Kollegen am Boden, während er mit der Maschine eine Runde um sie drehte.

»Gut, dann machen wir hier jetzt Urlaub«, scherzten die Ranger zurück. Danny hielt das Gespräch kurz, um die Batterien in den Funkgeräten nicht unnötig zu belasten. Doch ein wenig moralische Unterstützung schien ihm wichtig und hilfreich, um die Männer in ihrem mehr als anstrengenden Job bei Laune zu halten.

Auch wenn ich sein Gesicht von meinem Sitz hinter ihm nicht sehen konnte, konnte ich spüren, dass Danny liebend gern da unten gelandet wäre, wenn sich eine geeignete Stelle gefunden hätte.

Ich wusste, dass er am liebsten mit den Männern gewandert wäre. Der Busch lockte ihn, die wilde und raue Landschaft und die abgehärteten Kerle da unten. Ich habe Dannys Vater nie kennengelernt. Aber diese Mentalität hat Danny zweifellos von seinem abenteuerlustigen Vater geerbt.

Danny verabschiedete die Männer mit einem rasanten Tiefflug ganz dicht über ihre Köpfe hinweg. Alle winkten noch einmal, und dann drehten wir ab Richtung Voi. Danny wirkte aufgekratzt. Er schien glücklich und erleichtert, seine Leute gesund und munter angetroffen zu haben.

In der Provinzstadt Voi gelandet, musste Danny sofort zu einem Treffen im Regionalbüro der Parkverwaltung. Dort war eine Besprechung angesetzt, um die Einsatzorte für neue Aktionen gegen die Wilderer festzulegen. Stetig nahm das Töten der wilden Tiere zu. Man wollte die Wilderei endlich besser in den Griff bekommen.

Während Danny seine Beratungen führte, schlenderte ich über den örtlichen Markt, auf dem bunt gekleidete Frauen lautstark ihre Waren anboten.

Braune und weiße Hühnereier aller Größen lagerten in Pappkartons. Kartoffeln und Tomaten waren zu kleinen Pyramiden auf zusammengezimmerten Holztischen gestapelt, grüne Bananen baumelten in Stauden von den Dächern der Kioske. Das gesamte Obst- und Gemüseangebot des Marktes wurde in kleinen Gemüsegärten der Gegend, sogenannten *Shambas,* angebaut, die oft die Existenzgrundlage ganzer Familien bildeten.

Viele Weiße, in Suaheli *mzungu* genannt, gab es nicht auf dem Markt in Voi. Da sie aber die begehrtesten, weil vermeintlich zahlungskräftigsten Kunden waren, konzentrierten sich viele der Marktfrauen gleichzeitig auf mich, um mir ihre Waren mit einem ordentlichen *mzungu*-Aufschlag zum Kauf anzubieten.

Viele Frauen redeten gleichzeitig auf mich ein. Wie immer musste ich hartnäckig und geduldig verhandeln, um einen vernünftigen Preis zu erzielen. Am Ende waren beide Seiten zufrieden. Ich kaufte nicht weniger als zehn Kilogramm Fleisch für Mtito und so viel frisches Gemüse und Obst für uns, wie wir in dem kleinen Flieger verstauen konnten. Schon ein paar Stunden später machten wir uns wieder schwer bepackt auf die Rückreise.

»Wir müssen über Kone nach Hause fliegen, also nochmals fast bis nach Somalia«, überraschte mich Danny. »Ich muss noch nach einer anderen Rangereinheit schauen, die dort im Einsatz ist. Ich habe bei unserem Treffen erfahren, dass es von denen auch schon seit Tagen keine Nachrichten mehr gibt.«

»Prima, dann sehe ich Kone auch endlich mal. Das ist doch die Gegend, wo die Orma leben? Da bin ich gespannt!«, freute ich mich.

Danny hatte mir viel von den Orma erzählt. Er schätzte die Menschen dieser Volksgruppe und ihre Art zu leben. Furchtlose, stolze Leute, gebildet und weltoffen und doch sehr bedacht auf ihre Traditionen. Sie sind äthiopischer Abstammung und leben als Nomaden.

»Die Orma respektieren mich«, fügte Danny hinzu. »Und wenn es mal einen Disput zwischen ihnen und dem *Wildlife*

Service gibt, dann rufen sie mich, damit ich vermitteln kann. Sie vertrauen mir. Es hilft uns allen, wenn ich mich mal wieder bei ihnen sehen lasse. Das lässt sich jetzt gut miteinander verbinden.«

Ich war gespannt, was mich erwarten würde. Wir überquerten das lang gestreckte Lavafeld des Yatta Plateaus, als ich nach draußen schaute und meinen Augen nicht trauen wollte. Um uns herum türmten sich fast pechschwarze Wolken auf, urplötzlich begann es heftig zu regnen und ein kräftiger Wind rüttelte an unserem Flugzeug, ruckelte es wie ein Spielzeug durch die Luft. Mich überkam das Gefühl, den Urkräften der Natur absolut ausgeliefert zu sein. »Keine Sorge, wir werden ein bisschen durchgeschüttelt, aber es kann nichts passieren«, versuchte Danny mich zu beruhigen.

Ich habe die physikalischen Grundlagen, warum ein Flugzeug vom Wind nicht auf den Boden katapultiert werden kann, noch nie verstanden. Und auch wenn es sachliche Gründe gab, die gegen einen Absturz sprachen, so wünschte ich mir doch nichts sehnlicher, als wieder auf der sicheren Erde zu landen.

»Schau, da unten, Elefanten bei Emusaya«, versuchte Danny mich abzulenken. Doch ich konnte nicht mal mehr aus dem Fenster gucken, so viel Angst hatte ich.

Danny manövrierte die fliegende Kiste durch Böen und Turbulenzen Richtung Kone. Dort angekommen, gab es keine flatternde Windfahne, an der sich Danny für die Landung hätte orientieren können. Stattdessen benutzte er den Wetterhahn des Windrades, das dort neben der Landebahn Wasser aus dem Boden pumpte. Seine Ausrichtung gab ihm einen Anhaltspunkt für die Landung.

Danny drückte die Maschine nach unten. Aber gerade, als er das Flugzeug auf den Boden setzen wollte, drehte der Wind und kam nun von hinten. Wir wurden zu schnell für eine sanfte Landung. Rums, setzten wir einmal auf. Rums, ein weiteres Mal, die Maschine sprang wie eine Antilope über die Piste. Rums, diesmal erwischten wir mit einem Hinterrad ein Schlagloch. Es krachte, als wäre es zerfetzt.

»Oh nein, haben wir überhaupt ein Reserverad dabei?«, schoss es mir durch den Kopf.

Die Maschine rollte aus und stoppte. Danny und Kuloku stiegen aus.

»Alles okay, der Reifen ist in Ordnung«, rief Danny mir zu und zeigte mit dem Daumen der einen Hand nach oben.

Ich blieb lieber in der Maschine, denn ich trug staubige kurze Hosen und war damit nicht angemessen gekleidet für eine Begegnung mit den Orma, die traditionell ihren ganzen Körper verhüllen. Die Frauen kamen aus dem Dorf und begrüßten mit ihren Männern Danny.

Danny traf auch die gesuchten Ranger und redete mit ihnen. Offenbar war alles in Ordnung mit ihnen. Ich schaute auf die provisorischen Hütten der Orma, die sie aus Holz, Dung und Leinensäcken konstruiert hatten. Ein paar Kinder kickten einen Ball aus Lumpen und Plastikfetzen.

Dann, aus dem Augenwinkel, bemerkte ich, wie sich am Ende der Landepiste eine gewaltige Sandhose aufrichtete, die sich in hoher Geschwindigkeit den direkten Weg zum Flugzeug suchte. Noch bevor ich mich abschnallen und aussteigen konnte, sah ich auch schon die eben noch spielenden Kinder des Dorfes kreischend in Panik davonrennen; die Ranger suchten Schutz, und niemand verankerte den Flieger.

Ich hatte keine Zeit mehr, aus der Kiste zu springen und Deckung zu suchen. Blitzschnell schossen mir die fürchterlichsten Gedanken durch den Kopf. Ich dachte daran, wie der Wind das Flugzeug anheben könnte und es in den Busch auf die Seite krachen lassen würde.

Erfasst von der Naturkraft, heulte der Flieger auf, und der Propeller, der aus technischen Gründen von den Mechanikern beim letzten Service entsichert worden war, wurde vom Wind erfasst, drehte sich immer schneller und startete damit den Motor. Die Maschine begann zu vibrieren und zu rütteln und setzte sich in Bewegung. Ich bekam Panik, zog den Sicherheitsgurt auf meinem Platz noch fester an und krallte meine Finger fest in den Sitz. Ich umklammerte das neben mir baumelnde

AK-47-Gewehr, um es nicht an den Schädel zu bekommen. Für den Fall, dass die Waffe entsichert wäre und der Sturm uns durch die Luft wirbeln würde, hielt ich ihren Lauf weg von mir.

Ich zitterte wie Espenlaub und hätte gern aus Leibeskräften geschrien, brachte aber keinen Ton heraus. Die Windstöße ließen die Maschine tanzen, immer wieder drehte sich die Nase in die Windrichtung, manchmal sprang der Motor an, dann ging er wieder aus. Ich wackelte mit dem Flieger von links nach rechts.

Äste wirbelten auf, von den Hütten rissen die Leinensäcke ab, und Frauen kauerten sich auf den Boden. Durch das kleine Fenster und den dichten Staub sah ich schemenhaft auch Danny, wie er mit Kuloku dem Sturm trotzte und versuchte, den Flieger mit all seinen Kräften festzuhalten. Er brüllte aus Leibeskräften, um weitere Helfer zu rufen. Dann konnte ich draußen nichts mehr erkennen: Das Flugzeug mit mir darin war vollkommen in Sandwolken eingehüllt. Schließlich war es vorbei. So schnell wie der Staubteufel gekommen war, so rasch verschwand er auch wieder hinter uns, und es wurde ganz ruhig.

Ich zitterte immer noch und war den Tränen nah, doch draußen entspannte sich die Lage mit einem lauten Gelächter. Alle waren froh, dass nichts passiert war. Danny kam zu mir, um sich zu vergewissern, dass ich okay sei. »Du bist kreidebleich, dir steht die Angst ins Gesicht geschrieben«, stellte er fest. »Aber keine Sorge, alles ist gut.«

»Das hätte schiefgehen können«, erwiderte ich mit immer noch zittriger Stimme. »Es sind schon Flugzeuge umgeworfen und weggewirbelt worden.«

»Wir hatten dich fest im Griff«, meinte Danny, »und wir hätten auch nicht losgelassen.« Was hätte er auch anderes sagen sollen?

Dann inspizierte er den Flieger, lief einmal rundherum und hob den Daumen. Die Maschine hatte keinen Schaden genommen, die Tragflächen hingen wie eh und je ordentlich an der

Seite und der Propeller drehte sich nur noch leicht im Wind. Einzig die Parkposition hatte sich um etliche Meter verschoben.

Langsam beruhigte sich mein Körper wieder, und ich entspannte mich. Doch erneut zogen dunkle Wolken auf. Die ersten Regentropfen fielen auf die Windschutzscheibe und wurden dicker. Wie sollten wir hier heute bloß noch wegkommen? Wir würden wohl in Kone bleiben müssen. »Und wo bleibt dann Mtito heute Nacht?«, ging es mir durch den Kopf.

Seit er bei uns lebte, schlief er nachts unter der Kommode oder im Bett, und ich war immer in seiner Nähe.

»Ich muss mich verabschieden. Wir müssen uns beeilen, in die Luft zu kommen, bevor der Sturm noch näher kommt«, hörte ich Danny zu den Rangern und den Dorfältesten sagen. Alle lachten und dachten, er scherze. Und ich hoffte, ich hätte mich verhört. Aber dann stieg Danny tatsächlich ins Flugzeug, gefolgt von Kuloku.

»Du willst doch jetzt nicht wirklich fliegen?«

»Doch, für heute ist es unsere letzte Chance. Und zu Hause wartet Mtito auf dich.«

»Aber das ist doch Wahnsinn«, flehte ich.

»Noch größerer Wahnsinn ist es, auf die nächste Windhose zu warten«, antwortete Danny.

Und er hatte ja recht. Welche Wahl hatten wir? Er warf den Motor an. Laut schnaufend rollte die Maschine gegen den starken Wind an. Der Propeller fraß sich durch die Luftströmung, die Kiste rollte nur langsam die Piste hinunter. Draußen beobachtete uns das ganze Orma-Dorf.

Laut piepste der Alarmton, der vor zu geringem Auftrieb an den Tragflächen warnte. Doch zunehmend kämpfte sich die Maschine durch den Gegenwind, und plötzlich rasten wir wie ein Rennwagen die Sandpiste entlang.

Sehnsüchtig wartete ich darauf, dass sich das Heck erhob und die kreischende Alarmglocke aufhörte, mein Trommelfell zu foltern. Ich wusste, dass da hinten etliche zusätzliche Kilo mit Mtitos Frischfleich lagen und es dem Flieger noch schwerer machten, aufzusteigen.

Fast am Ende der Startbahn angekommen, zog Danny den Flieger schließlich hoch und rasierte knapp die bodennahen Büsche.

Steil stieg das Flugzeug dann in die Luft, so steil wie in einer Achterbahn. Ich schloss die Augen, verkrampfte meine Hände im Sitz und versuchte mich in eine Traumwelt zu flüchten.

In meinen Gedanken sah ich einen freudig aufgeregten Mtito, der mich überschwänglich begrüßte. »Ptuff, ptuff«, hörte ich ihn rufen, er rieb sich an meinen Hosenbeinen … da riss mich die Wirklichkeit wieder aus meinen Gedanken. »Tuff, tuff« – das war nicht der kleine Leopard, das war der Motor. Er stotterte. Dazu blinkte das kleine Lämpchen, das den Ladezustand der Batterie anzeigte. Eigentlich flackerte es immer, wenn Danny den Sprechfunk betätigte, aber jetzt verhieß es nichts Gutes.

Auch Danny schien nicht glücklich über das Jammern des Motors. Sein Blick war starr nach vorn gerichtet. Angespannt peilte er das verbliebene helle Loch zwischen den Sturmwolken an, um uns heil nach Ithumba zu bringen.

»Hoffentlich ist das kein großer Umweg«, dachte ich noch laut beim Blick auf die Tanknadel, die sich bedrohlich dem roten Bereich näherte. Und auch das Tageslicht nahm mit jedem Moment ab. In Äquatornähe sind die Abende kurz, die Sonne fällt regelrecht vom Himmel, und es sind nur wenige Minuten zwischen Tageshelligkeit und absoluter Dunkelheit.

Aus dem Äther knarrten die Meldungen anderer Piloten. Regen, Gewitter und heftiger Wind wurden überall im Land gemeldet. Wir hörten von Umleitungen und Notlandungen. Dort, wo ich eben noch die Hügel von Ithumba gesehen hatte, war jetzt alles grau in grau. Es regnete, und mein Herz raste noch schneller als zuvor, so viel Adrenalin hatte mein Körper ausgeschüttet. Ich vertraute Dannys großer Routine.

Dann kam die Landebahn in Sicht. Sie stand völlig unter Wasser, aber egal, dachte ich, so schlimm kann's nicht mehr werden. Ich wollte nur noch runter. Danny brachte den wackelnden Flieger dem Boden näher und näher. Der Reifen griff im matschigen Boden, und die Maschine stemmte sich mit aller Macht gegen den Schub von hinten. Ohne Probleme rollte sie aus. Erst als wir uns in die Parkposition schieben wollten, blieben die Räder im tiefen Matsch stecken.

Danny war glücklich und nahm unser Abenteuer mit Humor. »Gott muss zufrieden sein. Er spielt mit uns«, zitierte er Karen Blixen aus ihrem Klassiker *Jenseits von Afrika*.

Nach Lachen war mir nicht zumute, denn unser Abenteuer hatte durchaus wehgetan. Mein Körper fühlte sich an, als wäre ich von einem Nashorn gerammt worden. Schmerzen zogen sich vom Rücken über den Nacken bis in die Arme, ein Ergebnis der Anspannung in den letzten Stunden. Aber ich war einfach froh, wieder zu Hause zu sein. Auch Kuloku schien erleichtert, wieder Boden unter den Füßen zu haben.

Als wir Minuten später unser Haus erreichten, erwartete ich einen sehnsüchtigen Mtito. Doch statt einer freundlichen Begrüßung mit dem üblichen »ptuff, ptuff« hörte ich schnelle Schritte: Da kam Hassan angelaufen, ohne den Leoparden im Schlepptau.

»Wo ist Mtito? Da stimmt was nicht«, sagte ich zu Danny.

»Mtito wollte nicht spazieren gehen heute Morgen«, erklärte Hassan. »Er ist zurück zum Haus, entdeckte dort einen Klippschliefer, hetzte ihm über die Felsen hinterher und verschwand.«

»Vielleicht ist er meinetwegen weg?«, machte ich mir Vorwürfe.

Hassan konnte darauf keine Antwort geben. »Ich habe ihn überall gesucht, kilometerweit die Straße hinunter, auf dem Hügel, habe jede Höhle und jeden Felsen gecheckt – nirgendwo ein Lebenszeichen von ihm«, versicherte er sichtlich verstört. »Aber dafür bin ich zwei großen Schlangen begegnet. Die eine war hell in der Färbung und hatte zwei große schwarze Augen …«

»Eine Felsenpython?«, unterbrach ich ihn.

»Ja, kann sein. Sie fraß ein größeres Tier, ich hab mich riesig erschrocken, dachte schon, es wäre Mtito. Dann aber sah ich, dass sie einen Klippschliefer erwischt hatte.«

Klippschliefer sind hasengroße Säugetiere, die Murmeltieren ähneln und in kleinen Kolonien die Nischen von Felsen bewohnen.

»Die andere Schlange war sehr groß, wohl eine Schwarze Mamba«, berichtete Hassan.

»Ich glaube nicht, dass er sich von einer Schlange hat erwischen lassen«, entgegnete ich – ich wollte positiv denken. Alle Strapazen waren mit einem Schlag vergessen. Ich zog sofort meine kakifarbenen »Leoparden-Klamotten« an, die Mtito an mir gewohnt war, schnappte mir zwei Milchflaschen und eine Taschenlampe und fragte Hassan: »Wo genau hast du Mtito das letzte Mal gesehen?« Er zeigte in eine Richtung, und wir machten uns sofort gemeinsam auf den Weg.

Natürlich hatte ich insgeheim Angst, Mtito sei einer giftigen Schlange zum Opfer gefallen. Oder er sei dem großen Leoparden begegnet. Dann aber hätte man dessen Triumphschrei gehört, beruhigte ich mich. Aber vielleicht steckte der kleine Kerl auch in einer dunklen Höhle fest oder kam nicht mehr von einem großen Baum herunter?

Wir hatten nur noch wenig viel Zeit, das letzte Tageslicht für die Suche auszunutzen. »Mtito, Mtito!«, riefen wir im Chor.

Wir teilten uns auf. Hassan machte seine Runde, und ich blieb zurück und hockte mich an die Stelle, wo er verschwunden war. Als ich ein Rascheln im Busch hörte, kroch ich auf allen vieren ins Dickicht. Getrieben von der Sorge um Mtito, machte ich mir keine Gedanken über Schlangen, Skorpione, Giftspinnen oder sonstige Kreaturen, denen ich hätte begegnen können. Ich wollte nur noch Mtito finden. Tatsächlich schreckte ich aber nur zwei Frankoline auf, die mich kurz anschauten und dann laut schreiend abflogen.

Wieder herrschte gespenstische Ruhe. Erneut begann ich Mtito zu rufen. Nichts passierte, bis ich ein Geräusch hörte, als würde ein Tier von einem Baum springen.

Ich hegte schon große Hoffnung, als es wieder leise wurde. Mit aller Kraft versuchte ich gegen das drückende Gefühl anzukämpfen, dass sich in meinem Bauch breitmachte. Es war, als hätte mir jemand in die Magengrube geschlagen. War das Mtitos Ende? Würde ich ihn niemals wiedersehen?

Ich verdrängte die Gedanken, so gut es ging. »Mtito!«, rief ich wieder energisch. Plötzlich lugten unter dem Felsen, auf dem ich saß, zwei Augen hervor und starrten mich an. Zwei große Katzenaugen inmitten eines flauschigen Gesichts! Mtito kroch heraus und machte Freudensprünge, rieb seinen Rücken gegen mein Bein und leckte minutenlang meine Hände. Hassan kam angerannt, und am Tonfall seiner sich fast überschlagenden Stimme spürte ich seine Erleichterung über Mtitos Rückkehr.

»Gib ihm schnell die Flasche!«, rief ich Hassan zu. Der hielt sie ihm vor die Schnauze, und Mtito begann sofort zu trinken. Hassans Gesicht war eingefallen, er hatte Ringe unter den Augen. Erst jetzt im Licht der Taschenlampe sah ich, was der junge Mann die letzten zehn Stunden durchgemacht hatte. Er hatte nicht gefrühstückt und bei Sonne und Regen nur den Leoparden gesucht; dabei hatte er den ganzen Tag nichts gegessen.

»Ich hatte ihn schon aufgegeben«, gestand Hassan seine Sorge. »Du Streuner hast mich ganz schön zum Narren gehalten«, flüsterte er Mtito ins Ohr und streichelte dessen Fell.

Als Mtito ausgetrunken hatte, wich er mir nicht mehr von der Seite. Er klebte förmlich an mir, und ich musste ihn quer über meine Schultern gelegt ins Haus tragen. Neun Kilo wog er inzwischen. Und wenn er müde war, konnte er sich noch schwerer machen.

Am Haus bekam er schnell noch seinen Napf voll mit frischem Fleisch, das er ohne Unterbrechung herunterschlang. Als ich ihn vom Sofa aus erschöpft betrachtete, dachte ich darüber nach, was wohl mit Mtito geschehen wäre, wenn wir nicht mehr rechtzeitig durch den Sturm zurückgekommen wären. Wäre er an diesem Abend nach Hause gekommen?

Auf der anderen Seite reifte mein Entschluss weiter: Mtito musste sich von mir lösen und unabhängiger werden, wenn er eines Tages draußen in der Wildnis eine Chance haben wollte. Es war Zeit, dass er vollständig aus unserem Haus aus- und in sein neues Gehege einzog.

11
Ein Kampf gegen weiße Kittel

Ich schaute auf Mtito, der aufgeregt den Weg entlang auf mich zugerannt kam, um mich zu begrüßen.

»Ptuff, ptuff«, machte er. Er rieb seinen Kopf an meinen Beinen, ich streckte meine Hand aus und strich durch sein weiches Fell. Doch dann wurden seine Rufe leiser, meine Hand spürte nichts mehr, und plötzlich verschwamm auch sein Gesicht. Sosehr ich auch versuchte, ihn festzuhalten – er verschwand. Nichts war mehr, nur Leere. Stille.

Meine Augen öffneten sich schwerfällig und das Erste, was ich sah, waren die kahlen Wände, Schläuche und eine Frau in einem weißen Kittel. »Ich gebe Ihnen noch ein Schmerzmittel«, sagte sie, ohne mir in die Augen zu schauen. Ihr Blick kontrollierte die diversen Medizinflaschen, die an Gestellen neben meinem Bett hingen. Jetzt erst erwachte ich wirklich aus meinem Traum. Ich war nicht mehr in Ithumba unter der wärmenden Sonne Kenias, sondern lag noch immer in einem deutschen Krankenhaus.

»Nein, bitte nicht!«, protestierte ich so energisch, wie es mir möglich war. »Ich vertrage die Medikamente nicht. Vor allem das Kortison nicht. Ich möchte das nicht fortsetzen und würde gern mit einem Arzt darüber reden«, kam es mir schwach über die Lippen.

»Der Arzt hat zu tun. Sie sind ja nicht die einzige Patientin auf der Station. Sie können mit ihm reden, wenn Visite ist, bis dahin handele ich nach seinen Anweisungen.« Ohne mich anzusehen, verließ die Schwester das Zimmer.

Ich begann zu weinen, fühlte mich verloren und verlassen. Dieses deutsche Krankenhaus war so anders als das Nairobi Hospital, das ich kannte. Dort hatte ich Danny nach einem Unfall lange wegen seiner schweren Verbrennungen gepflegt, und die Schwestern hatten immer ein Ohr für meine Sorgen und ein Lächeln für Danny gehabt. Sie taten alles, seine Schmerzen ein wenig erträglicher zu machen. Aber hier?

Gleich zu Beginn hatten sie mich für ganze fünfzehn Stunden im Schlaflabor vergessen, weil bei der Aufnahme kein Bett auf der Station frei gewesen war. Dann wurde die Entnahme meiner Rückenmarksflüssigkeit von einem Medizinstudenten durchgeführt und ging daneben. Sie war nicht nur entsetzlich schmerzhaft, sondern fühlte sich an, als würde mein Gehirn durch das Rückgrat hinausgesaugt. Die grausame Übelkeit und meine quälenden Kopfschmerzen waren die Folge dieser Rückenmarkspunktion und hielten an.

Ich fühlte mich nicht gut aufgehoben in dieser Klinik und fremd im eigenen Land. Als die Diagnose Multiple Sklerose gestellt wurde, hatte ich mich gründlich über die Krankheit informiert und war entschlossen, alle Möglichkeiten, auch die der alternativen Medizin auszuprobieren. Aber das war in der deutschen Klinik nicht möglich.

»Wir sind Schulmediziner, wir behandeln mit Kortison«, lautete die Antwort, und kein Arzt nahm sich Zeit für weitere Erklärungen oder ein Gespräch mit mir.

Die zahlreichen Medikamente, die mir verabreicht wurden, schienen allesamt nicht zu helfen, im Gegenteil. Ich litt unter allen nur erdenklichen Nebenwirkungen. Ich hatte Angstzustände, übergab mich immer wieder, und mein Kopf drohte zu platzen vor Schmerzen. Ich fühlte mich, als würde ich entweder schweben oder aber durch die Matratze gezogen und von einem schwarzen Loch verschluckt. Mein Herz raste, und ich konnte einfach nicht aufhören zu weinen. Das Einzige, was mir Erleichterung brachte, war, wenn meine Zimmernachbarin Monika mir geduldig mit einer weichen Bürste durch die Haare strich. Vielleicht war es auch ihr Mitgefühl, die menschliche Wärme, die mir guttat und half, den grausamen Druck in meinem Kopf zu lindern.

Meine Sinne reagierten so überempfindlich, alle Geräusche schienen so unerträglich laut, als hätte ich keine Haut gegen die Umwelt. Selbst im Liegen fühlte ich mich extrem schwindelig und krank.

Ich schaute zum Fenster. Rauszuspringen schien die einzige Lösung zu sein: zu beenden, was ich nicht aushalten konnte. Und ich wäre vermutlich gesprungen, wenn ich die Kraft dazu gehabt hätte.

Ich sah mich das Krankenhaus nie wieder verlassen, war sicher, sie würden bald einen Grund finden, mich in die Abteilung zu verlegen, wo die Türen keine Griffe mehr hatten. Ich fühlte mich in der Falle und sah keinen Ausweg. Ich hatte meine Tochter mehr als eine ganze lange Woche nicht gesehen, und Mtito war fast schon Erinnerung an eine glückliche Zeit, die zu verblassen begann. Keine der Schwestern, kein Arzt hielt es für nötig, sich einmal Zeit zu nehmen und mir zu erklären, dass ich schlicht und einfach jede nur mögliche Nebenwirkung von Kortison erlebte und nicht eine totale Persönlichkeitsveränderung.

Ich versuchte, mich auszuklinken, an Mtito zu denken, in Gedanken wenigstens bei ihm zu sein. Dann kam mir wieder das kleine Erdhörnchen in den Sinn, das sich als David gegen Goliath gestemmt, ihn überrascht und mit seiner Flucht besiegt hatte. In einer hoffnungslosen Situation hatte es sich doch noch gerettet.

Ich beschloss, mich nicht weiter in mein Los zu fügen, sondern mein Schicksal wieder in die eigenen Hände zu nehmen.

Der Arzt trat ein, und ich konfrontierte ihn sofort mit meinem Vorhaben: »Schluss mit Kortison, Betäubungs-, Schmerz- und Schlafmitteln. Auch keine Mittel gegen Übelkeit. Nichts mehr«, forderte ich sehr entschieden. Die Schwester zischte irgendetwas dazwischen, der Arzt wurde laut und demonstrierte mit seiner ganzen Haltung seine Überlegenheit. Ich musste es jetzt und gleich ausfechten, bevor mich neue Medikamente in meinem Blut wieder benebelten und ruhigstellten. Die Schwester verließ das Zimmer und schimpfte noch auf dem Flur vor sich hin, sodass alle anderen Patienten hören konnten, was sie über mein Verhalten dachte.

Vielleicht befürchtete der Arzt eine Kurzschlussreaktion meinerseits, oder er glaubte, ich könnte kollabieren. Möglicherweise imponierte ihm auch meine Entschlossenheit, oder er hatte schlichtweg aufgegeben. Wie auch immer – er zog mir schließlich die Kanüle aus dem Arm.

»Die Kortisonbehandlung haben wir heute ohnehin beendet. Wegen der anderen Medikamente werden Sie mir ein Papier unterschreiben, dass dies auf eigenen Wunsch geschieht.« Viel mehr sagte er nicht.

»Das werde ich sehr gern tun«, antwortete ich. Von nun an gab es keine Schmerzmittel und auch keine Medikamente mehr, die die Nebenwirkungen der anderen Mittel unterdrücken sollten.

Ich hatte meinen Stolz und meine Selbstbestimmung zurückerobert. Es fühlte sich an, als wäre ich gerade zurück aus einer anderen Welt, die ich nie wieder besuchen wollte. Von nun an schaute ich wieder nach vorne. Auf mein Leben im Busch Ostafrikas. Auf Mtitos Bild, das neben meinem Bett auf dem Tisch stand.

12
Mundraub kommt vor dem Jagen

Ich sah Mtito vor mir, mit seinen großen runden Ohren, seinen leuchtenden, hellwachen Augen, sah die weißen Schnurrhaare und fühlte das weiche Fell an seinem Hals und seiner Brust. Ich konnte seine unbändige Energie immer noch spüren.

Dieses wunderschöne Tier erwartete mich jeden Tag, morgens und nachmittags, meist voller Ungeduld, gemeinsam mit mir das Abenteuer Busch zu erleben. Nachdem Mtito mittlerweile mehrere Hühner ohne Hilfe von Hassan oder mir nach Leopardenart erlegt hatte, warteten wir darauf, dass er seine erste richtige Beute in freier Natur machen würde. Das sollten wir heute erleben, wenn auch ganz anders als erhofft.

Hassan und ich waren mit Mtito auf einem Abendspaziergang unterwegs, als Mtito plötzlich verschwand. Hassan lief durch das hohe Gras, ihn zu suchen, und rief, kaum dass er außer Sichtweite war, ganz aufgeregt: »Mtito hat ein Tier erwischt!«

Ich freute mich und lief sofort zu Hassan.

»Er hat seine Beute, wie es auch ein wilder Leopard tun würde, zwischen den Vorderpfoten gehalten, aus dem Gras gezerrt und sie mir stolz präsentiert«, erzählte Hassan.

Tatsächlich kaute Mtito auf einer frischen Tierhaut herum. Als ich näher kam, sah ich, wer sein Opfer war.

»Es ist ein Klippschliefer«, stellte ich fest, wurde dann aber nachdenklich. »Aber da stimmt etwas nicht.«

Hassan schien auch misstrauisch, denn von Mtitos Beute fehlte bereits eine Menge. So schnell konnte er sie nicht verschlungen haben.

Hassan lief ins Gras, untersuchte die Stelle, an der Mtito mit seinem Fang aus dem Busch gekommen war, und fand dort viel niedergetrampeltes Gras. »Ich glaube nicht, dass Mtito den Klippschliefer erlegt hat«, rief er mir zu.

»Wieso?«, fragte ich.

»So viel Gras kann Mtito nicht niedergewalzt haben. Das hier sieht eher aus wie das Lager eines großen Leoparden.«

Ich ging hin, um mir selbst ein Bild zu machen. Und tatsächlich: Hassan schien recht zu haben. »Dann haben wir den großen Leoparden wohl gerade mit unserem Kommen verscheucht. Er hat sein Versteck panikartig verlassen und sogar seine frische Beute zurückgelassen«, vermutete ich.

»Dann hat Mtito nur ›abgestaubt‹?«

»Es sieht ganz so aus«, antwortete ich. »Lass uns lieber gehen, bevor es hier doch noch eine Konfrontation gibt.« Wenig später machten wir uns auf den Heimweg, mit Mtitos »Beute« im Schlepptau.

Der Tag verabschiedete sich mit einem letzten Rot am Himmel, und wir mussten uns beeilen, denn wir würden es nicht mehr schaffen, im Hellen heimzukommen. Ich hatte noch etwas Besonderes für diesen Abend geplant und war gespannt, wie Mtito reagieren würde.

Je sicherer Mtito sich in seiner natürlichen Umgebung bewegte und auch zu jagen lernte, desto schlechter wurde sein Benehmen im Haus. Deshalb hatte ich beschlossen, dass nach viereinhalb Monaten der Zeitpunkt gekommen war, Mtito ganz in sein Gehege umzusiedeln, ihn auch nachts draußen zu lassen, um aus der Hauskatze eine Raubkatze werden zu lassen.

Wir hatten Mtito tagsüber zunehmend allein im Gehege gelassen, sowohl während seiner Ruhepausen als auch abends für ein paar Stunden im Anschluss an seinen Abendspaziergang. Er hatte sich gut an sein neues Quartier gewöhnt, und so sollte der Umzug keine allzu große Umstellung mehr sein, hoffte ich. Mtito würde sich auf diese Weise auch an seinen natürlichen Lebensrhythmus als nachtaktives Tier gewöhnen. Trotzdem war ich aufgeregt, musste aber aufpassen, dass sich die Nervosität nicht auf Mtito übertrug, der meine Stimmungen immer spürte und oft im Vorfeld schon wusste, was vor sich ging.

»Ich bringe Mtito jetzt in sein Gehege«, rief ich Danny zu, als wir heimkamen. Anschließend holte ich Mtitos Futter und ein paar Öllampen aus dem Haus. Inzwischen war es stockdunkel.

»Pass auf, wo du im Dunkeln hintrittst«, warnte Danny mich.

Voll bepackt machte ich mich auf den Weg zum Gehege. Für eine Taschenlampe hatte ich keine Hand mehr frei. Ich war die Stufen zur Veranda sicher hinuntergelaufen, als ich zunächst nur aus dem Augenwinkel wahrnahm, dass sich neben meinen Füßen etwas aufrichtete. Reflexartig zuckte ich zurück, sodass die Laternen scheppernd aneinanderschlugen. Ein Schauer lief mir über den Rücken. Ich schüttelte mich, wie es sonst nur Hunde und Katzen mit nassem Fell tun. Eine Rote Speikobra, mehr als einen Meter lang, befand sich unmittelbar neben mir. Eine Gänsehaut überzog mich von Kopf bis Fuß, mein Herz hämmerte, als wollte es mir zum Hals herausspringen. Alles unwillkürliche Reaktionen, die ich nicht beeinflussen konnte.

Stumm vor Angst starrte ich die flüchtende Schlange an, die sich vermutlich genauso erschreckt hatte wie ich und sich nun schleunigst aus dem Staub machte. Unglücklicherweise schlängelte sich das Tier geradewegs auf Mtitos Gehege zu.

»Was ist passiert?«, rief Danny, der angelockt von den scheppernden Lampen aus dem Haus geeilt war. Er sah das Reptil, sprintete ihm hinterher und konnte es gerade noch mit hastig aufgesammelten Stöcken davon abhalten, Mtitos Gehege zu entern.

»Hau ab, du Biest!«, schimpfte Danny und traktierte die Kobra mit seinen bescheidenen Waffen, bis sie auf Nimmerwiedersehen irgendwo im Unterholz verschwand. Mtito stand regungslos hinter dem Maschendrahtzaun und schaute dem Spektakel verdutzt zu.

Danny kam zurück und nahm mich in den Arm.

»Ich bin okay«, sagte ich, was aber nicht ganz stimmte, denn der Schreck saß mir noch in den Gliedern. Aus gutem Grund. Speikobras spucken aus drei Metern Entfernung ihren Opfern sehr präzise ein Gift in die Augen, das zur Erblindung führen kann. Das lachsrote Reptil frisst außer Vögeln auch kleinere Säugetiere.

»Vermutlich wäre ihr Mtito schon ein zu großer Brocken gewesen«, witzelte Danny, glücklich, dass dem Kater nichts passiert war.

»Aber das Gift hätte ihn für immer zum Pflegefall machen können«, erwiderte ich.

Trotz des kleinen Schocks am Abend hielt ich an meinem Plan fest. »Heute wird Mtito draußen bleiben.«

Danny leuchtete mir mit der Taschenlampe vorsichtshalber den Weg. Ich ging in Mtitos Gehege, stellte ihm sein Futter hin und kehrte dann wieder zurück ins Haus.

Gut zwei Stunden später sah ich noch einmal nach ihm. Mtito schlief noch nicht, im Gegenteil, er begrüßte mich, war ziemlich aufgedreht und sprang um mich herum.

Das bestärkte mich in meinem Entschluss, ihn umzusiedeln. Schließlich entzog ich mich unserer Balgerei, ging durch die Tür hinaus und schloss sie hinter mir.

Mtito streckte eine Pfote durchs Gitter und erwischte mit seinen Krallen mein Hosenbein. Er roch den Braten, wollte nicht, dass ich ihn allein ließ.

»Nein, Mtito, ab heute schläfst du draußen«, redete ich ihm gut zu.

Für ein paar Sekunden schwankte ich, ob es vielleicht doch zu früh sei, sowohl für ihn als auch für mich. Dann aber riss ich mich zusammen und ging.

In dieser Nacht fiel mir das Einschlafen schwer. Immer wieder horchte ich nach draußen. War das Klappern wirklich von Mtito? Oder näherte sich ein fremder Leopard? Ein paar Mal ging ich zum Fenster und guckte hinaus. Der helle Halbmond gab nur wenig Licht, aber es reichte aus, um Bäume, Büsche und Gegenstände diffuse Schatten werfen zu lassen. So intensiv ich auch schaute, ich konnte nichts Verdächtiges bemerken. Alles blieb ruhig in dieser Nacht.

Kaum kündigte sich die aufgehende Sonne durch einen vorauseilenden hellen Schein am Himmel an, verließ ich neugierig das Haus Richtung Gehege. Ich war gespannt, wie Mtito seine erste Nacht draußen überstanden hatte.

Hellwach und putzmunter lag er auf seiner Holzhöhle und begrüßte mich wie gewohnt mit seinem »ptuff, ptuff«. Er war wohlauf und hatte die Nacht offensichtlich gut überstanden. Ich setzte mich zu ihm, und nach Katzenart rieb er sein Gesicht an meinem. Das Weiß um seine Pupillen zeigte mir deutlich, dass er in einer freundlichen und spielfreudigen Laune war, und es dauerte nicht lange, bis er eine Pfote auf mich legte.

Mit seiner extrem rauen Zunge, die sich wie Sandpapier anfühlte, leckte er mir Hände und Arme. Ich fürchtete, er würde mir die Haut wund lecken, wenn ich das lange genug zuließe. Doch jedes Mal, wenn ich versuchte, meinen Arm wegzuziehen, protestierte Mtito. Liebevoll, mit eingezogenen Krallen, drückte er seine Pfote fest auf meinen Arm und hielt ihn fest, um meine Hand weiter zu lecken und zu reinigen. Als es damit genug war, versuchte Mtito mich auch noch von imaginären Flöhen zu befreien und knabberte ganz vorsichtig mit Maul und Zähnen meine Haut ab.

Hassan kam hinzu und wollte natürlich wissen, wie Mtito die erste Nacht allein im Gehege bekommen war, bevor wir wieder zur täglichen Routine aufbrachen: unserem Morgenspaziergang. Mtito markierte jeden zweiten Busch auf seiner Route. So ausgiebig hatte er das zuvor nur in Hausnähe getan.

»Ich denke, er will damit wohl sicherstellen, dass wirklich jeder Leopard im Umkreis seine Ansprüche auf das Territorium mitbekommt«, kommentierte ich Mtitos Bemühungen.

Hassan stimmte mir zu und lachte, als er Mtitos Grimassen sah. Der Leopard roch an Blättern, leckte daran, biss hinein, kräuselte die Schnauze und zog die Lefzen hoch, als wollte er fauchen.

»*Flehmen* nennen die Zoologen das«, erklärte ich Hassan Mtitos merkwürdiges Mienenspiel. »Katzen haben dafür eine spezielle Drüse im Gaumen. Auf diese Weise wittert Mtito die unterschiedlichen Gerüche von anderen Leoparden und gelangt so an alle Informationen über seine Artgenossen. Wer war hier? Wie stark ist er? In welchem Zustand? Dieser Spaziergang hat für Mtito die gleiche Bedeutung wie für mich das Zeitunglesen«, erläuterte ich Hassan. Er hörte aufmerksam zu. »Sie wissen dann, wer wo ist und wem welches Revier gehört. Die Geruchsmarken regeln die Rangordnung der Tiere ohne Konfrontationen oder Kämpfe«, erzählte ich weiter.

»Das macht Sinn« erwiderte Hassan.

Nach dem Flehmen wälzte sich Mtito ausgiebig in den Büschen, um seinen eigenen Geruch mit dem der Blätter zu übertönen, was ihm einen großen Vorteil einbrachte: Andere Tiere könnten ihn nicht riechen, wenn er sich anpirschen würde. So viel ich auch theoretisch über Leoparden wusste, es reichte oft nicht aus, Mtitos Bedürfnisse zu erkennen und zu spüren. Ich musste lernen, wie ein Leopard zu denken.

Mtito huschte leichtfüßig in die dichtesten Sträucher. Wenn ich ihm auf den Fersen bleiben wollte, musste ich ihm folgen. Nur, dass ich kein dichtes Fell trug. Und das merkte ich schnell.

Ich erlitt jede Menge kleiner Stiche, Schnitte oder Risse durch die Dornen und Stacheln der Pflanzen oder auch durch winzige Insekten, die mich umschwirrten. Doch ich versuchte, die Verletzungen weitgehend zu ignorieren, und konzentrierte mich mehr auf Mtito als auf mich.

Kaum kam ich aus dem Unterholz gekrochen und hatte mich abgeputzt, hörte Mtito auf, voranzutraben. Er stoppte, hob den Kopf und schaute uns fragend an. Wir sahen uns um und horchten, bemerkten aber nichts und liefen weiter, an ihm vorbei.

»Komm schon«, rief ich, doch er weigerte sich beharrlich, uns auf dem gewohnten Pfad zu folgen.

Plötzlich preschte ohne jegliche Vorwarnung ein kräftiges Pavianmännchen mit lautem Gebell aus dem Busch hervor, stellte seine mächtige Mähne auf und drohte uns mit gefletschten Zähnen.

Mtito erschrak, flüchtete, so schnell er konnte, und versteckte sich, während Hassan reflexartig mit einem Stock in der Hand und wütend brüllend auf den imposanten Affen zurannte. Auf Händen und Füßen galoppierte der Pavian schreiend davon und verschwand zwischen den Büschen. Der Staub legte sich, und es herrschte wieder Ruhe. Diese Attacke war glimpflich abgelaufen.

»Hoffentlich hat das Mtito den nötigen und lebenswichtigen Respekt vor Pavianen beigebracht«, meinte ich zu Hassan.

Im Trupp sind diese Affen bekannt dafür, dass sie Leoparden angreifen. Aufgrund ihrer großen Zahl innerhalb eines Trupps und ihrer mächtigen Reißzähne, die so groß wie die eines Löwen sein können, sind sie durchaus in der Lage, Leoparden zu töten. Doch zum Glück war dieses Exemplar allein unterwegs gewesen.

Nach dem angsteinflößenden Angriff suchte Mtito unsere Nähe und blieb dicht bei uns. Er schnüffelte links und rechts des Weges.

»Hassan, schau dir das an«, rief ich meinen Begleiter. Im Sand hatte ich die Fährte eines Leoparden gefunden. »Das sind mächtige Tatzenspuren, das muss ein sehr großes Tier sein.«

Auch Mtito kam sofort gelaufen und schnupperte intensiv am Boden.

»Der weiche Untergrund lässt die Pranken manchmal größer erscheinen«, meinte Hassan.

»Ich weiß – aber die hier sind wirklich sehr groß!«, unterbrach ich ihn. »Und die Spuren sind frisch.«

Er runzelte die Stirn und nickte zustimmend. Der mächtige Kater musste noch in der Umgebung sein. Mtito witterte ihn und weigerte sich, weiterzugehen.

»Was würdest du tun, wenn wir einem Leoparden begegnen?«, fragte Hassan mich.

»Gegenangriff. Schreien und brüllen«, schlug ich vor, wohl wissend, dass das leichter gesagt als getan war.

»Gut, aber ich habe noch anders vorgesorgt«, belehrte mich Hassan. Er zeigte mir zahlreiche Steine, die er bereits bei früheren Wanderungen an strategisch wichtigen Stellen neben dem Weg platziert hatte. »Die kann ich schnell aufheben und nach einem Leoparden werfen, wenn er Mtito angreifen sollte«, verriet er mir seine Taktik.

Typisch Hassan, dachte ich. »Du sorgst dich wie eine Mutter um Mtito.«

»Nein, ich bin nur sein großer Bruder, der ihn vielleicht mal vor einem Kampf bewahren muss«, antwortete Hassan schlagfertig und lachte. Er schien guter Laune zu sein.

Wir beschlossen, die Gegend möglichst schnell zu verlassen, um keine Konfrontation zwischen Mtito und dem unbekannten Leoparden zu riskieren. Wir kehrten um, und Mtito folgte uns nur allzu gern.

»Ich habe über die Leopardin Penny in *The Queen of Shaba* von Joy Adamson gelesen, das du mir gegeben hast«, erzählte mir Hassan auf dem Heimweg. »Es ist fantastisch. Natürlich habe ich auch alle Plätze wiedererkannt, die Joy beschrieb. Ich bin dort am Shaba-Reservat groß geworden. Vieles, was Joy schildert, hilft mir, Mtito zu verstehen. Auch wenn er ein Kater ist.«

»Und was hat dich am meisten beeindruckt?« fragte ich.

»Die Verwandlung von Penny, wenn es Nacht wurde. In der Dunkelheit war sie aufgeregt, unruhig und wild. Joy hielt sie dann für unberechenbar und betrat nachts nie ihr Gehege. Das hat mich nachdenklich gemacht.«

»Mtito hat nach Sonnenuntergang auch Energieschübe«, bestätigte ich. »Bisher habe ich noch nicht bemerkt, dass er sich nachts anders verhält. Aber wir werden diese Erfahrungen im Kopf behalten müssen.«

Nach einer halben Stunde kamen wir am Haus an. Ich brachte Mtito zum Gehege auf der Rückseite und setzte mich neben ihn. Die Zeit mit ihm allein nutzte ich, um ihn gründlicher zu betrachten und zu inspizieren. An der Struktur und Farbe des Fells konnte ich seinen Gesundheitszustand erkennen. Seine Bewegungen ließen Rückschlüsse auf seine Entwicklung, aber auch auf mögliche Erkrankungen zu. Alles schien in bester Ordnung mit ihm, und er schien guter Dinge.

Plötzlich aber verengten sich seine Pupillen, er duckte sich, seine Ohren waren ganz zur Seite geklappt, und er schoss an mir vorbei. Es passierte so schnell, dass ich nicht einmal Zeit hatte, in die Richtung zu schauen, um den Auslöser für Mtitos Angriff auszumachen. Aus dem Augenwinkel hatte ich aber einen Ranger bemerkt. Der war, wie ich jetzt sehen konnte, auf dem Weg zu unserem Haus unterwegs, der direkt am Leopardengehege vorbeiführte und der deshalb gesperrt war. Mtito sprang mit seinem ganzen Gewicht gegen den Maschendraht und ließ das furchterregende Bellen eines Leoparden ertönen. Zum Glück hielt der Draht; nicht auszudenken, was sonst geschehen wäre.

Ich rief dem Ranger zu: »Kehr um, geh zurück. Aber nicht rennen!«

Der zu Tode erschrockene Mann verstand und ging. Ich bin sicher, dass er froh war, uns den Rücken kehren zu können und unversehrt geblieben zu sein.

Um solche Situationen zu vermeiden, war der Weg gesperrt worden. Mtito sollte ungestört sein, und die Ranger sollten nicht in Gefahr gebracht werden. Auch wenn der Vorfall durch die Schusseligkeit des Rangers verursacht worden war, zeigte es mir einmal mehr, dass Mtito nicht auf die Dauer im Hauptquartier würde bleiben können.

Mtito richtete weiterhin seine Augen auf den Mann, bis der Eindringling um die Ecke verschwand. Gleich danach war er wieder der Alte, setzte sich und gähnte entspannt.

Am Abend, als ich zur Ruhe kam, bemerkte ich, dass meine Beine geschwollen waren und meine Arme juckten, sodass es kaum auszuhalten war. Seit meinem Tagesausflug nach Voi, als Mtito für den ganzen Tag verschwunden war und ich nach meiner Rückkehr durch das dichte Gebüsch gekrochen war, um ihn zu suchen, heilten die Wunden und kleinen Schnitte, die ich mir dabei zugezogen hatte, nicht mehr so gut wie sonst.

Vielleicht hatte ich mich an der giftigen *Sansevieria*-Pflanze, auch Elefanten-Kaugummi genannt, verletzt? Das könnte eine Erklärung dafür sein, dass sich jede Wunde, auch der kleinste

Kratzer, entzündet hatte. Auf Armen und Beinen hatten sich dicke Beulen mit schwarzen Rändern gebildet, die aussahen, als könnte sich eine Blutvergiftung entwickeln.

Es war so schlimm, dass ich in Erwägung zog, einen Arzt aufzusuchen, aber das hätte einen großen Aufwand bedeutet. Das nächste Krankenhaus in Mutomo war rund 50 Kilometer entfernt und nur über eine schlechte Piste erreichbar.

Daher beschloss ich, mich erst einmal selbst zu behandeln. Ich nahm kolloidales Silber, meine Wunderwaffe, und andere Mineralien wie Zinktabletten. Damit sollte es mir tatsächlich gelingen, die Entzündungen unter Kontrolle zu bekommen.

Bevor ich schlafen ging, wollte ich noch mal nach Mtito sehen. Den Schein meiner Taschenlampe ließ ich wie gewohnt ein wenig links und rechts des Weges wandern. Und da, einige Meter neben mir am Wasserloch, traute ich zunächst meinen Augen nicht: Da saß Mtito. Er trank am Wasserloch, außerhalb seines Geheges. Wie hatte er die verschlossene Tür aufbekommen?, fragte ich mich, doch dann schaute ich mir das Tier genauer an: Dieser Leopard war wesentlich größer, ausgewachsen und viel dunkler gefärbt. Das war gar nicht Mtito! Es war ein Leopardenweibchen, das konnte ich an der Form und Größe des Kopfes sehen.

Sie schaute mich unbeeindruckt an, beschnüffelte in aller Ruhe Mtitos Markierungen, ging langsam von dannen und verschwand dann im hohen Gras.

Sofort lief ich zum Gehege, wo ich Hassan antraf und ihm von meinem Erlebnis erzählte.

»Ich habe sie auch gesehen«, sagte Hassan. »Ein wunderschönes Tier. Und stolz. Mtito hat sie bemerkt. Er hat sich sofort geduckt, um nicht aufzufallen.«

»Ich glaube aber nicht, dass sie diejenige war, deren Spuren wir heute gefunden haben«, ergänzte ich. »Die müssen einem noch größeren Tier gehören.«

Mit den Bildern dieser friedlichen, schönen Leopardin im Kopf schlenderte ich zurück ins Haus und ging ins Bett. Die Nacht blieb ruhig.

Am nächsten Morgen saß ich in meinem Büro und schrieb am Tagebuch über Mtitos Entwicklung, notierte die Ereignisse des vergangenen Tages, während Mtito und Hassan längst im Busch waren. Doch ich kam nicht so recht voran und war abgelenkt. Irgendwie spürte ich, ich müsste nach dem Rechten sehen, und beschloss, die beiden zu suchen. Mit einer Thermoskanne Tee für Hassan machte ich mich auf den Weg.

Mangusten huschten ins Unterholz, und Stare flogen vor mir auf. Zunächst schien alles wie immer. Doch als ich dann Hassan mit Mtito einholte, wusste sich sofort, dass mein Gefühl mich nicht getäuscht hatte: Es war etwas passiert, denn Hassans gewohntes Lächeln war dem Ausdruck von Angst gewichen. Er schien mitgenommen, und auch Mtito sah unruhig aus.

»Was ist passiert?«, fragte ich besorgt. Hassan rückte sofort mit der Sprache raus und erzählte sehr schnell.

»Mtito jagte ein kleines Tier und verschwand im Gebüsch. Als ich hinter ihm her bin, um ihn zu suchen, wurde ich von etwas Großem laut angefaucht. Aus einem Reflex heraus habe ich sofort einen Gegenangriff gestartet, Steine in das Gebüsch geworfen und mich langsam rückwärts zurückgezogen. Dann schoss Mtito plötzlich aus dem Dickicht, gefolgt von einem weiteren lauten Fauchen und Husten, das uns beiden durch Mark und Bein gegangen ist. Es war ein kräftiger Leopard.«

»Ist einem von euch etwas passiert?«, wollte ich wissen.

»Nein, Mtito rannte dann, so schnell er konnte, in Deckung, und ich habe mich langsam zurückgezogen. Aber eigentlich wäre ich lieber ganz schnell weggerannt.«

Ich konnte nachvollziehen, wie Hassan sich fühlte. Fast Auge in Auge mit einer kräftigen Großkatze und dazu der markerschütternde Schrei dieses ausgewachsenen Leoparden! Das ist wohl das furchterregendste Geräusch, das man sich vorstellen kann, weil es sofort Urängste wachruft. Aber abgesehen davon, dass ihm der Schrecken noch in den Knochen steckte, ging es Hassan gut. Darüber war ich froh. Auch darüber, dass Mtito eine weitere wichtige Lektion gelernt hatte: den Stärkeren zu respektieren und zu flüchten, so schnell es ging. Das hatte er gut gemacht.

Wir hatten immer schon mehrere Leoparden in und um Ithumba herum gehabt, aber mit Mtitos Anwesenheit schienen es täglich mehr zu werden. Vielleicht machten sie ihre Anwesenheit im ständigen Wettbewerb um Reviergrenzen auch nur offensichtlicher als zuvor.

So schön und interessant es für uns war, plötzlich von so vielen unterschiedlichen Leoparden umgeben zu sein, so würde es doch Mtitos Auswilderung nicht gerade vereinfachen. Auch Tony Fitzjohn hatte mich eindringlich gewarnt, kein Gebiet für Mtitos Freilassung auszusuchen, in dem ich Anzeichen von anderen Artgenossen feststellen konnte. Denn Revierkämpfe zwischen zwei Leoparden, besonders zwischen Katern, sollte man keinesfalls unterschätzen – sie können durchaus tödlich enden. Und das wollte ich auf keinen Fall riskieren.

13
Ein neues Zuhause

Von seinem Gehege neben unserem Haus in Ithumba aus konnten wir Mtito auf keinen Fall freilassen. Nicht nur wegen der vielen Leoparden um uns herum. Es wäre auch wegen der Ranger und Hilfskräfte, die dort lebten und arbeiteten, nicht zu verantworten gewesen.

»Das geht auf keinen Fall«, meinte Danny. »Lass uns in Ruhe nach einem geeigneten Platz suchen. Ich muss eine Patrouille fliegen. Komm doch mit, und lass uns schauen, ob wir dabei einen Ort finden, der vielleicht in Frage kommt.«

»Eine gute Idee«, meinte ich, packte ein paar Sachen zusammen und trank meinen Kaffee in der Küche. Dort wischte Kimwele bereits den Boden. Hassan saß draußen am Gehege von Mtito und beobachtete ihn, wie er sich noch müde auf die Höhle legte.

»Bitte klappere ein wenig mit dem Geschirr, wenn ich das Haus verlasse, das wird Mtito hoffentlich ablenken«, gab ich Kimwele Anweisungen für mein geplantes Täuschungsmanöver. »Ich möchte vermeiden, dass er mein Weggehen mitbekommt und sich dann wieder irgendwo in der Savanne versteckt wie beim letzten Mal.«

»Oh, Mtito ist sehr clever. Ein bisschen Geschirrklappern wird nicht reichen«, antwortete er.

»Mtito schnuppert und inspiziert jeden Morgen alles in Hausnähe. Ich werde auf der Veranda ein Hemd von mir über die Stuhllehne hängen. Es riecht nach mir und wird ihm die Gewissheit geben, ich sei noch da.«

»Sehr gut. Aber er darf dich auf keinen Fall sehen!«, warnte mich Kimwele.

»Ich werde mich unsichtbar hinausschleichen«, beruhigte ich ihn lachend.

Wie geplant breitete ich eines meiner getragenen Hemden über einen Stuhl auf der Veranda aus. Danny ging an den Wagen und lud ein paar Taschen ein. Dann schlich ich mich von hinten ans Auto heran, stieg vor Danny durch die Fahrertür und kroch Richtung Beifahrersitz, wo ich mich klein machte. Da dann nur eine Autotür klappte, würde Mtito keinen Verdacht schöpfen. Danny startete den Wagen, während ich mich auf dem Autoboden zusammenkauerte. Wir rollten ein Stück, und auf dem harten Boden lag ich ziemlich ungemütlich. Irgendwie kam ich mir reichlich albern vor.

»Wir sind um die Ecke herum, du kannst wieder hochkommen«, gab mir Danny grünes Licht. Mühsam kletterte ich auf meinen Beifahrersitz. Noch waren es ein paar hundert Meter zum Flugzeug, genügend Zeit, sofort Hassan anzufunken.

»Hat Mtito etwas bemerkt?«

»Nein, er liegt ruhig in seinem Gehege, den Kopf auf die Pfoten gelegt.«

»Wunderbar!«, freute ich mich. Es dauerte nicht lange und wir saßen im Flieger, rollten über die rote Piste, hoben ab und drehten noch eine Runde über unserem Camp. Von oben sahen wir, wie Hassan uns zuwinkte. Entspannt begannen wir unseren Erkundungsflug.

Aus der Höhe wirkte die Ebene wie eine modellierte Spielzeuglandschaft. Zwischen struppigen Büschen und herausragenden Felsen grasten friedlich einzelne Gazellen und zogen Büffelkühe mit ihren Kälbern: ein Anblick, der mich glücklich machte. Wohin ich auch blickte – bis zum Horizont kein einziges Haus, keine Autos, nur die Ebene, so wie sie die Natur erschaffen hatte.

Das war Dannys Reich, er kannte dieses Paradies besser als jeder andere.

»Mein Vater hat mich oft in seinem Buschflieger auf dem Rücksitz mitgenommen. Da war ich noch ein kleiner Junge, und es war immer ein großes Abenteuer. Er hat mir viel erklärt, und ich habe eine Menge gesehen. Ich half ihm auch, aus der Luft Wilderer und Tiere auszumachen.«

»Du hast deinen Vater sehr geliebt und auch bewundert, ich weiß.«

Danny und ich feiern zweiten Hochzeitstag in Voi,
September 2001

Ich sitze mit der verwaisten Löwin Jipe im alten Land Rover in Voi

Alter Affenbrotbaum
Ithumba Hauptquar

Danny rauft mit Mtito in Ithumba

Mtito spielt mit
Hassan im Busch

Ich trage den müden
Leoparden auf den
Schultern nach Hause

Tiva River im Sonnenuntergang

Mtito ruht sich in einer Felsmulde aus

Unterwegs im
trockenen
Gras des Tsavo

Hassan und ich füttern Mtito in seinem Gehege neben dem Haus

Mtito hoch oben im Baum mit einem Palmwedel als Spielzeug

r Tiva River mit dem Yatta Plateau im Hintergrund

Mtito gut getarnt zwischen Felsen auf dem Long Rock

Hassans »Käfig« im neuen Zuhause Milima ya Chui – dem Berg des Leoparden

Ich wasche mir die Hände im Ithumba Camp

Das Ithumba Camp – der Anfang im Norden von Tsavo Ost mit nur einem Zelt

»Ja, mein Vater hat mir alles beigebracht. Von Kindesbeinen an lernte ich, mich im Busch zurechtzufinden, ein Gewehr zu benutzen, ein Flugzeug zu fliegen, Geländewagen zu fahren und sogar Bagger zu steuern.«

»Und von ihm hast du auch alles gelernt, was du brauchst, um einen Nationalpark zu managen?«

»Ja, so kann man es sehen«, lachte Danny.

An seiner Seite fühlte ich mich sicher, auch wenn der Flieger, in dem wir saßen, manchmal bedrohlich hustete und stotterte. Fünfzig Jahre war die Maschine alt und Danny hegte und pflegte sie liebevoll und pedantisch.

»Schau, dort unten sieht es ganz gut aus.« Ich zeigte mit dem Finger auf eine ausgewählte Stelle. Danny blickte hinunter und schüttelte leicht den Kopf.

»Nein, es gibt dort zwar Felsen mit Höhlen, in denen sich Mtito verstecken könnte. Und er hätte auch einen Fluss ganz in der Nähe, wo er trinken und Beute machen könnte. Aber wir bekämen keine Autos dorthin und könnten so weder Mtito noch Vorräte für ein Camp dorthin bringen.«

Er hatte recht, wir mussten für die Auswahl von Mtitos künftiger Heimat Kriterien anlegen, die alle Notwendigkeiten für ein Leben in Freiheit berücksichtigten. Ich hatte in den letzten Wochen viele Studien über Leoparden gelesen, um auf die Zeit der Auswilderung bestens vorbereitet zu sein.

»Leoparden suchen in der Regenzeit Bäume als Ruheplätze, denn die grünen Blätter bieten dann eine gute Tarnung. In der Trockenzeit halten sie sich lieber auf Felsen auf und verstecken sich dort in Spalten und Rissen. Auch wenn sie sich an wechselnden Plätzen ausruhen, gehen sie doch gern immer dieselben Wege und Pfade, sind ausgesprochene Gewohnheitstiere, was sie zu einfachen Opfern für Fallensteller macht.«

»Daher sollte es auch keine Gegend von Honigjägern und keine für Holzsammler sein«, ergänzte Danny. »Wir wollen ja nicht, dass Mtito oder den Menschen etwas passiert.«

Mit dem Flieger rauschten wir über die Savanne. Von oben konnte ich gut die Wildwechsel im staubigen Boden erkennen, die eingetretenen Furchen, die die Wanderwege der Tiere neben Büschen und Bäumen markierten.

»Ich habe eine Studie auf dem Schreibtisch«, erzählte ich Danny, »danach sind von vierzehn Leopardenkatern und drei Weibchen, die gefangen, transportiert und ausgewildert wurden, am Ende nur zwei Tiere am neuen Ort sesshaft geworden.«

»Oh, das ist aber wenig. Und die anderen?«, fragte Danny.

»Alle anderen kehrten dahin zurück, woher sie ursprünglich kamen. Egal, ob es hundert oder sechshundert Kilometer waren, sie liefen zurück. Allerdings waren all diese Leoparden sogenannte Problemtiere. Sie hatten zuvor Vieh gerissen oder waren von Menschen aufgezogen worden. Die Daten der Studie zeigen außerdem, dass es fast immer die männlichen Tiere waren, die Probleme machten. Leopardinnen sind offenbar wesentlich einfacher auszuwildern.«

»Das hört sich ja nicht gerade vielversprechend für Mtito an«, warnte Danny vor zu viel Optimismus.

»Nein, das tut es wirklich nicht. Der Bericht geht sogar so weit, zu sagen, dass Leoparden von ihrem Temperament her grundsätzlich untauglich für eine Umsiedelung seien. Sie hätten eine zu starke Bindung an ihr ursprüngliches Revier, wesentlich mehr als alle anderen Katzenarten. Aber ich denke, das hängt vielleicht eher damit zusammen, wie gut ein Tier seine Gegend kennt, um sich gegen Angriffe von Pavianen, Löwen und anderen Feinden schützen zu können.«

Danny nickte, wollte es aber genauer wissen. »Das heißt also, dass diese Studie offiziell davon abrät, den Versuch einer Leopardenauswilderung überhaupt zu unternehmen?«

»Ja, so ist es. Problemtiere, also Vieh- oder Menschenfresser, sollen sofort erschossen werden, während von Hand aufgezogene Leoparden nicht ausgewildert werden sollen. Das Fazit heißt: Die Umsiedelung von Leoparden soll auf jeder Ebene eingestellt werden.«

»Das stimmt einen nicht gerade hoffnungsvoll«, bedauerte Danny.

Die Scheiben des Flugzeugs vibrierten und klapperten. Und

der Motor brummte so laut, dass ich kaum mein eigenes Wort verstand. Trotzdem sprach ich weiter.

»Aber all diese Leoparden wurden nur deswegen umgesiedelt, weil sie Probleme verursacht haben. Sie haben Hunde attackiert oder Schafe getötet. Man hat sie mit Ziegenfleisch gefüttert und daran gewöhnt. Und dann hat man sie für einige Zeit ausschließlich in Käfige gesperrt. Mtito aber ist kein Problemleopard, und er hat jeden Tag freien Auslauf. Warum sollte er jemandem gefährlich werden? Er wird Menschen meiden.« Davon war ich überzeugt.

Danny schaute nachdenklich. »Und was ist dein Plan?«, wollte er wissen.

»Wir werden ein geeignetes Auswilderungsgebiet für ihn finden, wo wir wieder viel mit ihm laufen müssen, damit er die Gegend in- und auswendig kennenlernen kann, solange er noch unter unserem Schutz und unserer Aufsicht steht. Wenn er sich dann erfolgreich eingelebt hat, ziehen wir uns allmählich aus seinem Areal zurück, anstatt ihn einfach irgendwo auszusetzen, so wie es mit den Leoparden aus der Studie gemacht worden ist.«

»Das klingt gut«, pflichtete mir Danny bei.

Schließlich fanden wir eine vielversprechende Ecke am Tiva River. Einsam, mit Felsen und genügend Bäumen, alles schien ideal.

»Schau, dort ist eine Straße. Alt, aber noch befahrbar«, frohlockte Danny. »Die haben kanadische Arbeiter vor Jahren angelegt, um ein Wasserloch zu bohren. Heute ist die Gegend verlassen. Das sollten wir uns bald mal genauer ansehen.«

Ich musste noch lauter sprechen, denn der Fluglärm übertönte mich.

»Wir müssen ein geeignetes Gebiet finden. Da bist du gefragt, denn du kennst diese Gegend besser als jeder andere!«, sagte ich zu Danny, der erwiderte: »Ich werde ab jetzt auf meinen Flügen über den Park Ausschau halten, und wenn ich etwas Geeignetes sehe, dann fliegen wir noch mal los oder fahren mit dem Auto dorthin.«

Danny hielt die Hände fest am vibrierenden Steuerknüppel, und dann drehten wir ab nach Hause. Noch einmal flogen wir ganz tief eine Schleife um Ithumba Hill und landeten.

Ich war gespannt, wie Mtito meine Abwesenheit verdaut hatte. Er kam und begrüßte mich wie üblich, machte sein typisches »ptuff-ptuff« und rieb sein Gesicht an meinem.

»Es hat überhaupt keine Probleme gegeben«, meinte Hassan, »Mtito hat ein paar Mal an deinem Hemd geschnuppert, vielleicht hat ihm das wirklich Sicherheit gegeben, dass du nicht weit weg sein kannst.«

Mtito war also in Ordnung. Aber Hassan sah traurig aus.

»Was ist passiert?«

»Ich habe im Radio die lokalen Nachrichten gehört. Da haben sie gemeldet, dass im Nakuru-Park ein Löwe einen Ranger getötet hat. Man habe das Tier gejagt und erlegt. Und außerdem ist dort ein Leopard gefangen worden, der im letzten Monat Haustiere außerhalb der Parkgrenzen gerissen hatte.«

»Das sind wirklich schlechte Nachrichten«, stimmte ich Hassan zu.

Die Großkatzen verlieren ihren Lebensraum, geraten in Konflikt mit den Menschen, werden deshalb vergiftet oder werden wegen ihres Fells gejagt.

»Löwen, Leoparden und Geparden – es werden immer weniger«, meinte Hassan.

»Ein Grund mehr, Mtito die Freiheit zu schenken, damit er hier im Schutz des Tsavo Nachwuchs zeugen kann«, versuchte ich etwas Optimismus zu verbreiten. »Wir müssen nur einen sicheren Ort finden.«

»Und wie wird es dann weitergehen? Wird Mtito dann aus unseren Leben verschwinden? Werden wir ihn überhaupt noch wiedererkennen, wenn er in der Wildnis lebt?« Hassan zweifelte.

»Natürlich werden wir das! Schon an der besonderen Zeichnung an seinem Schwanz werden wir ihn immer von anderen unterscheiden können«, beruhigte ich ihn.

Hassan nickte und schaute auf. »Sicher, und wir werden ihn wohl auch an seinem Verhalten uns gegenüber erkennen können.«

Dann zögerte er kurz und fragte verunsichert: »Oder glaubst du, das Mtito uns jemals vergisst?«

»Nein, Mtito wird uns nicht vergessen, niemals. Aber ob er sich dann noch an uns erinnern *will,* das ist eine andere Frage. Das werden wir bald herausfinden, ob wir wollen oder nicht.«

Am nächsten Tag fuhren wir mit dem Auto dorthin, wo wir vom Flugzeug eine geeignete Stelle für Mtitos Auswilderung entdeckt hatten. Die Straße endete, aber Danny fand zielsicher die verwitterte Piste der kanadischen Arbeiter, die vor vielen Jahren diesen Weg angelegt hatten. Sie war inzwischen üppig mit hüfthohen Büschen und kleinen Akazien zugewachsen. Langsam rollten die dicken Räder unseres Geländewagens über die Pflanzen, die Karosserie schrammte mit dem Unterbau über junge Büsche, und es quietsche, wenn Dornen und Äste an den Fensterscheiben kratzten.

Wir schaukelten auf unseren Sitzen hin und her, unsere Köpfe wippten mit jeder Schieflage. Mit einer Hand hielt ich mich am Griff über der Tür fest und versuchte mich in der Waage zu halten. Danny fuhr langsam und schaute vor das Ende der Motorhaube. Er wollte auf keinen Fall mit einem Reifen die tief gegrabenen Löcher der Warzenschweine erwischen und dann stecken bleiben oder sich gar die Achse brechen.

Schließlich stoppten wir an einem Felsen und stiegen aus.

»Die Gegend hier ist gut«, rief ich Danny zu.

»Lass uns das hier mal genauer anschauen«, meinte Danny und lief voraus. Er suchte am Boden nach Fußspuren anderer Tiere, um sich einen Überblick über Mtitos künftige Nachbarn zu machen.

Plötzlich hörten wir im Gebüsch ein Rascheln. Einen Moment schauten wir uns gebannt an. Dann kam erst einer, dann immer mehr Paviane zum Vorschein. Sie liefen gelassen auf allen vieren in eine Richtung, drehten dabei ihre Köpfe zur Seite und schauten kurz neugierig, bevor die Horde stumm weiterzog.

»Paviane? Nicht die besten Voraussetzungen für einen unerfahrenen Leoparden«, seufzte ich.

»Nicht nur das. Hier sind auch Spuren eines ausgewachsenen Leoparden. Ein Kater!«, rief Danny. Im Sand hatten sich große Pranken eingedrückt. Wir schauten beide respektvoll auf diese eindrucksvollen Fußspuren.

»Dieser Bursche könnte Mtito das Leben zur Hölle machen«, befürchtete Danny.

»Ich glaube, das ist doch kein so geeigneter Ort für Mtito«, fasste ich enttäuscht zusammen. Danny wischte sich den Schweiß von der Stirn und nickte nur.

»Wir müssen wohl weitersuchen«, zog er das Fazit unseres Abstechers ins Niemandsland. Wir liefen zurück zum Auto und tuckerten enttäuscht und schweigend zurück nach Ithumba. Noch war der Auswilderungsplatz für Mtito nicht gefunden.

14
Erste Beute

»Hassan, wir müssen uns beeilen!«, rief ich meinem Helfer entgegen, als er vom Morgenspaziergang mit Mtito zurückkam. Eilig brachte er den Leoparden, der unwillig fauchend hinter ihm herschlich, ins Gehege. Mtito wollte, wie gewohnt, gern weiter draußen spielen, aber heute ging das nicht. Und Mtito merkte auch an unserem Verhalten, dass etwas anders war als sonst.

»Um zehn kommen die ersten Gäste«, informierte ich Hassan. »Sie werden zwischen dem Hauptquartier und dem Haus hin und her laufen und sich alles anschauen.«

An diesem Tag sollte das Hauptquartier offiziell eingeweiht und eröffnet werden. Zu der Feier wurden Vertreter des *Kenya Wildlife Service* aus Nairobi und einige der Sponsoren erwartet.

»Ich möchte nicht, dass Mtito durch Besucher gestört wird oder sie sich vor ihm erschrecken. Sie sollen den Leoparden möglichst gar nicht zu Gesicht bekommen. Das Projekt soll nicht überall bekannt werden. Es würde vielleicht an falscher Stelle zu Fragen führen und alles gefährden«, meinte ich zu Hassan.

Ich nahm einen Handfeger, Bürste und eine Harke und ging zum Gehege hinüber, um es zu reinigen. Mtito hüpfte aufgeregt von einer Ecke zur anderen.

»Wir können sein Gehege nicht verheimlichen, deswegen muss es hier aussehen, als sei es unbewohnt.«

Hassan begann alles einzusammeln, was Mtitos Anwesenheit hätte verraten können. Trink- und Futternäpfe, den Stofflöwen Elsa, abgenagte Knochen – alles verschwand aus der Boma. Unterdessen verwischte ich Mtitos Spuren mit Harke und Besen.

Dann packte ich eine Tasche mit Futter für den Leoparden und eine weitere mit Tee und Broten für uns. »Kommt, wir gehen!«, rief ich Hassan und Mtito zu.

Noch bevor die ersten Gäste das Hauptquartier erreichten, verließen wir Mtitos Gehege. Hassan und ich duckten uns vorsichtshalber, sodass das hohe Gras Deckung gab, und liefen mit dem Leoparden hinunter ins Pump House Valley. Schon bald waren aus der Ferne die Geräusche der ersten Autos zu hören, die näher kamen.

Am Pump House stoppte Mtito abrupt und schien verblüfft, seine Transportbox dort zu finden. Kimwele hatte sie vorsichtshalber früh am Morgen hinuntergeschleppt. Sollte Mtito unseren Plan durchkreuzen und sich die Gäste näher anschauen wollen, dann müssten wir ihn einsperren.

Aber Mtito ignorierte die Box schnell. Er schien eher hocherfreut darüber, nicht ins Gehege zu müssen und im Freien bleiben zu dürfen. Er sprang voraus, schnüffelte an den Büschen und kletterte auf kleine Bäume.

»Mtito rennt viel schneller als früher, seine Bewegungen sind eleganter geworden«, bewunderte ich die Fortschritte. Und Hassan bestärkte mich darin.

»Ja, er ist ein kräftiger junger Leopard geworden. An seinen Beinen treten deutlich die Muskeln hervor. Er sieht immer mehr aus wie ein ausgewachsener Kater.«

»Wie schnell das alles ging!«, staunte ich. »Fast über Nacht scheint Mtito die Fähigkeit erworben zu haben, mit hoher Geschwindigkeit und großem Geschick zu sprinten, ohne das geringste Geräusch zu machen, und dabei lediglich eine kleine Staubwolke zurückzulassen.«

»Und du hast eine sehr enge, ganz spezielle Beziehung zu Mtito entwickelt. Das merkt man schnell«, bewunderte Hassan.

»Ja, mittlerweile kann ich in seiner Mimik lesen, welche Laune er hat. Ich achte auf die leichteste Drehung der Schwanzspitze und kann an der Stellung der Schnurrhaare sehen, ob er gut oder schlecht drauf ist. Und er wiederum spürt an meiner Stimme und meinem Verhalten, in welcher Stimmung ich bin.«

Nach einer Stunde wilden Spiels wirkte Mtito müde. Er legte sich auf einen Felsen und schlief ein. Hassan und ich saßen daneben und beobachteten das Treiben am Haus und die Besucher aus der Ferne.

Am frühen Nachmittag wechselten wir mit Mtito den Platz und liefen zu den Palmen am Pumpenhaus. Die großen Bäume spendeten ein wenig Schatten in der brütenden Mittagshitze. Mtito zeigte sich nun unruhiger und versuchte, zum Haus zurückzulaufen. Mit ein paar Brocken Fleisch, die ich genau deswegen eingepackt hatte, konnte ich ihn aber überzeugen, bei uns zu bleiben.

Von unserem Aussichtspunkt aus sahen wir, wie sich am späten Nachmittag die letzten Gäste schulterklopfend verabschiedeten. Wir warteten sicherheitshalber noch eine Viertelstunde und machten uns erst dann auf den Heimweg.

Mtitos Geduld war inzwischen am Ende, der Übermut packte ihn. Er riss mir meine Tasche weg und schüttelte sie.

»Hör auf!«, schrie ich, aber es war schon zu spät. Hausschlüssel, die Kamera, Filmrollen, Stifte – alles purzelte hinaus und lag verstreut im Gras. Mtito warf den Beutel immer wieder hoch, fing ihn und biss hinein, als hätte er gerade Beute gemacht. Als wir versuchten, ihm die Tasche zu entreißen, rannte er davon und kletterte mit ihr auf einen Baum.

»Wir sollten ihm keine Aufmerksamkeit mehr schenken«, verriet ich Hassan meine Taktik. Und tatsächlich, es wirkte. Nach einiger Zeit verlor er das Interesse an meiner Tasche. Wir sammelten alles auf und setzten unseren Heimweg fort.

Am Haus angekommen, berichtete uns Kimwele, dass niemand etwas von Mtitos Existenz bemerkt hätte. »Keiner hat Fragen gestellt«, sagte er. Meine Taktik war aufgegangen.

Am Abend ging ich zu Mtito ins Gehege und fütterte ihn. Er zog die Lippen zurück, zeigte mir die Zähne, fauchte leicht, und ich wusste, ich musste mich zurückziehen. Dies war seine erste und sanfte Stufe, Distanz zu schaffen. Er wollte nach dem langen Tag draußen allein sein.

Am nächsten Morgen war Hassan mit Mtito bereits zum Spaziergang aufgebrochen. Wie üblich kochte ich am Vormittag eine Kanne Tee und packte das Frühstück für Hassan zusammen.

Auf der Suche nach den beiden fragte ich mich, wie viel Vorsprung sie auf unserem täglichen Spaziergang heute wohl schon hatten, als Hassans laute Rufe meine Frage auch schon beantworteten.

»Nana, Nana!«, rief er, und ich sah ihn aus einiger Entfernung auf mich zulaufen. Ganz offensichtlich gab es aufregende Neuigkeiten. »Als ich vorhin das Tor von Mtitos Gehege geöffnet habe, um ihn herauszulassen, sprintete er an mir vorbei und jagte irgendetwas rund um das Wasserloch.«

»Ja und? Was war es?«

»Ich konnte es erst erkennen, als ich ihm nachgelaufen war: In seinem Maul hielt er eine Zwergmanguste, die sich heftig wehrte und zappelte. Mtito ließ sie wieder fallen, und die Manguste flitzte ins tiefe Gras, doch er gab nicht auf, setzte noch einmal nach, packte seine Beute erneut und hielt das Tier diesmal besser fest und …«

»Und was?«, fiel ich Hassan ins Wort.

»Das sterbende Tier schrie um sein Leben, und das ganze Mangustenrudel schwärmte aus, um ihm zu helfen, und attackierte Mtito …« Noch immer fassungslos schüttelte Hassan den Kopf. »Ei«, sagte er und schnipste in seiner typischen Geste mit den Fingern einer Hand, was er immer tut, wenn er besonders aufgeregt ist.

»Und weiter?«

»Ja, für die Manguste war es zu spät«, erzählte Hassan und grinste.

»Ich kann es nicht glauben, das ist ja großartig«, freute ich mich mit ihm.

Was für eine schöne Überraschung. Unser kleiner Leopardenkater hatte seine erste Beute gemacht! Und das im zarten Alter von nur sechs Monaten! Es ist nicht einfach, diese quirligen Zwergmangusten zu erwischen. Die in Kolonien lebenden marderartigen Raubtiere, die mit Erdmännchen und Mungos verwandt sind, gelten als wehrhaft, sind wendig und wieselflink. Und doch hatte Mtito eines von ihnen erwischt.

»Das ist sehr früh. Das Leopardenweibchen Penny machte

seinen ersten Fang erst mit einem Jahr«, zitierte Hassan aus Joy Adamsons Buch *The Queen of Shaba*, das er aufmerksam gelesen hatte.

»Komm!«, rief er dann und führte mich zum Beweisstück von Mtitos »Heldentat«. Viel war nicht mehr übrig von dem kleinen Wesen. Wer einen Leoparden großzieht, darf nicht zimperlich sein, dachte ich mir.

»Und wo ist Mtito?«, fragte ich Hassan.

Er zeigte mit der Hand in dessen Richtung. Ich drehte mich nach ihm um und sah ihn. Er ruhte auf einem Felsen und blickte mir seelenruhig mit unverkennbarem Stolz entgegen. Als ich zu ihm ging, stand er auf, lief mir mit ruhigen Schritten kerzengerade entgegen und schmiegte sich an mich, nun wieder ganz die kleine Katze.

Doch das täuschte, so klein war er nicht mehr. Während ich meine Hand in Mtitos Fell vergrub und ihn betrachtete, bemerkte ich einmal mehr, wie sehr er sich in der letzten Zeit verändert hatte. Immer weniger erinnerte seine Erscheinung an das kleine gefleckte Kätzchen vor gut sechs Monaten. Mehr und mehr gewannen die Züge eines »richtigen« Leoparden an Kontur. Er erreichte nun fast die Größe eines ausgewachsenen Retrievers mit einem halben Meter Schulterhöhe, war aber natürlich wesentlich agiler und eleganter als ein Hund. Seine Pfoten erschienen im Verhältnis zum Körper noch ein bisschen überdimensioniert, und die Haut lag vor allem am Hals in Falten, als trüge Mtito einen Pelz, der erst noch von einem kräftigeren Körper ausgefüllt werden musste. Das schwarz-weiß-beige Fleckenmuster entwickelte sich wie gemalt, in perfekten Formen und Farben, ideal für die Tarnung im Unterholz. Der Schädel war wuchtiger geworden, die kleine Stupsnase erschien nun größer und quadratisch. Aus seinen Ohren wuchs langes weißes Haar.

»Wenn er so rennt, hält er den Rücken gerade und dabei beweglich«, schwärmte ich weiter. Der lang gewachsene Schwanz, mit dem er jede seitliche Bewegung bei hohem Tempo ausglich, peitschte von einer Seite zur anderen.

Hier wuchs ein geschmeidiges und starkes Raubtier heran. Dieser Leopard wurde erwachsen, kein Zweifel. Als ich ihn so betrachtete, wurde mir klar, dass nicht mehr viel Zeit blieb, Mtito weg vom Haus in die Wildnis zu bringen. Wir mussten unbedingt den richtigen Platz dafür finden.

15
Am »Round Boulder«

Hassan und ich machten uns am Morgen auf, eine Gegend anzuschauen, die Danny bei seinen Patrouillen überflogen und inspiziert hatte und von der er meinte, sie könne ideal für Mtitos Auswilderung sein.

Das Gebiet, östlich von unserem Haus gelegen, war Neuland für uns alle drei. Wir waren noch nie dort gewesen, und Mtito wich mir nicht von den Füßen; er klebte mir fast am Hosenbein.

»Du liebe Güte, das ist aber kein Sonntagsspaziergang«, fluchte ich vor mich hin. Hassan war angesichts des dichten, fast undurchdringlichen Buschwerks verstummt. Er duckte sich und versuchte, sich auf allen vieren einen Weg durch Zweige, Dornen, Wurzelgeflechte, Efeutriebe und große Spinnennetze zu bahnen. Eine Heerschar kleiner Schweißbienen wählte uns als Angriffsziel aus, Hunderte kleiner Insekten surrten um meine Augen, Ohren, um Nase und Mund, stets auf der Suche nach einem Tropfen Flüssigkeit, den mein Körper abgab. Mit den Händen wedelnd, nur noch stumm in mich hineinfluchend, kämpfte ich mich durch das Labyrinth der Lianen und als Fußfesseln wirkender Efeutriebe vorwärts und versuchte gleichzeitig die Balance zu halten.

Nach zwei Stunden erreichten wir den Felsen, den wir angepeilt hatten – oder jedenfalls vermuteten wir das. Hassan kletterte hinauf, doch Mtito sprang an mir hoch, und ich verspürte nach dem Kampf mit der Vegetation wenig Lust, mich nun auch noch gegen ihn durchsetzen zu müssen. Also blieb ich mit dem rauflustigen Kater am Fuß des Felsens zurück und schaute mich um.

»Was für ein schrecklicher Ort«, rief ich Hassan zu. »Geradezu gespenstisch!«

»... penstisch, penstisch«, hallte es zweimal. Jedes gerufene Wort prallte als Echo mehrfach von der steilen Felswand zurück. Die Büsche und Bäume waren überzogen von grauen und weißen Mottengespinsten und Spinnweben. Als hätte der Herrgott diesen Teil der Erde verlassen, und seitdem hätte niemand mehr Staub gewischt.

Ich wollte nur noch weg und niemals mehr wiederkehren. Denn selbst wenn der Ort für Mtito geeignet wäre, wo sollten wir anfangen, eine Bresche ins Unterholz zu schlagen? Wo sollte in diesem Wirrwarr Platz geschaffen werden für ein Auswilderungsgehege?

Ich folgte mit meinen Augen einigen Pfaden, die ich als Wildwechsel identifizierte, auch wenn ich keinerlei Spuren irgendwelcher Tiere entdecken konnte. Selten hatte ich mich so unwohl in meiner Haut gefühlt wie dort. Ein leichter Schauder fuhr mir über den Rücken, ich atmete nur flach, als würde mir die Kehle zugeschnürt.

»Wir sollten los, es wird bald dunkel«, drängelte ich Hassan.

Er verstand das Signal, kam herunter vom Felsen und machte sich mit mir auf den Heimweg. Über uns brummte der Motor von Dannys Flugzeug, doch er konnte uns nicht erkennen, so dicht war das Buschwerk. Dafür hüpfte Mtito immer wieder aufgeregt hoch, wenn irgendwo ein kleines Fleckchen Himmel durchschaute, und lief am Boden dem Flugzeug hinterher. Er kannte das Motorgeräusch und brachte es mit Danny in Verbindung.

Erst als ich mich wieder aus den Fängen der dichten grünen Vegetation befreit hatte, mich auf dem Weg zum Haus wieder frei bewegen und das orangerote Licht der untergehenden Sonne genießen konnte, fühlte ich mich besser.

»Übrigens …«, startete Hassan äußerst leise und zurückhaltend eine Bemerkung.

»Ja?«, ermunterte ich ihn, weiterzureden.

»Das waren keine Wildwechsel.«

»Nein?«, fragte ich. »Was dann?«

»Das sind alte Schleichwege von Wilderern gewesen.«

»Ach, also doch! Ich habe mich schon gewundert, warum es dort so gar keine Spuren und Anzeichen von Tieren gab.«

»Die Shifta nutzten diese Pfade, um unbemerkt in die Nähe

des Hauptquartiers zu kommen. Von dort hatten sie einen sehr guten Blick auf alles, was bei uns unten passierte.«

Ich bekam eine Gänsehaut. Vielleicht hatte ich die Bedrohung unbewusst gespürt und deswegen dieses Unbehagen gehabt.

»Aber keine Sorge, die Pfade werden schon lange nicht mehr genutzt«, versuchte Hassan mich zu beruhigen.

Zu Hause kam mir Danny entgegen, der längst vor uns seine Maschine gelandet hatte.

»Hey, wo wart ihr? Da, wo ich euch erwartete, habe ich euch nicht gesehen.«

Hassan beschrieb die Gegend und unsere Erlebnisse.

»Das war völlig verkehrt. Nie und nimmer hätte ich euch dahin geschickt. Das ist keine gute Ecke.«

Hassan und ich tauschten vielsagende Blicke aus.

»Na, Hauptsache, ihr seid wieder gesund zurück«, resümierte Danny.

»Das sind doch alles nur alte Pfade der Shifta, oder?«, fragte ich in den Raum. Danny schwieg einen Moment.

»Oder?« wiederholte ich.

»Ja, ja, die Wege sind alt«, antwortete er kurz. »Morgen schauen wir uns eine bessere Stelle an.«

Irgendwie klang es nur wie die halbe Wahrheit. Aber ich wollte auch nicht weiter nachbohren.

Es war dunkel geworden, und ich begann das Abendessen zuzubereiten. Danny sortierte Unterlagen aus dem Büro, als plötzlich ein Ranger angehetzt kam, hektisch an die Tür klopfte und aufgeregt erzählte: »Feuer, im Park ist ein Feuer. Wir können nicht erkennen, ob es an der Landebahn ist oder dahinter.«

»So ein Mist«, reagierte Danny und sprang auf. »Das könnten Shifta sein, die das Flugzeug mit Benzin übergossen und in Brand gesetzt haben.«

Ich erinnerte mich, dass Danny von Drohungen und geplanten Racheakten der somalischen Banden gesprochen hatte. Mir wurde heiß und kalt zugleich.

Danny nahm sein Gewehr, rannte hinaus, schwang sich mit ein paar bewaffneten Rangern in den Geländewagen und raste mit ihnen ohne Scheinwerferlicht hinunter zur Piste. Sie stoppten bereits ein gutes Stück vorher und liefen den Rest zu Fuß, denn es hätte auch sein können, dass Danny und seine Ranger durch das Feuer in einen Hinterhalt gelockt werden sollten.

Ich hielt das Funkgerät in der Hand, das Danny mir dagelassen hatte, und wartete auf eine Botschaft von ihm.

»An alle, Achtung, an alle«, knarrte es aus dem kleinen Walkie-Talkie. »Kein Feuer am Flugplatz. Ich wiederhole, kein Feuer am Flugplatz, keine Shifta.«

Mir fiel ein Stein vom Herzen. Wie sich später herausstellte, hatte es irgendwo auf dem Yatta Plateau lichterloh gebrannt, vermutlich durch ein Lagerfeuer von Honigsammlern im Park ausgelöst. Es war jetzt im August sehr trocken, und jederzeit konnte ein Buschfeuer entstehen und die idyllische Savanne in eine kohlrabenschwarze Mondlandschaft verwandeln.

Wir brauchten noch ein wenig Zeit mit einem Bier auf der Veranda, um das Adrenalin abzubauen, dann erst fielen wir todmüde ins Bett.

Am Nachmittag des folgenden Tages, nachdem Danny den Brandherd inspiziert hatte, gingen wir gemeinsam auf die Suche nach einem geeigneten Ort für Mtitos Auswilderung.

Danny schulterte sein Gewehr. Nur zur Sicherheit, denn es konnte im dichten Busch immer sein, dass wir auf einen Büffel oder einen marodierenden Elefantenbullen trafen. Ein Schuss in die Luft würde die Tiere erschrecken und verjagen.

Ich packte schnell noch einen Rucksack mit Trinkwasser zusammen, und dann holten wir gemeinsam mit Hassan Mtito aus seinem Gehege. Auch der Kater spürte es sofort: Heute würde ein besonderer Tag werden.

Wir wollten wieder Neuland erkunden und hatten eine Gesteinsformation im dichten Busch ins Auge gefasst, die wir *Round Boulder* nannten. Es war ein riesiger und kugelrunder Felsen. Bereits vom Haus konnten wir ihn in der Ferne sehen.

Danny hatte ihn sich vom Flieger aus schon mal angeschaut und ihn als möglichen Auswilderungsort in Erwägung gezogen.

Bis dorthin war es ein beschwerlicher Weg, daher durften wir nicht trödeln, wenn wir es an diesem Nachmittag hin und zurück schaffen wollten. Schnellen Schrittes marschierten wir die Straße zum Tal hinunter. Mtito folgte uns neugierig, aber ohne auch nur einmal nach links oder rechts abzuschweifen. Normalerweise machte er Umwege und Schnüffelpausen, doch jetzt lief er geradlinig mit uns mit. Er spürte, dass wir entschlossen einem Ziel folgten und dass etwas Neues auf uns wartete.

Dank unseres Tempos erreichten wir bereits nach wenigen Minuten anstatt wie sonst nach einer halben Stunde die Stelle, wo wir den Weg verlassen und uns durch den Busch zum Felsen schlagen mussten. »Schaut mal, hier«, rief Hassan und duckte sich. Ich lief sofort zu ihm.

»Das sind Leopardenspuren«, sagte ich. Hassan legte seine Hand zum Größenvergleich drüber.

»Ich denke, es ist eine Mutter mit einem Jungen«, präzisierte er. »Aber die Abdrücke des Jungen sind noch kleiner als die von Mtito.«

Mtito schnüffelte an den Spuren und folgte ihnen mit der Nase am Boden ein paar Meter. Wir riefen ihn zurück, denn wir mussten hier den Weg verlassen. Vor uns lag noch ein Kilometer, der es in sich haben würde. Kein ausgetretener Pfad führte durch das dichte Unterholz. So kämpften wir uns zunächst mit einem Buschmesser voran. Dann half auch das nicht mehr, so dicht griffen Zweige und Äste ineinander. Daher krochen wir einige Abschnitte mühevoll auf allen vieren, während Mtito elegant durchs Gestrüpp schlüpfte, oft abkürzte und aufgeregt zwischen uns hin und her rannte.

Wir erreichten eine Stelle, an der viele mannshohe Akazien wuchsen. Sie trugen Dornen mit kleinen Widerhaken, die kräftig genug waren, sich auch durch die feste Kleidung in die Haut zu bohren. Jedes Mal, wenn ich hängen blieb, half nur stehen bleiben, ein wenig zurückgehen und mit den Fingern jeden einzelnen Dorn herausziehen. Daher rührt übrigens auch der englische Name für diese Pflanze: *»Wait-a-bit«,* zu Deutsch: Warte mal kurz!

Die Vegetation wurde schließlich so dicht, dass wir nichts mehr von der Umgebung sahen. Man hätte leicht die Orientierung verlieren können, doch Danny und Hassan waren »buscherfahren« und ließen sich nicht beirren.

Danny lief weit voraus, Mtito rannte ihm hinterher und begleitete ihn eine Weile. Dann stoppte der Kater und wartete auf mich oder Hassan. Mtito schien besorgt, dass nur keiner verloren ginge. Mit Danny zu laufen hieß für den Leoparden immer, neue Wege zu entdecken und Abenteuer zu erleben. Die zwei tobten gern zusammen durch den Busch, das war ganz nach Mtitos Geschmack, mehr als meine eher fürsorgliche Art. Danny, Hassan und ich spielten sehr unterschiedliche Rollen im Leben des kleinen Leoparden. Hassan konnte es sich erlauben, sich Mtito gegenüber absolut vertrauensvoll zu zeigen, konnte ihm sein Gesicht zum Gruß darbieten, das Mtito ableckte, ihn aber nie auch nur ansatzweise biss. Wann immer er seine Tatzen auf Hassans Gesicht oder seinen Kopf legte, tat er das mit komplett eingezogenen Krallen. Sie waren wie Geschwister, keine Konkurrenten, waren Spielkameraden. Hassan war es zu jeder Zeit erlaubt, Mtitos Beute und eventuelle Wunden zu berühren.

Danny hingegen, der Mtito immer neckte und oft beim Spielen rau mit ihm umging, schien von Mtito eher als eine Art Konkurrenz angesehen zu werden. Zwei Männer waren einer zu viel, und deshalb griff Mtito Danny bisweilen an. Diese Angriffe wurden stärker, je älter Mtito wurde, und waren ganz anders als die, die er mit mir führte. Ihre körperlichen Auseinandersetzungen dauerten nie lange, meist hielten sie respektvollen Abstand voneinander. Wann immer aber die Dinge schwierig für Mtito wurden, er von einem Leoparden angegriffen worden war, verletzt oder deprimiert schien, war er gern in Dannys Gesellschaft, denn er wusste, bei ihm war er sicher.

Meine Beziehung zu Mtito blieb die von einem Kind zu seiner Mutter. Wann immer etwas verkehrt war, er Hunger hatte oder sich unwohl fühlte, war ich die Erste, der er das zeigte. Er fand immer einen Weg, mir diese Befindlichkeiten mitzuteilen, knabberte und zwickte mich in Arme und Beine. Nur in meiner Gegenwart jammerte er. Kaum war ich aber aus seinem Blickfeld verschwunden, hörte das sofort auf. Das hatte Hassan schon oft bemerkt.

Je größer Mtito wurde, desto mehr meinte er auch, mich beschützen zu müssen. Er zeigte sich gelegentlich extrem eifersüchtig auf Danny oder Hassan, wenn sie nur mit mir sprachen. Er wusste, dass er mir absolut vertrauen konnte, und ich traute ihm, soweit man einer Raubkatze überhaupt trauen sollte.

Auf unserem gemeinsamen Weg durchs Unterholz kamen wir an einem hohlen Baum vorbei, vor dem einige Haufen frischer Elefantendung lagen: ein Zeichen, dass die grauen Riesen nicht weit waren. Vorsicht war also geboten, sie nicht zu überraschen.

Hinter dem Baum zeigte sich ein Miniaturwäldchen von Aloepflanzen mit ihren fleischigen Blättern. Wir brachen einige der Blätter ab und träufelten den Pflanzensaft auf verletzte Hautpartien, die durch Dornen aufgerissen waren. Aloe wird eine heilende Wirkung nachgesagt, und der Saft des Gewächses wird von vielen Kenianern als Medizin genutzt.

Ein Stück weiter erreichten wir einen flachen Felsen, der geeignet schien, nach einem Regen viel Wasser in seiner Mulde zu sammeln.

»Das wäre eine gute Voraussetzung für ein Gebiet, in dem Mtito leben könnte«, rief ich Danny und Hassan zu.

Der Kilometer zog sich für uns alle in die Länge. Erst eine gute Stunde nach Verlassen des Weges erreichten wir den angepeilten *Round Boulder*. Er war umgeben von weiteren Felsbrocken, Höhlen und großen Bäumen. Nicht weit entfernt fanden wir ein ausgetrocknetes Wasserloch mit einem großen Baum an seinem Rand.

»Schaut, was für ein gewaltiges Nest«, lenkte ich die Blicke auf einen Horst, der selbst den mächtigsten Bauten der Weißstörche auf deutschen Dächern Konkurrenz hätte machen können. »Der ist so groß, dass ich mich hineinlegen könnte«, stellte ich fest. Das Nest bestand aus Tausenden kleiner Zweige, die mit Schlamm aneinandergeklebt waren. Bienen summten dort herum, ein Zeichen, dass dieses viele Jahre alte Gebilde nicht mehr von seinen Baumeistern bewohnt wurde.

»Es gibt nur einen gefiederten Architekten, der so etwas konstruieren kann: der Hammerkopf«, meinte Danny.

Dieser nur kniehohe braune Vogel mit seinem kräftigen Schnabel und einer am Kopfende nach hinten gerichteten Federhaube ist ein wahrer Baumeister. Die in Kenia weit verbreiteten Hammerköpfe lauern an Wasserlöchern und Flussläufen auf Fische und Frösche. Ihre verlassenen Nester werden von Ginsterkatzen, Waranen, Schlangen oder Nilgänsen als Nachmieter übernommen.

Die mächtige alte Akazie mit ihren wuchtig ausladenden Ästen stellte zudem ein großartiges Tagesversteck für einen Leoparden dar. Das Wasserloch darunter zierten jede Menge Fußabdrücke von Büffeln, Elefanten, Warzenschweinen, Buschböcken und Kudu-Antilopen. Eine Menge Wildwechsel führten von der Wasserstelle in verschiedene Richtungen, manche auch mit Spuren von Pavianhorden. Sie wären kein Grund zur Besorgnis gewesen, denn es gab dort viele Höhlen in der Nähe. So hätte Mtito auch genügend Verstecke.

»Ein idealer Spielplatz für einen jungen Leoparden«, frohlockte ich.

Mtito hüpfte aufgeregt herum, als wollte er mir zustimmen. Auch wenn er hungrig und durstig sein musste, setzte er sich nicht eine Minute ruhig auf den Boden. Zu viele Gerüche und Geräusche musste er gleichzeitig aufnehmen.

Hassan kletterte schließlich als Erster auf den *Round Boulder*, dicht gefolgt von Mtito und Danny. Ich kam langsam hinterher, machte eine Pause auf halbem Weg nach oben und studierte die Umgebung. Eine Menge kleiner Höhlen und Felsspalten war zu sehen, dazu große Bäume mit ausladenden Ästen als mögliche Ruheplätze.

»Ich glaube, wir könnten hier jederzeit auf die Leopardin treffen, deren Spuren du gefunden hast«, rief ich Hassan zu.

»Oder auf ihr Junges«, antwortete er. »Die Gegend ist geradezu ideal für Leoparden.«

Unser Kater verhielt sich wie ausgewechselt. Leichtfüßig sprang er von Stein zu Stein. Ich staunte, denn nie zuvor war er auf einen so hohen Felsen geklettert.

»Er verhält sich jetzt wie ein richtiger Leopard«, erkannte Danny.

Wendig und elegant schlängelte sich Mtito zwischen den Büschen hindurch sprang standsicher von einem Felsen zum anderen.

»Als hätte er nie etwas anderes gemacht«, lobte ich Mtitos Sprungkünste. »Und als wäre der Felsen nur für ihn geschaffen.«

Mtito erkundete jede Ecke. Er duckte sich ab und verschwand dann in einer kleinen Höhle.

»Hey, Mtito, pass auf, da können Schlangen und Zibetkatzen lauern«, wollte ich den Leoparden noch warnen, als er auch schon wieder fauchend herauskroch. Offenbar lebte in der Höhle ein Tier, das sich verteidigte, sich uns aber nicht zeigen wollte. Was auch immer es war, Mtito hatte eine weitere Lektion gelernt, auch ohne mein Eingreifen.

Nun vorsichtiger, aber nicht minder neugierig und ohne großen Plan, steckte er unaufhörlich seine Nase in Felsspalten und krabbelte in kleine Höhlen. Ständig nahm er Witterung auf. Nase, Ohren und Schwanz waren unentwegt in Bewegung und zeigten seine volle Aufmerksamkeit für die Signale der Umwelt an.

»Er ist völlig überwältigt von den vielen Gerüchen«, rief ich den anderen zu. So übersah er tatsächlich einen kleinen Klippschliefer, der an einer Seite einer Höhle herausflitzte und in einer nahe gelegenen Felsritze sicheren Unterschlupf fand. Egal, wo Mtito seinen Kopf auch hineinsteckte, es flüchtete bald eines dieser Säugetiere vor ihm.

»Das ist ja ein Schlaraffenland für Mtito!«, stellte ich begeistert fest.

Mtito schnupperte gerade an den Hinterlassenschaften einer Klippschlieferfamilie, als nicht weit entfernt ein winziger Kerl eben dieses Clans mit seinem kleinen grauen Köpfchen aus einer Felsritze lugte. Er schaute, ob die Luft rein sei, und bemerkte schnell, dass Mtito seinen Fluchtweg blockierte. Der Kleine sah verzweifelt aus, die Augen weit aufgerissen, denn er wollte zu seinen Eltern, die in einer anderen Höhle warteten.

Das Schliefer-Baby zog den Kopf zurück, schaute wieder hinaus – und flitzte nun kurz entschlossen, so schnell es konnte, an Mtito vorbei. Wir hielten den Atem an – einerseits schlug mein Herz für den kleinen Klippschliefer, andererseits hoffte ich, Mtito würde erfolgreich zuschlagen. Er musste es ja nun einmal lernen.

Er bemerkte das rennende Jungtier und jagte ihm hinterher. Doch er kam genau den Moment zu spät, den der kleine Klippschliefer brauchte, um bei seinen Artgenossen in einem engen Felsspalt in die Sicherheit zu verschwinden. Mtito stoppte und schaute hinterher. Dann hörten wir alle die ganze Familie der kleinen Tiere laut rufen, wohl einerseits ein Zeichen der Freude über die Wiedervereinigung, zum anderen vielleicht auch ein Protest gegen unser respektloses Eindringen in ihr Revier.

Hassan schaute sich weiter um und fand jede Menge Losung von Hyänen: ein Hinweis darauf, dass diese Gegend mit der Höhle sicher auch von diesen Raubtieren genutzt wurde. Aber jetzt, da wir zu dritt mit Mtito laut redend dort herumwanderten, würden wir sie sicher nicht zu Gesicht bekommen.

»Schaut euch diesen Ausblick an«, rief Hassan, der als Erster auf der Spitze des Felsens stand.

»Ich kann die Häuser sehen, ein paar Ranger stehen vor dem Büro des Hauptquartiers und reden miteinander.«

Nach Hassans euphorischem Rufen wollte Mtito auch dorthin, fand aber nicht den richtigen Weg zu ihm hinauf. Als Danny ihm helfen wollte, fauchte er ihn an. Helfen lassen wollte sich der selbstbewusste Leopard nicht. Daraufhin beschloss Danny, voranzuklettern. Damit zeigte er Mtito den Weg. Der Leopard folgte Danny sofort in dessen Fußstapfen. Schließlich stieg ich als Letzte hinauf.

»Wunderbar, was für eine Sicht!«, rief ich. »Typisch für den Norden von Tsavo.«

So weit ich schauen konnte, nur trockener und flacher dichter Busch, scheinbar feindselig und unbewohnbar. Aber ich wusste, würde ich diese Gegend zu Fuß genauer erkunden, dann würde ich entgegen jeder Erwartung viele wunderschöne Oasen finden, die mein Herz höherschlagen lassen würden. In diesem Augenblick spürte ich ein tiefes Glück in mir, Teil dieser großen Wildnis zu sein.

Doch plötzlich wurde ich jäh aus meinen Gedanken gerissen. »Au, so ein Mist«, schrie ich auf vor Schmerz und wedelte mit den Armen. Eine Biene hatte mich erwischt.

»Nicht wedeln, bleib ruhig«, riet Danny sofort, denn weitere angriffslustige Insekten summten bereits in meiner Nähe umher. »Sie werden von Geruchsstoffen des abgerissenen Stachels ihrer Artgenossin alarmiert und werden dich attackieren, um ihren Stock zu verteidigen.«

Danny schaute kurz und zog mit den Fingerspitzen den Stachel aus meiner Haut. »Geh langsam wieder zurück, sonst hängt sich eine Armee der Biester an deine Fersen«, warnte er.

Ich befolgte seinen Ratschlag, begleitet von Kopfschmerzen durch den Stich. Mit afrikanischen Honigbienen ist nicht zu spaßen, sie sind nicht über Jahrhunderte auf Sanftmut gezüchtet worden wie ihre Vettern in Europa. Sie wehren sich gemeinsam, wenn sie sich angegriffen fühlen. Vielleicht war ich ihrem Stock zu nahe gekommen, ohne es zu merken.

Die kleinen Viecher erinnerten mich daran, dass hier jede noch so schöne Gegend auch immer ihre versteckten Gefahren besaß. Und dass man jederzeit mit dem Unvorhersehbaren rechnen musste.

Es war ohnehin Zeit, den Rückweg anzutreten, um am Haus zu sein, bevor es ganz dunkel war. Mtito aber verweigerte sich. Er machte deutlich, dass er an dem neu entdeckten Ort bleiben wollte, so gut schien er ihm zu gefallen. Wir liefen los und hofften, er würde hinterhermarschieren.

Schließlich folgte Mtito uns, wenn auch unwillig. Immer wieder blieb er zurück und zeigte sich nicht bereit, weiterzugehen. Er war erschöpft, aber das hinderte ihn nicht daran, bei jeder Gelegenheit den Weg zu markieren. Er versprühte seine Duftmarke, rieb sein Gesicht an den Blättern der Büsche oder zog seine Krallen durch die Rinde eines Baumes. Jeder Leopard im Umkreis sollte mitbekommen, dass Mtito hier war und dass er das Revier besetzen wollte.

Auf halbem Weg, zu dem flachen Felsen zurückgekehrt, legte sich Mtito auf einen Stein und schlief sofort ein. Wir gönnten ihm die kurze Auszeit, setzten uns neben ihn und beobachteten die untergehende Sonne. Der Himmel färbte sich in ein tiefes Blau und all die Schäfchenwolken leuchteten orangerot.

Mit der Hand wischte ich mir den Schweiß von der Stirn. Dabei rieb ich den roten Staub von der Haut. In meinen Armen und Beinen steckten kleine Dornen, die ich herauszog, die Hände bluteten aus kleinen Kratzern.

»Das ist der Preis für ein Leben im Paradies«, sagte ich zu Hassan.

»Für mich ist es einfach die Heimat«, antwortete er, »aber zugegeben – eine sehr, sehr schöne.«

Es wurde schnell dunkel, und wir hatten noch ein weites Stück bis nach Hause zu laufen. Ich streichelte Mtito und rief ihn leise bei seinem Namen, um ihn zu wecken. Als er die Augen öffnete, mussten wir alle lachen, denn Mtitos Gesicht wirkte zerknittert. Er blinzelte aus verschlafenen Augen, gähnte und streckte sich und brauchte ein paar Augenblicke, um sich zu sammeln, so erschöpft war er von unserem Ausflug. Er reckte und streckte sich und folgte uns dann, ohne zu zögern.

Nach einigen Minuten erreichten wir wieder das ausgetrocknete Flussbett kurz vor der Straße. Mtito lebte noch einmal auf, denn er liebte die dichte Vegetation am Flusslauf, bot sie ihm doch die tollsten Verstecke, um uns spielerisch zu attackieren.

»Was haltet ihr von dem neuen Platz? Erfüllt er alle Kriterien?

Hat er alles, was ein Leopard in seinem Gebiet benötigt?«, wollte ich von den anderen wissen.

»Es gibt genügend Wasserstellen«, begann Hassan aufzuzählen. »Und jede Menge Beutetiere.«

»Aber wir müssen auch sichergehen, dass das kein traditioneller Weg für Wilderer, Honigsammler oder Holzfäller ist. Es sollte nicht einmal jemand ahnen, dass hier ein Leopard lebt«, ergänzte Danny.

»Wir brauchen außerdem eine Zufahrtsstraße, um ein Gehege aufzubauen und im Notfall auch Mtito abtransportieren zu können.«

»Die Gegend ist gut, aber trotzdem vielleicht nicht die beste. Lasst uns noch einmal drüber schlafen, ob es wirklich die einzige Lösung ist«, zog Danny schließlich das Fazit. An diesem Abend fielen wir alle todmüde in die Betten.

Am nächsten Morgen entdeckte ich Spuren zweier Leoparden direkt auf dem Weg zu unserem Haus. Es schienen die gleichen Abdrücke zu sein wie diejenigen, die wir auf der Suche nach Mtitos Freilassungsort tags zuvor gesehen hatten, ein Weibchen mit ihrem Jungen. Ich folgte den Tatzenspuren, und sie führten genau zum kleinen Wasserloch am Haus. Die größeren reichten weiter, direkt bis zum Gehege von Mtito. Es musste einen Kontakt zwischen ihm und der fremden Leopardin gegeben haben.

Ich wunderte mich, dass ich davon nichts mitbekommen hatte, denn genau deswegen hatten wir das Gehege ja direkt neben unserem Schlafzimmerfenster gebaut. Von nun an, so beschloss ich, wollte ich abends immer den Sand um Mtitos Boma harken. So könnte ich am darauf folgenden Morgen feststellen, wer sich in seiner Nähe aufgehalten hatte.

Am Vormittag kam Hassan allein vom Morgenspaziergang zurück.

»Wo ist Mtito?«, wunderte ich mich.

»Er hat entschieden, allein draußen zu bleiben. Er wollte auf keinen Fall mit zurückkommen.«

»Was? Wie meinst du das?«

»Mtito hat mich zu einer Höhle am Long Rock geführt. Dort ist er reingekrochen und hat sich hingelegt. Er machte keine Anstalten, sich zu bewegen. Auch als ich dann aufgestanden und gegangen bin, schaute er nur hinterher, als wollte er allein gelassen werden.«

»Na prima, der wird ja langsam erwachsen«, freute ich mich. »So soll es sein. Es scheint ja wirklich, als würde er selbstständiger werden. Wunderbar!«

»Ich hole jetzt meinen Tee und das Frühstück und werde ihn ein wenig allein lassen. Aber keine Sorge, danach geh ich wieder zu ihm zurück«, meinte Hassan.

Nach seiner Siesta tauchte Mtito wieder auf und folgte Hassan vom Long Rock wie immer nach Hause. Am Nachmittag machten wir uns nochmals zu der Stelle auf, die Danny vom Flugzeug aus begutachtet hatte, die ich mit Hassan aber nicht gefunden hatte.

Diesmal begleitete uns Danny und lief wie immer voraus. Seine Ortskenntnis und seine Erfahrung, sich im Gelände zurechtzufinden, halfen ungemein. Nicht lange, und er erspähte einen Pfad über die Felsabschnitte direkt zu der Höhle, die er gesucht hatte. Hassan lief vorweg und bahnte uns mit seinem Buschmesser einen Weg durch den dichten Pflanzenwuchs.

Überall offenbarten sich kleine Felsen und Höhlen, daneben ganze Wälder von Aloepflanzen. Jede Ecke bot eine neue Überraschung, eine eigene Welt, deren Magie mich in den Bann zog.

Mtito wälzte sich, alle viere in die Luft gestreckt, am Boden und knurrte dabei leicht. Er zeigte dieses Verhalten nur an einigen Stellen. Ich war überzeugt, dies seien wichtige Orte, an denen bereits andere Leoparden zuvor markiert hatten.

Bis jetzt hatte ich *Round Boulder* favorisiert, aber was sich an diesem Tag vor meinen Augen auftat, übertraf alles. Als wir uns dem Felsvorsprung näherten, den wir so vergeblich zuvor gesucht hatten, mussten wir zwischen zwei mächtigen Affenbrotbäumen hindurchlaufen, die dort wie Wächter am Tor zu einem Garten Eden standen. Es waren Prachtexemplare, die so charakteristisch mit ihrem umfangreichen Stamm im Boden ankerten und mit ihren kahlen Ästen in den Himmel ragten, als hätte sie tatsächlich jemand ausgerissen und falsch herum wieder in den Boden gesteckt. So besagt es nämlich eine alte afrikanische Legende über die »Eichen Afrikas«.

»Wartet einen Augenblick«, rief ich den anderen zu, »ich möchte einen Moment hierbleiben und genießen.«

Die Baobabs, wie sie auch genannt werden, ließen mein Herz stets höherschlagen. Sie symbolisieren für mich die Quelle jeglichen Lebens.

Alle warteten auf mich. Nach einigen Minuten gingen wir weiter und erreichten den ersten Felsblock. Direkt dahinter, ein wenig von wuchernden Sträuchern zugewachsen, befand sich der Eingang zur einer großen Höhle. Sie lag im Schatten und bot damit einen idealen kühlen und geschützten Bereich.

»Diese Höhle ist ja so groß, dass man darin ein Haus bauen könnte!«, schwärmte Hassan.

»Sieht fast so aus, als hätte hier tatsächlich mal jemand gewohnt«, mutmaßte ich, machte eine Taschenlampe an und ging hinein. Doch schnell stellte ich fest, dass die Höhle von außen größer wirkte, als sie sich von innen darstellte. Dennoch hatte sie noch immer eine imposante Größe.

Ein flacher Stein vor einem der Ausgänge wirkte wie eine Veranda. Und als ich auch noch eine Felsformation entdeckte, die aussah wie ein überdimensionaler Stuhl aus Stein, von dem man in die Ferne blicken konnte, entwickelte ich in meiner Fantasie frühzeitliche Riesen, die hier gelebt haben mussten. Kein Wunder, denn diese Gegend wirkte mit ihren knorrigen Baumriesen und geräumigen Höhlen magisch auf mich.

Mtito begann sofort, jedes kleine Loch in den Steinwänden zu beschnüffeln. Obwohl er eigentlich von unserem schnellen Marsch durch die Hitze erschöpft sein musste, schien er doch aufgedreht und neugierig, wieder neue Plätze zu entdecken.

Wir bestiegen den Hang hinter der Höhle und kletterten

langsam den großen Felsen hinauf. Die Aussicht, aber auch die Umgebung schienen immer besser zu werden. Immer wenn ich dachte, ja, das sei nun der ideale Ort, kletterte ich ein Stück weiter und fand einen noch besseren, vielversprechenderen Platz.

Die Aussicht auf Ithumba Hill, auf die beiden Baobabs und in die weite Savanne war prächtig. Es wehte eine wohltuend kühle Brise. Als würde ich auf dem Dach der Welt sitzen, so frei und unbeschwert fühlte ich mich.

Die Aussicht war Mtito unwichtig, denn er gewann seine Eindrücke hauptsächlich über die Nase. Erst danach legte er sich hin und blickte dann über die Wildnis, als sei sie schon sein Reich. Dabei ließ er die Zunge ein wenig zur Kühlung aus dem Maul hängen, während seine Augen den Horizont rasterten und sein Blick über die Ebene wanderte.

»Hier gibt es wirklich alles, was ein Leopardenherz begehrt«, fasste ich meine Eindrücke zusammen. »Genügend Höhlen, um sich bei Gefahr zu verstecken, jede Menge großer und mächtiger Bäume zum Klettern, Jagdgründe mit Beutetieren, genügend Platz und viele kleine Nischen. Perfekt!«

»Ja, und es gibt hier zwar Fährten anderer kleinerer Katzen und Raubtiere, aber bisher keine Spur von einem großen Leoparden«, ergänzte Hassan. »Keine Gefahr für Mtito.«

Mtito erkundete die ganze Umgebung. Wir ließen ihn dabei nicht aus den Augen. Er führte uns zu einer Stelle, an der drei große Felsbrocken übereinandergefallen waren. Darunter waren zwei Höhlen entstanden. Sie boten die perfekte Größe, wo Mtito sich verstecken und hinausschauen konnte.

»Prima! Das ist seine neue Höhle!«, rief ich sofort aus. »Mtito hat uns gezeigt, wo er leben will. Hier können wir sein Auswilderungsgehege bauen.«

»Zugegeben, ein schöner Platz«, stimmte Danny zu, gab aber zu bedenken: »Der Boden ist aus blankem Stein. Da werden wir Mühe haben, die Metallpfeiler hineinzurammen, die den Drahtzaun halten müssen.«

Als Danny die Enttäuschung in meinem Gesicht sah, fügte er

hinzu: »Na, da müssen wir eben mit Zement arbeiten und etwas davon aufschütten. Das geht schon, und es soll ja auch nicht ewig halten.«

Dieses neue Gehege sollte Mtito in der ersten Zeit nur nachts zum Schlafen nutzen, bis er größer würde und sich sicherer in seinem Territorium fühlte. Oder aber, wenn er krank sein sollte und zu seinem Schutz eingeschlossen werden müsste.

Auch als die goldgelbe Sonne sich vom Tag zu verabschieden begann und wir alle eigentlich hätten aufbrechen müssen, machte niemand Anstalten, diesen wunderbaren Platz zu verlassen – am wenigsten Mtito. Wir blickten vom großen Felsen noch einmal in die weite Ebene. Nach einer kurzen Weile durchbrach ich die Stille.

»Das müssen wir feiern. Wir haben den Platz gefunden, wo Mtito Leopard sein darf.«

16
Wir bauen eine Piste

Von der Terrasse unseres Hauses konnten wir die Steinformationen noch erkennen, die nun Mtitos neue Heimat werden sollten. Und obwohl mehrere Kilometer zwischen Ithumba und dem Felsen lagen, konnten wir auch die mächtigen Affenbrotbäume sehen.

»Wir sollten dem Berg einen eigenen Namen geben«, schlug ich Danny vor.

»Das hört sich an, als hättest du schon einen im Sinn.« Danny grinste. Er hatte recht.

Ich antwortete, ohne zu zögern. »*Milima ya chui.*« Das ist Kisuaheli und heißt auf Deutsch: der Berg des Leoparden.

»Der Name gefällt mir«, meinte Danny.

»Wir müssen auch darüber nachdenken, wie und wann wir einen Weg durch den Busch anlegen«, meinte ich und war jetzt schon ungeduldig.

»Lass uns erst mal herausfinden, wie nah wir an den Berg fahren können, um das Material für den Bau des Geheges dorthin zu schaffen. Meinetwegen lass uns gleich jetzt fahren«, schlug Danny vor, und wenig später saßen wir im Auto.

Die erste Hürde auf dem Weg zum Berg stellte das ausgetrocknete Flussbett dar. Ich bat Danny, kurz anzuhalten und mich aussteigen zu lassen, damit ich von der gegenüberliegenden Seite aus filmen konnte, wie er sich mit dem Vierradantrieb durch den tiefen Sand wühlte.

Ich suchte mir eine sichere Position, wo ich außer Reichweite wäre, wenn das Auto ins Schleudern geraten sollte.

»Okay, alles klar!«, rief ich, schaute auf den Monitor meiner Kamera und hob den Daumen als Zeichen zum Start.

Langsam fuhr Danny das steile Ufer hinunter. Erst sah es ganz gut aus, aber dann … Die Räder sackten plötzlich im Sand ein, und die vordere Stoßstange rammte die gegenüberliegende Böschung. Aus, keine Chance, den Wagen da wieder rauszubekommen. Nicht rückwärts, nicht vorwärts. Er steckte zu steil im Flussbett fest. Ich wusste, das war kein Spaß, und packte die Kamera beiseite. Danny fluchte ohne Punkt und Komma.

Angelockt vom heulenden Motor, liefen Hassan und Mtito herbei. Der Leopard stand zunächst da und staunte, was wir dort wohl anstellten. Er hob den Kopf in die Höhe, die Brust herausgedrückt und die Vorderbeine gegen den Boden gestemmt. Er guckte immer wieder zwischen Danny und mir hin und her, als wollte er verstehen, was hier vor sich ging.

»Wir müssen uns mit der Winde rausziehen«, rief Danny.

Ich zog das aufgerollte Stahlseil nahe der Stoßstange aus der Spule heraus. Mtito schnüffelte am Seil, das sich wie eine Schlange am Boden entlangzog.

»Hassan, bitte halt Mtito von der Winde fern, damit er keine Metallsplitter in die Pfoten bekommt«, rief ich. Hassan nickte und schnappte sich Mtito.

Ich fand einen Baum, der mir kräftig genug erschien, um das Gewicht des Autos zu halten, und befestigte das Drahtseil daran.

»Ich hoffe, der Baum wird halten. Viel Glück«, rief ich Danny zu.

»Wir haben keine andere Wahl. Der wird das schon aushalten«, antwortete er.

Ich ging in Deckung, damit ich nicht getroffen werden konnte, falls das Drahtseil nicht halten sollte und dann wie eine Peitsche durch die Luft schlagen würde. Mtito aber entwischte Hassan, da er das alles zu spannend fand, und stürzte sich auf das Seil. Dies passierte genau in dem Augenblick, als Danny die Winde in Betrieb gesetzt hatte und sich das Drahtseil unter Mtitos Pfoten spannte. Der Kater schnellte wie ein Geschoss hoch in die Luft. Er hatte einen solchen Schreck bekommen, dass er gleich noch einmal wie ein Gummiball hüpfte, als er den Boden wieder mit allen vieren berührte. Ihm war nichts passiert, aber er kam verstört zu mir gelaufen, um Schutz zu suchen. Ich hielt ihn sofort fest.

Danny ließ die Seilwinde nun stärker arbeiten, das Kabel

hob sich vom Boden und spannte sich. Zentimeter für Zentimeter zog sich der Wagen quietschend aus dem Sand, der Motor lief auf Hochtouren. Ich blickte besorgt auf den Baum, doch er schien das Gewicht des Fahrzeugs auszuhalten. Langsam löste sich das Auto vom tiefen Grund, da gab es plötzlich einen lauten Knall, dann ein Zischen und Peitschenhiebe um uns herum. Mtito schnellte einige Schritte zurück in den Busch, und das Auto fiel scheppernd zurück ins Flussbett. Das Drahtseil der Winde war gerissen.

»Meine Güte, jetzt ist mir wirklich klar, warum man sich nie in der Nähe einer Seilwinde aufhalten sollte«, rief ich Danny zu. »Das Ding hätte uns mühelos die Köpfe abgeschlagen, wenn wir auch nur ein paar Meter näher gestanden hätten.«

»Wahnsinn, damit hätte ich nun wirklich nicht gerechnet«, fluchte Danny. Mtito sah sich in seiner Skepsis gegenüber der unberechenbaren eisernen Schlange bestätigt. Er versteckte sich in einem dichten Busch und beobachtete uns nur noch aus sicherer Entfernung. Das Seil war hinüber, und das Auto stand im Flussbett nun richtig verkeilt. Nur zwei Räder waren noch am Boden, die anderen zwei schwebten in der Luft.

»So ein verdammter Mist«, fluchte Danny und kratzte sich am Kopf.

»Was machen wir jetzt?«, fragte ich ihn.

»Am besten, du holst deinen Wagen und ziehst mich raus«, schlug er vor.

Ich machte mich sofort auf den Heimweg. Hassan hatte alle Mühe, Mtito festzuhalten, denn er wollte unbedingt mit mir gehen. Offenbar war ihm die ganze Sache nicht geheuer und er wollte bei mir bleiben.

Als ich am Haus ankam, erzählte ich Kimwele kurz die Geschichte.

»Pole sana«, sagte er in Suaheli, was bedeutete, dass ihm leidtat, was passiert war. Er bot sofort seine Hilfe an und stieg zu mir ins Auto.

Als wir die Straße zum Flussbett erreichten, stand dort schon Mtito. Er war Hassan entwischt und wartete auf mich. Kaum sah er uns, begann er zu wimmern und zu jammern, so, wie ich es aus seinen ersten Wochen kannte.

»Mtito, bleib vom Auto weg!«, rief ich und fuhr den Weg weiter. Der Kater sprintete parallel zu uns durchs Gestrüpp. Als wir am Flussbett ankamen, nahm ich ihn erst einmal in den Arm, um ihm Sicherheit zu geben. Er spürte unser aller Anspannung und war verunsichert. Hassan übernahm ihn und hielt ihn dann aus der Gefahrenzone heraus.

Wir befestigten mein Abschleppseil an beiden Autos und ich startete meinen gleichschweren Geländewagen. Sachte fuhr ich an, zog, und Dannys Auto bewegte sich ein wenig. Staub wirbelte auf, der Motor dröhnte.

Mtito blieb im Dickicht in Sichtweite. Er suchte sich eine Position im Busch, von der er mich am Steuer beobachten konnte. Die ganze Zeit jammerte er besorgt wie ein kleines Katzenkind.

Zentimeter für Zentimeter zog ich Danny aus dem Graben – und gerade als wir es fast geschafft hatten: Peng! Auch dieses Seil riss, peitschte wieder durch die Luft, und Dannys Wagen fiel wieder ins Flussbett zurück – diesmal mit dem Geräusch von Blechschaden.

»Das gibt's doch nicht!«, fluchte Danny und schlug die Hände vor Wut aufs Lenkrad.

»Aller guten Dinge sind drei«, versuchte ich ihn aufzumuntern. Sofort legte ich das Abschleppseil aus Dannys Wagen an und probierte es noch einmal. Auch Danny gab Gas, um meinem Auto zu helfen. Ein Höllenlärm hallte durch die Savanne, als unsere Motoren aufheulten. Für einen kurzen Moment gab es Hoffnung, doch dann: peng, war auch dieses Abschleppseil hin. Was nun? Wir hatten jede Menge zerrissener Seile, aber keinen Fortschritt gemacht.

»Ich könnte es noch mal von der anderen Seite aus versuchen«, machte ich einen letzten, reichlich hilflosen Vorschlag zur Problemlösung.

»Damit du auch noch im Flussbett hängen bleibst? Auf keinen Fall!«, lehnte Danny ab. »Wir müssen meinen Wagen über

Nacht hier stehen lassen. Morgen versuchen wir es dann mit der Planierraupe«, schlug er vor. »Etwas Besseres fällt mir jetzt auch nicht ein.«

»Zu allererst müssen wir eine passable Überquerung des Flussbettes bauen. Wenn die Regenzeit beginnt, wird es ja ganz unmöglich, von einem zum anderen Ufer zu kommen.«

Danny widersprach nicht. Frustriert fuhr er meinen Wagen nach Hause. Ich lief den Weg mit Mtito zurück, der etwas unwillig einen Fuß vor den anderen setzte und vor sich hin maulte. Zu gern wäre er wohl zu seiner lieb gewonnenen Höhle am *Milima ya chui* getrabt.

Nachdem ich Mtito in seinem Gehege verabschiedet hatte, setzte ich mich zu Danny auf die Terrasse. »Morgen muss ich früh zu den Rangern nach Kone fliegen, um mit ihnen die weiteren Aktionen gegen Wilderer zu besprechen. Und der Wagen steckt irgendwo da draußen fest. Na prima …«, meinte Danny sarkastisch und war schlechter Laune.

»Lass mich das morgen machen. Schick du die Planierraupe. Ich gehe zu Fuß hin und fahre das Auto aus dem Flußbett nach Hause«, schlug ich vor, obwohl ich wusste, dass Danny das nur zu gern selbst gemacht hätte.

Bereits im ersten Morgengrauen weckte mich ein lautes Kläffen. In Ithumba gab es keine Hunde, deshalb war allein das Bellen schon merkwürdig. Noch alarmierender jedoch waren die jaulenden, wimmernden Töne in dem Gebell.

»Wach auf, Danny, da draußen ist ein Hund«, sagte ich und stieß ihn dabei an. Von der Veranda hörte ich ein tiefes Knurren, das sich mit Bellen abwechselte. Ich sprang aus dem Bett, lief zur Verandatür und erschrak. Ich sah nur Zähne und Schleim hinter der Glastür. Alarmiert durch mein Rufen und das Gekläff kam Danny mit seinem Gewehr angerannt.

»Der ist fuchsteufelswild und gefährlich«, stellte er fest. »Der hat Tollwut.«

Er legte das Gewehr an.

»Willst du ihn durchs Glas erschießen?«, fragte ich Danny. Er zögerte kurz und trat dann mit dem Fuß gegen die Tür. Der Hund rannte ein Stück weg, sodass Danny die Tür öffnen und hinausgehen konnte, ohne sofort angefallen zu werden. Das Tier flitzte zu Kimweles Haus, das hinter unserem lag, schnappte sich einen Kochtopf und rannte mit ihm im Maul wie verrückt um das benachbarte Gästehaus.

Kimwele kam herausgerannt. Er hielt einen schweren Holzknüppel in den Händen und versuchte auf den Hund einzuschlagen. Doch das sabbernde Vieh drehte sich um und attackierte nun Kimwele. Der rannte, so schnell er konnte, wieder zurück in sein Haus und schloss die Tür von innen.

Mtito sprang am Zaun auf und ab und wollte den Hund angreifen. Der wiederum bemerkte Mtito und lief jaulend in Richtung des Geheges. Ich hielt die Luft an.

Danny näherte sich dem Tier, das Gewehr im Anschlag. Der Hund stoppte nicht eine Sekunde, lief wie aufgezogen wild herum. Danny hatte keine Wahl. Er musste nur sicherstellen, dass weder Mtito noch ein Mensch durch seinen Schuss gefährdet sein könnte, zielte dann kurz und drückte ab. Noch während der gewaltige Knall durchs Tal hallte, war es um den armen Teufel geschehen.

Aufgeschreckt vom heftigen Krachen des Schusses versteckte sich Mtito in seiner Höhle und rührte sich nicht. Es wurde mucksmäuschenstill in Ithumba. Tödlich getroffen und von seinen Qualen erlöst lag der Hund am Boden, ganz dicht an Mtitos Gehege.

Gerade als Ruhe eingekehrt war, knackte es plötzlich im Gebüsch. Schwer bewaffnete Ranger in Kampfanzügen hatten uns unbemerkt umzingelt und robbten aus den Büschen rund ums Haus, die Waffen bereits entsichert.

»Alles okay, alles gut«, rief Danny ihnen zu.

»Wir dachten, es wären Shifta«, sagte der Kompaniechef. Immer noch stand ja die angedrohte Racheaktion der somalischen Banditen im Raum, das Hauptquartier anzugreifen. »Gott sei Dank, nur ein Hund«, entspannte er sich jetzt.

»Ist jemand von euch gebissen worden?« fragte Danny.

»Nein, Sir«, antwortete der Ranger. »Zum Glück kam das Biest so früh, da schlief noch jeder in seinem Haus.«

Die Ranger hatten strenge Order, jeden streunenden Hund im Park zu erlegen, um den Tierbestand vor Ansteckungen und Wilderei zu schützen. Zu allermeist gehörten die Tiere Wilderern, die sie illegal zum Jagen des Wildes einsetzten.

Aber woher kam dieser Hund? Und wieso war er ins Camp gekommen? Hatte ihn Mtito angelockt?

Wir wollten sichergehen, dass er den Leopard nicht angesteckt hatte, bevor ich durch sein Gebell aufgewacht war. Rund um den Zaun des Geheges suchten wir nach Spuren, fanden aber keine und wechselten das Wasser in den Trinknäpfen, nachdem wir sie desinfiziert hatten. Ich begann, die Veranda und vor allem die Tür vom Speichel des tollwütigen Tieres zu reinigen.

Danach ging ich zu Mtito ins Gehege. Aufgeregt grüßte er mich mit »ptuff, ptuff«, rieb sein Gesicht an mir und schien nach der Aufregung froh, mich in seiner Nähe zu haben. Währenddessen rollte Kimwele den Kadaver in Plastiktüten, um ihn später zu verbrennen. Weder Mtito noch irgendwelche anderen Fleischfresser sollten dem verseuchten Körper näher kommen können und sich womöglich doch noch mit Tollwut infizieren.

Die Ranger zogen ab, in Ithumba kehrte wieder Ruhe ein. Danny tauschte die Kikoi gegen seine Uniform und wollte dann gleich mit einem anderen Wagen, den die Ranger für ihn an unserem Haus bereitgestellt hatten, zu seinem Flugzeug fahren. Aber als er den Motor startete, antwortete der nur mit einem Stottern. Wieder und wieder drehte er den Zündschlüssel, bis es gar keinen Ton mehr gab. Die Batterie war komplett leer. Wütend und unter Zeitdruck sprang er aus dem Auto und wollte meinen Wagen nehmen. Aber der hatte von unserer Abschleppaktion am Abend zuvor einen Platten.

Danny fluchte; dieser Morgen hatte es so früh schon in sich. Aber es blieb ihm keine andere Wahl – wenn er zum Flugfeld wollte, musste er den Reifen wechseln.

»Was für ein toller Tagesbeginn«, dachte ich und war schließlich froh, das Flugzeug abheben zu hören. Danny war endlich auf dem Weg zur Besprechung des Einsatzes gegen die Shifta.

Es dauerte nicht lange, und ein tief brummendes Geräusch kündigte die Ankunft der Planierraupe an. Sofort machte ich mich mit Kimwele auf den Weg hinunter zur Kreuzung. Hassan, da war ich mir sicher, war mit Mtito schon auf dem Morgenspaziergang. Doch kaum hatten wir den Treffpunkt erreicht, den Danny mit dem Fahrer des schweren Geräts vereinbart hatte, hörte ich ein Geräusch hinter mir. Ich drehte mich um und sah – Mtito! Stolz begrüßte er mich lang und ausgiebig.

»So wie sein Bauch aussieht, hat er noch gar nichts gefressen«, sagte ich zu Kimwele.

»Dann ist er Hassan bestimmt vor dem Frühstück ausgebüxst«, folgerte er.

»Ich will aber nicht, dass Mtito dabei ist, wenn die Planierraupe anfängt zu arbeiten. Und ich kann ihn jetzt nicht zurückbringen, denn ich hab die Autoschlüssel und muss den Wagen rausholen.«

»Dann holen wir Hassan«, schlug Kimwele vor.

»Aber der kann sonst wo sein. Vermutlich hat er schon mitbekommen, dass Mtito weg ist, und sucht ihn. Möglicherweise läuft er einen ganz anderen Weg. Wir verlieren zu viel Zeit.«

»Dann gehen wir einfach weiter. Schauen wir mal, was Mtito macht«, meinte Kimwele.

»Nein, du gehst zurück«, sagte ich zu Mtito, und mein Ton war eine klare Anweisung. Dann liefen wir langsam weiter, und ich strafte Mtito mit Nichtbeachtung.

Kimwele drehte sich kurz zu ihm um. »Er guckt uns hinterher, bleibt aber stehen.«

Mir fiel ein Stein vom Herzen, denn das Letzte, was ich jetzt brauchen konnte, war ein aufgeregt hin und her springender Kater zwischen Arbeitern, Planierraupe und Auto.

Die schwere Maschine schob mit ihrem Metallblatt eine

Menge Sand und Erde vor sich her und machte den steilen Hang zum Flussbett damit zu einer sanften Rampe.

Ich stieg ins Auto, nahm den Gang raus, löste die Handbremse, rastete das Lenkradschloss ein und stieg wieder aus. Ich wollte mir kein Schleudertrauma holen, falls der Wagen noch mal zurück ins Flussbett krachen sollte. Wir befestigten ein dickes Stahlseil zwischen dem Auto und der Planierraupe und stellten sicher, dass es sich auch unter größter Belastung nicht lösen konnte.

Dann zogen Kimwele und ich uns zurück und gaben das Zeichen. Der Fahrer der Planierraupe startete den Motor und begann zu ziehen. Stück für Stück bewegte sich der Wagen den Hang hinauf, als sei das schwere Gefährt ein Spielzeugauto. Die Planierraupe war die richtige Wahl gewesen. Es hatte nur wenige Minuten gedauert, und Dannys Wagen stand wieder am Ufer.

Kimwele klatschte in die Hände. »Lass uns fahren«, schlug er vor.

»Nein, noch nicht«, antwortete ich. »Wir müssen warten, bis das Öl, der Diesel und alle anderen Flüssigkeiten im Wagen wieder von der Steilposition zurückfließen.«

Zusammen liefen wir um den Wagen und suchten nach Schäden. Wir testeten die Stoßdämpfer, schauten nach gebrochenen Federn, nach abgerissenen Teilen und Kabeln unter der Karosserie. Aber außer einer kleinen Beule am Kühler konnten wir nichts entdecken.

»Da haben wir ja noch mal Glück gehabt«, stellte ich zufrieden fest. »Die kaputte Seilwinde ist schon teuer genug.«

Dann öffneten wir die Motorhaube und kontrollierten den Ölstand. Schließlich setzte ich mich mit Kimwele in den Wagen, heizte die Zündkerzen dreimal vor und drehte den Zündschlüssel. Und siehe da: Das Auto sprang sofort an. Langsam und sehr vorsichtig fuhr ich den Wagen zurück ins Hauptquartier nach Ithumba.

Die Bauarbeiten für die Zufahrt zu Mtitos neuem Gehege am Berg mussten sorgfältig vorbereitet werden. Mtito sollte sein neues Territorium weiter kennenlernen können, und die Arbeiter mussten den Busch auslichten. Damit beides gleichzeitig stattfinden konnte, musste ich einen Plan machen, der sicherstellte, dass Mtito bei seinen Wanderungen nicht auf die Bauarbeiter traf.

Sobald die Arbeiter damit begannen, Breschen ins Dickicht zu schlagen und den Weg über das trockene Flussbett zu ebnen, gingen Hassan und ich immer erst dann mit Mtito in das Gebiet, wenn die Leute Feierabend hatten.

So war es auch an diesem Tag. Der Boden des Flussbettes war planiert, geschlagenes Buschwerk lag am Rand gestapelt, aus dem Weg geräumte Steine waren zusammengetragen und aufgehäuft. Auch Mtito schien das alles sehr zu interessieren. Er rannte aufgeregt zwischen den Ufern hin und her, um alles genau zu erkunden. Dann schaute er mich an. Ich kannte den Blick: Jetzt war ihm langweilig, er wollte ein neues Spiel, neue Unterhaltung.

»Er will, dass ich ihm sofort etwas Neues anbiete. Wenn nicht, dann wird er sich mir zuwenden, mich anspringen und mich in einen spielerischen Kampf verwickeln. Das will ich aber nicht«, sagte ich zu Hassan.

Er sammelte schnell Zweige auf, reichte sie mir, und ich warf sie für Mtito ins Flussbett. Der Leopard sprintete hinterher und nahm sie ins Maul.

»Er nimmt nur die, die du geworfen hast, und nicht die, die sonst noch dort liegen«, staunte Hassan über Mtitos Spürsinn. Dieses Spiel ging eine Weile so. Jedes Mal spielte er so lange mit den Stöckchen, bis er sie zwischen seinen Zähnen und Klauen zerkaut und zerbrochen hatte, und dann musste ich wieder neue Stöcke werfen.

Plötzlich aber ließ Mtito von seinen Spielzeugen ab, setzte sich auf den Boden und richtete die Ohren nach vorne.

»Ist hier außer uns noch jemand? Sind die Arbeiter noch da?«, rief ich Hassan besorgt zu.

»Eigentlich sollten sie schon längst Feierabend haben«, antwortete er, ebenso angespannt wie ich.

»Mtito könnte sie attackieren. Mit uns im Rücken fühlt er sich besonders sicher und stark«, gab ich zu bedenken.

»Ich schau mal besser nach«, sagte Hassan und rannte los.

Mtito hockte noch immer angespannt am Rand des Flussbetts, jederzeit bereit, aufzuspringen und zu jagen. Ich versuchte ihn mit Worten und Zureden zu beruhigen. Dann kam Hassan zurückgehetzt.

»Ja, es sind Arbeiter. Ich habe Winston zugerufen, sie sollen sofort verschwinden, wir seien mit dem Leoparden unterwegs. Aber Yussuf betet gerade und darf dabei nicht gestört werden«, berichtete Hassan noch ganz außer Atem.

Kaum hatte er ausgesprochen, sprang Mtito auf, verschwand im Dickicht und schlich sich in Richtung Flussbett an. Ich rannte, so schnell ich konnte, und kämpfte mich durch den dornigen Busch, um Mtito den Weg abzuschneiden. Dann sah ich schon aus der Ferne Winston, der versuchte, sich zu verstecken. Ich rief ihm, so laut und eindringlich ich konnte, zu: »Nicht bewegen, nicht wegrennen und am besten keine Angst zeigen!«

In dem Moment, als ich bei ihm eintraf, sah ich auch schon, wie sich Mtito vor ihm aufbaute. Der Kater spannte seine Muskeln an, und Winston erstarrte zur Salzsäule. Mtito fauchte und tippte ihn immer wieder mit einer seiner Vorderpfoten an. Die Krallen hielt er noch eingezogen.

Winston rührte sich nicht vom Fleck, und Mtito wunderte sich, dass der Mann keine Reaktion zeigte. Aber da ich nun in seiner Nähe war, traute er sich einen weiteren, stärkeren Angriff. Er nahm Winstos Bein ins Maul, biss aber nicht zu. Doch der tapfere Mann reagierte auch jetzt nicht. Obwohl Winstons Herz mit Sicherheit schneller als je zuvor in seinem Leben schlug, vertraute er meinen Anweisungen.

Das wirkte, denn Mtito ließ wie gehofft von seinem Opfer ab und wandte sich dem nächsten zu.

Er schlich sich an Yussuf heran. Der kniete ein ganzes Stück abseits, mit der Stirn am Boden. Nun richtete er den Oberkörper auf, wollte das Gebet beenden und sich auf den Weg nach Hause machen. Und sah plötzlich Mtito. Ich wusste aus seinen

Erzählungen, dass er große Angst vor Raubkatzen hatte. Yussuf wollte sofort flüchten. Angst und Flucht – das löst erst richtig den Jagdreflex bei einem Leoparden aus. Mtito umkreiste jetzt beide. Hassan und ich versuchten, uns ihm in den Weg zu stellen, falls er versuchen sollte, einem der beiden näher zu kommen. Dabei fuchtelten wir mit unseren Wanderstöcken vor seinem Kopf herum, drohten, ihn zu schlagen, würde er es auch nur wagen, einen der Männer zu attackieren.

Plötzlich griff Hassan beherzt zu und versuchte Mtito festzuhalten, doch im nächsten Moment hatte sich das Tier aus seinem Griff befreit und fauchte Hassan an. Wir konnten den Leoparden im Jagdfieber nur noch mit unseren Stöcken in Schach halten, während sich die Männer auf meine Anweisung hin langsam zurückzogen und verschwanden.

Sobald sie außer Sichtweite waren, beruhigte sich Mtito. »Das war äußerst knapp«, sagte ich zu Hassan. »Es muss uns eine Warnung sein. So etwas darf uns nicht ein zweites Mal passieren.«

»Ich schlage vor«, sagte Hassan, »Mtito bleibt für die nächste Zeit so lange bei dir am Haus, bis ich hier am Flussbett nachgeschaut habe, ob niemand mehr da ist. Winston und Yussuf müssen sich strikt an die Arbeitszeiten halten.«

Ich war mit seinem Vorschlag einverstanden. Wir atmeten dreimal tief durch, dann hatten wir uns beruhigt und spielten mit Mtito Verstecken, der jetzt wieder den kleinen, verspielten Kater mimte. Sein Verhalten wechselte in letzter Zeit oft sehr schnell vom verschmusten Katzenjungen zum ausgewachsenen Raubtier.

»Er wird erwachsen«, sagte Hassan, und das war ja unser Ziel. Das war es, was wir für ihn erreichen wollten.

Einige Zeit später machten wir uns auf den Heimweg, aber es dauerte nicht lange, dann stoppte Mtito und duckte sich, um sich kleiner zu machen. So verhielt er sich, wenn Gefahren auf ihn lauerten.

»Da ist irgendetwas auf unserem Weg, was ihm Angst macht«, sagte ich zu Hassan.

Mtito war kaum noch bereit, auch nur einen Fuß vor den anderen zu setzen.

»Ich geh voraus und schaue, was da los ist«, schlug Hassan vor.

Er lief vor und mit etwas Abstand folgten Mtito und ich. Ich beobachtete Mtitos Bewegungen genau. »Er ist höchst angespannt«, rief ich Hassan zu.

Das Einzige, was ihn so alarmieren konnte, wäre … genau. Ich warnte sofort Hassan. »Hassan, pass auf – hier ist ein anderer Leopard!«

Er verstand und rief von einem Felsen zurück: »Genau. Und hier liegt der Beweis.«

Als ich mit Mtito dort eintraf, fanden wir den Kadaver einer Manguste. »Schau, sie hat deutliche Bissspuren eines Leoparden. Und sie ist noch nicht lange tot«, meinte Hassan.

Von diesem Moment an schwiegen wir und verhielten uns äußerst vorsichtig. Mtito kam langsam und unwillig über den kleinen Felsen gekrochen. Nur zögernd näherte er sich dem Kadaver und schnüffelte kurz daran. Doch er berührte ihn nicht.

Ich schaute Hassan an, der in diesem Moment wohl das Gleiche dachte wie ich, und nickte. Richtig, der andere Leopard musste noch in der Nähe sein und uns beobachten. Bei dem Gedanken bekam ich eine Gänsehaut.

Hassan gab mir ein Zeichen, den Ort langsam zu verlassen. Wir standen auf und liefen schweigend und äußerst aufmerksam zurück zur Straße. Auf dem Weg zeigte mir Hassan noch frische Spuren von Krallen eines Leoparden an einem Baum. Mtito schnupperte daran, doch kletterte er nicht hinauf, denn möglicherweise hockte der fremde Leopard irgendwo im Geäst. Kein Zweifel, Mtito wich dem Kontrahenten vorsichtshalber aus. Er wusste wohl instinktiv, dass er noch keine Chance gegen ein ausgewachsenes Männchen hätte.

»Es gibt keine größere Sicherheit, als mit einem Leoparden durch die Savanne spazieren zu gehen«, flüsterte ich zu Hassan. »Er bekommt alles um ihn herum mit: Gerüche, Geräusche, kleinste Bewegungen. Man muss ihn nur genau beobachten, dann ist man vor jeder Gefahr gewarnt.«

Aufmerksam und angespannt, wie wir waren, entgingen uns auch nicht die Klicklaute, die aus den Bäumen zu hören waren.

»Vor uns ist ein Trupp Grüner Meerkatzen«, mutmaßte ich. »Sie haben einen Warnlaut extra für Leoparden am Boden.«

»Sie machen verschiedenste Laute, sie haben eine eigene Sprache«, wusste Hassan aus seinen Erfahrungen in der Wildnis. »Es gibt einen Laut für Schlangen, einen für Gefahren von oben und auch einen anderen Warnruf für Gefahr vom Boden.«

»Woher weißt du das?« wollte ich wissen.

»Ich hab sie oft genug beobachtet. Nach solchen Warnrufen reagiert die ganze Affenbande. Je nach Signal kommen alle vom Baum und bestaunen eine Schlange, oder sie fliehen die Stämme hinauf in die Kronen, um sich zu schützen.«

Hassans Worte wurden von einem dieser Rufe begleitet. Alle Affen brüllten daraufhin und hangelten sich weiter hoch in die Wipfel.

»Jetzt haben sie auch uns gemeldet. Sie wussten, von Mtito geht mehr Gefahr aus. Also wurde erst er und dann wir angekündigt«, klärte mich Hassan auf.

Mtito nahm die Affenbande nicht mehr wirklich ernst. Er machte einen Scheinangriff auf den Wächter der Meerkatzen, der daraufhin wie vom Kater erwartet blitzschnell in die Bäume kletterte.

Mtito erkundete weiter den Weg zurück zum Haus. Vor allem bei den Sprüngen sah er nun viel eleganter aus als zuvor. Präzise übte er auch den lautlosen Abgang von Felsen auf den Boden. Zuvor schaute er von höheren Positionen genau, wo er landen wollte. Er vermied es, dort aufzusetzen, wo Blätter und Zweige am Boden lagen und ein verräterisches Geräusch von sich gegeben hätten. Fasziniert schaute ich zu, wie er selbst auf dem kleinsten Fleck punktgenau voller Geschmeidigkeit und absolut sicher landen konnte.

»Mtito ist reif für die Wildnis.«, stellte ich fest. Hassan nickte zustimmend und blickte nach vorn.

»Ich denke«, ergänzte ich, »es dauert nicht mehr lange, und das Gelände ist so weit vorbereitet, dass wir das Baumaterial für sein neues Gehege auf die Felsen bringen können. Mtitos Tage im Ithumba-Hauptquartier sind gezählt.«

17
Wambua Junior

Die Stromversorgung unseres Hauses lief über einen Dieselgenerator, der wegen des Krachs in einem separaten Gebäude beim Büro untergebracht war. Jeden Abend gegen zehn schaltete Kimwele, wenn er von seinem Feierabendschwatz im Hauptquartier zurück in sein Haus ging, den Generator ab.

An diesem Abend im August aber kam er vom Generator direkt auf unser Haus zugelaufen und klopfte an die Tür.

»Ich habe gerade auf meinem Rückweg einen Leoparden gesehen«, berichtete er unaufgeregt.

»Erzähl«, bat ich ihn um mehr Information.

»Ich kenne jeden einzelnen Felsen und Baum auf meinem Heimweg, deshalb ist mir aufgefallen, dass dort Umrisse waren, die nicht da hingehören. Als ich mit der Taschenlampe dorthin geleuchtet habe, schaute mich ein Leopard völlig gebannt an.«

»Wie sah er aus?«

»Er war sehr groß und kräftig und hatte ein ungewöhnlich dunkles Fell. Sein Kopf war rund. Im Licht der Taschenlampe funkelten seine Augen ganz grün.«

»Das ist der Kater, dem das Revier um Ithumba gehört«, war ich mir nach Kimweles Beschreibung sicher.

»Ich habe dann die Lampe wieder ausgemacht, um ihn nicht weiter zu blenden und um ihm eine Chance zu geben, seines Weges zu gehen, was er auch sofort tat. Er verschwand so lautlos, wie er erschienen war, und kletterte in Richtung Ithumba Hill.«

Ich dankte Kimwele, dass er sich die Mühe gemacht hatte, mich zu informieren. Wir konnten hören, wie die Paviane weiter oben auf dem Berg Alarm schlugen, und wussten so, dass der Leopard dort angekommen war. Ich legte die Stablampe neben mein Kopfkissen ins Bett, um jederzeit gewappnet zu sein, sollte der wilde Leopard Mtito in der Nacht Ärger machen wollen. Danny lag schon im Bett, war müde von einem langen Flug und wollte schlafen. Ich fragte ihn trotzdem: »Danny, meinst du, der andere Leopard ist wegen Mtito hier?«

Er gähnte und antwortete unwillig. »Ja, vermutlich will er Mtitos Spuren genauer auskundschaften.«

»Und was, wenn er ihn vielleicht schon als Rivalen ansieht?«

»Mtito müsste in seinem Gehege sicher sein. Genau aus dem Grund haben wir den Maschendraht doch mit Zement tief im Boden verankert. Wir sind ja auch nah genug, um eingreifen zu können, sollte es Ärger geben«, murmelte Danny und drehte sich müde auf die andere Seite. Er hatte ja recht.

»Chrrr, chrr, chrrr«, dieses Rufen ließ mich einige Stunden später aus dem Schlaf hochfahren. »Chrrr, Chrrr«, hörte ich wieder. Ich entspannte mich, denn der Leopard schien noch weit entfernt vom Haus zu sein. Doch mit jedem Rufen wurde es lauter: ein untrügliches Zeichen, dass die Raubkatze näher kam.

Was, wenn das Tier einen Weg in Mtitos Gehege findet? Mein Herz schlug höher, die Anspannung stieg. Dann rief der vierbeinige Besucher plötzlich so ohrenbetäubend laut, dass ich dachte, er stünde bereits auf der Veranda vor unserer Tür.

»Ich schau mal nach«, flüsterte Danny, nun ebenfalls hellwach.

Ich sprang aus dem Bett und lief zur Tür. Mit der Taschenlampe leuchtete ich durchs Glasfenster und sah – nichts. Nun schlugen auch die Paviane, die neben unserem Haus auf den Bäumen schliefen, Alarm. Mtito war putzmunter, rührte sich aber nicht und blieb mucksmäuschenstill.

Noch einmal hörte ich den Leoparden, doch es gelang mir nicht, ihn auch nur einen Augenblick im Kegel des Lichtscheins zu erwischen. Dann kehrte wieder Ruhe ein, und auch bei den Affen wurde es wieder still. Der Leopard schien weitergezogen zu sein.

Gleich nach Sonnenaufgang fuhr Danny einige Arbeiter auf der Piste, die inzwischen neu angelegt und geebnet war, bis dorthin, wo sie den Weg zu Mtitos neuem Gehege öffnen sollten. Er erklärte den Männern, welches Gehölz sie roden und in welcher Höhe sie die Büsche beschneiden sollten. Als sie begannen, die Sträucher abzuhacken, kam Hassan dazu.

»Mtito schläft in seiner kleinen Höhle am Long Rock«, sagte er zu Danny und half den Arbeitern, Äste und Zweige zu stapeln.

Danny lief zum trockenen Flussbett und dachte darüber nach, was man tun könnte, um auch in der Regenzeit, wenn der Fluss Wasser führte, sicher und zuverlässig von einem Ufer zum anderen zu gelangen.

Plötzlich hörte er ein Rascheln im Unterholz neben sich. Ein Vogel? Nein, ein Vogel würde nicht so laut auf sich aufmerksam machen. Es musste etwas anderes sein, aber Danny machte sich keine weiteren Gedanken darüber, denn jetzt zur Mittagszeit schliefen alle Raubtiere.

Doch dann hörte er wieder das Rascheln. Er schaute sich um, sah aber nichts Auffälliges. Für einen kurzen Moment blieb es ruhig.

Dann raschelte es wieder, diesmal lauter. Danny drehte sich schnell um und – schaute einem Leoparden in die Augen. Noch bevor er überhaupt realisieren konnte, was passierte, stand das Tier fast aufrecht auf seinen Hinterbeinen, seine Vorderpfoten gegen Danny gestemmt und das Maul mit seinen spitzen Eckzähnen weit geöffnet. Danny schrie so laut, dass die Arbeiter alles stehen und liegen ließen und zu Hilfe gerannt kamen. Als sie eintrafen, bot sich ihnen ein erschreckendes Bild: Danny kämpfte mit einem Leoparden, der sich auf seinem Rücken festklammerte. Alle erstarrten, aber der Leopard – er begann nicht, Danny zu zerfleischen, sondern streckte seine Zunge heraus und leckte Danny über den Kopf, rieb dann seinen Kopf gegen ihn.

»Mtito, du Biest«, schrie Danny vor Freude. »Jetzt hast du mich aber wirklich erschreckt, Bursche.« Danny begann mit ihm zu raufen, die erstarrten Gesichter der Männer entspannten sich, und sie fingen an, zu lachen.

»Bist du den ganzen Weg von Long Rock allein hierhergeschlichen? An all den Männern vorbei, ohne dass sie es bemerkten? Auch dass du den Weg hierher schon allein findest, ist bemerkenswert.«

Danny hatte seine Fassung wieder und streichelte Mtito. Hassan eilte herbei und brach in lautes Gelächter aus, als er Mtito auf Dannys Schultern sah. Gleichzeitig war aber auch er erleichtert, dass nichts passiert war. Danny dankte den Männern für ihre Hilfsbereitschaft. Die vermieden tunlichst, dem halbstarken Leoparden in die Augen zu schauen. Sie schüttelten ihre Köpfe und murmelten, der Kater sei wohl wirklich kein Kind mehr.

Gegen Mittag lud Danny die Arbeiter auf den Pick-up und brachte sie zurück zum Hauptquartier, wo sie sicher allen anderen von ihrem Erlebnis erzählten. Ich erfuhr die Geschichte von Danny beim Mittagessen.

Am Nachmittag begleitete ich Hassan und Mtito zum Leoparden-Berg. Auf dem Weg dorthin lief der Leopard so dicht neben mir, dass er mit seiner Schwanzspitze meine Hand umspielen konnte. Auch wenn er dann wie ein zahmes Haustier wirkte, blieb mir doch bewusst, dass Mtito bereits über enorme Kräfte verfügte, die selbst im Spiel heftige Verletzungen hätten bewirken können.

Mtito rannte ins Gebüsch und schaute darüber, duckte sich dann ab. Das war die Aufforderung für ein Versteckspiel. Hassan und Mtito spielten für einige Zeit, und ich schaute ihnen dabei zu. Mir fiel auf, dass der Kater zum ersten Mal schneller rannte als Hassan. Mtitos Kraft nahm Tag für Tag zu.

Dennoch brauchte er noch unsere Unterstützung, davon war ich überzeugt. »Wir müssen behutsam vorgehen, wenn wir ihn in die Wildnis entlassen.«

Ich schaute Hassan an und sagte ihm, worauf ich hinauswollte.

»Die Betreuung muss auch im neuen Gehege weitergehen.«

Hassan verstand sofort. »Ja, ich muss Tag und Nacht in seiner Nähe bleiben, um ihm genügend Selbstvertrauen und Schutz zu geben«, pflichtete er mir bei.

»Genau. Das heißt aber auch, wir müssen einen guten Platz für dich in seiner Nähe finden und dann dort eine Unterkunft errichten.«

Hassan freute sich sehr, das merkte ich ihm an. Er liebte es, im Busch zu sein. »Es sollte aber kein Zelt sein«, wandte er ein. »Mtito würde es nur attackieren und in Stücke reißen.«

»Und nicht nur das. Er würde dadurch vielleicht an Zelte gewöhnt und damit eventuell auch den Respekt vor den Unterkünften der Safari-Camper verlieren.«

»Daher sollte es ein festeres Gebilde sein, das mich auch gegen Attacken von Mtito und anderer wilder Tiere schützt«, schlug Hassan vor.

Ich stimmte ihm zu. »Wir können aus einem alten Gehege einen äußeren Schutz wie einen Käfig bauen und stellen dann ein stabiles Zelt hinein. Das gibt uns die Möglichkeit, flexibel zu sein und gegebenenfalls deinen Platz ab- und woanders wieder aufzubauen, falls Mtito sein Revier verlagert.«

Wir begannen nahe beim Gehege einen Ort für Hassans Unterkunft zu suchen, dicht genug an Mtitos neuem Zuhause, aber auch separiert genug, um Mtito genug Abstand zu lassen.

»Außerdem wäre es gut, wenn du noch eine Hilfe bekommst.«

»Einen weiteren Hassan?«, fragte er lächelnd.

»Dich gibt es nur einmal«, lobte ich seine großartige Arbeit. »Aber du brauchst jemanden, der dich mal entlasten oder mir zur Seite stehen kann, wenn du in Urlaub gehen möchtest.«

Hassan gefiel mein Vorschlag. Es war nun an mir, einen jungen Mann zu finden, der es in der Wildnis mit einem lebhaften Leoparden-Teenager aufnehmen konnte.

Wir brachen auf, um zum Haus zurückzukehren. Mtito hatte sich verausgabt, und es dauerte ungewöhnlich lange, ihn wieder zurückzubringen. Langsam wichen die hellen Farben des Tages den weichen Pastelltönen des Abends. Wir waren spät dran. Mtito ging als Erstes zum Wasserloch, doch bevor er trinken konnte, schrie Hassan auf: »Nyoka!«

Eine Schlange! Die hohe Tonlage von Hassans Hilferuf verriet mir sofort, Mtito war in Gefahr. Danny, der den Schrei gehört hatte, kam vom Haus mit dem Ypsilon-förmigen Schlangenstab zu uns gelaufen und rannte los. Ich folgte ihm mit einer Taschenlampe, weil es jetzt rasend schnell dunkel wurde. Im Schein der Lampe sahen wir, wie Mtito auf etwas zusprang, dann aber wieder einen Satz zurückmachte, nur um erneut wieder anzugreifen. Und dann sahen wir es ganz deutlich – einen Strahl Flüssigkeit, der in Richtung Mtito gespuckt wurde. Er hatte sich mit einer Roten Speikobra angelegt, die sich nun gewehrt hatte. Mtito leckte sich unaufhörlich die Pfoten.

»Sie hat ihn verpasst, hat ihm nicht in die Augen gespuckt«, rief ich Danny aufgeregt zu. »Oder vielleicht war es nur eine Warnung.«

»Die treffen immer«, dämpfte Danny meine Erwartungen.

Ich richtete den Lichtschein unverändert auf Mtito und konnte es nicht glauben, dass er so ein Glück gehabt hatte.

Danny suchte weiter nach dem Reptil, konnte es aber nicht sehen, da ich immer noch auf Mtito leuchtete. Hassan nahm mir die Lampe ab und richtete den Lichtstrahl direkt auf die Schlange. Danny schlug den Schlangenstab auf den Boden, um Mtito zu verjagen. Doch der war längst vom Jagdfieber gepackt und ließ sich durch Dannys Versuche nicht von seinem Vorhaben abbringen.

Mtito attackierte das Reptil erneut. Dann ging alles sehr schnell. Die Kobra öffnete ihr Maul und spritzte gezielt aus zwei Metern Entfernung ihr Gift aus winzigen Löchern in den spitzen Zähnen Richtung Mtito. Diesmal wurde er voll in die Augen getroffen.

Ich zuckte zusammen, aber Hassan griff geistesgegenwärtig und beherzt nach dem getroffenen Leoparden, nahm das mittlerweile fast dreißig Kilogramm schwere Tier auf den Arm und schleppte es sofort ins Gehege.

Ich kam mit einer kleineren Taschenlampe dazu und leuchtete dem Kater in die Augen. Ununterbrochen zwinkerte Mtito, und es flossen jede Menge Tränen aus beiden Augen.

»Beeil dich, hol Milch aus der Küche!«, rief ich Danny zu. Er sprintete los, kam schnell zurück, und wir spülten das Gift mit der Milch aus Mtitos Augen. Hassan hielt ihn mit aller Kraft fest, denn Mtito versuchte sich natürlich gegen die Prozedur zu wehren. Er fauchte laut und eindrucksvoll, versuchte dabei aber nicht, einen von uns zu kratzen oder gar zu beißen.

Ich wischte dem wimmernden, fauchenden Kater mit einem Tuch die Augen trocken. Zum Glück schien er zu spüren, dass wir ihm halfen, und trank gierig Wasser. Danny nutzte die Chance und wusch ihm dabei das Gesicht. Mtito hielt ihm den Kopf sogar entgegen, damit Danny ihm noch mal die Augen spülen konnte. Danach begann der Kater, sich selbst zu lecken und zu reinigen.

»Ein gutes Zeichen«, meinte Danny. »Das Gift zerstört das Gewebe, wenn es nicht ausgewaschen wird. Da hätte er erblinden können. Aber vermutlich hat die Spülung geholfen.«

Ich gab Mtito sein Fressen, und er begann, an einem Knochen zu nagen; er schien wieder ganz der Alte zu sein.

Am folgenden Morgen stand ich früh auf, um nach dem Rechten zu sehen. Ich ging in Mtitos Gehege, und er begrüßte mich wie immer. Seine Augen waren gerötet, aber ansonsten schienen sie in Ordnung zu sein. Das Gift hatte zum Glück keinen Schaden angerichtet. Ausgiebiger als sonst leckte er seine Pfoten und reinigte seinen Kopf. Und er trank wieder eine große Menge Wasser. Er wusste instinktiv, was das Beste für ihn war.

Während er trank, schaute ich ihn an und stellte fest, wie lang seine Schnurrhaare gewachsen waren. Ebenso die Haare über den Augen, die diese bei der Pirsch durch dichten Busch schützen sollen.

Mtitos Körper glich nun einem Muskelpaket mit großen und kräftigen Tatzen. Wenn er trabte, konnte ich deutlich seine Tatzen auf dem Boden hören, vorausgesetzt, er war nicht darauf bedacht, sich lautlos fortzubewegen. Seine Ohren hatten noch immer keine einzige Narbe. Je nachdem, wie er sie aufstellte und bewegte, konnte ich seine Stimmung daran ablesen: Ist er alarmiert, wütend, gelangweilt, lauernd oder einfach schlecht gelaunt? In diesem Moment, als ich ihn betrachtete, schien er gute Laune zu haben.

Hassan kam, um Mtito für den Morgenspaziergang abzuholen. Endlich Zeit für mich, Fotos zu sortieren und einen Artikel fertig zu schreiben, dachte ich. Aber beides war mir nicht vergönnt, denn kaum waren die beiden weg, hüpfte Mtito wieder vor meinem Fenster auf und ab. Ich lief hinaus und traf ihn gut gelaunt an. Offenbar war er Hassan ausgebüxst. Mtito begrüßte mich und wollte spielen.

Als Danny kurze Zeit später vorbeikam, um etwas mit mir zu besprechen, unterbrach Mtito sein Gehüpfe, wandte sich Danny zu und begrüßte ihn freundlich. Dann aber, von einer Sekunde zur anderen, änderte Mtito seine Laune, schlug mit seinen Pranken nach Danny und schaute ihn mit einem angriffslustigen Blick an. Danny nahm einen Stock auf und schlug kräftig nach ihm, woraufhin Mtito abließ und seine Attacken stoppte.

»Was war das jetzt?«, fragte ich Danny, nachdem er Mtito unter Kontrolle hatte.

»Keine Ahnung, vielleicht ein Hormonschub, ich weiß es nicht.«

»Oder kommt er ins Alter eines Halbstarken, und wir sehen rebellischen Zeiten entgegen. Vielleicht wollte er sich ausprobieren und testen, wer stärker ist, er oder du.«

»Was immer es war, es ist wichtig, ihm sofort die Grenzen zu zeigen. Er darf uns nicht provozieren und mit seiner Kraftprotzerei nichts erreichen. Das bedeutet auch, wir dürfen ihm nichts nachtragen, ihm nicht schlecht gelaunt begegnen oder ihm zeigen, dass er uns geärgert hat. Dann könnte er sich doch noch als Sieger fühlen«, meinte Danny.

Mtito schien völlig durcheinander. Eben noch umschmeichelte er uns, im nächsten Moment attackierte er uns und verhielt sich wieder wie ein Jungtier. Solche abrupten Stimmungswechsel hatte ich bei ihm noch nie erlebt.

»Irgendetwas will uns Mtito sagen, wir verstehen ihn nur nicht. Das frustriert ihn«, versuchte ich nach einem Grund für sein Verhalten zu suchen. »Aber mag auch sein, dass er nur seine Kräfte an uns ausprobieren will.«

Danny widersprach nicht, gab aber den Rat: »Wichtig ist, sich von ihm nicht einschüchtern zu lassen, auch wenn das leichter gesagt als getan ist.«

Nach einiger Zeit schien sich Mtito wieder beruhigt zu haben. Hassan und ich gingen in Richtung Leoparden-Berg, und er verhielt sich ruhig. Auf dem Rückweg liefen wir zum Long Rock, damit Mtito sich wie gewohnt in seine Höhle zum Mittagsschlaf zurückziehen konnte. Jedes Mal, wenn wir versuchten, nach Hause zurückzukehren, begann er mich zu attackieren und zu beißen. Um ihn zu besänftigen, versuchte ich es mit einem alten Trick. Ich setzte mich neben ihn und reichte ihm meinen Arm. Als kleines Leopardenjunges hatte ihn das immer beruhigt. Damals war er auf meinen Schoß geklettert, nahm meinen Arm ins Maul und entspannte sich dann.

Auch jetzt half das, wenn es auch mehr schmerzte als früher, denn sein Kiefer war nun kräftiger. Doch meine Ärmel waren heruntergekrempelt, und er biss auch nicht wirklich zu. Ein wenig zur Ruhe gekommen, begann er wieder zu nörgeln, dann leckte er meine Hand endlos, während ich seinen Kopf zwischen den Ohren kraulte. Er schloss die Augen und legte seinen Kopf in meine Hand, bis er plötzlich wieder anfing zu fauchen. Er schien von irgendetwas getrieben.

»Was hat er nur?«, fragte ich mich laut.

»Vielleicht bekommt er seine Backenzähne, und das tut ihm weh«, suchte auch Hassan nach einer Erklärung. Tatsächlich kaute der Kater neuerdings viel auf dornigen Ästen herum. Aber eine Bestätigung unserer Vermutung fanden wir nicht, als wir sein Maul von innen anschauten.

Am darauf folgenden Tag sah ich Mtito, wie er den Weg zum Haus hochkam. Er war Hassan wieder entwischt. Er hatte uns nun schon ein paar Mal auch im Haus überrascht, wenn er eigentlich mit Hassan auf dem Morgenspaziergang sein sollte, und jedes Mal für einen ordentlichen Schrecken gesorgt, wenn er so völlig unerwartet im Haus um unsere Beine schlich. Nun hatte er sich wieder davongestohlen. Warum kam er nun wieder so oft zum Haus zurück? Kaum hatte ich ihn erreicht, attackierte er mich. Er sprang mich an, packte meinen Arm zwischen seine Kiefer und umklammerte ihn mit seinen Pranken. Seine Hinterpfoten paddelten in der Luft und kratzten an meinen Beinen. Ich war so überrascht von dieser Attacke, dass ich erst gar nicht reagierte. Dann aber packte ich ihn bei der Kehle und versuchte, ihn mit meinem Stock zu erwischen, aber er hatte mich fest im Griff. Um die Verletzungen nicht schlimmer zu machen, gab ich nach und bückte mich, um wenigstens sein Gewicht loszuwerden. Für einen kurzen Moment ließ Mtito von mir ab.

Diese kurze Sekunde nutzte ich, um ihn von mir zu stoßen, sodass ich mich wieder aufrichten konnte. Er purzelte hintenüber, und ich erhob mich wieder. Doch im nächsten Augenblick stellte er sich an mir auf. Inzwischen war er groß genug, seine Vorderpfoten auf meine Schulter zu drücken, und er war zweifellos stärker als ich. Ich kämpfte regelrecht, um mich von ihm zu befreien und die kleine Distanz zwischen uns zu schaffen, die es mir ermöglichen würde, mich erfolgreich zu wehren und zu verteidigen. Sobald der Abstand zwischen uns groß genug war, schlug ich ihn mit dem Stock auf den Kopf zwischen die Ohren und schrie ihn laut und aggressiv an, bis er endlich wieder zur Besinnung kam, nachgab und aufhörte, mich anzugreifen.

Seine Augen verrieten mir noch immer pure Aggression, die Pupillen so klein wie Stecknadelköpfe zeigten Kampfbereitschaft. Ich vermied jeden direkten Augenkontakt und lief stattdessen strammen Schrittes zurück zu seinem Gehege. Er folgte mir und griff mich nicht erneut an.

Kaum hatte ich ihn in seiner Boma eingeschlossen, schaute ich mir meine Arme an. Das langärmelige Hemd war zerrissen, überall sickerte Blut hindurch und meine Arme brannten und stachen wie tausend Nadelstiche.

Was war bloß in ihn gefahren? Wir hatten wieder vermehrt Auseinandersetzungen gehabt in den letzten Tagen, aber keine so schlimm wie diese. War dies eine neue Phase? Hatte Mtito zu viel Testosteron in seinem Körper, oder hatte er – wie zuvor – einfach nur Hunger?

Ich ging ins Haus, füllte seinen Napf mit frischem Fleisch und brachte es in sein Gehege. Ich riss mich zusammen, versuchte ruhig zu laufen, entspannt zu bleiben und ihm nicht in seine immer noch stechenden Augen zu schauen. Als Hassan kurze Zeit später eintraf, fraß Mtito friedlich seine Mahlzeit.

»Was ist passiert?«, fragte Hassan besorgt, als er meine Verletzungen sah. Ich erzählte ihm, was geschehen war. Dann wollte ich wissen: »Ist dir in letzter Zeit etwas Ähnliches passiert?«

»Nein, aber mir fiel auf, dass seine Stimmung oft schwankt.«

»Dann ist es vielleicht nicht nur Hunger.«

»Es gibt immer einen Grund, Nana. Mtito macht so etwas nicht, weil er eine Bestie ist«, verteidigte Hassan seinen Schützling.

Ich wusste, er hatte recht.

Während Mtito weiter auf einem Knochen herumknabberte, überließ ich ihn Hassans Aufsicht und ging aus dem Gehege. Mtito schaute mir hinterher, nun aber nicht mehr mit Angriffslust in den Augen, sondern mit dem Blick, den er hatte, wenn er nicht wollte, dass ich ihn verließ. Trotzdem ging ich ins Haus, um meine Wunden mit Desinfektionsmitteln, Zinksalbe und Pflastern zu versorgen.

Mtito kam in das Alter, in dem sich junge Leopardenkater für unbesiegbar halten, wenn sie sogar Büffel herausfordern, nur um ihre Grenzen auszutesten. So hatte ich es auch schon in einigen Büchern gelesen.

Zwei Tage später rief mich Hassan. »Nana, komm mal ins Gehege.«

Ich lief hinüber, und es dauerte nicht lange, bis ich begriff, warum er mich herbat. Überall roch es streng: Kein Zweifel, der Kater hatte einen Hormonschub und überall seine Duftmarke hinterlassen.

»Vielleicht war das der Grund für Mtitos Attacken«, erklärte Hassan.

»Ja, das ist durchaus möglich. Wir werden sehen, wie er sich beim nächsten Schub verhält«, sagte ich, hoffte aber gleichzeitig, dass ich so einen Angriff nicht noch einmal erleben müsste.

Über Mtitos wiederholtes Auftauchen am Haus hatte ich auch nachgedacht. Seitdem er seine Tage entweder am Long Rock oder an seinem neuen Auswilderungsort verbrachte, hatte er zunehmend weniger Zeit mit uns gehabt. War die Trennung doch zu früh? Es war äußerst wichtig, den nächsten Schritt zeitlich richtig hinzubekommen. Wäre es zu früh, Mtito auszuwildern, könnte er sich abgeschoben fühlen. Dann hätten wir vielleicht für alle Zeit das Problem, dass er immer wieder zum Haus zurückkommen würde.

Ich beschloss, seine Routine nochmals umzustellen und erst einmal wieder jeden Morgen mit auf die Ausflüge zu gehen, damit er mich zumindest für diese Zeit wieder um sich hätte. Hassan hielt das auch für eine gute Idee. Und wir hatten noch mehr Entscheidungen für die Zukunft zu treffen.

»Hassan, das Gehege ist ja bald fertig, und ich habe inzwischen über die Hilfe für dich nachgedacht.«

»Ja, Hassan Nummer zwei«, scherzte er. »Und?«

»Du bist doch viel mit einem von den jungen Männern zusammen.«

»Wambua?«

»Ja, Wambua Junior, der aushilfsweise beim *David Sheldrick Wildlife Trust* arbeitet. Wäre das einer, der in Frage kommt?«

»Von mir aus gern«, schien Hassan begeistert. »Aber letztlich trifft Mtito die Entscheidung, wie damals bei mir.«

»Wir werden Wambua auf einen Spaziergang mit Mtito mitnehmen. Da wird sich dann zeigen, wie die beiden aufeinander reagieren«, schlug ich vor. Hassan willigte ein.

Am Nachmittag des nächsten Tages holte mich Wambua Junior am Haus ab, und wir gingen zusammen zu Mtitos Gehege. Auf dem Weg wandte ich mich dem jungen Mann zu und gab ihm letzte Hinweise.

»Noch einmal die Regeln: Schau Mtito nicht in die Augen, renne niemals vor ihm weg und mach keine hektischen Bewegungen, wenn er dich testet. Und zuck auch nicht zurück, falls er dich mit seinen Tatzen berührt.«

Er nickte, aber ich sah Skepsis und Angst in seinen Augen. Ich wollte ihn provozieren und testen, ob er auch wirklich gewillt war, den Job zu übernehmen. Jetzt war noch Gelegenheit, abzuspringen. Auch ich war unsicher. War das der richtige Zeitpunkt, und was wäre die Alternative? Ich versuchte, mich zu entspannen. Mach dich nicht verrückt, sagte ich mir, Wambua soll ja nicht direkt und verantwortlich mit Mtito arbeiten, sondern lediglich Hassan bei der Arbeit helfen.

»Du setzt dich bitte auf einen Felsen, und ich werde mit Hassan und Mtito vorbeikommen. Dann werden wir sehen, wie es zwischen euch laufen wird. Danach werden wir mit Mtito weitergehen und dich allein lassen.«

»Okay.« Wambua Junior schien erleichtert.

Wir liefen durchs Tal und hinauf zum Long Rock, wo wir uns auf einen Felsen setzten. Hassan und Mtito waren noch auf ihrem Spaziergang. Dann rief ich: »Mtito, komm!«

Nicht lange, und sein Kopf schaute über den Felsen. Er kam auf mich zu, um mich zu begrüßen, stoppte aber plötzlich, zog sich zurück und suchte Deckung. Hassan blieb ihm dicht auf den Fersen, um ihm Rückendeckung zu gewähren und ihm zu versichern, alles sei in Ordnung.

Ich setzte mich ein Stückchen entfernt von Wambua hin, um Mtito die Chance zu geben, sich ihm von selbst zu nähern. Nur zögerlich kroch Mtito aus seinem Versteck, kam zu mir und grüßte mich noch immer mit seinem typischen »ptuff, ptuff«. Dabei ließ er den Fremden aber nicht aus dem Auge.

Hassan setzte sich neben Wambua, um Mtito zu versichern, dass von seinem Freund keine Gefahr ausginge. Mtito umkreiste Wambua und versuchte, sich ihm von hinten zu nähern. Er schlich dicht genug heran, um seinen Geruch zu wittern, dann zog er sich wieder zurück. In diesem Moment hätte ich nicht in Wambuas Haut stecken wollen, denn er musste sehr angespannt sein. Er hatte ja nicht den Vorteil, Mtito schon als junges Tier kennengelernt zu haben. Wambua traf nun einen halbstarken, sieben Monate alten Kater, der ihn ernsthaft verletzen konnte, wenn er wollte.

»Lasst uns hinuntergehen ins Tal«, gab ich das Signal zum Aufbruch, um die Situation ein wenig zu entspannen.

Wir nahmen alle den Weg hinunter vom Felsen. Als wir die Straße erreichten, entschied sich Mtito, mutiger voranzugehen. Er stellte sich vor Wambua, hob den Kopf und stampfte die Vorderpfoten in den Sand, was er immer tat, wenn er eine Kreatur testen wollte, ob sie sich als potenzielle Beute eignen könnte. Wambua zeigte aber keine Reaktion und rannte auch nicht davon. Sein Verhalten passte nicht in Mtitos Beuteschema.

»Gut so«, bestärkte ich Wambua.

Mtito wollte es nun wissen und schlug seine Tatzen mit eingezogenen Krallen gegen Wambuas Bein.

»Nicht weglaufen, Wambua«, riet ich. Wieder blieb Wambua mucksmäuschenstill und kerzengerade stehen. Mtito schraubte sich hoch, packte seine Vorderpfoten nun aber mit ausgefahrenen Krallen auf Wambuas Schultern und zwickte ihn leicht in die Schultern, ohne dabei die Haut zu verletzen. Hassan sprang sofort wie ein Blitz auf Mtito, um seinen Freund zu schützen.

»Das wird Mtito als Schwäche auslegen, weil sich Wambua nicht selbst verteidigt hat«, rief ich den beiden zu und gab Wambua einen Stock.

»Benutz den Stock, um dich zu wehren und dir Respekt zu verschaffen.«

Wambua tippte Mtito mit dem Stock zwischen die Ohren, und der Leopard ließ tatsächlich von ihm ab.

»Gut gemacht, Wambua«, lobte ich den Mut des jungen Mannes.

»Das war nicht einfach«, gestand er. »Ich hatte Angst, es könnte schlimmer ausgehen.«

»Trotzdem, für heute ist es genug«, sagte ich zu Wambua. »Vielen Dank erst einmal. Du kannst zurückgehen, wir laufen noch zum *Milima ya chui*«, verabschiedete ich mich von Wambua.

Wir machten uns auf den Weg, und sobald Wambua außer Hörweite war, sagte ich zu Hassan: »Ich bin mir nicht sicher, ob die beiden sich nun mochten oder nicht oder ob das Treffen einfach zu kurz war, um das wirklich beurteilen zu können.«

»Mtito hat die Grenzen ausgetestet«, schilderte Hassan seine Sichtweise und fügte hinzu: »Er wollte wissen, wer das Sagen hat – er oder Wambua.«

»Auf alle Fälle hat dein Freund Mut und Disziplin in der Stresssituation bewiesen. Alle Achtung! Aber ob die beiden miteinander klarkommen oder nicht, müssen wir abwarten.«

»Ja, das kann nur die Zukunft beantworten.«

»Wambua wird auf keinen Fall Hassan Nummer zwei«, versicherte ich. »Er soll dich nur im Hintergrund unterstützen. Futter vorbereiten, das Gehege sauber machen, kochen und so etwas.«

Wir kamen beim Leoparden-Berg an und begutachteten Mtitos neues Gehege. Es war fast fertig gestellt, nur die Türangeln fehlten noch. Um die Standfestigkeit der Konstruktion zu prüfen, rüttelten wir am Zaun und wuchteten an den Pfeilern.

»Das sollte halten«, war ich optimistisch.

Dann gingen wir das kleine Stück hinüber, wo bereits Hassans und Wambuas neues Heim stand. Gitterteile eines ehemaligen und besonders großen Leopardenkäfigs bildeten wie geplant das Außenskelett der Anlage. Dazu ließen wir ein Dach aus einer festen Zeltplane montieren, um die beiden Männer vor Sonne und Regen zu schützen. Hinzu kamen ein Kerosinherd, einige Regale und Stühle und Betten, alles gut geschützt vor Mtitos scharfen Zähnen und Krallen.

»Ich lebe demnächst wie ein Leopardenkönig«, scherzte Hassan. »Im Käfig zwar, aber mit gutem Mobilar.«

Etwas verunsichert schaute ich Hassan an, denn einen Menschen hinter Gitter zu stecken missfiel mir.

»Keine Sorge, es ist völlig okay, ich mache es ja für Mtito. Und es wird ja nicht lebenslänglich sein.«

»Bloß nicht«, ergänzte ich.

Es tat mir auch weh, zu sehen, was die Bauarbeiten aus dem vorher so paradiesischen und unberührten Platz gemacht hatten.

»Der Frieden dieses Platzes ist gestört worden – durch uns«, sagte ich wehmütig zu Hassan.

»Aber es ist ja für eine gute Sache. Und später werden wir diesen Platz wieder sich selbst überlassen, und die Natur wird sich alles zurückerobern. Die Wunde wird heilen«, versicherte Hassan.

Es wurde Zeit, dass Mtito umzog. Er wirkte zunehmend gelangweilt, den weiten Weg zum »Leoparden-Felsen« jeden Tag zweimal auf und ab zu laufen. Aber es war die beste Methode, ihn an seine neue Umgebung zu gewöhnen.

Er hatte auch aufgehört, während seiner Spaziergänge unser Haus zu besuchen, seitdem ich morgens und nachmittags mit ihm wieder unterwegs war. Ein Zeichen dafür, dass er mehr an mir als an seiner alten Heimat, dem Haus, hing. Mtito war aber von Tag zu Tag unwilliger geworden, von seiner auserwählten neuen Heimat zu seinem alten Gehege am Haus zurückzukehren.

Er forderte längere und ausgiebigere Märsche durch die Savanne, er untersuchte die Umgebung ausführlicher und länger als zuvor. Seine Ausdauer und seine Energie hatten auffallend stark zugenommen, aber durch unseren Einfluss und unsere Einwirkung war er nach wie vor gegen seine Natur zu sehr tagsüber aktiv anstatt nachts. Es wurde Zeit für den nächsten Schritt, die nächste Phase.

Als ich abends noch kurz in sein Gehege ging, um sein Fell mit einem warmen Tuch zu säubern, ließ er nur zu, dass ich schnell sein Gesicht und seine Augen putzte, während er das zuvor mehr als alles andere genossen hatte. Sein restlicher Körper schien an diesem Abend tabu zu sein. Er schaute mich an, zog die Lippe hoch und fauchte leicht. Eine deutliche Warnung, ihn in Ruhe zu lassen, die mir aber gleichzeitig die Chance gab, seinen Wunsch zu respektieren. Anstatt sentimentale Gefühle zuzulassen, freute ich mich, dass er einen weiteren

Entwicklungsschritt abgeschlossen hatte und wieder ein gutes Stück unserem Ziel näher kam: seiner Auswilderung.

Dann war es so weit. Nach insgesamt nur zehn Tagen Bauzeit war Mtitos neues Gehege fertig. Zum letzten Mal schlief der Leopard im Alter von acht Monaten in seinem Gehege vor unserem Schlafzimmer.

18
Der Berg des Leoparden

»Umzug« hatte ich in dicken Lettern in meinem Kalender notiert. Der große Tag begann. Und so beluden Wambua Junior und ich gegen Mittag meinen Wagen mit allem, was in Mtitos neuem Camp und für seine Begleiter nötig war. Hassans Bettgestell, Mtitos Transportkiste, ein kleiner Ofen, Tüten mit Reis und Maismehl, Wasservorräte und vieles mehr stapelten wir auf dem Dach des Wagens.

»Elsa muss auch mit«, rief Wambua und wedelte mit der Stofflöwin.

»Natürlich«, antwortete ich, »sie ist doch Mtitos meistgeliebter Spielkamerad.«

Ganz zum Schluss packte ich noch ein paar Laken, Decken und meinen Campingtisch ein. Auch ich wollte erst einmal im Busch, in Mtitos Nähe bleiben und sehen, wie er in der neuen Umgebung zurechtkommen würde.

»Twende!«, rief ich Wambua zu. Auf Deutsch: Lasst uns gehen. Kimwele stand vor der Tür und winkte. Voll bepackt rollten wir langsam von Ithumba und Mtitos nun leer stehendem Gehege in Richtung *Milima ya chui,* dem Berg unseres Leoparden.

Das abgeflachte Flussbett durchquerten wir problemlos, aber für den steinigen Hügel unterhalb der beiden großen Affenbrotbäume am Aussichtspunkt musste ich dann doch den Allradantrieb einlegen. Schwerfällig quälte sich der Geländewagen mit lautem Motorengeräusch den Berg hinauf. Wambua hielt sich mit beiden Händen an dem Griff oberhalb der Beifahrertür fest, und das Fahrzeug kletterte über Felsen und Steine.

Oben angekommen sah ich sofort Mtito neben Hassan an seinem Lieblingsplatz auf dem Felsen sitzen. Beide schauten uns zu, wie wir uns ihnen langsam näherten.

Hassan und Wambua entluden ihre Sachen aus dem Auto in ihr »Gehege« und richteten sich dort für die nächste Zeit ein, wo sie zusammen mit Mtito, wenn auch in einem abgetrennten Bereich, leben wüerden.

Auch Mtitos Sachen waren ausgeladen und standen neben dem Auto am Boden. Der Leopard stand auf, kam näher und beschnupperte alles. Er entdeckte seine Transportbox, seine Handtücher und Elsa, den Stofflöwen. Dann drehte er den Kopf zu mir. Die Haltung der Schnurrhaare, die hochgezogenen Augenbrauen und sein fragender Blick verrieten mir, dass er verwirrt war. Er ahnte, heute passierte etwas Besonderes. Von diesem Moment an ließ er mich nicht mehr aus den Augen und blieb stets auf Tuchfühlung.

»Ich hoffe, wir siedeln ihn nicht zu früh um«, verriet ich Hassan meine Befürchtungen, während mir der Leopard ständig vor die Füße lief.

»Der schafft das schon«, meinte Hassan.

Ich packte den Stofflöwen, Näpfe, die Box und alles, was Mtito gehörte, in sein neues Gehege. Mtito blieb mir immer noch dicht auf den Fersen und folgte mir auch zurück zum Auto. Als wir alles ausgeräumt hatten, zeigte er keinerlei Lust auf einen Spaziergang und fiel auch auf Hassans Tricks nicht rein, ihn mit Stöckchen zu locken.

Schließlich setzte sich Hassan neben ihn. Mtito legte seinen Kopf auf Hassans Schoß und schlief bald ein.

»Sicherheit und Körperkontakt – das ist alles, was er jetzt braucht«, meinte ich zu Hassan, als ich die beiden betrachtete. Ich setzte mich zu ihnen, sah der Sonne zu, wie sie sich langsam dem Horizont näherte, und genoss die kühler werdende Luft. Gab es einen Platz, an dem ich jetzt lieber gewesen wäre? Nein, nirgendwo auf der Welt.

Der Natur so nah zu sein, sich als Teil von ihr zu fühlen war ein Privileg und ein großes Glück zugleich. Das Leben war im Augenblick so gut zu mir, dass ich manchmal Angst hatte, dieses Glück könne irgendwann plötzlich vorbei sein, und damit auch dieses Leben in der Natur, das ich so liebte, mit Mtito und mit Danny.

Unser Leben ist perfekt, dachte ich und erinnerte mich gleichzeitig, dass es nicht immer so gewesen war. Auch wenn ich persönlich viel Glück gehabt hatte, waren Danny und ich schon ein paar Mal miteinander durch schwierige Zeiten gegangen. Nach Dannys schwerem Motorradunfall, als für eine Woche nicht klar war, ob er wegen seiner gebrochenen Wirbel jemals wieder würde laufen können. Oder als er am Grill stehend plötzlich Feuer fing und mehr als ein Viertel seiner Haut verbrannte. Zum Teil hatte er Verbrennungen dritten Grades, für die es keine Spezialklinik im Land gab. Danny lag wochenlang, zunächst in Lebensgefahr, im Nairobi Hospital. Ich blieb Tag und Nacht bei ihm, pflegte seine Wunden, und seine Schmerzen waren auch für mich kaum zu ertragen.

Warum dachte ich gerade jetzt daran, in der paradiesischen Wildnis des Tsavo bei schönstem Licht?

»Lasst uns die neue Boma einweihen«, gab ich das Startsignal für unseren Aufbruch. Hassan und ich standen auf, und Mtito öffnete die Augen. Wir liefen mit ihm in sein neues Gehege. Er folgte, ohne zu zögern, wenngleich er nicht besonders glücklich wirkte.

In seiner Boma legte ich ihm einen großen Knochen mit viel Fleisch daran auf den obersten Felsen. Mtito kam eilig und elegant angesprungen und stürzte sich auf sein Futter.

Sofort nahm er den Knochen ins Maul, um darauf herumzukauen. Während Mtito sein Futter genoss, färbten sich die vielen kleinen Wolken am Himmel über uns feuerrot. Ich wusste, es war nun Zeit, ihn für die erste Nacht allein zu lassen, und verließ das Gehege, noch bevor er zu Ende gefressen hatte.

Mit einigen Kissen machte ich es mir in meinem Auto gemütlich und beobachtete den Sonnenuntergang. Als es dunkel wurde, schlüpfte ich unter meine Decke und fühlte mich dabei in meine Kindheit zurückversetzt.

Damals, erinnerte ich mich, schlief ich bei den Safaris mit meinen Eltern oft in einer kuscheligen Höhle aus Kissen und Decken auf dem Rücksitz des alten Geländewagens. Schon damals war ich immer sehr enttäuscht, wenn wir uns in einer komfortablen Lodge einquartierten, statt im Zelt oder im Auto inmitten der Landschaft zu schlafen.

Keiner von uns hätte seinerzeit daran gedacht, dass ich später nach Kenia zurückkehren würde, um in der Savanne zu leben und einen Leoparden auf sein Leben in Freiheit vorzubereiten. Und dass ich es dann immer noch genießen würde, im Auto zu übernachten.

Mit dem ersten Licht des Tages wachte ich auf. Kleine Wassertropfen hingen an den Blättern der Pflanzen rundherum, auch über die Windschutzscheibe waren sie gerollt. Endlich Regen, dachte ich.

Während ich mir hinter meinem Auto die Zähne putzte, mich frisch machte und anzog, konnte ich sehen, wie Mtito in seinem Gehege völlig gebannt hinunter ins Tal schaute, die Ohren aufgerichtet. All seine Konzentration richtete er auf ein paar Frankoline, die dort unten im Tal ordentlich Krach machten, für den Fall, dass irgendjemand den Tagesanfang verpasst haben sollte.

Ich begrüßte Hassan und Wambua, die schlaftrunken aus ihrem Zelt kamen.

»Wie schön«, meinte ich, »am ersten Morgen in seiner neuen Umgebung hat die Natur den Leoparden mit Regentropfen gesegnet.«

»Nach der Hitze der letzten Wochen ist das wahrlich ein Segen und hoffentlich ein gutes Zeichen für mehr Regen. Den kann nicht nur Mtito gut gebrauchen«, freute sich auch Hassan.

Gut gelaunt gingen wir zu Mtitos Gehege, der bereits mit großen Augen am Zaun stand und auf uns wartete. Kaum hatte ich das Tor geöffnet, flitzte er auch schon in hohem Tempo hinaus, schnupperte am Auto, beschnüffelte Hassan und Wambua und begrüßte mich ausgiebig.

»Die erste Nacht im neuen Heim scheint er gut verdaut zu haben«, freute ich mich.

»Wir hatten es da schwerer«, verblüffte mich Hassan mit seiner Reaktion. »Unsere Bettgestelle sind nachts zusammengekracht, und wir mussten sie notdürftig reparieren.«

Lauthals mussten wir alle zusammen über dieses Missgeschick lachen. Aufgeregt flitzte Mtito zwischen uns hin und her.

»Lasst uns die neue Umgebung erkunden«, schlug ich vor, und wir zogen los. Mtito lief zunächst voran. Neugierig untersuchte er jeden Stein und jeden Busch. Mit ihm durchforschten wir die unterschiedlichsten Landschaften an diesem Morgen.

Felsige Regionen wechselten sich mit der flachen Savanne ab. Wir stapften durch hohes Gras und betraten kleine Wälder mit knorrigen alten Bäumen. Mtito schnüffelte dabei an trockenem Elefantendung, schreckte Dik-Dik-Antilopen auf und kämpfte mit Hunderten von kleinen Ameisen im Fell an seinen Beinen. Doch trotz dieser Herausforderungen schien er jeden Schritt in seinem neuen Revier zu genießen.

Nach einigen Stunden kehrten wir erschöpft zum neuen Camp zurück. Mtito sprang sofort auf die Motorhaube meines Autos und leckte die Regentropfen von der Scheibe. Von dort eroberte er mit einem Satz meinen alten Campingtisch und landete danach, alle viere von sich gestreckt, auf dem Boden, sodass ich schallend lachen musste. Mtito schaute schelmisch, und ich ahnte, er würde diese Prozedur in den folgenden Tagen noch etliche Male wiederholen, denn er liebte es, mich zum Lachen zu bringen.

Mittags lockten wir ihn mit Fleisch ins Gehege, aber als ich die Tür hinter mir schloss, sprang Mtito auf und stemmte sich gegen den Zaun, dass es laut schepperte. Er starrte mich an, so wie er es als Jungtier getan hatte, wenn ich ihn tagsüber in seinem Gehege am Haus allein ließ. Er wollte nicht, dass ich ging und ihn zurückließ. Ich ließ mich aber von ihm nicht beirren und ging entschlossen zum Wagen, startete den Motor und fuhr zum Haus, um dort Danny bei einer frischen Tasse Kaffee über Mtitos erste Nacht im neuen Gebiet und in der neuen Boma zu berichten.

Als ich am späten Nachmittag zu Mtitos Camp zurückkehrte und mein Auto geparkt hatte, galoppierte er sofort heran, sprang auf den Kühler, von dort auf meinen kleinen Campingtisch und – wie gehabt – alle viere ausgestreckt auf den Boden. Danach schaute er mich sofort an: Er erwartete das Lachen von mir, und natürlich konnte, ja durfte ich mich auch jetzt nicht zurückhalten.

Anschließend berichtete Hassan mir, wie sich Mtito nach meiner Abfahrt verhalten hatte. »Er schaute dem Auto und dir noch eine Weile traurig nach. Aber als er kein Motorengeräusch mehr hören konnte, öffnete ich wieder seine Tür. Er lief hinaus und folgte mir den ganzen Tag durch sein neues Revier, als sei nichts gewesen.«

»Super. Ich hatte schon Sorge, dass er den ganzen Weg nach Ithumba zurücklaufen würde«, gestand ich.

»Nein, er hat die ganze Zeit mit mir auf dem Aussichtspunkt gespielt und schien zufrieden«, freute sich Hassan ebenso über die gelungene Premiere im neuen Camp.

Nach dem Abendrundgang fraß Mtito in seinem Gehege das mitgebrachte Futter. Ich ließ ihn allein und setzte mich im Dunkeln an meinen kleinen Campingtisch, auf dem noch die Pfotenabdrücke des übermütigen Leoparden zu sehen waren. Meine Laterne beleuchtete gerade das Tagebuch, in dem ich die Ereignisse des Tages festhielt. Im Umkreis konnte ich kaum mehr als schwache Silhouetten erkennen. Nur Mtitos Ohren hoben sich gegen den Himmel ab, er schien mich zu beobachten. Insekten umschwirrten das fahle Licht vor mir.

Ich fühlte mich wunschlos glücklich. Endlich wieder das Campleben, das ich so sehr vermisst hatte, nachdem wir aus unserem ursprünglichen Ithumba-Camp in unser Haus umgezogen waren. Ich wünschte, ich hätte ein richtiges Zelt aufbauen können, statt im und aus dem Auto zu leben, aber das war mit Rücksicht auf Mtito nicht ratsam. Noch lieber wäre ich an Hassans und Wambuas Stelle gewesen, hätte in ihrem Teil des Geheges meinen Duschsack aufgehängt und das Leben genossen, das besser nicht hätte sein können.

Um uns herum türmten sich inzwischen dunkle Wolken auf, die ein ordentliches Gewitter ankündigten. Was, wenn es richtig gießen würde?

Wind kam auf und kühlte die Luft wunderbar ab, und mit dem Wind verschwanden die Wolken, machten Platz für ein funkelndes Sternenzelt. Was für eine wunderbare Nacht!

Als die Sterne vom klaren Himmel funkelten, überkam mich eine tiefe Müdigkeit, die ich so nur im Busch kannte. Glücklich kroch ich unter die Decke auf dem Rücksitz meines Autos und schlief sehr schnell ein.

Erst die gellenden Rufe der Frankoline weckten mich am folgenden Morgen. Die Sonne stand bereits als hellroter Feuerball am Horizont. Die Luft war noch frisch, fast kalt und wunderbar rein.

Hassan überraschte mich mit einem Geschenk. »Ich habe dir aus Ästen neue Wanderstöcke geschnitzt«, sagte er.

»Du hast sie ja in jeder Größe und Stärke gemacht. Wie großartig«, begrüßte ich seine Initiative und bedankte mich bei ihm. »Mit ihnen kann ich, wenn es nötig ist, auch Mtito in Schach halten.«

Der Leopard war mit seinen fast neun Monaten nun wesentlich kräftiger als wir. Wenn er übermütig wurde, streckte ich ihm die Stöcke entgegen. An ihnen konnte er sich austoben, ohne mich zu kratzen und zu beißen. Vorsichtshalber wählte ich zwei Stöcke der stärkeren Sorte.

»Die werde ich gleich mal ausprobieren«, sagte ich und testete, wie sie am besten zu halten seien. Sie mussten sich zum Wandern und zur schnellen Abwehr zugleich eignen.

Ich öffnete das Tor zum Gehege und wanderte, die Stöcke in den Händen, mit Hassan durch das neu eroberte Leopardenland. Mtito kletterte auf die gleichen Bäume wie am Tag zuvor, und ich versuchte währenddessen, die Magie der Landschaft mit meiner Kamera festzuhalten. Zum ersten Mal sah ich mir dabei die beiden mächtigen Affenbrotbäume genauer an.

»Schau mal hier, Hassan«, rief ich. »Hier sind hölzerne Aufhängungen in den Stamm gehämmert worden.«

Die Rinde hatte einzelne Teile bereits wieder verschluckt.

»Das sind die Reste einer alten Leiter«, erklärte Hassan.

»Eine sogenannte Honigleiter, um auf den Baobab klettern zu können und den Honig der wilden Bienenkolonien zu ernten?«, fragte ich nach.

»Ja«, antwortete Hassan. »Der Honig dieser kleinen Bienen ist besonders süß, und die Kamba-Leute gelten als Experten im Honigsammeln.«

»Das heißt also, auch dieser sehr wilde Platz war einmal bewohnt«, stellte ich überrascht fest.

»Honigsammler kommen ja heute noch in den Park, auch wenn die Wege beschwerlich sind und es verboten ist«, erklärte Hassan.

»Man kann ihnen das aber nicht wirklich verübeln, denn sie richten normalerweise keinen Schaden an. Es sei denn, sie legen Feuer, um die Bienen auszuräuchern, und die Flammen geraten außer Kontrolle und ufern zu einem großflächigen Buschfeuer aus, wie vor ein paar Monaten am Yatta Plateau,« meinte ich.

»Ja, das stimmt«, nickte Hassan. »Aber meistens ernten sie nur den Honig und verkaufen ihn auf den Märkten.«

Mtito suchte sich immer neue Wege durchs Dickicht. Überhängende Zweige, die ihn störten, biss er mit den Zähnen ab und räumte sich auf diese Weise seinen Weg frei.

»Schau, Hassan, Mtito entfernt jedes Hindernis nicht nur einfach, er macht das ganz akribisch und perfekt. Da muss ein besonderer Plan dahinterstecken«, teilte ich meine Beobachtung mit.

»Vielleicht werden das spätere Jagdpfade«, mutmaßte Hassan.

»Damit könntest du recht haben«, stimmte ich zu, »Leoparden sind bekannt dafür, dass sie häufig dieselben Wege in ihrem Revier nutzen. Das habe ich in einem der Bücher gelesen.«

Als Mtito seinen Weg angelegt hatte, führte er uns weiter auf einen bereits vorhandenen Pfad. Er wollte aber nicht, dass ich dort voranging, lief uns vor die Füße, zog an den Hosenbeinen und gab uns so zu verstehen, dass er eine andere Rangfolge bevorzugen würde.

»Er will, dass du vorangehst, Hassan«, interpretierte ich sein Verhalten. »Dann kommt er und ich hintendran.«

»Vielleicht braucht er mich als Vorhut und dich als Rückendeckung«, folgerte Hassan.

»Sieht ganz so aus. Cleverer Bursche«, stellte ich fest.

Also folgten wir Mtitos Plan, und es gab keine Rangeleien mehr.

Nachdem Mtito eine Woche lang nicht zum Haus zurückgelaufen war, sah ich den Zeitpunkt gekommen, wieder in mein richtiges Bett ins Haus umzuziehen. Mein Rücken würde mir die Entscheidung danken, denn er tat von den Nächten auf dem Autositz zunehmend weh.

Als ich diesen Abend das Camp verließ, entschädigte mich ein spektakulärer Abendhimmel für den Abschied vom Leoparden-Camp. Der Himmel leuchtete immer intensiver, die Farben reichten von einem hellen Orange bis hin zu einem dunklen Violett. Der Baobab hinter der Werkstatt stand als riesige schwarze Silhouette vor einem blutroten Hintergrund. Ich fotografierte, bis es dunkel wurde.

Wegen der Regenzeit, die bevorstand, brannte die Sonne mit großer Intensität. Seit einigen Wochen hatte ich Probleme mit meinen Ohren, die immer wieder schmerzten und verstopft waren. Ich hatte sie während eines Kurzbesuchs von einem Arzt untersuchen lassen, hatte Antibiotika und Tropfen verschrieben bekommen, aber sie hatten nicht wirklich geholfen. Mir wurde oft schwindelig, und ich fühlte mich unwohl. Wo meine Haut der Sonne ausgesetzt war, bildeten sich schnell blutige Bläschen.

»Ich fühle mich gar nicht gut«, sagte ich zu Hassan. »So kann ich nicht sicher durch den Busch laufen. Hinter mir könnte ein Büffel aus dem Dickicht gestürmt kommen und mich angreifen. Ich würde ihn gar nicht hören.«

»Mach dir keine Gedanken, fahr nach Nairobi, und geh zum Arzt. Ich schaff das schon mit Mtito, ich pass gut auf ihn auf«, versicherte Hassan.

Also fuhr ich heim und packte meine Tasche, denn Danny

musste am nächsten Tag ohnehin nach Nairobi und konnte mich mitnehmen.

Dort besuchte ich verschiedene Ärzte, doch alle Untersuchungen brachten keine eindeutigen Ergebnisse. Die Schmerzen blieben heftig, aber die neuen Antibiotika halfen. Schon nach zwei Tagen in der Großstadt plagte mich das Heimweh. Ich vermisste die Geräusche und die Gerüche der Savanne und nicht zuletzt den Leoparden. Als beide Ohren frei waren und ich wieder hören konnte, kehrte ich nach Ithumba zurück.

Am ersten Abend wieder daheim, saßen Danny und ich auf unserer Veranda. Wir hörten Elefanten unterhalb unseres Hauses im Busch fressen. Ich fand es immer wieder erstaunlich, wie leise diese grauen Riesen sich doch im Vergleich zu ihrer Körpergröße bewegen konnten. Das sachte Brechen der Zweige im Busch ganz in unserer Nähe machte uns, besonders nach dem Lärm in der Stadt, einfach nur glücklich.

Es war ein großer Moment, eine reiche Belohnung für all die harte Arbeit, die Danny bisher in »seinen Park« gesteckt hatte. Denn so nah waren die Elefanten bisher nie nach Ithumba gekommen. Sie hatten sich in den letzten Jahren in der Gegend nicht sicher gefühlt.

Die Nachricht von der Genehmigung der kenianischen Regierung, dass somalische Viehhändler Hunderte Kamele durch den Park bis hinunter nach Mombasa zum Hafen treiben durften, um sie dort für den Export nach Saudi-Arabien auf Schiffe zu verladen, empfanden wir wie einen Schlag ins Gesicht. Wir durften uns jetzt also auf zweihundertdreißig Somalis im Park freuen, die hier ganz legal genau die Route wandern würden, auf der auch die Elefanten zu dieser Jahreszeit entlangzogen.

Danny war erbost. »Somalis! Unter ihnen gibt es die schlimmsten Wilderer. Jeder weiß das. Ich warte nur auf den ersten Elefantenkadaver«, schimpfte er wütend. Aber was konnte er schon tun, wenn die Entscheidung von der höchsten Ebene des Landes kam?

Hassan musste endlich ein paar Tage Urlaub machen, seine kranke Mutter besuchen. Wambua Junior war aufgeregt und stolz zugleich, dass er Hassan für diese Zeit ersetzen durfte. Die ersten Tage gingen wir zusammen mit Mtito, entdeckten neue, versteckte kleine Ecken, ein kleines Tal inmitten hoher Felsen, eine große Höhle mit feinem Sandboden, die den Spuren nach zu urteilen ein Schlangenparadies zu sein schien. Am Wegesrand blühten Aloe vera und große Bäume aus der Familie der Wolfsmilchgewächse. Wir kletterten auf Felsen herum und liefen viele Kilometer.

Wambua Junior zeigte sich glücklich, dass Mtito ihn zu akzeptieren schien. Es war sicherlich eine andere Beziehung als die zu Hassan, Danny oder zu mir. Er genoss weniger Respekt, das war offensichtlich. Mtito blieb der Boss, und das zeigte er Wambua. Der aber versuchte alles, Mtitos Vertrauen zu gewinnen. Bei einem unserer Spaziergänge beobachtete ich, wie Wambua Mtito im Vorbeigehen schnell und liebevoll über den Rücken strich. Und ich sah einen Moment des Glücks in Wambuas Gesicht. Es war das erste Mal, dass er sich traute, den Leoparden zu berühren.

»Das hat mir viel bedeutet«, erklärte er hinterher. »Ich habe mich so lange darum bemüht, dass er mich akzeptiert.«

Als ich zum Haus zurückkehrte, sprangen Dik-Diks über den Weg und ich sah überraschend sogar ein paar der sehr scheuen Kudu-Antilopen.

Danny war nicht da, er war auf Patrouille. Kimwele begrüßte mich und freute sich mit mir, dass sich in letzter Zeit wieder mehr wilde Tiere im Hauptquartier sehen ließen.

»Vielleicht merken sie, dass zumindest einer der Ithumba-Leoparden weg ist«, folgerte ich.

»Oder sie wissen, dass sie hier nichts zu befürchten haben, zumindest nicht von Menschen«, konterte Kimwele.

»Was willst du damit sagen?«, fragte ich verblüfft.

Kimwele rückte nur zögerlich heraus mit der Sprache. Mit ernster Miene blickte er auf den Boden.

»Was ist passiert?« fragte ich ihn, die Kaffeetasse in der Hand.

»Das Team, das die illegalen Tierfallen im Park einsammelt, hat neunzehn Schlingen gefunden. Einige Dik-Diks lagen tot in den Drahtfallen. Den Fußspuren nach war es nur ein einziger Mann, der sie gelegt hat.«

»Und haben sie ihn gekriegt?«

»Nein, er ist entwischt. Aber die Fallen hat er am Flussbett zurückgelassen, nicht weit von Mtitos Gehege.«

»Das ist ja fürchterlich!« Ich fühlte, wie mein Herz anfing, schneller zu schlagen. »Ob er Mtito gesehen hat oder von ihm etwas weiß?«

»Bestimmt nicht, und wie gesagt, es war nur ein einziger Wilderer. Und der wird nicht zurückkommen und weitermachen, denn er weiß, dass man seine Fallen gefunden hat und ihm auf der Spur ist.«

Die Zahlen der durch den Suchtrupp sichergestellten Fallen flossen in eine Statistik ein, aus der Danny eine Schätzung für die tatsächliche Anzahl von Fallen und Opfern erstellen wollte. Für die Tierarten, die wenig Nachwuchs bekommen und lange Tragzeiten haben, verhießen die Zahlen nichts Gutes. Für einige Arten waren die Tage gezählt, so viel war sicher.

»Auch Danny hat schlechte Nachrichten«, fasste mir Kimwele die neuesten Funksprüche der Ranger zusammen. »Während eines Patrouillenflugs hat er eine junge Giraffe entdeckt, die ebenfalls einer Drahtschlinge zum Opfer gefallen ist. Ihr Kopf war auf den Rücken gedreht. In der Nähe stand die Mutter des Tieres, den Kopf gesenkt, und bewegte sich nicht einen Millimeter vom Fleck. Danny flog sehr tief über den Tatort, doch die Giraffenmutter zuckte nicht einmal, so sehr trauerte sie offenbar um den Verlust ihres Nachwuchses.«

»Das ist ja schrecklich! Es ist ein Krieg gegen die Natur, der da geführt wird«, fluchte ich.

Ich wusste aus Erzählungen und meinen eigenen Beobachtungen, wie perfide die Methoden der Wilderer waren. Drahtschlingen werden in Bäumen und Büschen in Kopfhöhe der Tiere aufgehängt. Wenn die Giraffe ihren Kopf durch die Schlinge steckt, um Blätter zu fressen, zieht sich der dünne Draht beim Rückzug zu. Beim Versuch, sich aus der Umklammerung zu lösen, gräbt sich das Metall ins Fleisch, dabei strangulieren sich viele Tiere, oder aber sie verhungern und verdursten langsam über mehrere Tage. Drahtschlingen töten wahllos und willkürlich, machen auch vor Jungtieren keinen Halt und verursachen gerade deshalb großen Schaden. Abgesehehn davon, dass diese Methode heimtückisch und grausam ist.

»Wir werden den Wilderer, der die Schlingen gelegt hat, bekommen. Das wird sich in seinem Dorf herumsprechen und andere abschrecken«, versuchte Kimwele mich zu trösten.

Am nächsten Morgen gab es eine gute Nachricht: Wambua Senior nahm mit seinem Fallensuchtrupp einen seit Langem gesuchten Wilderer fest. Sie erwischten ihn weit innerhalb des Parks auf frischer Tat: Der Mann hatte eine gewilderte Zwergantilope und einen jungen Buschbock bei sich. Mit erhobenen Waffen sprangen die bewaffneten Ranger aus ihrem Versteck, überraschten und überwältigten den Mann. Die Spezialeinheit brachte ihn sofort in die Bezirkshauptstadt Voi.

Die Wilderei der Kamba nahm wieder zu, was sicherlich damit zu tun hatte, dass wir mitten in der Trockenzeit waren. In dieser Zeit sind die Felder bestellt und man wartet auf die Ernte. Bis dahin gibt es nicht viel zu tun und keine Einnahmequellen. Da versuchen nicht wenige, mit illegal gewildertem »Buschfleisch« ihre Familien zu versorgen.

Danny kam abends von seiner Patrouille zurück und war sehr aufgebracht.

»Was ist passiert?«, fragte ich ihn.

»Wir waren kurz vor Ithumba, als der Ranger Kuloku, der heute mein Späher war, etwas auf dem Boden entdeckte. Ich bin sofort abgedreht und nochmals im Kreis geflogen, um zu sehen, was es war. Und dann konnte ich es ganz deutlich erkennen: ein frischer Elefantenkadaver. Nach der dritten Runde fanden wir einen weiteren toten Elefanten. Unglaublich, und das alles am Tiva River!«

»Das ist ja hier ganz in der Nähe.«

»Ja, und ich habe die Gegend gerade erst vor einer Woche abgeflogen. Da ist mir nichts aufgefallen. Es gab weder Spuren von Wilderern noch von Elefanten.«

»Meinst du, es waren Shifta, die sich so nah ans Hauptquartier trauen, um Elefanten zu wildern?«

»Es könnten auch Kambas mit Giftpfeilen gewesen sein.«

»Aber ich dachte, sie hätten die Elefanten-Wilderei schon seit Jahren aufgegeben!«

»Man weiß es nie. Sie behaupten, sie hätten Schluss gemacht. Aber ob man ihnen wirklich trauen kann? Da bin ich mir nicht sicher. Wir müssen uns die Tiere vom Boden aus ansehen, um herauszubekommen, wer sie getötet hat. Wenn es Shifta waren, müssten wir schnell Gegenmaßnahmen ergreifen. Denn dann wären wir alle in Gefahr.«

Keine schöne Vorstellung, die bewaffneten Somalis im Umfeld unseres Hauses zu haben. Auch Danny ließ das keine Ruhe. Er ging früh schlafen, um sich den Tatort gleich als Erstes am Morgen näher anzuschauen.

Bereits um fünf Uhr in der Früh klingelte der Wecker. Danny wollte keine Zeit verlieren, die Elefantenkadaver zu untersuchen, um möglichst schnell eine effektive Aktion gegen die Wilderer auf die Beine zu stellen. Als er sich mit dem Geländewagen dem Tatort näherte, begann er, die Umgebung nach verräterischen Spuren abzusuchen. Schon bald stieß er auf einen dritten Kadaver. Alle waren junge Bullen, und allen fehlten die Stoßzähne.

Sergeant Hammud kam dazu, Tsavos Geheimwaffe in jeder Hinsicht. Außerdem stieß Wambua Senior dazu, der Leiter des *David Sheldrick Wildlife Trust Desnaring Team,* das die illegal aufgestellten Drahtschlingen im Park beseitigt. Diese Naturschutzorganisation wurde von David Sheldricks Witwe gegründet, der zu den Pionieren unter den Wildhütern in Kenia zählte. Er hatte lange Zeit erfolgreich den Tsavo-Nationalpark geleitet.

Durch Spenden aus aller Welt hat der Trust das Überleben zahlreicher Elefantenwaisen ermöglicht. Daneben unterstützt die Organisation viele Naturschutzprojekte und beseitigt Schlingen und andere Fallen zum illegalen Fang von Wildtieren.

Was Wambua Senior, Sergeant Hammud und Danny zu sehen bekamen, offenbarte sich als ein Rätsel. Einer der Kadaver war nicht nur mit Zweigen gut verdeckt, sondern gleich mit einem ganzen gefällten Baum. Der junge Bulle war direkt neben einem gewaltigen Baumstumpf gestorben. Von diesem Stumpf stammte der Baum, der den toten Elefanten wie ein Leichentuch bedeckte.

»Schaut her, um den Baum herum sind alle Pflanzen ausgerissen«, zeigte Danny den Rangern den Tatort. »Alles verwüstet.«

»Und die tiefe Furche im Kreis um den Baum?«, fragte Sergeant Hammud.

Die Männer schauten sich das genauer an. »Das sind Elefantenspuren«, meinte Danny. »Hier ist der arme Kerl immer und immer wieder im Kreis gelaufen. Und zwar für eine lange Zeit, so tief wie die Furche ist.«

»Schaut mal her!«, rief Wambua Senior. »Hier liegen drei Reihen abgelegter Steine. Quer über einen Wildwechsel. Was hat das nur zu bedeuten?«

Auch Danny wusste keine Antwort. Er und seine Männer brauchten mehr Hinweise und legten den Kadaver frei. Sie entdeckten mehrere Wunden in der Haut des Elefanten.

»Seht ihr, hier stecken sogar noch abgebrochene Pfeile.«

»Bei den anderen beiden sieht es ähnlich aus«, rief Sergeant Hammud. »Und auch hier ein Baumstumpf, ein Kreis darum und mittendrin alles verwüstet.«

»Was zum Teufel ist hier passiert? Was hat das zu bedeuten?«, fragte Danny ratlos.

»Ich habe so etwas noch nie gesehen«, gestand Wambua Senior und schüttelte den Kopf. Auch Sergeant Hammud zuckte mit den Schultern und meinte nur: »Alle drei können nicht nur durch die Pfeile gestorben sein. Dann würde es doch nicht im Umkreis der toten Tiere immer gleich aussehen.«

»Lasst uns die Tiere weiter untersuchen.« Danny wollte wissen, wer den armen Kreaturen diese Tortur zugefügt hatte. Alle inspizierten den Kopf des dritten Elefanten genauer.

»Hier am Hals, ein tiefer Einschnitt. Das war das Werk einer Drahtschlinge!«, meinte Danny. »Der Draht ist von den Tätern entfernt worden, als sie das Elfenbein herausgehackt haben.«

»Und am Baumstumpf die gleichen Markierungen. Tiefe Risse in der Rinde«, rief Wambua Senior Danny zu.

Daraufhin schauten sich die Ranger mit Danny auch die beiden anderen Opfer genauer an – und fanden überall dieselben Hinweise.

»Ich denke, wir haben das Rätsel gelöst«, stellte Danny fest. »Alle drei Elefanten wurden mit Schlingen gefangen und schließlich mit vergifteten Pfeilen getötet.«

»Was für ein schrecklicher Tod. Langsam und quälend«, stellte Sergeant Hammud fest. »Perfekt geplant. Und mit viel Geduld ausgeführt.« Sein Gesicht zeigte keinerlei Emotionen, war kalt wie ein Eisberg. Ein sicheres Zeichen dafür, dass Sergeant Hammud wütend war und gefährlich wurde.

»So eine Methode ist in den letzten fünfzig Jahren in diesem Park nicht verzeichnet worden, keiner hat so etwas gesehen, seitdem es den Park gibt«, ergänzte Danny.

Aber es waren noch viele Fragen offen, die der Tatort allein nicht beantworten konnte.

»Wir werden diese Teufel schon finden, vorher geben wir keine Ruhe«, forderte Sergeant Hammud seine Kollegen auf, die Spur der Täter aufzunehmen. Danny dokumentierte den Tatort mit seiner kleinen Videokamera. Diese Bilder, die er mir später zeigte, brannten sich in mein Gedächtnis ein und sollten mir noch Jahre später Schauer über den Rücken laufen lassen. Die drei Elefanten waren einen so langsamen und qualvollen Tod gestorben, wie ihn die Ranger selbst ihren ärgsten Feinden nicht wünschen würden.

Die erfahrenen Ranger folgten den Spuren der Täter über die nächsten Tage und Nächte, doch die Wilderer selbst blieben verschwunden. Wambua Senior saß mit mir im Büro. Ich sah seine tiefen Augenringe: Die Anspannung der letzten Tage war ihm ins Gesicht geschrieben, es war das reine Adrenalin, was ihn noch auf den Beinen hielt und vorantrieb, wie alle anderen Ranger auch. Ich fragte mich, wie lange sie das noch aushalten würden, bevor einer entweder schlappmachte oder die Nerven verlor.

»Das sind Profis gewesen«, konstatierte Wambua Senior. »Es ist nicht einfach, solche Kolosse mit einer Drahtschlinge zu fangen und dann festzuhalten. Sie müssen viel über Elefanten wissen und sind clevere Fallensteller.«

Die Männer waren hin und her gerissen. Einerseits zollten sie den Fähigkeiten der Wilderer großen Respekt. Andererseits aber waren sie wütend, dass die Killer ihr großes Wissen und Können einsetzten, um Elefanten so grausam umzubringen.

So blieb die Stimmung der Ranger, von Wambua Senior und von Danny in den nächsten Tagen äußerst angespannt. Zudem lag ja auch immer noch die Ankündigung eines Racheaktes der Shifta gegen das Hauptquartier in der Luft.

Ich konnte nachts nicht gut schlafen, wachte beim leisesten Geräusch auf, dachte an die Gefahren für uns und Mtito durch die Shifta. Dann, an einem Morgen, als die Sonne sich ankündigte, indem sie den Horizont ein wenig erhellte, hörte ich einen Geländewagen herannahen und den Weg zu unserem Haus hochfahren. Es waren Ranger.

Danny sprang auf und lief hinaus, nicht wissend, ob die Insassen dieses Autos gute oder schlechte Nachrichten überbringen würden. Es dauerte Minuten, die sich wie Stunden anfühlten, bevor er zurückkam. In seinem Gesicht konnte ich die Freude bereits sehen.

»Die Razzia war ein voller Erfolg«, strahlte Danny. »Ohne Widerstand und ohne Blutvergießen konnten die Ranger die Wilderer einen nach dem anderen festnehmen. Sie haben alle fünf verhaftet, alle aus dem selben Dorf. Wir werden sie jetzt der Reihe nach vernehmen und dann mit ihnen zum Tatort fahren, um ihre Geschichten und Geständnisse mit den Spuren vor Ort zu vergleichen.«

Dann verschwand er im Bad, um sich frisch zu machen. Derweil kam Kimwele, der unbedingt irgendwie nach Kasaala kommen musste, da an diesem Tag die Trauerfeier für seinen verstorbenen Bruder stattfand. Da alle anderen Fahrzeuge verplant waren, hatte ich ihm versprochen, dass ich ihn fahren würde – ausgerechnet in das Dorf, aus dem alle fünf Wilderer stammten.

»Wambua Junior kommt mit«, sagte Kimwele bestimmt. Ich wunderte mich über seine sehr entschiedene Handlung, hatte aber keinen Einwand. Noch konnten wir allerdings nicht losfahren, denn die fünf Verdächtigen waren noch im Hauptquartier.

Seit dem ersten Tag in Ithumba hatte mir Danny eingeschärft, dass mich festgenommene Wilderer nie zu Gesicht bekommen sollten. Das war eine Vorsichtsmaßnahme, damit niemand an mir Rache für Festnahmen üben konnte.

Da der einzige Weg aus dem Hauptquartier hinaus am Büro vorbeiführte, musste ich warten, bis alle fort waren. Danny fuhr schließlich mit den Gefangenen zum Tatort. Das war für uns die Gelegenheit, ungesehen zu entschwinden.

Auf dem Weg nach Kasaala passierten wir unzählige Säcke mit Holzkohle, die am Wegesrand gestapelt waren. Sie warteten auf den Abtransport durch Lastwagen zum Weiterverkauf auf größeren Märkten oder sogar zum Export in andere Länder.

»Damit wird viel Geld verdient«, stellte Kimwele fest. »Das hat uns viele Bäume gekostet, und jeden Tag werden mehr abgeschlagen, bis wir bald keine mehr haben. Weder um Holzkohle zu machen, noch um Regen zu bekommen. Und ohne Regen wachsen auch keine neuen Bäume mehr. Was machen wir dann? Wie werden die Menschen von Kasaala dann ihr Geld verdienen?«, fragte er. Er wusste, ich hatte keine Antwort darauf.

»Weißt du, wie viel Prozent der Landesfläche Kenias noch von Wald bedeckt sind?«, fragte ich.

»Zu wenig«, vermutete Kimwele. Und er hatte recht.

»Genau eins Komma sieben Prozent! Das ist fast nichts.«

Kimwele schüttelte resigniert den Kopf, Wambua Junior hörte aufmerksam zu.

»Was kostet ein Sack Holzkohle?«, fragte ich.

»Sie verkaufen sie für 120 Schilling das Stück.«

Ein Sack Holzkohle für umgerechnet 1,20 Euro!

»Das ist für die Leute viel Geld. Dafür müssen sie Bäume abschlagen, das Holz köhlern und dann an den Straßenrand stellen. Das ist harte körperliche Arbeit, aber von irgendetwas müssen die Leute ja leben. Hier gibt es keine Arbeit. Und dann machen sie etwas, was eigentlich falsch ist. Sie sägen den Ast ab, auf dem sie sitzen.«

Ich hatte dem nichts hinzuzufügen. Wir kamen dem Dorf näher. »Ich hab das Gefühl, es sind viel mehr Häuser als zuvor«, schilderte ich meine Beobachtung.

»Ja, das stimmt. Aber sie fallen auch mehr auf, weil die Bäume fehlen, die früher am Straßenrand standen«, erwiderte Kimwele. »Nana, heute ist Markttag, da wird es voll im Dorf. Du kannst mich auch am Ortseingang rauslassen.«

»Nein, ich kann dich schon hineinfahren«, erwiderte ich.

»Nein, lass mich vorher raus.« Da war sie wieder, diese ganz ungewohnte, aber sehr bestimmte Art von Kimwele.

Dann endlich fiel der Groschen bei mir, und ich wusste, was los war. »Meinst du, sie wissen alle schon Bescheid?«, stellte ich Kimwele die eher rhetorische Frage.

Er fragte mich nach der Uhrzeit, obwohl er ganz genau wusste, wie viel Uhr es war, dann sagte er: »Ja, gerade am Markttag breiten sich Neuigkeiten aus wie ein Buschfeuer. Und wer weiß, wie die Leute jetzt auf dich reagieren würden, wo sie doch genau wissen, wer du bist.«

Das war natürlich auch der Grund dafür gewesen, dass Kimwele auf die Begleitung durch Wambua Junior bestanden hatte. So etwas war typisch für Kimwele. Er machte nicht viel Aufhebens um Dinge, aber er war bestimmt in dem, was er tat. Ich war ihm dankbar für seine Fürsorge und ließ ihn am Ortseingang aussteigen.

Kimwele verabschiedete mich, und ich bekundete noch einmal mein Beileid zum Tod seines Bruders. Dann wendete ich mein Auto. Im Rückspiegel sah ich, dass Kimwele noch wartete, bis ich ihn nicht mehr erkennen konnte. Dann lief er zu Fuß zum Haus seiner uralten Mutter, eine Hütte aus Lehm und Wellblech, mit Plastiktüten in den Löchern der Wände gegen Windzug und Regen, ohne Strom und fließendes Wasser.

Eine Stunde später waren Wambua Junior und ich wieder in Ithumba. Allerdings kamen wir zeitgleich mit Danny und den fünf gefesselten Gefangenen auf seiner Ladefläche an, sodass ich mich beeilen musste, ungesehen nach Hause zu kommen.

Am Abend kam Danny und erzählte mir die Geschichte der Männer. »Sie haben uns direkt zu den toten Elefanten geführt, das beweist ihre Schuld. Alle fünf haben die Tat am Tatort gestanden. Und dann haben sie ganz genau beschrieben, wie sie die Tiere gefangen haben. Sie besitzen ein exzellentes Wissen über Elefanten, deren Verhalten und ihre Wanderungen. Und das haben sie für ihre düsteren Zwecke ausgenutzt.«

»Konntet ihr denn das Rätsel mit den Steinen und Baumstümpfen lösen?«, fragte ich dazwischen.

»Ja. Zunächst haben sie sich eine Gegend am Tiva River gesucht, die nur von Elefanten besucht wird. Da dort in der Trockenzeit kein Wasser fließt, müssen Wasserlöcher in den Sand gebohrt werden. Und das können eben nur Elefanten; sie tun das mit Hilfe von Vorderfüßen, Rüssel und Stoßzähnen. Das wussten sie schon mal ganz genau.«

»Haben sie auch erzählt, was es mit den Steinreihen auf sich hat?«

»Ja. Die Steine haben sie direkt dort ausgelegt, wo nur Elefanten entlanggehen, ein Pfad, der von keiner anderen Tierart benutzt wird. Die erste Reihe der Steine diente dazu, die Elefanten zu stoppen. Die Tiere waren misstrauisch, untersuchten vorsichtig die Steine, entdeckten aber nichts Verdächtiges und setzten schließlich Fuß für Fuß hinüber. Auch an der zweiten Reihe stoppten sie kurz, schauten nach dem Rechten und überwanden auch diese Steine. Als sie dann auf die dritte Reihe trafen, haben sie nichts Böses mehr erwartet. Jeder Elefant hob seinen Fuß in Elefantenart langsam hoch und stieß gegen eines der präparierten Stöckchen, das die Drahtschlinge aktivierte, die sich um den Kopf des Elefanten schnürte. Die Elefanten bekamen Panik und versuchten, sich zu befreien, die Schlinge – am Baum verankert – zog enger und enger. Die Tiere liefen vor Schmerzen weg, konnten aber wegen der Schlinge nur im Kreis um den Baum laufen, der Draht wickelte sich herum und zog sich noch fester um den Hals. Voller Wut und Schmerz rissen die Tiere sämtliche Pflanzen aus dem Boden, sie demolierten und zerstörten alles, was sie erreichen konnten. Sie saßen buchstäblich in der Falle. Die Wilderer kamen von Zeit zu Zeit vorbei, um zu sehen, ob sie schon Beute gemacht hatten. Als sie die Elefanten in den Schlingen sahen, haben sie sie mit ihren Giftpfeilen beschossen. Und dann mussten sie nur noch warten.«

»Und wieso so viele Pfeile? Einer hätte doch gereicht.«

»Im Prinzip ja. Aber für einen tödlichen Schuss aus nächster Nähe waren ihnen die Elefanten zu wild. Also schossen sie so lange, bis einer sein Gift in die Adern brachte. Dann begannen die Muskeln nach und nach zu versagen.«

»Und wie lange hat diese Tortur für die Elefanten gedauert?«

»Sie haben uns erzählt, dass einer nach einem Tag, der andere nach drei Tagen und der stärkste erst nach fünf Tagen tot war. Sie warteten, bis sich keiner der Elefanten mehr regte. Erst dann entfernten sie ihnen die Stoßzähne.«

»Das ist ja grauenhaft! Und hat es sich für die Schurken gelohnt?«

»Nein, nicht wirklich. Sie haben das Kilo Elfenbein für lausige 800 Schilling verkauft.« Also umgerechnet etwa acht Euro.

»Das ist gerade mal der Preis für zwei Säcke Zement.«

»Und keiner zeigte Reue für seine Tat.«

»Wie haben die Ranger reagiert?«

»Ich war beeindruckt. Keiner hat sich gehen lassen oder seine Wut an den Wilderern ausgelassen. Sie haben sich ganz korrekt verhalten.«

Mit dem Erlös des Elfenbeins wäre keiner der Männer reich geworden. Dennoch riskierten sie für das wenige Geld ihr Leben. Sie machten es nicht aus Gier, sondern um ihre Familien vor dem Verhungern zu bewahren. Solange die Regierung nicht die Lage der armen Leute in den trockenen Gebieten auf dem Land zu verbessern weiß, wird sich an dem grausamen Schlachten nichts ändern. Und erst recht nicht, solange Menschen in aller Welt nicht aufhören, die Tiertrophäen aus Ignoranz oder Gier zu kaufen.

»Wir kämpfen einen fast aussichtslosen Kampf. Immer mehr Menschen brauchen immer mehr Platz und mehr zu essen, und der Reichtum Kenias ist auf wenige Familienclans aufgeteilt. Sie beherrschen die Politik und die Wirtschaft und kümmern sich wenig um den Alltag ihrer Landsleute«, meinte Danny.

»Wir werden dieses Land nicht von heute auf morgen ändern können, wir müssen Zeit gewinnen. So viel retten wie möglich, bis eine neue Generation verantwortungsbewusster Kenianer die Weichen richtig stellt. Es gibt ja Hoffnung …«, ergänzte ich.

»Ja, junge Leute wie Hassan.«

»Und die Älteren wie Kimwele, Sergeant Hammud und Wambua Senior und noch viele mehr. Denen ist das Leben mehr wert als nur die Gier nach Geld. Ihnen müssen wir den Rücken stärken«, war ich sicher.

Wieder einmal führten wir diese nie endende Diskussion über Sinn und Unsinn des Naturschutzes in Kenia. Bei jeder Verhaftung gab es dieselben Gespräche.

Abgesehen von den vollen Geständnissen, gaben die Wilderer auch zwei Namen preis – den eines weiteren Wilderers und den des Mittelsmannes. Danny war begeistert, denn dieser Einsatz versprach ein voller Erfolg zu werden.

»Weißt du, wer der Wilderer ist, den sie verraten haben?«

»Nein, wer?«, fragte ich neugierig.

»Juma«, sagte Danny mit einem Strahlen im Gesicht. »Seit zwei Jahren bin ich hinter ihm her. Immer wieder haben wir Hausdurchsuchungen bei ihm veranlasst, konnten ihn aber nie überführen. Endlich haben wir Beweise gegen ihn!«

»Herzlichen Glückwunsch! Das sollte eine große Abschreckung für alle anderen Wilderer hier in der Gegend sein, wenn ihr Juma überführt habt. Ist er nicht derjenige, der hier in der Gegend unter den Wilderern den meisten Respekt genießt, weil er sein Wissen an alle weitergegeben hat?«, wollte ich wissen.

»Ja, genau. Er lebt, seit seinem dreizehnten Lebensjahr, im Busch und lernte von klein auf von seinem Vater alles über Pflanzen und Tiere. Auch der war ein legendärer Wilderer. Juma ernährt seine ganze Familie ausschließlich mit den Erträgen aus seinen illegalen Geschäften im Park. Er hat noch nie auch nur den Versuch gemacht, seinen Unterhalt mit Ackerbau oder Viehzucht zu verdienen.«

»Und habt ihr ihn schon festnehmen lassen?«

»Ja, endlich. Der Dorfälteste hat geholfen, hat seine Beziehungen spielen lassen, um herauszufinden, wo Juma sich aufhält, und hat es uns wissen lassen. Ohne seine Hilfe hätten wir ihn bestimmt wieder nicht bekommen! Und den Mittelsmann haben wir auch!«

»Und beide sind jetzt hier in Ithumba?«

»Exakt. Wir haben das komplette Syndikat geknackt!«, verkündete Danny stolz und seine Freude darüber war groß.

»Das ist ein vielversprechendes Zeichen, dass der Dorfälteste auf der Seite des *Kenya Wildlife Service* steht. Das lässt für die Zukunft hoffen«, freute ich mich mit ihm über den Erfolg der Aktion.

Für den Nachmittag kündigte Danny den Chief Inspector an, der die einzelnen Gespräche offiziell protokollieren sollte. Er kam mit einem kleinen Flugzeug aus Nairobi. Ihm eilte der Ruf voraus, ein gefürchteter Mann zu sein, vor allem nachdem es ihm gelungen war, einige Nashornwilderer für zwanzig Jahre hinter Gitter zu bringen. So eine harte Strafe hatte es in Kenia zuvor noch nicht gegeben.

Juma gestand alle seine Taten. Wie sich herausstellte, gab es wenig, was er nicht getan hatte. Selbst Mord gehörte zu seinen Verbrechen.

Und der Hintermann? Er entpuppte sich als ein alter, weiser Mann von nicht weniger als zweiundsiebzig Jahren. Er kannte Dannys Vater noch, war mit ihm bereits wegen Elfenbeinhandel in Konflikt geraten. Jetzt aber behauptete er, er würde nicht mehr mit Stoßzähnen handeln. Nur mit einigen illegal geschlagenen Hölzern, sonst nichts.

Doch die fünf Inhaftierten beharrten auf ihrer Aussage, dieser alte Mann habe sie für das Schlachten der Elefanten bezahlt. Für den Alten stand viel auf dem Spiel. Selbst wenn man ihm nur fünf Jahre Haftstrafe aufbrummte, käme das für ihn einer Todesstrafe gleich.

Der Zweiundsiebzigjährige verlangte nach Danny. Nur ihm, ließ er wissen, wollte er sich offenbaren. Weil er Dannys Vater gekannt hatte, traute er nur ihm, sonst keinem. Danny folgte dem Wunsch des Mannes und hörte ihm zu. Und obwohl er noch die Bilder von den toten Elefanten im Kopf hatte, konnte er sich nicht dagegen wehren, einen tiefen Respekt für diesen Mann zu empfinden, als dieser ihm in ruhigem Ton alles gestand.

Danny forderte ihn auf, sein Geständnis vor dem zuständigen Inspektor zu wiederholen. Beim Gedanken daran zitterte der Mann vor Angst am ganzen Leib, doch schließlich gab er seinen Widerstand auf und erzählte seine Geschichte noch einmal.

Der Chief Inspector bat Danny dann noch um dessen Videomaterial. Eiligst kopierte ich die Kassetten auf meiner Kamera, konnte dabei aber nicht zuschauen, denn die Bilder waren so grauenhaft, dass ich glaubte, den Verwesungsgeruch in der Nase zu spüren.

Dann machte der Chief Inspector noch Beweisfotos von Pfeilen, Bögen und Tierhäuten, fuhr an den Tatort und dokumentierte die blutige Szenerie für den anstehenden Prozess in Nairobi, bevor er uns wieder verließ.

Als er abgereist war, fielen die Ranger in Tiefschlaf, und eine absolute Ruhe senkte sich über Ithumba. Drei schlaflose Nächte mit den Banditen forderten ihren Tribut.

Gleichzeitig setzte der erste, langersehnte Regenschauer ein. Es waren nicht nur die Temperaturen, die durch den Regen gesenkt wurden, auch die aufgeheizten Gemüter konnten sich endlich beruhigen.

Die Wolken bauten sich mehr und mehr auf, und der Himmel wurde immer dunkler. Die Sonne kam gegen die Wolken nicht mehr an, die alle Farben zu verschlucken schienen. Die typische Ruhe vor dem Sturm setzte ein.

Dicke Tropfen prasselten vom Himmel herab und verwandelten den ausgetrockneten Boden, der das Wasser nicht so schnell aufnehmen konnte, innerhalb weniger Minuten in einen einzigen See. Es regnete und regnete. Erst verwandelte sich der Boden in Matsch, dann wurde die Landschaft überflutet, und schließlich waren wir komplett vom Rest der Welt abgeschnitten. Es gab keinen Landweg mehr von und nach Ithumba.

Bald steckte Dannys Auto beim Baobab nahe der Werkstatt fest. Das andere Auto war auf dem Weg nach Kasaala im Matsch versunken, und Wambua Seniors Gefährt war mit einem geborstenen Kühler außer Betrieb. Ich war die Einzige, die noch einen fahrbaren Untersatz hatte.

Kimwele musste aus Kasaala abgeholt werden, und Mtitos Camp brauchte dringend Trinkwasser. Aber das Auto zu fahren schien ungefähr so, als wollte man auf Schmierseife laufen. Nichts ging mehr.

19
Ungebetener Besuch

Die heftigen Regenfälle gingen vorüber und die Straßen wurden wenigstens wieder teilweise passierbar. Mit dem Regen hatte sich die trockene Landschaft in einen tropischen Dschungel verwandelt. Blüten jeder Farbe schossen aus der Erde, und zartes Grün spross aus den trockenen, holzigen Büschen. Das Gras wuchs so schnell, dass man ihm dabei zuschauen konnte.

Wie immer genoss ich besonders unsere Morgenausflüge, liebte es, den Tag aufwachen zu sehen, das Gefühl zu haben, eine der Ersten zu sein, die den neuen Tag begrüßen konnten, während er noch unverdorben und frisch daherkam. Es waren immer die Vögel, die sich zuerst meldeten und mit ihrem eifrigen Gezwitscher den Neubeginn begrüßten. Und Mtito war morgens voller Energie und neugierig, die Welt und sein Territorium zu erforschen.

Auch die Affenbrotbäume trieben über Nacht fleischige Blätter aus den Zweigen und öffneten ihre großblättrigen weißen Blüten.

Mtito liebte die großen Blumen, die auf den Boden gefallen waren. Er schnappte sie mit seinem Maul und rannte mit ihnen davon. Hassan und ich warfen weitere Blüten in seinen Weg, die er sofort aufnahm, im Maul schüttelte, um mit ihnen wegzurennen, bis sie völlig auseinandergefallen waren. Und dann begann das Spiel wieder von Neuem.

Er zeigte uns immer wieder neue Verhaltensweisen, aber eine hatte sich bislang nicht geändert: seine Sorge um Elsa, den Stofflöwen. Plötzlich schoss er aus dem Dickicht, und im Maul trug er seinen lieb gewonnenen Spielkameraden.

»Er hatte ihn ein paar Tage zuvor im Busch abgelegt«, freute sich Hassan über die Rückkehr des verloren geglaubten Erinnerungsstückes. »Und nun hat er sich genau erinnert, wo er ihn liegen gelassen hatte.«

Ich war glücklich, das gute alte Spielzeug aus meinen Kindertagen wiederzusehen. Mtito leckte und reinigte Elsa. Erstaunlich, dass nach all der Zeit und den wilden Ausflügen noch nicht ein Körperteil abgerissen war. Nicht einmal ein Schnurrhaar fehlte.

Aus Nairobi erreichten uns gute Nachrichten. Über den Funkverkehr des *Kenya Wildlife Service* erfuhren wir, dass Juma, der Drahtzieher hinter der Elefantenschlachterei, zu elf Jahren Gefängnis verurteilt worden war. Im Camp sprach sich das harte Urteil schnell herum und löste große Freude aus. Deftige Strafen für Wilderer motivierten die Ranger, sich trotz schlechter Bezahlung und Lebensgefahr immer wieder für den Schutz der Natur einzusetzen.

Die ungewöhnlich erfolgreiche Aktion gegen das komplette Elfenbein-Syndikat sollte mit einer Party in Ithumba gefeiert werden. Mit der Urteilsverkündung gegen Juma erreichten uns auch Glückwünsche aus dem KWS-Hauptquartier in Nairobi, und damit war der passende Anlass gefunden.

Am Nachmittag stellten einige Männer Tische und Stühle auf, Lautsprecherboxen und eine Musikanlage wurden installiert. Bierkästen wurden herangeschleppt.

Über einem Feuer brutzelte das Lieblingsessen der meisten Kenianer, Nyama Choma, gegrilltes Fleisch, vorzugsweise von Ziegen.

Einer der Ranger, der – wie in Kenia üblich – zum Zeremonienmeister der Feier erkoren wurde, eröffnete das Fest, indem er zunächst Gott für die Unterstützung beim Einsatz dankte. Dann ergriff einer nach dem anderen das Wort und stellte sich den anderen vor. Es wurden Geschichten erzählt, jeder wollte zur Unterhaltung beitragen, die Ereignisse der aufregenden Tage wurden aus jeder nur erdenklichen Perspektive dargeboten und noch einmal zum Leben erweckt, während immer mehr Fleisch und Salat aus Kohl und Tomaten auf die Tische gebracht und Bier verteilt wurde. Einer der Ranger stand auf. Man merkte, dass es ihm nicht leichtfiel, vor so vielen Leuten zu sprechen, aber er lobte die gute Zusammenarbeit der in Ithumba stationierten Ranger. »Wir sind hier Männer aus allen Regionen, allen Volksgruppen unseres Landes. Wir haben unterschiedliche Traditionen, Herkünfte und Glaubensrichtungen. Das könnte die größten Schwierigkeiten bereiten, aber es klappt gut bei uns. Es hat bisher kein einziges Problem deswegen gegeben. Ich bin stolz, zu dieser Truppe zu gehören.«

Die Rede des Rangers wurde mit großem Applaus bedacht, und ein Kollege ergänzte: »Jeder bringt hier seine Fähigkeiten ein, und wir ziehen alle an einem Strang. Wir sind zu einem richtigen Team zusammengewachsen.«

Innerhalb der Einheit, die hier in der Wildnis stationiert war, spielten die ethnischen Unterschiede der mehr als vierzig kenianischen Volksgruppen keine Rolle. Sie hielten allenfalls für Späße her, wie auch an diesem Abend. Das sah auf Landesebene anders aus. Da kämpften zwei der größten Volksstämme, die Luo und die Kikuyu, seit der Unabhängigkeit des Landes bisweilen mit blutiger Gewalt um die politische Vorherrschaft.

Nach den Reden wurde weitergegessen, getrunken und palavert. Die Teller füllten sich immer wieder randvoll mit Fleisch, und das Bier floss reichlich. Die eben noch uniformierten Männer verwandelten sich an diesem Abend in großartige Unterhalter.

Ich saß zusammen mit Danny und einigen Rangern an einem Tisch am Rande und beobachtete das entspannte Geschehen. Niemand trug eine Uniform, jeder redete mit jedem. Ranger saßen neben Gelegenheitsarbeitern, Fahrer neben Köchen. Manche hatten eine traditionelle Kluft angezogen, ein *Kikoi*-Tuch um die Hüfte gebunden oder trugen Jeans. Einige schoben Wachdienst und hatten ein Gewehr dabei, das neben ihnen auf dem Boden abgestellt war.

Vom Biergenuss röteten sich nach und nach die Augen der Männer, viele kauten auch Miraa, eine weit verbreitete Droge, ein Amphetamin aus Blättern einer angebauten Pflanze, dem Kathstrauch.

Wenn man diese Gruppe betrachtete, ohne dazuzugehören, wenn man nicht wüsste, wer diese Männer waren, hätte man sie ebenso gut für wilde Rebellen halten können, die irgendwo in einer gesetzlosen Ecke Afrikas ein Fest feierten, dachte ich. Dabei waren es Menschen, die mein absolutes Vertrauen besaßen, denn sie beschützten rund um die Uhr auch mein Leben hier in Ithumba.

Bis weit in die Nacht hallten das Lachen und die Stimmen durch die Wildnis. Ob Mtito in seinem Camp davon etwas mitbekam? Ich würde es erst am nächsten Morgen erfahren.

»Mtito ist aufmerksam gewesen und hat häufig die Ohren gespitzt«, berichtete mir Hassan am darauf folgenden Vormittag. »Ich habe ihn heute Morgen trotz des nächtlichen Trubels wieder eine Viertelstunde früher aus dem Gehege gelassen.«

Schon seit ein paar Nächten öffnete Hassan immer früher am Morgen das Tor, um Mtito noch im Dunkeln hinauszulassen.

Der Kater hatte sich schon seit Längerem abends unruhig gezeigt, was ein Signal war, dass er rauswollte in die Dunkelheit. Solange er bei uns am Haus lebte, richtete er seine Aktivitäten nach uns aus, war am Tag aktiv. Jetzt aber war es an der Zeit, dass er nachtaktiv werden wollte und sollte. So, wie es wilde Leoparden sind.

»Leoparden ruhen oder schlafen zwei Drittel des Tages. Und von den verbleibenden acht Stunden sind diese Raubkatzen überwiegend in der Dämmerung und in der Nacht aktiv, deshalb sollten wir versuchen, Mtito nachts die Möglichkeit zu geben, auf die Jagd zu gehen«, meinte ich zu Hassan.

»Es ist sein Instinkt, der ihm das sagt. Ich denke, er wird sich schnell umstellen«, glaubte Hassan. »Bald können wir ihn die ganze Nacht draußen lassen.«

»Dieser Schritt fällt mir nicht leicht«, gab ich zu. »Er könnte einfach spurlos verschwinden. Aber wir müssen das Risiko eingehen und ihn eines Tages ziehen lassen. Es ist ein Privileg, ein Stück seines Weges mit ihm gemeinsam zu gehen. Aber ein Wildtier gehört in die Natur«, wusste ich. Und Hassan wäre der Letzte gewesen, der mir widersprochen hätte.

Mit Hilfe eines Korbes und einer Hängewaage kontrollierten wir Mtitos Gewicht, das uns auch einen Anhaltspunkt über seinen Gesundheitszustand gab. Mtito ließ das immer weniger gern über sich ergehen; der Korb war auch längst viel zu klein für ihn. Mit einem Seil, das über einen Ast geworfen war, zog Hassan den Korb mit Mtito hoch, und die Waage pendelte sich bei stattlichen 33 Kilogramm ein. Hassan staunte.

»Für zehn Monate Lebensalter ist das ein stattliches Gewicht, aber er soll ja auch eher stärker als schmächtig sein, um sich gegen Leoparden verteidigen zu können, die ihm sein Revier streitig machen wollen«, konstatierte ich.

Mtitos Schultern reichten nun über meine Knie, und ausgestreckt war er länger als ich hoch. Der Unterkiefer zeigte sich eckiger, fast wie bei einem ausgewachsenen Kater.

»Mtito ruft viel. Es klingt wie ein echtes Sägegeräusch, wenn er seine Stimmbänder vibrieren lässt«, berichtete Hassan.

»Er grenzt damit sein Revier ab und teilt seinen Anspruch anderen Leoparden mit«, erklärte ich.

Am Nachmittag liefen Hassan und ich mit Mtito am Flussbett entlang. So richtig unternehmungslustig war er an diesem Tag nicht, tippelte meist nur im Schneckentempo hinter uns her.

Plötzlich setzte er sich auf den Boden und lauschte einem Rascheln im Busch. Ich kniete mich hinter ihn, konnte im Dickicht aber nicht erkennen, was er gewittert hatte. Langsam richtete er sich wieder auf, lief in Richtung der Quelle des Geräusches, zögerte einen Moment, drehte sich kurz um und schaute mich eindringlich an. Dieser Blick wirkte wie ein Nadelstich! War es eine Art Abschied?

Ich verdrängte diesen absurd wirkenden Gedanken schnell, denn er war dafür noch viel zu jung. »Sicher will er nur jagen«, sagte ich zu Hassan, glaubte aber selbst nicht so recht daran.

Mtito verschwand im Busch. Kurze Zeit später hörten wir die pfeifenden Rufe der Dik-Dik-Antilopen, denen er offenbar nachsetzte. Einige Frankoline flatterten auf und gaben ihre

Warnrufe von sich. Dann wurde es ruhiger – und von Mtito keine Spur mehr.

Wir blieben dort, wo er uns verlassen hatte, doch er kam nicht zurück, selbst dann nicht, als es bereits dunkel wurde. Wir suchten nach Spuren von ihm, durchquerten das Gelände: Nichts.

»Er kennt sich hier aus, weiß, wo er sich bei Gefahr verstecken muss. Mtito geht schon nicht verloren«, versuchte ich mich selbst zu überzeugen.

Und doch blieb es ein Risiko, ob er seine eigenen Wege finden würde. Mtito verbrachte also seine erste Nacht draußen, und ich hoffte sehr, er würde am nächsten Tag zurückkehren. Ich fuhr zum Haus und setzte mich mit Danny auf die Terrasse.

Er berichtete mir vom Prozessbeginn gegen die Elefantenwilderer. Nach dem hoffnungsvollen Auftakt mit der harten Strafe für den Wilderer Juma folgte nun ein herber Dämpfer.

»Es ist immer das Gleiche. Sie kommen einfach mit zu geringen Strafen davon, wenn sie überhaupt bestraft werden. Nur zwei der sieben Angeklagten haben sich schuldig für den ›illegalen Besitz von Wildfleisch‹ bekannt. Das waren die beiden, die sich auch Fleisch von den Elefanten mitgenommen hatten. Alle anderen haben auf ›nicht schuldig‹ plädiert.«

»Und der alte Mann, der hinter dem Elfenbeinhandel stand?«

»Er wurde für eine Kaution von 50000 Schilling bis zum Prozessbeginn auf freien Fuß gesetzt. Das ist kein Pappenstiel, aber irgendjemand hat das Geld für ihn bezahlt.«

»Frei für 500 Euro? Aber die Aktion hat den *Wildlife Service* doch ein Vermögen gekostet. Ein Flugzeug zwei volle Tage am Himmel, Autos, die hin- und herfuhren, der Flieger, der den Chief Inspector aus Nairobi eingeflogen hat, die Spurensicherung, der Prozess – da kommt ein ordentlicher Betrag zusammen«, rechnete ich vor.

»Viele Richter sehen Wilderei immer noch als Kavaliersdelikt an«, schimpfte Danny. »Ihnen ist der Schaden für die Natur und damit auch fürs ganze Land bis heute nicht klar.«

Wir unterhielten uns bis weit in die Nacht, regten uns über

die Ignoranz und die galoppierende Korruption im Land auf. Und das sicher nicht zum letzten Mal.

Am nächsten Morgen kam Wambua Junior wie gewöhnlich zum Haus, um die Fleischration für Mtito abzuholen. Er schien aufgeregt und erzählte mir mit zitternder Stimme, was ihm passiert war.

»Auf dem Weg von unserem Camp ins Hauptquartier habe ich einen Leoparden gesehen. Er sprang hinter mir aus dem Gebüsch und bellte mich an. Schrecklich!«

»Hast du ihn gesehen?«

»Ja, das Tier ist ziemlich dunkel, hatte einen schmalen Kopf und war nicht größer als Mtito.«

»Vielleicht ein Weibchen? Oder ein junges Männchen?«, fragte ich zurück.

»Das kann ich nicht sagen. Ich habe vor Angst nicht genau hingesehen«, gestand Wambua.

»Mach dir keine Sorgen. Es ist ungefährlich, solange du die Regeln beachtest. Lauf nur am Tage durch den Busch, und mach dich bemerkbar, pfeife oder singe, sodass dich der Leopard hören und dir ausweichen kann.«

»Und Mtito? Er ist immer noch nicht zurück, ich habe ihn noch nicht gesehen. Was passiert, wenn er auf den wilden Leoparden trifft?«

»Mag sein, dass da ein Zusammenhang besteht. Es könnte ja tatsächlich ein junges Weibchen in der Nähe sein, und Mtito versucht, an es heranzukommen.«

Wambua überlegte kurz und fragte dann verwundert: »Ist Mtito denn schon alt genug dafür?«

»Vielleicht sind sie auch einfach nur Spielgefährten«, antwortete ich.

»Aber was, wenn es gar kein Weibchen ist?«, hakte Wambua nach. »Es könnte ja ein junges Männchen sein. Vielleicht der Sohn der großen Leopardin, deren Spuren wir im Sand gefunden hatten. Und dann?«

Eine gute Frage.

»Aber wenn es tatsächlich ein gleichaltriger Leopardenkater sein sollte, dann dürfte keine Gefahr für Mtito bestehen«, beruhigte ich.

»Es könnte in der Tat auch ein neues Männchen sein, das sich hier ein Revier sucht. Vielleicht wollte Mtito ihm ausweichen und bleibt deswegen so lange weg. Oder aber sie hatten bereits einen Kampf«, gab Wambua zu bedenken.

Zugegeben, keine schöne Vorstellung.

»Mir lässt das keine Ruhe«, sagte ich. »Ich werde selbst nach dem Rechten sehen.«

Wenig später fuhr ich mit Wambua zum Gehege. Dort trafen wir Hassan. »Ich hab Mtito gesehen, aber nur ganz kurz aus der Ferne«, sagte er. »Dann verschwand er wieder im Busch.«

»Lass ihn uns rufen und suchen«, schlug ich vor, denn ich wollte Gewissheit, wie es Mtito ging.

Eine Weile passierte nichts. Vögel flogen auf, Dik-Diks sprangen durchs Gebüsch, doch von Mtito gab es keine Spur. Ich begann mir ernsthaft Sorgen um ihn zu machen.

Plötzlich raschelte es hinter mir, ich drehte mich um, und dann sah ich ihn. Durch das Dickicht kam er auf mich zu, kräuselte die Lippen nach oben, die Augenlider hingen herab, und aus seinem linken Auge floss eine weiße Flüssigkeit.

»Oh nein, eine Speikobra hat ihn erwischt«, rief ich Hassan zu, der sofort zu mir eilte.

Mtito kroch zu mir, grüßte mich mit einem schwachen »ptuff« und ließ sich auf meine Füße fallen. Ich kniete mich hin, nahm ihn in meine Arme und sprach beruhigend auf ihn ein. Sein Fell fühlte sich fest und schmutzig an, war ganz stumpf und der Glanz verschwunden. Aus seinem Auge lief zwar weiße Flüssigkeit, aber ansonsten sah das Auge klar und normal aus.

»Das war keine Kobra«, stellte ich fest. Ich nahm ihn auf den Schoß. Äußerst schwach drehte er mir seinen Bauch zu. Kurz vor dem Hüftknochen entdeckte ich eine tiefe klaffende Wunde wie ein Loch.

»Was ist das denn?«, fragte ich Hassan und zeigte ihm die offene Stelle.

»Es ist total rund und geht durch die Haut«, erwiderte er. »Dort ist tiefrotes Blut, und der Muskel ist zu sehen.«

Hassan schaute sich Mtitos Auge an und reinigte es, ohne dass der Leopard auch nur eine Warnung abgab. Er war zu erschöpft und drehte sich so, dass ich seinen Nacken sehen konnte. Auch dort hatte er eine tiefe Wunde.

Sofort suchte ich seinen ganzen Körper nach weiteren Wunden ab. Auch zwischen den Beinen am Bauch blutete er. »Kein Zweifel, er hatte einen Kampf«, stellte ich fest. »Also kein Rendezvous. Ich hätte auf meine Instinkte hören sollen«, fluchte ich.

Wir beschlossen, ihn zum Camp am Leoparden-Berg zurückzubringen.

»Komm, Mtito, wir gehen in die Boma«, sagte ich zu ihm. Doch Mtito sah mich flehentlich an. Er schaffte es nicht mehr, auch nur einen Fuß vor den anderen zu setzen. Wir hockten uns zu ihm.

»Was sollen wir machen?«, fragte Hassan.

Doch noch während ich nachdachte, wie wir ihn am besten transportieren könnten, schien Mtito unsere Gedanken zu lesen. Er stellte sich auf seine wackeligen Beine und hinkte los. Seine Hüfte und seinen Rücken hielt er steif. So konnte er sich nicht fortbewegen. Er fiel wieder zwischen Hassan und mir hin. Und wir verstanden.

»Er braucht unseren Schutz«, stellte ich fest. »Nur an unserer Seite fühlt er sich sicher und kann tief und fest schlafen.«

Wir setzten uns wieder neben ihn. Und diesmal schloss er die Augen, entspannte sich und fiel in einen tiefen Schlaf.

»Und wie kriegen wir ihn nun zurück ins Gehege, um seine Wunden zu reinigen?«, fragte ich Hassan.

Hassan blieb bei Mtito, und ich machte mich auf den Heimweg, um Desinfektionsspray für die Wunden, Tücher zur Reinigung und Milch für die Augenspülung zu holen. Danny begleitete mich zurück zu Mtito, der sich zitternd auf die Beine stellte, als er uns kommen hörte. Er begrüßte Danny und rieb kurz seinen Kopf an seinem Bein. Dann humpelte er zu mir und legte sich in meinen Schoß.

Ich begann seine Wunden zu säubern. Doch als Hassan Danny einige der Verletzungen zeigen wollte, reagierte Mtito plötzlich mit Fauchen. Wir sprachen ihn an und versuchten ihn wach zu halten. Es gelang uns, er stand auf und trottete schwerfällig, äußerst langsam und offenbar gepeinigt von Schmerzen bis zu seinem Gehege. Dort wollte er nicht durchs Tor gehen, sondern legte sich vor dem Zaun nieder. Er rührte seine Mahlzeit nicht an und ignorierte die Knochen. Nur aus meiner Hand akzeptierte er ein paar Fleischstücke. Dann trank er noch etwas Wasser und schlief wieder ein. Erst als die Nacht kam, schafften wir es, ihn in sein Gehege zu locken.

»Ich denke, wir sollten ihn jetzt in Ruhe lassen und seine Wunden erst morgen weiter versorgen«, schlug ich vor. »Er ist total erledigt, hat Schmerzen, und wir können im Moment seine Reaktionen nicht so gut einschätzen.«

Ich streichelte ihn noch eine Weile und war in großer Sorge, ob er sich erholen würde.

»Wenn der andere Leopard ein Männchen war, wird er heute Nacht hier ins Camp kommen, um Mtito wieder aufzulauern?«, fragte ich Hassan und Danny.

»Möglich wäre es«, bestätigte mir Danny.

»Dann ist es besser, Mtito für diese Nacht einzuschließen, damit er sich ausschlafen kann, ohne auf der Hut sein zu müssen«, entschied ich. »Einen weiteren Kampf würde er nicht überleben.«

»Immerhin, seinen ersten Kampf *hat* Mtito überlebt«, versuchte Danny der Situation etwas Gutes abzugewinnen. »Dank unseres guten Futters ist er kräftiger und gesünder als viele seiner Artgenossen.«

»Aber er hat noch nicht die gleichen Erfahrungen gemacht und die taktischen Fähigkeiten eines Kampfes entwickelt wie die anderen«, gab ich zu bedenken.

»Na ja, aber wir wissen auch nicht, wie sein Kontrahent jetzt aussieht. Vielleicht hat es ihn schlimmer erwischt als Mtito.«

»Was würde ich dafür geben, das zu wissen!«, seufzte ich.

Ziemlich schnell bekam ich darauf eine Antwort. Wambua erzählte uns, dass er den anderen Leoparden hatte rufen hören, als er vom Hauptquartier zum Leoparden-Camp gelaufen kam.

»Dann wird Mtito keine große Pause bekommen, sich von seinem Kampf zu erholen«, meinte ich. »Da der andere triumphiert, ist nun klar, dass Mtito unterlegen war. Und wenn das ein Männchen ist, ist es nur eine Frage der Zeit, wann sie erneut kämpfen werden.«

»Für heute lassen wir ihn in Ruhe schlafen und müssen auf ihn aufpassen«, schlug Danny vor.

Hassan bot sich an, die Nacht über Wache zu halten, um Mtitos Zustand zu beobachten.

»Lass uns zurück zum Auto gehen«, schlug ich Danny vor. »Es ist gleich stockdunkel, und ich will dem anderen Leoparden nicht auf dem Weg begegnen.«

Danny fuhr uns durch die finstere Nacht. Im Kegel des Autoscheinwerfers huschte ein Stachelschwein über die Straße. Hier und da blitzten wiederholt kurz paarweise Augen auf, die mit Sicherheit kleinen Raubtieren gehörten. Vielleicht Schakale, auch Mungos oder Ginsterkatzen konnten es gewesen sein. Nur ihre Netzhaut reflektierte unser Licht, von den Tieren selbst sahen wir nicht mal die Silhouette.

Als wir am Haus ankamen, machten wir nur ein paar Kerzen an, um nicht die Millionen der krabbelnden und fliegenden Insekten in unsere vier Wände zu locken. Während wir noch einmal über die Ereignisse des Tages nachdachten, kicherten die Hyänen unten am Pump House.

Gegen neun Uhr gingen wir ins Schlafzimmer. Danny ließ das Moskitonetz herunter, und ich nahm einige frisch gebügelte Hemden vom Bett und legte sie auf die Kommode in der dunkelsten Ecke des Raumes. Der Schein der Kerze reichte nicht weit, und ich sah kaum, was ich tat und was um mich herum war. Dafür spürte ich plötzlich Spritzer wie aus einer Sprühflasche auf meinem Oberarm, am Nacken und in meinem Mund.

»Oh nein«, stammelte ich aus Reflex. Mir war sofort klar, was passiert war. Ich traute mich nicht, mich umzudrehen, ging langsam rückwärts und schielte dabei an den Platz, woher die Spritzer gekommen waren. Direkt über meinem Kopf schlängelte sich etwas. Ich ging langsam weiter zurück zur Tür des Schlafzimmers.

Danny, alarmiert von meinem Ausruf und der folgenden Stille, drückte auf den Lichtschalter. Das Zimmer wurde hell. Da hing sie. Danny war sprachlos: Auf der Gardinenstange über dem Fenster lag eine gut anderthalb Meter lange Rote Speikobra. Ein grauenvoller Anblick.

»Wir müssen schnell etwas unternehmen, in zwanzig Minuten wird der Generator abgestellt und dann ist es zappenduster«, mahnte Danny zur Eile. »Das Biest muss runter auf den Boden, damit wir es bekämpfen können. Da oben komme ich an die Schlange nicht ran. Bring mir bitte heißes Wasser, so schnell es geht.«

Ich lief in die Küche, nur zu froh, einen Grund zu haben, die Szenerie verlassen zu können, und setzte einen Topf mit Wasser auf den Herd, während Danny seine Augen auf die Schlange gerichtet hielt.

»Hier ist heißes Wasser«, rief ich zu Danny, als ich ihm den Topf von der Schlafzimmertür aus hinhielt. Ich wollte unter keinen Umständen wieder in das Zimmer hinein.

Danny bespritzte das Reptil mit dem kochenden Wasser, so gut das vom Boden aus ging, und tatsächlich fiel die Schlange von der Stange und klatschte so laut auf den Boden, dass ich es nebenan im Wohnzimmer noch hören konnte.

Immer wieder spuckte die Kobra ihr Gift Richtung Danny. Dann versteckte sich das Tier zwischen der Kommode und der Wand.

Der Generator würde nun jede Minute ausgeschaltet werden, wenn wir nichts unternahmen. »Ich sag Bescheid, dass wir den Strom noch brauchen, und hole Hilfe. Das schaffen wir nicht allein. Versuch das Biest solange unter Kontrolle zu halten«, schrie ich und rannte so schnell ich konnte, zu meinem Auto.

Mit aufgeblendeten Scheinwerfern fuhr ich hupend ins Hauptquartier runter. Drei Ranger, bereits in voller Kampfmontur und bewaffnet, erwarteten mich am Büro. Sie dachten, wir wären von Wilderern angegriffen worden. Zusammen mit Kimwele sprangen sie zu mir ins Auto, und wir rasten zum Haus zurück.

Dort hielt Danny die Schlange noch immer unter Kontrolle. Kimwele sprühte ein starkes Insektenspray hinter die Kommode, um die Schlange zu betäuben. Blitzschnell wuchtete er die Kommode von der Wand, während einer der Ranger und Danny mit alten Bogen, die wir als Dekoration im Haus hatten, bereit standen, das Biest zu erschlagen, sobald es sich zeigen würde.

Danny und die Ranger mussten immer wieder zuschlagen. Es dauerte eine ganze Weile, bis der Kampf endlich gewonnen war. Ein Ranger trug das tote, immer noch zuckende Reptil hinaus in die Nacht.

Unser Schlafzimmer sah aus wie ein Schlachtfeld. Das versprühte Schlangengift war mit Wasser und Blut zu einer Lache vermengt. Unmöglich konnte das so für die Nacht bleiben.

Kimwele sah mir mit einem Blick an, dass ich zu nichts mehr zu gebrauchen war. Er begann im Schlafzimmer den Boden zu wischen und rückte die Möbel an ihre Plätze.

Ich kümmerte mich währenddessen um das Gift auf meinem Arm und am Hals, wusch mich erst mit Milch und dann mit Wasser. Den fürchterlich bitteren Geschmack, den das Gift in meinem Mund hinterlassen hatte, spülte ich mit einem Bier herunter, wobei mir ein doppelter Whisky wirklich lieber gewesen wäre.

Bevor ich schlafen ging, untersuchte ich mein Bett akribisch genau, ein wenig hysterisch vielleicht, um sicher zu sein, dass sich nicht noch eine weitere Schlange bei uns versteckt hatte.

Die Regenzeit hatte also begonnen – und damit auch die Schlangensaison. Im äußersten Norden des Tsavo und ganz besonders in Ithumba war das kein Spaß. Schon als wir noch im Camp lebten, hatten wir uns den Platz um unser Zelt mit einer schwarzen Mamba geteilt. Außerdem gab es Baumschlangen, Puffottern, rote und graue speiende Kobras, daneben viele nicht ganz so giftige und auch ungiftige Schlangen.

Bevor ich mit Danny zusammenlebte, hatte ich wenig über Schlangen gewusst. Ich hatte sie so wenig gemocht, wie ich von ihnen wusste und sie unterscheiden konnte. In Ithumba musste ich allerdings schnell lernen, sie zu identifizieren, das war lebensnotwendig für jeden im Hauptquartier. Wir alle hegten eine gemeinsame und tiefe Antipathie gegen diese Reptilien, dennoch mussten wir mit ihnen leben und umgehen.

Am darauf folgenden Morgen fuhr ich früher als sonst zu Mtito, voller Sorge, wie es ihm gehen mochte mit all seinen Wunden.

»Der andere Leopard hat in der Nacht zweimal gerufen. Er war nicht weit weg, hat aber Mtitos Gehege in Ruhe gelassen«, berichtete Hassan mir.

»Und wie geht es Mtito?«, fragte ich sofort zurück.

»Er ist weder herumgelaufen, noch hat er sein Futter angerührt. Er hat die ganze Nacht geschlafen.«

Mtito kam zu mir, kuschelte sich an mich, machte aber keinen guten Eindruck. Er begann, seine Wunden zu lecken. Ich durfte mit der Hand durch sein Fell am Kopf und Nacken streichen, aber wo immer ich ihn sonst berühren wollte, fing er sofort an zu fauchen. So konnte ich die Wunden wieder nicht desinfizieren.

Dafür machte er sich aber über das frische Fleisch her, das ich ihm mitgebracht hatte. »Er hat guten Appetit«, bemerkte Hassan, als er sah, wie Mtito in wenigen Minuten alles auffraß.

»Ja, das ist ein gutes Zeichen. Ich wünschte, ich hätte noch mehr Fleisch mitgebracht«, seufzte ich.

Ich blieb noch etwas bei Mtito, fuhr dann wieder heim, um am Nachmittag mit einer größeren Fleischportion zurückzukommen.

Mtito war Hassan den ganzen Tag nicht von der Seite gewichen, und erst als er mein Auto hörte, kam er mir ein kleines Stück entgegen.

Mit jedem Schritt und jeder Bewegung nörgelte und brummte er vor sich hin. Er litt unter Schmerzen, streckte sich und forderte mich auf, ihn anzufassen, zu putzen und zu untersuchen. Immer wieder fauchte er leicht, wenn es ihm wehtat.

Er leckte seine Wunden, und ich konnte erkennen, dass die Verletzungen schmutzig waren, sich entzündet hatten und anfingen zu eitern. Diesmal gelang es mir, einige der Wunden mit dem Desinfektionsspray zu behandeln, ohne dass Mtito abweisend reagierte. Sein Körper war angespannt und fühlte sich steif an.

»Ich denke, wir sollten ihn eine weitere Nacht im Gehege einschließen«, schlug ich Hassan vor. »Vielleicht hat er auch innere Verletzungen. Das kann ich aber nicht rausfinden, dazu müsste sich ein Tierarzt Mtito ansehen. Wir können nur das Beste hoffen.«

Als ich am nächsten Morgen zu Mtitos Camp fahren wollte, musste ich erst einmal einen platten Reifen am Auto wechseln. Das hatte ich weiß Gott schon öfter tun müssen, aber an diesem Morgen dachte ich, hoffentlich ist das nicht ein schlechtes Omen für den restlichen Tag.

Ab dem *Round Boulder* sah ich überall auf dem Weg Tatzenabdrücke, in der gleichen Größe wie die von Mtito. Aber es waren nicht seine, es mussten die seines Rivalen sein. Die Fährte führte genau bis zum Camp.

In der Nähe traf ich Hassan im Dickicht. »Mtito ist vor einer halben Stunde im hohen Gras verschwunden. Ich habe ihn schon gerufen, aber er kommt nicht zurück.«

Nun riefen wir beide laut seinen Namen, aber nichts geschah. Absolut nichts. Keine Antwort.

»Ich mache mich auf die Suche«, schlug Hassan vor. Er kämpfte sich durch das Gestrüpp und war für die nächste halbe Stunde verschwunden. Dann preschte er plötzlich aus dem Unterholz hervor.

»Ich habe Mtito gerade aus dem Dickicht fauchen gehört«, berichtete er mir atemlos.

»Warum sollte Mtito dich anfauchen?«, wunderte ich mich. »Das wird der andere Leopard sein, der hier überall seine Fußabdrücke hinterlassen hat. Der wollte dich warnen, ihm nicht noch einen Schritt näher zu kommen.«

»Aber was sollen wir jetzt tun?«, fragte Hassan ratlos.

»Auf keinen Fall gehst du noch mal da rein. Wir bleiben hier am Felsen und warten, ob es einen weiteren Kampf zwischen den beiden Leoparden gibt. Vielleicht kommt Mtito auch von ganz alleine zurück.«

Die Hitze an diesem Tag schien unerträglich. Selbst während ich regungslos auf dem Felsen saß, tropfte mir der Schweiß. Wir spekulierten darüber, wer der mysteriöse andere Leopard sein könnte, kamen aber nicht wirklich zu einem Ergebnis.

Und dann plötzlich und lautlos kam Mtito hinter meinem Rücken angelaufen.

»Mtito!«, rief ich voller Freude und glücklich, ihn zu sehen. Er lief direkt zu mir und begrüßte mich.

»Lass mal sehen«, forderte ich ihn auf stillzuhalten. Ich schaute ihn genauer an. Er hatte keine weiteren Wunden, sah aber sehr müde aus. Mtito legte sich auf meinen Schoß und rieb seinen Kopf gegen meinen. Dann legte er sich zu meinen Füßen und wollte geputzt werden, so wie es Leopardenmütter mit ihren Jungtieren machen würden.

Ich rief Hassan herbei. Als er eintraf, beobachtete Mtito ihn aufmerksam und legte die Ohren an – ein Zeichen, dass er sehr alarmiert schien.

»Mtito ist erschöpft und verwirrt. Sei vorsichtig«, riet ich Hassan. Erst als er sich zu uns setzte, erkannte Mtito ihn, beruhigte sich und begrüßte Hassan.

Mit der Hand strich ich durch Mtitos Fell und bemerkte, dass es sich wieder weicher anfühlte. Die Wunden sahen etwas besser aus. Aber da war dieser neue Ausdruck in seinen Augen, ein distanzierter Blick, der mich nicht in seine Seele schauen ließ. Ich konnte nicht erkennen, was in ihm vorging, aber er schien deprimiert, war hungrig und durstig.

»Ich glaube, sein Selbstvertrauen ist durch den Kampf erschüttert«, meinte ich zu Hassan.

»Wir werden ihn wieder aufbauen, für ihn da sein«, reagierte er sofort. »Ja«, seufzte ich. »Mehr können wir für ihn im Moment nicht tun.«

20
Die beste Medizin

Fast zwei Jahre waren vergangen seit Mtitos schwerer Verletzung, und ich selbst lag nach etlichen Wochen immer noch in dem mehrstöckigen Zweckbau eines Kölner Krankenhauses. Als ich aufwachte, musste ich nicht mehr überlegen, wo ich mich befand. Immer noch in der Klinik, immer noch schwach, deprimiert und ans Bett gefesselt.

Heute wollte ich das erste Mal aufstehen und duschen gehen. Ich nahm alle Kraft zusammen und schlich im Schneckentempo ins Bad.

Beim Blick in den Spiegel erschrak ich. War ich das? Mein Gesicht schien zu einem fremden Menschen zu gehören. Ich hatte rote, dicke Hamsterbacken, eine Nebenwirkung des hochdosierten Kortisons. Und als ich sah, was die Waage anzeigte, dachte ich zunächst, sie sei defekt. Aber auch, als ich mich ein zweites Mal wog, präsentierte sie dasselbe Ergebnis. Ich hatte erschreckend an Gewicht verloren, seit ich im Krankenhaus war.

»Ich muss wieder zu Kräften kommen«, sagte ich mir. »Das ist die einzige Möglichkeit, hier rauszukommen und wieder dahin zurückzukehren, wo all meine Gedanken sind, wo das Glück wohnt – in die Wildnis, nach Kenia.«

Das warme Wasser der Dusche perlte wohltuend über meine Haut und schien den Spuk der letzten Wochen fortzuspülen. Ich holte tief Luft, und mein ganzer Körper schien zu atmen. Wie wohl das tat!

Auch wenn mich der Ausflug ins Bad so anstrengte, dass ich schnell wieder ins Bett musste, weil ich mich nicht länger auf den Beinen halten konnte. Was früher eine Alltäglichkeit gewesen war, stellte jetzt eine enorme Anstrengung dar, und ich versuchte, die Angst aus meinem Kopf zu verbannen. Die Angst, dass ich mich vielleicht nie wieder erholen würde, mich nie wieder wie früher fühlen könnte, am Ende immer so saft- und kraftlos bleiben würde. Aber ich hatte diese Anstrengung nicht ohne Grund auf mich genommen. Ich erwartete ganz besonderen Besuch.

Immer wieder schaute ich zur Zimmertür, Minuten schienen wie Stunden dahinzuschleichen. Meine innere Ruhe, meine Geduld, die ich immer gehabt hatte, wenn ich Tiere in freier Wildbahn beobachtete, und die mir auch geholfen hatten, mit Mtito umzugehen, waren mir schon bei der Einlieferung in die Klinik abhandengekommen. Vielleicht war das eine Folge meiner Krankheit?

Heute aber hatte meine Ungeduld einen besonderen und guten Grund. Die Tür würde aufgehen, und ein lieber Mensch würde mich abholen, mich zu einer ganz besonderen Besucherin bringen, die zu klein war, um die Klinik betreten zu dürfen.

Ich blickte sehnsüchtig Richtung Tür. Dann endlich senkte sich die Klinke, und meine Mutter kam herein. Liebevoll und lange nahm sie mich in den Arm und half mir dann aufzustehen. Sie stützte mich, und wir gingen langsam, Schritt für Schritt über den langen Gang. Zum ersten Mal nach einer gefühlten Ewigkeit trat ich wieder nach draußen, an die frische Luft. Sie roch anders als in Ithumba, nicht nach Erde, weder nach trockener noch nach feuchter. Es duftete auch nicht nach Blüten wie im Tsavo.

Dafür aber stand da Danny mit einem wunderbaren Wesen, dessen Nähe ich so lange vermisst hatte: mit meiner geliebten Tochter! Chloe, erst achtzehn Monate alt, schaute ein wenig ängstlich und unsicher. Sie brauchte einen Moment, bis sie bereit war, mir ein Lächeln zu schenken.

»Wo warst du so lange, Mama?«, schien sie sagen zu wollen. Doch als ich näher kam, streckte sie mir ihre kurzen Ärmchen entgegen und hielt mich für Minuten ganz fest.

In diesem Augenblick erinnerte ich mich wieder an die Worte meines Arztes in Kenia. »Damit ein Körper heilen kann, muss auch die Seele gesund und vor allem glücklich sein«, hatte er gesagt.

Jetzt waren das keine bloßen Worte mehr, ich konnte es regelrecht spüren. Chloe war die beste Medizin für mich, besser als alle Medikamente, mit denen ich ja ohnehin auf Kriegsfuß stand.

Auch Chloe roch anders, als ich sie in Erinnerung hatte, und sie trug Kleider, die ich an ihr noch nicht kannte. Aber das waren nebensächliche Kleinigkeiten. Wichtiger war, dass Chloe mit eigenen Augen sehen konnte, dass ich sehr wohl noch da war, mich nicht einfach aufgelöst hatte. Seitdem wir Ithumba verlassen hatten, war sie sehr dünn geworden und hatte, wie Danny sagte, oft keinen Appetit. Sie lachte auch kaum noch.

Wir setzten uns auf die metallenen Stufen des Liefereingangs, denn der Weg zu einer Parkbank wäre für mich zu weit gewesen. Wir redeten und schwiegen, genossen jede Sekunde. Nach einer Stunde, die so schnell wie ein Lidschlag verging, mussten wir uns wieder trennen. Die Tränen rollten, und der Abschied fühlte sich wie ein Messerstich mitten ins Herz an.

Doch Chloe und wir alle wussten, von nun an würde es bergauf gehen. Wir würden bald wieder eine Familie sein.

Am nächsten Tag besuchten mich wieder alle. Danny erzählte sofort erleichtert: »Chloe hat gestern Abend bei Oma eine ordentliche Portion gegessen. Und sie hat Omas Handtasche heute Morgen vor die Haustür gestellt. Sie wollte damit klarmachen, dass sie dich heute wieder besuchen wollte.«

Ich war gerührt. Die Stunden mit Chloe waren Ansporn und Hilfe, meine Kräfte zu sammeln und an die Zukunft zu denken. Die Begegnungen waren so intensiv, dass mein Herz wieder anfing, im Takt zu schlagen, auch wenn ich mich nach den Besuchen körperlich total ausgelaugt und erschöpft fühlte. Ich wusste, dass noch eine lange Wegstrecke der Genesung vor mir liegen würde, wenn ich die heimtückische Krankheit denn überhaupt würde besiegen können.

Noch in der gleichen Nacht nachdem ich Chloe zum ersten Mal wiedergesehen hatte, träumte ich von der roten Erde, von Büffelherden und badenden Elefanten. Und von zu Hause. Das alles wertete ich als ein gutes Zeichen.

21
Weihnacht im Tsavo

In der letzten Nacht waren satte 76 Liter Regen pro Quadratmeter auf uns herabgeprasselt. Die Erde war wasserdurchtränkt wie ein vollgesogener Schwamm, der Boden konnte kein Wasser mehr aufnehmen. Wenige Wochen vor Weihnachten waren wir abgeschnitten von der restlichen Welt.

Und der Regen dauerte an. Wir brauchten aber dringend neue Vorräte, auch das Fleisch für Mtito war fast alle, so konnten wir die Einkaufsfahrt nach Voi nicht länger aufschieben.

»Ich glaube nicht, dass wir mit dem Auto durchkommen«, zweifelte ich.

»Wir müssen es einfach riskieren«, erwiderte Danny, und als es für kurze Zeit aufhörte zu regnen, beschlossen wir, es zu versuchen. Was für ein Unternehmen! Die Piste war über viele Abschnitte zu einem Fluss geworden oder hatte sich in ein Matschbad verwandelt, in dem sich Elefanten hätten suhlen können. Jedenfalls war sie nahezu unpassierbar. Fast noch schlimmer waren die Strecken mit »black cotton soil«, der schwarzen, sodahaltigen Erde. Sie waren so rutschig, dass wir mehr seitwärts schlitterten denn geradeaus fuhren und Danny alle Mühe hatte, das Auto nicht in einem der tiefen Gräben landen zu lassen, die als Drainage angelegt und jetzt voll mit Wasser waren. Das wäre das sichere Ende unserer Fahrt gewesen.

»Wir erreichen Voi niemals«, dachte ich oft, aber wir kamen an. Waren, Danny sei Dank, nicht ein einziges Mal stecken geblieben.

Auch in Voi regnete es weiter. »Für den Rückweg nehmen wir die andere Strecke«, schlug Danny vor. »Die ist zwar länger, aber zum Teil wenigstens geteert und sogar zur Allwetterstraße ausgebaut.«

Die Fahrt ging zunächst gut. Doch kaum hatten wir den Ort erreicht, wo wir die Teerstraße verlassen mussten, wurde uns klar, dass wir die richtige Entscheidung getroffen hatten. Selbst die vor uns liegende viel befahrene Piste war ein einziges Schlammbad.

Als wir uns langsam zu der Stelle im Yatta Plateau hochquälten, die den einzigen Durchgang durch die Felsen bildete, fanden wir uns unversehens in einem Verkehrsstau. Kreuz und quer, auf und neben der Straße steckten Autos, Lastwagen, Traktoren und Busse im Matsch fest. Hunderte Menschen, die mit den Fahrzeugen gestrandet waren, säumten die Piste. Die Fahrspuren waren tief zerfurcht von unzähligen Versuchen der Fahrer, ihre Fahrzeuge aus dem Matsch frei zu bekommen.

»Da gibt es für uns keine Chance, durchzukommen«, fluchte Danny.

»Und nun?«, fragte ich.

»Die Abkürzung«, sagte er lakonisch. »Quer durch den Busch.«

»Unmöglich«, glaubte ich.

Doch Danny belehrte mich eines Besseren: Wider Erwarten kamen wir tatsächlich durch. Auch Kasaala, wo ich gewöhnlich Tomaten, Eier und Zwiebeln kaufte, stand komplett unter Wasser, die Schlaglöcher waren so tief, dass unser Geländewagen bis zur Kühlerhaube im Wasser versank.

Als wir endlich Ithumba erreichten, übertrafen die Wasserschäden hier alles, was wir bisher gesehen hatten. Den Weg zu unserem Haus gab es nicht mehr, wir schaukelten durch einen Fluss, ohne sehen zu können, wo der Weg überhaupt gewesen war.

Der Parkplatz war ein See, und vom Berg floss das Wasser immer noch in einem reißenden Strom herunter. Ungläubig starrten wir auf die Wassermassen. Hier war normalerweise heiße und trockene Savanne, Wasser war eine Seltenheit.

Kimwele kam durch den See gestapft. »So etwas habe ich noch nie erlebt«, erzählte er. »Der Weg zu Mtito ist so überflutet, dass Wambua heute Morgen Stunden warten musste, bevor er zu Fuß zum Haus kommen konnte, um Fleisch für den Leoparden zu holen.«

Mtito aber hatte sich von seinem Kampf gut erholt; auch sein Selbstvertrauen schien wieder das alte zu sein. Er hatte Kontakt zu anderen Leoparden, erlegte oft seine eigene Beute, war mit seinen elf Lebensmonaten selbstständiger und auch unabhängiger von mir geworden.

Einige Tage später kam Hassan zu Danny ins Büro und berichtete aufgeregt, was er von den Rangern gehört hatte »Ein Leopard ist im Hauptquartier! Die Ranger haben ihn bei der Werkstatt gesehen.«

Danny sprang sofort auf, nahm Hassan mit und fuhr mit ihm hinunter zur Werkstatt. Beide hielten die Augen offen, sahen aber keine Spur von einem Leoparden. Dann aber kam er aus den Büschen.

»Das ist Mtito!«, rief Hassan.

»Ja, er hat wohl das Motorengeräusch des Autos erkannt und deswegen seine Deckung verlassen«, erklärte Danny.

»Er ist den ganzen Weg von seinem Camp hierhergelaufen«, staunte Hassan.

Mtito begrüßte die beiden freudig, behielt aber die Ranger, die in der Nähe arbeiteten, im Blick. Hassan nahm Mtito zur Seite, lenkte ihn ab, spielte mit ihm und lief dann mit ihm auf direktem Weg zum Camp zurück.

Als Danny mir die Geschichte zu Hause erzählte, glaubte ich meinen Ohren nicht zu trauen. »Was hatte er denn hier zu suchen?«, wunderte ich mich. »Warum ist er zurückgekommen?

»Vielleicht hat er nur die beiden Warzenschweine verfolgt, die immer in der Nähe der Werkstatt grasen«, suchte Danny eine einfache Erklärung für Mtitos Verhalten.

»Vielleicht. Denn ich kann mir einfach nicht vorstellen, dass er sich verlaufen haben könnte. Dazu kennt er sein Revier doch zu gut.«

So recht mochte ich aber nicht an die Warzenschweingeschichte glauben. Ich hoffte nur, Mtito würde keine Gewohnheit daraus machen, im Hauptquartier aufzutauchen. Das gäbe mit Sicherheit Probleme mit den Arbeitern und den Rangern.

Die nächsten Tage verliefen ohne Zwischenfälle, Mtito kehrte nicht nach Ithumba zurück. Danny musste sein Auto dringend nach Nairobi zur Reparatur bringen, und da es seit Tagen nur noch wenig geregnet hatte, beschloss ich, hinter ihm herzufahren, um endlich meine Weihnachtseinkäufe zu machen.

Ich packte am Haus unsere Taschen ins Auto, stieg auf den Fahrersitz und wollte gerade die Tür schließen, als zwischen den beiden Bäumen direkt vor mir ein Leopard auftauchte. Am helllichten Tag lief er auf mich zu – das konnte nur Mtito sein.

»Ptuff«, grüßte er wie gewohnt.

»Was machst du denn hier?«, fragte ich eher mich als ihn. Seit dreieinhalb Monaten hatte er unser Haus nicht mehr besucht. »Du und dein sechster Sinn! Du hast gespürt, dass etwas los ist, und wolltest es genauer wissen.«

Mtito sprang auf die Motorhaube und versuchte, durch das offene Türfenster ins Auto zu klettern. Sollte ich die Fahrt nach Nairobi absagen? Was würde passieren, wenn Mtito während meiner Abwesenheit dauernd hier auftauchen und mich nicht finden würde?

Als Hassan vorbeikam, war ich noch zu keiner Entscheidung gelangt. Er war überrascht, Mtito am Haus zu finden. Ich erzählte ihm von meinem Dilemma.

»Fahr nach Nairobi«, schlug Hassan vor. »Ich werde ihn mit Fleisch zum Camp zurücklocken.«

Es kostete uns allerdings noch einige Geduld und Täuschungsmanöver, aber dann schaffte Hassan es, Mtito wieder zum Camp zu bringen. Danny wartete bereits am Büro auf mich und wunderte sich, warum ich so verspätet war. Endlich konnten wir los und fuhren im Konvoi nach Nairobi.

Das Auto vollgeladen mit Lebensmitteln, Getränken und Weihnachtsgeschenken kehrten wir ein paar Tage später aus Nairobi zurück. Die Fahrt war entgegen unserer Erwartung einigermaßen gut verlaufen, nicht einmal waren wir im Matsch stecken geblieben. Meine Gedanken waren während der Reise immer wieder auch um Ithumba gekreist, und ich war sehr gespannt, welche Neuigkeiten mich hier erwarteten.

Kimwele begrüßte uns und fing schon an zu erzählen, als wir das Auto noch nicht ausgeladen hatten: »Ich habe Mtito gleich in der ersten Nacht am Generatorhaus gesehen. Er hat mich begrüßt und muss mir gefolgt sein, denn kurze Zeit später hörte ich jede Menge Krach von der Veranda, und als ich nachgesehen habe, was los war, lag Mtito wie früher auf dem Terrassentisch und hat auf der Radioantenne gekaut. Ich habe sie ihm weggenommen. Das hat er auch ohne Murren akzeptiert.«

Kimwele war für Mtito immer noch eine Respektsperson. Daran hatte sich nichts geändert.

»Das ist aber erst der Anfang einer ganzen Reihe von Geschichten«, fuhr Kimwele fort, »es gab von allen Seiten Beschwerden über Leoparden.«

»Mtito?«, unterbrach ich ihn.

»Nein, ich glaube nicht, dass die Beschwerden alle auf Mtito zurückzuführen sind. Denn wir hatten hier zeitweise vier verschiedene Leoparden im Hauptquartier. Den alten großen Kater, dann die Leopardin mit ihrem Jungen, das etwa in Mtitos Alter ist, und Mtito selbst. Allerdings …«, unterbrach Kimwele kurz. »Allerdings hatte der einen guten Grund, fast jede Nacht herzukommen.«

»Und was war das?«

»Er hat auf der Wiese vorm Haus einen jungen Buschbock erlegt. Und wie es üblich ist für Leoparden, ist er so lange zu seiner Beute zurückgekehrt, bis er sie vollständig aufgefressen hatte.«

»Na, bei all den Rückschlägen ist das ja mal eine gute Nachricht. Also Rückschritte und Fortschritte zugleich.«

Als ich ins Leoparden-Camp kam, begrüßte Mtito mich überschwänglich mit einem Prusten und rieb seinen Kopf sanft gegen mein Gesicht, ganz offensichtlich erfreut über meine Rückkehr. Hassan saß daneben und schaute uns zu. Er schien nicht glücklich, das konnte ich sehen.

»Hast du schon gehört, dass Mtito immer wieder zurück zum Haus läuft?«, fragte er.

Ich nickte.

»Er macht auch sonst einen Haufen Ärger«, fuhr Hassan fort. »Einige Arbeiter im Hauptquartier haben sich immer wieder über ihn beschwert. Ich soll ihn aus ihrer Reichweite halten, sagen sie.«

»Wir werden den Vorwürfen nachgehen und sehen, was wirklich passiert ist«, versuchte ich Hassan zu beruhigen und machte mich auf den Weg, um nicht in die Dunkelheit zu geraten.

Als Danny zum Abendessen heimkam, berichtete auch er, dass Arbeiter in sein Büro gekommen seien, um sich über Mtito zu beschweren. »Wir müssen die Beschwerden ernst nehmen. Und im Zweifelsfall widerlegen. Sonst gibt es hier eine Menge Unruhe, die auch Mtito gefährlich werden kann«, meinte er.

Wir begannen, die Spuren am Haus und im Hauptquartier unter die Lupe zu nehmen. Schon auf den ersten Blick sahen wir viele unterschiedliche Abdrücke von Pfoten in der Erde. Große und kleine, breite und schmale.

»Na, die können ja unmöglich alle von einem Tier sein. Hier war ganz schön was los. Mindestens vier verschiedene Leoparden waren im Camp«, stellte Danny fest.

»Das ist genau das, was auch Kimwele gesagt hat«, sagte ich triumphierend. »Aber es ändert nichts daran, dass sich nun das Gerücht ausbreitet, dass es immer Mtito ist, der Ärger macht«, sagte ich betrübt. »Dabei kann jeder von den vieren in ein Auto geklettert sein, bei dem die Fenster heruntergekurbelt waren. Jeder von denen kann Schuhe geklaut haben. Auch Hyänen tun das. Wir leben im Herzen eines Leopardenlandes. Da lässt man auch nicht seine Schuhe vor der Tür stehen und Abfälle offen liegen. Das wissen sie doch alle!«

In den folgenden Tagen fanden wir heraus, dass tatsächlich die Leopardin mit ihrem Jungen der Auslöser für all den Aufruhr im Hauptquartier gewesen war. Sie lockte mit ihren weiblichen Duftstoffen sowohl den großen Kater aus dem Revier an als auch den heranwachsenden Mtito.

»Ist schon komisch, oder?«, fragte ich Danny. »Es heißt doch immer, Leoparden seien strikte Einzelgänger.«

»Ja, davon geht man aus«, schmunzelte Danny.

»Aber seitdem Mtito bei uns lebt, haben wir hier mehr Leoparden denn je zuvor«, stellte ich fest.

»Das ist eben der Unterschied zwischen wissenschaftlicher Recherche über eine Tierart und dem, was man lernt, wenn man mit ihnen lebt. Wir bekommen hier einen sehr exklusiven und intensiven Einblick in das wahre Sozialgefüge von Leoparden, und darüber sollten wir uns freuen«, sagte Danny abschließend.

Die Lage beruhigte sich. Keine Leoparden im Camp. Die meisten Vorwürfe lösten sich bald in Luft auf. Sie waren eine Mixtur aus Vorurteilen und Verwechslungen, aus Hörensagen und Übertreibungen. Aber uns allen war auch klar: Mtito hatte am Haus und im Rangerquartier nichts zu suchen. Wie konnten wir ihn von dort fernhalten?

Nachdem sich die Aufregung gelegt hatte, konnten Danny und ich uns endlich mal wieder Zeit nehmen, zu einem Sundowner an unseren »Lake Woodley« zu fahren. Drei Jahre zuvor hatte Danny diesen Damm ausgehoben, damit er sich mit Regenwasser füllen konnte. Er sollte als Wasserstelle für Elefanten, Büffel und alle anderen Tiere dienen. Nun war er das erste Mal randvoll, drohte sogar über die Ufer zu treten. Nur am Ende des Damms konnten wir noch einen kleinen Rasenhügel aus dem Wasser ragen sehen, der aussah wie eine Insel. Reiher stolzierten durch das Gras am Ostufer, und sogar ein Sattelstorch war vom Tiva-Fluss hochgekommen. Hunderte von Fröschen gaben ein Konzert, versuchten sich gegenseitig in der Lautstärke zu übertreffen und machten es den Grillen schwer, überhaupt noch gehört zu werden.

Die Schäfchenwolken am tiefblauen Himmel färbten sich

Die Straße von Ithumba nach Tiva, gesäumt von Prunkwinden

Milima ya Chui – der Berg des Leoparden mit einem der alten Affenbrotbäume

Mtito und Hassan au
Milima ya Chui

Eagle Rock – die Felsformation
sieht aus wie ein Adlerkopf

Elefantenherde am Galana River, der Übergang vom südlichen
zum nördlichen Teil des Tsavo Ost National Parks

k von unserem Haus in Ithumba auf den Affenbrotbaum kurz nach der Regenzeit

Mtito mit Elsa, dem Stofflöwen

KWS Ranger und Offiziere im Einsatz gegen Wilderer

Konfiszierte Waffen und Munition von Wilderern

Danny in seiner Cessna 180 im Einsatz

Giraffe unter einem Affenbrotbaum an der Straße von Lugards nach Ithumba

humba Hill im Norden von Tsavo Ost

Alter Büffelbulle in Kamboyo, Tsavo West

Mtito und ich machen Halt am
Wegesrand beim Milima ya Chu

Elefantenfriedhof am Galana, Tsavo Ost

Mtito und ich auf dem Weg zum Milima ya Chui

Mtito guckt vom Milima ya Chui hinunter auf sein neues Territorium

Sonnenuntergang hinter Balsam-
bäumen in der Nähe unseres Hau-

pink, orange und rot und spiegelten sich im kristallklaren Wasser des Sees. Bald darauf zeigte der Vollmond sein Gesicht, als er langsam über der Spitze des Ithumba Hills aufstieg, so klar und weiß, als hätte ihn jemand für seinen Auftritt poliert. Ganz deutlich waren die Konturen eines kleinen Hasen zu erkennen, der genau in der Mitte der Mondscheibe saß. »Was für ein wunderbarer Abend«, schwärmte ich, und wir genossen beide den Anblick und die ganz besondere Stimmung dieser Nacht.

Es war Weihnachten. Während ich den silbernen Commiphorabaum, der voller Dornen war, als Ersatz für eine Tanne schmückte und Kerzen aufstellte, gab Danny vor der versammelten Truppe die letzten Anweisungen für den Fall eines Shifta-Angriffs.

»Die Shifta-Banditen sind im Park. Durch den Regen der letzten Wochen sind alle Wasserlöcher voll und bieten eine ausreichende Trinkwasserversorgung im gesamten Park. Sie haben uns mit einem Vergeltungsschlag gedroht für die Festnahmen von anderen Shifta. Wir haben deswegen einen Helikopter und ein Flugzeug aus Nairobi in Voi in Bereitschaft und ein weiteres Flugzeug im Tsavo West stationiert. Wir werden nun Ranger auf strategisch wichtigen Plätzen um das Ithumba-Hauptquartier herum stationieren, die im Ernstfall einen sofortigen Gegenangriff leisten können«, erklärte Danny die Lage.

»Und was mache ich, wenn es ernst wird?«, fragte ich.

»Solltest du eine Schießerei hören, schließt du dich im Badezimmer ein und schießt zur Abschreckung aus dem Fenster raus, oder …«

»Oder?«

»… oder du nimmst die Waffen und schleichst dich aus dem Haus auf den Ithumba Hill und wartest ab, bis einer von uns kommt.«

»Das sind ja tolle Aussichten! Frohe Weihnachten!«, kommentierte ich Dannys Anweisungen. »Aber ist eine Attacke nicht glatter Selbstmord für die Angreifer?«

»Ja, ohne Zweifel. Unsere Leute sind in Alarmbereitschaft, rund um die Uhr, sind permanent bewaffnet und bleiben in

Uniform. Wir haben außerdem zusätzliche Leute aus Voi angefordert.«

Ich informierte auch Hassan und Wambua, was für die Feiertage geplant war. Sie hatten im Camp einen guten Beobachtungsposten auf dem Felsen. Gedanklich sollten sie sich schon mal darauf vorbereiten, dass es leicht passieren konnte, dass sie im Dunkeln ein Ranger plötzlich aufforderte, sich zu erkennen zu geben, während er hörbar das Gewehr entsicherte.

Nachdem die Vorbereitungen abgeschlossen waren, entspannte sich Danny. Am Heiligen Abend bereitete er den traditionellen Schinken vor, und wir stießen auf die gemeinsame Zukunft und auf die erfolgreiche Auswilderung Mtitos an.

Alles blieb ruhig über die Feiertage, selbst als im Rest des Landes gefeiert wurde. Über das Radio konnten wir miterleben, dass die Menschen auf den Straßen der Städte tanzten, sangen und lachten.

Zum ersten Mal seit Kenias Unabhängigkeit fanden wirklich freie und faire Wahlen statt. Der seit fünfundzwanzig Jahren regierende Präsident und Diktator Moi verlor – sein Herausforderer Mwai Kibaki gewann. Und mit ihm die Hoffnungen auf eine gerechtere Zukunft, in der die Menschen frei ihre Meinung äußern konnten. Und das Erstaunlichste daran: Alles blieb friedlich, und schon drei Tage nach der Stimmenauszählung räumte Moi seinen Platz für den Nachfolger. Für Tage hatten viele Kenianer ein zufriedenes Lächeln im Gesicht, so sehr freuten sie sich auf eine bessere Zukunft in einem neuen, demokratischen System.

Mtito verschwand erneut. Er blieb seinem Gehege fern und kam nur sporadisch, um sich eine Extraportion Fleisch bei Hassan abzuholen. Während dieser Zeit war jeden Abend das Rufen eines Leoparden zu hören, und jedes Mal, wenn Mtito im Camp auftauchte und der Ruf zu hören war, verschwand er sofort wieder, egal ob er gerade fraß oder nur ruhte. Alles schien darauf hinzudeuten, dass er sich mit einem Weibchen zusammengetan hatte.

In meinen Büchern und in der Fachliteratur suchte ich nach Angaben über den Zeitpunkt der Geschlechtsreife für Leoparden und deren Paarungsverhalten. Weibchen, so fand ich heraus, wurden mit zwei Jahren geschlechtsreif. Aber kein Wort über Kater. Die Dauer der Empfänglichkeit gaben Forscher mit »sieben Tage« an.

Als Mtito für drei ganze Tage überhaupt nicht mehr auftauchte, wurden wir nervös und beschlossen, ihn zu suchen. Wambua Junior, Hassan und ich schwärmten morgens aus. Aber sosehr ich auch suchte, ich fand keine Leopardenspuren, nirgends, und den beiden anderen ging es ebenso. Am Nachmittag gingen wir wieder hinaus.

Als ich die Höhle unterhalb von Mtitos Aussichtspunkt passierte, hörte ich einen spitzen Schrei. Es klang wie ein Alarm, Hassan brüllte aus Leibeskräften. Ich erschrak, denn diese hohe Tonlage hatte ich bei ihm noch nicht gehört. Ich rief zurück.

»Was ist passiert?«

»Mtito ist hier, ich hab ihn gefunden«, schrie Hassan zurück.

Kurz darauf erschien unser prachtvoller Leopard aus dem Nichts über mir auf dem Felsen. Er schaute hinunter zu mir, klagend und rufend. Als er näher kam, bemerkte ich eine blutende Fleischwunde an der rechten Schulter. Er begrüßte mich und schob sich dicht an mich. Mit meinen Händen tastete ich nach weiteren Wunden, doch zum Glück fand ich keine andere Verletzung. Er hinkte ein wenig, schien aber wohlgenährt: ein Beweis dafür, dass er fähig war, für sich selbst zu sorgen.

»Ich würde gern wissen, was er erlebt hat und wo er die ganzen Tage war«, sagte ich zu Hassan.

»Vielleicht hatte er tatsächlich ein Rendezvous mit der Leopardin«, mutmaßte er.

»Ja, da kann es ganz schön ruppig zugehen. Um das herauszubekommen, müssten wir ihm einen Sender umhängen. Dann könnten wir seine Aktivitäten und Bewegungen über einen Satelliten auf dem Computer verfolgen.«

»Ja, warum nicht? Das wäre eine gute Idee«, war Hassan begeistert.

»Nein, ich denke, wir sollten ihn nicht mit so einem schweren Gerät am Hals belasten. Er könnte an Ästen und Zweigen, auf Bäumen oder im Dickicht hängen bleiben und hätte vielleicht bei einem Kampf einen Nachteil mit dem lästigen Halsband.«

»Aber es kämen viele neue Daten für die Forschung heraus«, warf Hassan ein.

»Mtito ist kein Forschungsobjekt. Er ist einfach ein Tier einer gefährdeten Art, dem ich eine zweite Chance in der Wildnis geben will. Wir sollten ihn unterstützen und nicht noch zusätzlich belasten.«

Als ich am nächsten Morgen zum Camp kam, lachte Hassan mich an.

»Was gibt's«, fragte ich staunend.

»Exakt sieben Nächte lang hat die Leopardin gerufen. Heute Nacht war es still. Wie du vorhergesagt hast.«

»Das spricht tatsächlich dafür, dass sie rollig war.«

»Ob sie weitergezogen ist?«, fragte Hassan.

»Keine Ahnung. Aber es kann sein, dass sie noch ganz in der Nähe ist.«

Wir brachen mit Mtito zum Spaziergang durch sein Revier auf. Schon nach wenigen hundert Metern durch den Busch schien Hassan angespannt.

»Was ist? Was hast du?«, fragte ich leise.

»Irgendetwas folgt uns«, flüsterte Hassan mir zu.

»Ich hatte auch schon den Verdacht«, gestand ich ihm. »Ich dachte erst, ich bilde es mir nur ein. Aber wenn du das Gleiche empfindest, scheint es wirklich so zu sein.«

Wir liefen aufmerksam weiter. Ich drehte mich oft um, schaute links und rechts, und wir schwiegen mehr als sonst.

»Mtito ist äußerst wachsam und behält den Weg im Blick. Da ist etwas im Busch«, folgerte ich. Ich war nicht wirklich ängstlich, aber doch erstaunt. »Vielleicht ist es die Leopardin?«, sagte ich zu Hassan.

»Und sie will schauen, wo Mtito ist und was er treibt, wenn sie nicht bei ihm ist«, ergänzte er.

»Ich bin gespannt, ob sich Mtitos Freundin uns zeigen wird.«

Kein Leopard kreuzte an diesem Tag unseren Weg. Aber wir wurden das Gefühl nicht los, dass uns vom Camp zu den Felsen und wieder zurück irgendetwas gefolgt war.

22
Große Erwartungen

Das Jahr war friedlich zu Ende gegangen, es hatte keinen der befürchteten Anschläge somalischer Shifta auf das Hauptquartier in Ithumba gegeben, und alles ging seinen gewohnten Gang.

Mtito war wohlauf und ich eigentlich auch. Aber ich fühlte mich irgendwie anders als sonst. Nicht dass ich Schmerzen hatte, aber mein Körper veränderte sich, und ich hatte irgendwie das Gefühl, als wäre ich nicht mehr allein in meiner Haut.

»Ich würde gern bei nächster Gelegenheit in Nairobi einen Arzt aufsuchen«, sagte ich beim Frühstück zu Danny.

Der schaute mich mit einem spitzbübischen Grinsen an. »Aha«, antwortete er. »Ja, kein Problem. Wir können übermorgen fahren.«

In Nairobi besuchte ich einen Arzt. Er machte verschiedene Tests und Untersuchungen. Und dann bestätigte er, was ich vermutet hatte: »Meinen allerherzlichsten Glückwunsch! Sie sind schwanger.«

Mir kamen die Tränen vor Freude, mein Herz schlug bis zum den Hals, ich war überglücklich.

»Sie sind in der siebenten Woche. Der Embryo ist schon zwei Komma sieben Zentimeter lang«, sagte der Arzt während der Ultraschalluntersuchung. Die Herztöne des winzigen Etwas in meinem Bauch waren deutlich zu hören. Für mich war es ein solches Glück, dass ich zugleich lachen und weinen musste.

Auch Danny freute sich vom ersten Moment an, Vater zu werden, und nahm mich in aller Öffentlichkeit in den Arm, was eher ungewöhnlich für ihn war.

»Der Adventsonntag am Lake Woodley, erinnerst du dich?«, meinte er. Wir lachten beide und erinnerten uns gern an den Zauber des späten Nachmittags inmitten des Tsavo.

»Das wird die größte Herausforderung meines Lebens«, sagte ich. »Aber zusammen schaffen wir das schon«, meinte Danny.

Am gleichen Abend rief ich meine Eltern in Deutschland an. Ich war sehr aufgeregt. »Setzt euch erst mal hin«, sagte ich, als mein Vater sich fast 7000 Kilometer entfernt meldete. »Ich habe eine Überraschung!«

Mein Vater kennt mich gut und wusste sofort Bescheid. »Tritt jemand in Mtitos Fußspuren?«, fragte er.

»Ja«, antwortete ich, und nach einer kleinen Pause schob ich nach: »Aber jemand mit nur zwei Beinen.«

Die Freude war groß und auf beiden Seiten überschwänglich.

»Und was wird aus Mtito?«, fragte meine Mutter.

»Der Arzt hat mir zu viel Bewegung an der frischen Luft geraten, die werde ich eben in Begleitung eines Leoparden haben«, antwortete ich.

Mtito. Zum ersten Mal seit einem Jahr hatte er für kurze Zeit nicht meine Gedanken beherrscht. Wie würde er wohl auf meinen Bauch und das neue Leben darin reagieren? Würde er eifersüchtig und aggressiv werden?

Ein paar Tage später sollte ich es erfahren. Wir fuhren den langen Weg von Nairobi überglücklich zurück. Kaum waren wir angekommen, da überbrachte Danny schon Hassan die Neuigkeit, als der zum Haus kam, um uns zu begrüßen.

»Nana ist schwanger!«

Hassan explodierte förmlich vor Freude, gratulierte uns und wiederholte mehrfach: »Was für eine schöne Nachricht!« Und doch glaubte ich ihm anzumerken, dass ihn diese Botschaft nicht besonders überraschte. Er war ein sehr sensibler Mensch, und er hatte sicherlich kleine Veränderungen an mir bemerkt, die ich selbst noch gar nicht realisiert hatte.

Ich wollte zu Mtito, doch Hassan bremste mich. »Mtito ist wieder mal unterwegs«, erzählte er mir. »Ich habe ihn seit heute Morgen nicht mehr gesehen, bin aber seinen Spuren gefolgt. Er hat an den Fußabdrücken eines gleich großen Leoparden geschnüffelt und ist danach wie von einer Hornisse gestochen losgesprintet. Mtito folgt der Fährte des anderen.«

»Er ist am helllichten Tag einem anderen Leoparden nachgelaufen?«, staunte ich.

»Ja, und dafür hat er erstmals auch sein Revier verlassen.«

»Na, da bin ich gespannt. Bestimmt wird er nicht vor dem Abend zurück im Camp sein«, folgerte ich.

Als wir abends hinüberfuhren, war Mtito wie erwartet nicht da. Wir liefen hinauf zum Aussichtspunkt auf dem Felsen, genossen die Aussicht auf die endlose Ebene und die kühlende Brise auf der Haut. Die Sonne verabschiedete sich langsam, färbte die Felsen orangerot, und die Balsambäume *Commiphora* leuchteten hellblau-silbern im letzten Licht.

Dann hörte ich ein Rascheln unterhalb der Felsen und schaute hinab auf den Weg. Und da war er: Mtito lief in der Mitte des Pfades, stolz und aufrecht, sein schönes Fell glänzte im Sonnenlicht. Er fauchte leicht, um seinen Hunger anzumelden.

»Mtito!«, konnte ich nicht widerstehen zu rufen, und sofort hob er den Kopf und beschleunigte sein Tempo durch die dichte Vegetation. Immer wieder antwortete er »ptuff, ptuff« und ließ mich nicht eine Sekunde aus den Augen. Als er uns erreichte, lief er zwischen Danny und mir wie aufgezogen hin und her und rieb seinen Kopf und seinen Körper ständig an einem von uns. Er kletterte auf einen erhöhten Stein und berührte mit seinem Gesicht meinen Bauch.

»Das ist das erste Mal, dass er das tut!«, rief ich Danny zu. »Ob das Zufall ist? Oder weiß er etwas?«

Eine Frage, die natürlich auch Danny nicht beantworten konnte.

»Und wie ist es wohl umgekehrt? Meinst du, ein Baby bemerkt etwas von der Berührung durch die dünne Haut? Vielleicht hört es auch Mtitos Rufe und Fauchen und gewöhnt sich mit der Zeit an den Leoparden, so wie Babys im Bauch schon die Stimmen ihrer Eltern kennenlernen?«

Danny zuckte mit den Schultern. »Wer weiß«, sagte er nur und sah mich liebevoll an.

Mtito verhielt sich völlig friedlich, er freute sich offenbar, dass er uns wiedersah. Für kurze Zeit vergaß ich fast, dass es sich bei dem Leoparden um eine wilde Kreatur und nicht um ein Haustier handelte. Nur uns und Hassan brachte er dieses tiefe Vertrauen entgegen, und niemand sonst würde dieses Privileg besitzen, ihm je so nahe sein. Meine Befürchtungen, dass sich Mtito mir gegenüber wegen meiner Schwangerschaft anders verhalten könnte und schwieriger werden würde, verflogen im Nu. Im Gegenteil, er schien wesentlich zugewandter und beschützend. Er unternahm auch keinerlei Versuche mehr, mich in ein Kräftemessen zu verwickeln, mich anzuspringen oder zu beißen. Alles lief so weit nach Plan.

Als wir aber ein paar Tage später von einem Kurzbesuch im Tsavo-East-Hauptquartier in Voi zurückkamen, holte uns die Schattenseite unseres Lebens im Paradies wieder ein. Es hatte eine weitere Auseinandersetzung zwischen Rangern und Wilderern am Galana River gegeben, deswegen mussten wir schnellstens nach Ithumba zurück, wo Dannys Flieger stand.

Kurz vor Lugards Falls, dem einzigen Übergang vom südlichen Teil des Parks durch den Galana River zum nördlichen Tsavo East, begegneten wir einem weißen Wagen, einem Pickup der getarnten Sondereinheit für Aufklärung im Park. Danny hielt an und sprach mit den Kollegen. Ich dachte mir nichts dabei, glaubte, es wäre eine Routinefahrt.

Auf der Ladefläche sah ich eine Decke liegen, um die massenweise Fliegen surrten, und durch das Fenster unseres Autos drang ein stechender Geruch, der immer intensiver wurde. Schnell wurde mir klar, was sich unter der Decke verbarg: eine Leiche.

Der widerlich penetrante Gestank eines verwesenden menschlichen Körpers setzte sich in meiner Nase so fest, dass es mir ganz anders wurde. Ich versuchte mich abzulenken, träumte mich weg, versuchte an die Schwärme der zauberhaften kleinen Quelea, der Blutschnabelwebervögel, zu denken, die ich am Tag zuvor gesehen hatte. Die sich millionenfach zusammenfanden, um in riesigen Wolken davonzufliegen, so groß, dass sie den Himmel verdunkelten. Winzig kleine Vögel, von denen Experten sagen, dass sich ein einzelner Webervogel nicht als komplette Kreatur empfindet, sondern erst dann, wenn er Teil eines kompletten Schwarms ist, der aus bis zu zwölf Millionen Einzeltieren besteht. Ein unglaubliches Schauspiel, und in all den Jahren in Tsavo das erste Mal, dass ich dieses Wunder der Natur beobachten konnte. Aber auch diese bewusste Ablenkung half nicht. Die Stimmen der Männer holten mich zurück ins Jetzt und Hier.

Danny ließ sich erzählen, was passiert war. »Am Morgen«, so berichtete einer der Ranger, »haben wir Spuren von Wilderern an den Ufern des Galana River gefunden. Als wir die Fährten absuchten, wurden wir plötzlich aus dem Hinterhalt mit Giftpfeilen beschossen. Wir wehrten uns sofort und schossen zurück. Dabei starb einer der Angreifer. Die anderen sind uns entkommen.«

Danny war sich sicher: »Es sind wahrscheinlich die berühmt-berüchtigten Banditen von der Küste. Die haben bereits eine ganze Region um die Lali Hills leer gewildert.«

»Vermutlich waren sie hinter einem der Nashörner her, aber sie haben keines erwischt«, berichtete der Ranger weiter.

Was für ein Glück, dachte ich. In ganz Kenia leben nur noch rund vierhundert Rhinozerosse. Jeder Verlust durch Wilderer bringt die Art dem Aussterben näher.

»Wir sind nun schon etliche Stunden in der heißen Sonne unterwegs und müssen uns beeilen, nach Voi zu kommen, um die Obduktion machen zu lassen«, sagte der Ranger. Deshalb verabschiedeten sie sich von Danny und fuhren weiter, hüllten uns und die Gegend in Staub ein, als sie davonfuhren.

Danny startete schweigend und nachdenklich den Wagen. Wohin mochten die Banditen geflüchtet sein?

Ich konnte seine Gedanken lesen und brach irgendwann das Schweigen. »Vielleicht liegt es an der Schwangerschaft, die mich sensibler macht, aber ich werde den Gestank der Leiche einfach nicht los«, sagte ich zu Danny.

»Das tut mir leid. Aber ich musste unbedingt von ihnen direkt hören, was passiert ist. Ich hatte versucht, sie per Funk zu erreichen, aber das hat nicht geklappt. Ich hätte dir das gern erspart, wenn es nicht so wichtig gewesen wäre«, entschuldigte sich Danny. Seine Stimmung war gründlich verdorben, auch wenn er froh war, dass keiner seiner Männer bei dem Schusswechsel getötet worden war.

In den nächsten Tagen blieb Mtito wieder einmal verschwunden, drei volle Tage war er weg. Ich begann mir Sorgen zu machen. Am Morgen des vierten Tages kam Hassan aufgelöst zum Haus gelaufen. Ich ging hinaus und sah seine ernste Miene.

»Er ist zurück, schwer verletzt, und ich habe ihn ins Gehege eingeschlossen«, sagte er völlig außer Atem. Er wirkte sehr angespannt, ein Zeichen, dass es Mtito wirklich nicht gut ging. Eilig hasteten wir zum Auto, ich fuhr mit Danny und Hassan zum Camp.

»Als ich seine Verletzungen untersucht habe, hörte ich einen anderen Leoparden rufen. Mtito wollte sofort wieder in dessen Richtung gehen. Da habe ich schnell die Tür verschlossen, denn wir müssen erst einmal seine Wunden versorgen«, erzählte Hassan während der Fahrt.

»Das war gut so«, bestätigte ich.

Nach einer ersten Begrüßung durch Mtito schaute ich mir seine Verletzungen an. Mir drehte sich fast der Magen um, und ich konnte mich nicht dagegen wehren, dass mir schwindelig wurde.

»Er hat wieder mit einem Leoparden gekämpft«, war sich Danny sicher. »Diesmal hat er sich wirklich ernsthaft verletzt, das sieht heftig aus. Die Wunden sind noch ganz frisch.«

»Mtito muss direkt zum Camp zurückgelaufen sein, um von uns Hilfe zu bekommen«, meinte ich.

»Am schlimmsten hat es ihn auf der linken Seite erwischt. Das war sicher eine kräftige Pranke«, untersuchte Danny den Kater weiter. Die Verletzung war so groß, dass zwei ganze Rosetten in Mtitos Fell komplett herausgerissen waren. Anstelle des Felles zeigte sich nur noch Fleisch und Blut. Außerdem war die Wunde sehr tief, so tief, dass ich es nicht über mich brachte, genau hinzuschauen. Stattdessen blickte ich in Dannys Gesicht, um herauszufinden, wie schlimm es wirklich war. Er machte eine ernste Miene, sah besorgt aus und schwieg für eine Weile.

Mtito suchte den Kontakt und rieb sich vorsichtig an Danny. Noch war sein Körper nicht steif vor Schmerz, aber es war nur noch eine Frage der Zeit, bis der allgemeine Wundkrampf einsetzen würde.

Mtito stellte sich sehr wacklig auf seine Pfoten und machte unkoordinierte Bewegungen, wie ich sie bei ihm noch nie gesehen hatte; er schaukelte von links nach rechts. Manchmal knickte er ein. Das beunruhigte mich viel mehr als die Wunden an sich.

Danny streichelte ihm übers Fell. Als ihm Hunderte von Haaren aus Mtitos Fell an den Händen kleben blieben, sah er mich vielsagend an.

»Ein sicheres Zeichen für einen extrem hohen Stresslevel«, sagte ich zu Danny.

Da war aber noch etwas, was mir Sorgen machte. Mtitos Blick war anders als sonst. Er hatte einen Ausdruck in den Augen, den ich weder kannte noch deuten konnte. »Lass uns einen Tierarzt anrufen«, schlug ich Danny vor. »Wir brauchen professionellen Rat.«

Er stimmte zu, und kurz darauf, zurück am Haus, wählte er über ein Satellitentelefon die Nummer von Dieter Röttcher in Nairobi. Der deutsche Veterinär lebte seit mehr als vier Jahrzehnten in Kenia, hatte auch für den *Kenya Wildlife Service* gearbeitet und sehr viel Erfahrung im Umgang mit Wildtieren.

Danny erzählte ihm, was passiert war.

»Ich rate euch zu einer hohen Dosierung von Antibiotika. Ihr solltet die Tabletten am besten ins Futter mischen und zusätzlich die Wunden mit Antibiotika-Puder versorgen«, empfahl Röttcher.

Danny wiederholte die Anweisungen laut, sodass ich alles mitschreiben konnte. Die Dosierung schien mir sehr hoch, doch der Arzt wollte wohl absolut sichergehen. Dann reichte Danny mir den Hörer.

»Ampicillin, 250 Milligramm, drei Tabletten zweimal am Tag. Ist das richtig?« »Ja, das ist korrekt, und zwar für fünf Tage.«

»Einige Wunden sind sehr tief. Wie kann ich herausbekommen, ob innere Organe verletzt sind?«, fragte ich weiter.

»Ganz einfach«, antwortete er sehr sachlich. »Wenn das Tier aufhört zu fressen. Das würde vermutlich bedeuten, dass der Magen verletzt ist.«

Ich schluckte und setzte zur nächsten Frage an, die eigentlich eher rhetorisch gemeint war: »Wenn das passieren sollte, können wir uns dann wieder melden und besprechen, wie wir Sie am schnellsten hier vor Ort bringen können?«

»Falls er tatsächlich aufhören sollte zu fressen, dann – so leid es mir tut – kann ich nichts mehr für ihn tun. Ein verletzter Magen bedeutet den sicheren Tod.«

Einen Moment schwieg ich. Dann aber bedankte ich mich für die Ferndiagnose, verabschiedete mich und versuchte, mich zusammenzureißen. Aber als ich Danny erzählen wollte, was Röttcher mir mitgeteilt hatte, hatte ich einen Kloß im Hals.

Danny versuchte mich zu beruhigen. »Noch wissen wir ja gar nicht, ob er irgendwelche inneren Verletzungen hat. Lass uns erst mal die Medikamente besorgen und sehen, wie Mtito darauf reagiert.«

Es dauerte über zwei Stunden, bis wir die Antibiotika aus dem nächstgrößeren Dorf mit einer kleinen Klinik – ungefähr 40 Kilometer auf einer unbefestigten Piste von Ithumba entfernt – bekamen. Als die Tabletten eintrafen, versteckte ich die erste Dosis in einer Hühnerleber, die Mtito immer mit Vorliebe verspeiste.

Mit dem präparierten Futter und dem empfohlenen Puder im Gepäck kehrten wir zurück zu Mtitos Gehege. Obwohl er schwach wirkte, kam er uns entgegengehumpelt. Gespannt gab ich ihm die Hühnerleber und hoffte inständig, er würde sie annehmen.

Alle Sorge war umsonst – er verschlang die Leber buchstäblich und fraß auch das restliche Fleisch, das ich vorsichtshalber mitgenommen hatte. Mir fiel ein unendlich großer Stein vom

Herzen: Es gab noch Hoffnung. »Er frisst!«, jubelte ich. »Zumindest jetzt noch.«

Nach dem letzten Happen kam Mtito zu mir und setzte sich auf seine Hinterbeine neben mich. Als ich ihm durchs Fell kraulte, sah ich, wie sich seine Ohren langsam entspannten und heruntersanken. Der ganze Körper verlor seine Muskelspannung, und er schlief langsam in dieser Haltung ein.

»Die Medizin beginnt zu wirken«, stellte Hassan fest, der Mtito gegenübersaß und sein Gesicht sah. »Und sie fordert ihren Tribut.«

Mtito legte sich hin, hatte aber Probleme, eine Position zu finden, die nicht schmerzte. Schließlich schlief er auf Hassans Liegematte ein.

»Lassen wir ihn in Ruhe«, schlug ich vor. »Wir werden ihn die Nacht über hier im Gehege einsperren. Vielleicht auch noch morgen, mal sehen.«

Am nächsten Morgen lief ich mit dem Futter gespannt zum Camp. Wenn Mtito tatsächlich innere Verletzungen erlitten hatte, dann würden wir jetzt die Auswirkungen sehen.

Als Mtito mich kommen hörte, stand er auf, bewegte sich nun aber steif vor Schmerzen. Das Laufen fiel ihm offensichtlich schwer. Der Wundkrampf hatte inzwischen eingesetzt, wie erwartet.

»Der andere Leopard hat in der Nacht wieder gerufen, aber Mtito hat nicht darauf reagiert. Er schlief durch, wohl auch wegen der Medizin«, berichtete mir Hassan.

Mtito rieb sich an meinem Hosenbein, sodass es schnell völlig bedeckt war mit den Haaren aus seinem Fell. Wie lange dieser stressbedingte Haarausfall wohl anhalten würde?

Ohne Widerspruch nahm Mtito die Fleischstücke, die ich mit den Antibiotika versehen hatte, und fraß auch den Knochen, den ich mitgebracht hatte. Meine Sorge, dass er innere Verletzungen davongetragen hätte, bestätigten sich also Gott sei Dank nicht. Aber mir wurde schwindelig, wenn ich auf das tiefe Loch an seiner Flanke blickte. Würde die Wunde je wieder heilen und von selbst ganz zuwachsen?

Abgesehen von seinen Schmerzen schien Mtito aber in guter Verfassung. »Ich denke, Mtito kann den Tag über draußen bleiben«, schlug ich Hassan vor.

Er stimmte zu und bot an: »Aber ich werde ihn die ganze Zeit im Auge behalten, denn er ist angeschlagen und voller Medikamente. Leichte Beute für einen Artgenossen oder eine Hyäne.«

»Ja, selbst ein Trupp von Pavianen könnte jetzt sein Ende bedeuten«, warnte ich und fuhr mit gemischten Gefühlen zurück zum Haus.

Bis zum Nachmittag gab es keine weiteren Hiobsbotschaften. Dann machte ich mich erneut auf den Weg.

»Ich komme mit, ich werde versuchen, den verletzten Burschen aufzumuntern«, sagte Danny, und wir fuhren gemeinsam zu Mtitos Camp. Dort aber schien alles wie ausgestorben, wir trafen niemanden an.

»Das gefällt mir gar nicht«, raunte ich Danny zu und sprang sofort aus dem Wagen. Abwechselnd riefen wir die Namen von Hassan, Wambua und Mtito.

Wenig später kam Wambua Junior aus dem Gebüsch gelaufen. »Seit zwei Stunden ist Mtito weg. Hassan war mit ihm auf dem Aussichtspunkt. Für einen Augenblick hatte er ihn aus den Augen gelassen – und schon war Mtito verschwunden. Seitdem rufen und suchen wir ihn. Aber wir haben noch keine Spur von ihm.«

Nicht lange, und Hassan gesellte sich dazu.

»Wir müssen ihn finden, bevor es dunkel wird«, gab ich den Anstoß, noch intensiver zu suchen. »Er muss die Nacht unbedingt im sicheren Gehege verbringen. Und er braucht seine Antibiotika.«

Wir schwärmten alle aus und riefen unentwegt weiter Mtitos Namen. Dann war es Danny, der plötzlich alle zusammentrommelte.

»Hierher! Ich habe Mtito gefunden!«, rief er.

Ich lief, so schnell ich konnte, zu ihm und sah, wie Mtito aus einem Gebüsch hervorhumpelte. Offensichtlich unter großen Schmerzen kam er zu uns.

»Ich habe ihn ganz zufällig entdeckt, als er unter einem Busch am Wasserloch hervorkroch. Nur Sekunden vorher hat er Wambua und Hassan einfach vorbeilaufen lassen«, berichtete Danny.

»Das ist ja merkwürdig«, reagierte ich.

Mtito fiel mir direkt vor die Füße und lehnte sein ganzes Gewicht gegen meine Beine.

»Er hat sein Versteck erst nach deinem Rufen verlassen«, ergänzte Danny. »Erst nachdem er deine Stimme gehört hat, Nana.«

»Wenn er krank ist, bin ich wohl immer noch seine Ersatzmutter. Dann kommt er am liebsten zu mir«, stellte ich nicht ganz ohne Rührung fest. Ich tastete Mtitos Körper ab. Seine Muskulatur war verhärtet, er machte einen sehr nervösen und angespannten Eindruck auf mich. »Wahrscheinlich sind das die Nebenwirkungen der Medikamente. Mtito sieht so aus, als wäre er ganz verwirrt. Vielleicht hat er deshalb Hassan und Wambua nicht erkannt.«

Und tatsächlich, als die beiden bei uns eintrafen, wurde Mtito sehr unruhig, legte seine Ohren an, duckte sich und schaute nach einem Fluchtweg. Er wirkte fast panisch und verhielt sich wie ein Leopard in einer Falle. Nie zuvor hatte ich dieses Verhalten an ihm erlebt.

»Ruhig, Mtito, ruhig. Alles ist gut«, versuchte ich ihn mit permanentem Zureden zu besänftigen.

»Sprecht mit ihm, damit er eure Stimmen hören und erkennen kann«, empfahl ich Hassan und Wambua. So machten sie es, und Mtito entspannte sich sichtbar.

Offenbar hatten die Medikamente erhebliche Nebenwirkungen, vielleicht auch wegen der hohen Dosierung. Mtito war so durcheinander, dass er nach seinem Fressen den Wassernapf leer trank und ihn anschließend als Katzenklo missbrauchte. Bald danach legte er sich hin und schlief schnell ein. Ich war froh, dass er in Sicherheit war. Besonders als wir abends Löwen in der Gegend brüllen hörten.

Die folgenden Tage zeigten einen Aufwärtstrend bei Mtito; mehr und mehr schien er sich von seinen Verletzungen zu erholen. Nachts ließen wir ihn im Gehege, damit er sich ohne Gefahr durch Artgenossen oder Feinde weiter regenerieren konnte. Er bekam weiterhin zweimal am Tag seine Medikamente.

Am Tag nachdem wir die Antibiotikabehandlung beendet hatten, machte ich mich früh auf zum Camp. Als ich es erreichte, rief ich Mtito, und sofort galoppierte er auf mich zu. Er beschleunigte rasant und sprintete so beindruckend, dass ich es fast mit der Angst zu tun bekam. Wie sollte ich dieses geballte Muskelpaket abbremsen, ohne umzufallen?

Schnell machte ich einen Ausfallschritt mit einem Fuß nach hinten und verlagerte mein Gewicht nach vorne, um die Kollision mit rund vierzig Kilo ohne Schaden, vor allem für mein Baby im Bauch, zu überstehen. Automatisch streckte ich die beiden Laufstöcke nach vorn und rief Mtito ein energisches »Nein!« zu.

Er kam näher und näher, die Ohren standen aufrecht und seine Augen strahlten vor Freude. Umdrehen und davonrennen konnte ich nicht, das würde eine ganz falsche Botschaft an ihn senden. Aber als könnte er meine Gedanken lesen, zog Mtito die Notbremse, streckte wenige Meter vor mir die Vorderbeine nach vorne, um abzubremsen und stoppte genau vor mir, sodass seine Pfoten gerade noch meine Zehen berührten. Mein Bauch blieb unberührt. Maßarbeit! »Ptuff, ptuff«, grüßte er und rieb sich wohlig an meinen Beinen. Dabei umarmte mich sein langer, beweglicher Schwanz.

Rund um die vielen Wunden wuchs neue rosa Haut und begann sich zu schließen. Sein Fell fiel nicht mehr aus. Noch aber hatte es nicht ganz den alten Glanz wiedererlangt.

Mtito sprang auf, flitzte und attackierte vor lauter Übermut Pflanzenstängel und Blätter am Wegesrand, schlug sie mit der Pranke zur Seite oder biss ungestüm hinein. Hassan konnte seine Freude darüber nicht verbergen, dass Mtito wieder neue Kräfte hatte. »Er ist wieder fast der Alte«, rief er.

Ich legte Mtito einen Knochen ins Gehege. Er registrierte sofort, dass ich ihm nicht mehr einzelne Fleischstücke aus der Hand anbot, sondern dafür diesen ganzen Knochen hinlegte. Er hastete ins Gehege, sprang auf seinen Felsen, hockte sich vor das Fleisch, begrüßte es sogar mit seinem »ptuff« und verschlang es im Nullkommanichts. Seine erste Mahlzeit ohne Medizin seit vielen Tagen.

Mtito war jetzt rund dreizehn Monate alt; genau ein Jahr davon lebte er bei uns. Seine Nase bekam die gleiche Farbe wie seine Zunge, und seine Augenfarbe ähnelte immer stärker dem dunklen Braun im Fleckenmuster seines Fells. Trotz der erheblichen Verletzungen war er zu einem besonders schönen Exemplar seiner Art gereift.

In den folgenden Tagen verbrachte er viel Zeit allein in der Wildnis. Wenn er mal zurück ins Camp kam, dann meist mit einem runden, gefüllten Bauch, was uns bewies, dass er immer erfolgreicher für sich selbst sorgen konnte. Ich beschloss, ihn nur noch einmal am Tag zu füttern, denn offensichtlich waren die Zugaben nicht mehr so notwendig.

Hassan trat seinen Urlaub an, und so musste Wambua seine Rolle übernehmen. Er berichtete mir, dass Mtito häufig sein Revier kontrollierte und während der heißesten Stunden des Tages ins Gehege zurückkehrte, sich dort im Schatten auf den Boden legte und alle viere in die Luft streckte, damit die leichte Brise über sein Bauchfell streichen konnte.

Was aussah wie Muße, hatte allerdings einen biologischen Grund: Die dünne Haut des Bauches wirkt wie ein Fenster. Über diese Stelle kann eine Katze überschüssige Wärme des Körpers abgeben und sich kühlen. Denn schwitzen können Leoparden nicht, sie haben keine Schweißdrüsen und müssen Speichel an der Zunge verdunsten, um sich beim Hecheln abzukühlen.

Die folgenden Tage verliefen friedlich, und ich konnte mich endlich in Ruhe mit dem Gedanken vertraut machen, dass ich ein Kind bekam, konnte darüber nachdenken, wie sehr das unser Leben im Busch verändern würde. Ich begann sogar die Ratgeber für Schwangerschaft und Geburt zu lesen, die ich mir aus Nairobi mitgebracht hatte.

Ich merkte, wie sich das kleine Wesen in meinem Bauch entwickelte, und genoss eine glückliche und beschwerdefreie Schwangerschaft. Trotz der einschneidenden Veränderungen, denen wir entgegensahen, blieb vieles beim Alten. Vor allem, dass sich weiterhin nichts in unserem Leben in Ithumba vorhersagen ließ.

Zwei Wochen nach Mtitos Genesung kam Wambua am frühen Morgen zum Haus gelaufen und erzählte Kimwele und mir aufgeregt, was passiert war.

»Mtito wurde von einem anderen Leoparden gejagt«, kam er sofort zur Sache. »Er war den ganzen Tag und die ganze Nacht draußen, alles blieb ruhig. Aber heute Morgen um fünf Uhr wurde ich von einem lauten und mächtigen Ruf eines Leoparden in meiner Nähe geweckt.«

»Aber das ist doch nichts Neues?«, fragte ich.

»Doch. Dieser Ruf war sehr durchdringend und sehr nah. Ich fühlte, dass etwas nicht in Ordnung war, und konnte nicht mehr schlafen. Und um sechs sah ich dann Mtito mit Höchstgeschwindigkeit ins Camp rennen. Er kam aus den Grasfeldern unterhalb seines Geheges, sprintete wie vom Teufel verfolgt direkt hinter meine Unterkunft und versteckte sich hinter mir.«

»Und dann?«

»Ich sah den anderen Leoparden, er rief wieder laut und durchdringend. Er war groß und kräftig, hatte kaum Markierungen in seinem Fell, das sehr dunkel war. Als er mich sah, setzte er sich neben Mtitos Gehege auf den Felsen und rief so laut, dass es sich anfühlte, als würden die Felsen vibrieren.«

»Und was hast du gemacht?«, wollte ich wissen.

»Kannst du dir vorstellen, wie man sich fühlt, wenn man so dicht neben einem Raubtier steht, das zu allem entschlossen scheint? Ich habe von Kopf bis Fuß gezittert.«

»Das glaube ich dir gern.«

Da fuhr Wambua aber auch schon fort. »Ich hatte nur einen Gedanken im Kopf – dieses Tier zu vertreiben.«

»Und wie wolltest du das anstellen?«

Wambua Junior grinste, und sein Stolz war unübersehbar. »Ich habe das schwere Metalltor unserer Behausung hochgeschoben und es dann von ganz oben runterknallen lassen. Dieses krachende Geräusch hat den Leoparden verjagt.«

»Großartig, Wambua! Und Mtito?«

»Ich bin raus und habe geguckt, ob die Luft rein ist. Der andere Leopard war tatsächlich verschwunden. Dann habe ich Mtito angeschaut. Auch er zitterte am ganzen Leib, hatte aber keine neuen Wunden.«

»Ich denke, Mtito hatte großes Glück. Er hat sich richtig verhalten, ist zum Camp zurückgeflüchtet. Das zeigt, wie wichtig unsere Unterstützung für ihn immer noch ist.«

Kimwele hatte sich die ganze Geschichte aufmerksam angehört und bemerkte: »Ich denke, die Beschreibung passt genau auf den alten Ithumba-Leoparden. Er ist dunkel wie ein Panther, er ist groß und sehr territorial. Ein kolossales Tier, aber eine große Gefahr für Mtito.«

Möglicherweise hatte Kimwele recht. Ich wollte mir aber ein eigenes Bild machen und fuhr hinüber zu Mtitos Camp. Der Kater war völlig überdreht. Er rührte sein Futter nicht an, lief auf und ab und schien jederzeit bereit, einen Streit anzufangen. Ich musste mich äußerst vorsichtig bewegen, denn ich trug ja nicht nur für mich, sondern auch für mein Baby Verantwortung. Daher zog ich mich lieber zurück, auch wenn ich gern geblieben wäre, um Mtito zu besänftigen.

Dann untersuchte ich die Umgebung auf Spuren des Kontrahenten. Bereits wenige Meter von seinem Gehege entfernt fielen mir außerordentlich große Tatzenabdrücke im Sand auf. Ich folgte der Fährte und konnte sie fast bis zum Hauptquartier finden. Dieser große Leopard schien sich hier überall ganz selbstverständlich zu bewegen.

Am Abend hatte sich Mtito beruhigt. Doch mich plagten

Zweifel. Würde es Mtito jemals schaffen, allein in der Wildnis zu überleben?

Danny war auf einer seiner Missionen, so diskutierte ich mit Kimwele die Zukunft des Leoparden.

»Was meinst du, wird Mtito eine Chance haben, allein auf sich gestellt?«

»Ja, das denke ich schon. Er jagt selbst, er verteidigt sich. Klar, hin und wieder bekommt er eins drüber. Er lernt eben die Regeln der Wildnis«, war sich Kimwele sicher.

»Aber wie wir gerade wieder gesehen haben, braucht er immer noch unsere Hilfe. Wann ist der richtige Zeitpunkt, ihn völlig loszulassen?«, zweifelte ich.

»Er hat uns doch schon gezeigt, dass er gut allein klarkommt, und bricht mehr und mehr den Kontakt mit uns ab.«

»Das stimmt«, meinte ich. »Es ist halt eine große Verantwortung, die ich für das Tier übernommen habe. Und ich habe Angst, dass es uns am Ende doch nicht gelingt, dass Mtito selbstbestimmt und in Freiheit leben wird.«

Kimwele schaute mich an: »Ich finde, du machst das schon ganz gut. Alles ist richtig so.«

23
Nani

Mtito war mittlerweile fünfzehn Monate alt. Nicht mehr täglich, aber doch noch regelmäßig ging ich mit ihm durch sein Revier. Von seinem schweren Kampf behielt er lediglich eine Narbe im Fellmuster zurück.

»Was für ein bildschönes Tier«, dachte ich einmal mehr, als er an diesem Tag so vor mir durch den Busch stolzierte. Seine Schulterblätter erreichten die Höhe meiner Oberschenkel, und ich konnte ihn nun mit ausgestreckten Fingern berühren, ohne mich bücken zu müssen. Er war kräftig, gesund und wohlgenährt, zeigte alle Merkmale eines ausgewachsenen Leoparden.

Aber an diesem Tag lief er irgendwie anders. Statt wie gewohnt seinen Schwanz elegant von links nach rechts tanzen zu lassen, ließ er ihn einfach schlapp herabhängen. Die Hinterbeine zog er eingeknickt hinter sich her und schaukelte dadurch bei jedem Schritt.

Als wir zum Gehege zurückkamen, erwartete uns Danny, und ich erzählte ihm von Mtitos seltsamem Gang.

»Das hat mich an Penny erinnert. Die verhielt sich genauso, wenn sie läufig war. Joy Adamson hat in ihrem Buch genau diesen Gang beschrieben, in dem die Leopardin vor ihrem Betreuer herlief, wenn sie rollig war.«

»Aber Mtito ist ein Kater«, sagte Danny. »Zeigt er dieses Verhalten auch Hassan und Wambua gegenüber?«

»Nein, er macht das nur, wenn ich mit ihm allein bin«, entgegnete ich.

»Dann hat es womöglich wirklich etwas mit dir und eventuell auch mit der Schwangerschaft zu tun«, mutmaßte Danny.

In der Tat war mir aufgefallen, dass Mtito sich, seitdem ich schwanger war, mir gegenüber extrem beschützend verhielt, geradezu eifersüchtig.

Kaum hatte Danny den Satz ausgesprochen, duckte sich Mtito, legte die Ohren an, stellte die Schulterblätter auf und fixierte ihn mit seinem Blick. Er wollte ihn eindeutig – und zwar heftig – angreifen. Danny zögerte keinen Moment, seinen Stock gegen Mtito einzusetzen und wehrte ihn ab, als der mit den Vorderpfoten nach ihm schlug.

Mtito zog ab und markierte jeden Stein und Busch der Umgebung mit der besonders intensiven Duftmarke. Es dauerte eine ganze Weile, bis er sich beruhigte. Sein Stolz schien verletzt, er hatte den Kürzeren gezogen und fühlte sich als der Unterlegene.

»Der ist eifersüchtig«, stellte Danny fest. »Er duldet keinen anderen Mann in deiner Nähe.«

Ich war völlig verblüfft von Mtitos Attacke. »Ich glaube, er will dich tatsächlich nicht in meiner Nähe sehen. Wambua und Hassan lässt er in Ruhe. Die sieht er mehr als Brüder denn als Konkurrenten.«

»Er will dich beschützen, weil du mit dem Baby verletzlicher bist. Wer hätte das gedacht? Ich muss meine Frau mit einem Leoparden teilen«, lachte Danny. »In Zukunft werde ich vorsichtiger sein, wenn ich mit euch gehe.«

Vorsicht, das war das Stichwort. Am Abend packte ich eine Tasche mit Kleidungsstücken für ein paar Tage zusammen. Der nächste Untersuchungstermin für meine Schwangerschaft stand an.

In Nairobi angekommen, übernachteten wir wie gewohnt im Aero Club. Als Erstes trafen wir dort Tony Fitzjohn, der uns erzählte, dass Jipe, die kleine Löwin, die ich in seine Obhut gegeben hatte und die nun frei in Tansania lebte, gerade wieder Junge bekommen hatte.

Ihren letzten Wurf hatte sie verloren, da sie keine Milch hatte und ihre Kleinen deshalb nicht ernähren konnte. Diesmal waren es nur zwei Jungtiere, und alles lief bisher wunderbar. Eine schöne Nachricht.

Danny wollte den Besuch in der Hauptstadt nach dem Arzttermin für Besprechungen mit Kollegen und Vorgesetzten nutzen. Zusammen fuhren wir zur Hauptverwaltung des *Kenya Wildlife Service* am südlichen Rand der großen Stadt. Nur ein paar Kilometer von der Innenstadt entfernt, für die man aber in dem immer chaotischer werdenden Verkehr bisweilen Stunden brauchen kann.

Das Hauptquartier der staatlichen Wildtierbehörde liegt gleich neben dem Eingang zum Nairobi National Park. Es ist der einzige Nationalpark weltweit, der in einer Hauptstadt liegt und in dem man vor der Skyline der Metropole – neben einer Vielzahl anderer Tierarten – Giraffen und Nashörner sehen kann. Mit einem Zaun zur Stadt hin, aber offen bis hinüber zum Kilimandscharo.

Ich wollte die Zeit, die Danny in der Verwaltung zu tun hatte, im kleinen Waisenhaus für wilde Tiere, dem *Orphanage,* verbringen, schauen, ob es Neuzugänge gab und wie sie untergebracht waren.

Der erste Pferch neben dem Eingang schien leer und verlassen. Es gab aber eine Hinweistafel auf die Bewohnerin: eine junge Leopardin, Nani mit Namen. Ich erinnerte mich an die Geschichte der kleinen Leopardenkatze; sie war in einer Falle gefangen worden, die eigentlich für ihre Mutter bestimmt war. Anstatt das Jungtier, das aller Wahrscheinlichkeit nach zur Mutter zurückgekehrt wäre, sofort wieder freizulassen, hatte man es in das Waisenhaus gebracht.

Dieser Vorfall hatte mich schon geärgert, als ich davon aus der Zeitung erfuhr. Da wollen Menschen gern in der Nachbarschaft zum Nationalpark leben, gleichzeitig aber nicht auf ihre Haustiere verzichten, die jedoch Raubtiere anziehen. Die Leopardenmutter sollte gefangen werden, weil sie Hühner auf einem Grundstück im Wanderkorridor der Wildtiere gerissen hatte, der direkt zum Park führte. Stattdessen landete die kleine Nani im Käfig.

Ich versuchte die Leopardin irgendwo zu entdecken, bekam aber keine Chance. Sie hielt sich, wie Leoparden das gerne tun, vor neugierigen Blicken verborgen. Wahrscheinlich versteckte sie sich in dem kleinen Holzverschlag in der Ecke ihres Käfigs. Dabei wollte ich es belassen, mich umdrehen und gehen. Aber das Schicksal hatte wohl einen anderen Plan.

Der diensthabende Ranger kam auf mich zu. Er wusste, wer ich war. »Ich kann Sie durch das Waisenhaus führen«, bot er an.

»Das ist nett«, willigte ich ein. Aber es deprimierte mich schnell, all die Gehege zu sehen, oft nicht größer als Käfige, die Tafeln zu lesen und die Geschichten zu hören, die der Ranger über die Tiere erzählte.

Einigen Insassen schien die Gefangenschaft weniger auszumachen als anderen. Trotzdem: Sie lebten alle hinter Gittern. Löwen, Geparde, eine Servalkatze, Sokoke-Katzen, Kudus, Strauße, Oryx-Antilopen und Warzenschweine. Mussten sie wirklich alle hier in Obhut leben, wo doch die Freiheit für sie gleich hinter dem Tor im Nationalpark hätte anfangen können?

Der Ranger stellte mich einem Tierpfleger vor. »Haben Sie schon die kleine Leopardin gesehen?«, fragte er.

»Nein, bisher noch nicht«, antwortete ich.

Vielleicht hatte er mir angemerkt, dass ich neugierig war und das Tier nur zu gern gesehen hätte. Jedenfalls bot er mir an, mich zu ihr zu bringen. Und da war sie! Sie lag auf einem Heuhaufen in dem Holzverschlag, zischte und fauchte, als wir langsam näher kamen. Ich versuchte es mit dem Prusten-Ruf. Es war mir egal, ob der Tierpfleger jetzt dachte, ich sei nicht ganz bei Verstand.

»Ptuff, ptuff«, machte ich. Der junge Pfleger schaute mich fragend an, schwieg aber höflich.

Nani hörte auf zu fauchen, entspannte sich, ihre feindliche Abwehr wich unverhohlener Neugier.

»Ptuff, ptuff«, wiederholte ich. Sie stellte die Ohren auf und richtete sie zu mir aus. Den Ruf beantwortete sie nicht, aber sie schien mich auch nicht mehr als Gegnerin anzusehen.

»So habe ich Nani noch nie erlebt. Sonst ist sie immer wild. Das ist erstaunlich«, wunderte sich der Pfleger.

Hass und Misstrauen waren aus ihrem Blick verschwunden. Ich versuchte es noch einmal, sprach sie noch einmal an, und sie bewegte die Ohren wieder in meine Richtung.

Ich denke, das war der Augenblick, in dem ich mein Herz an das kleine Tier verlor. Was für ein bezauberndes kleines

Weibchen, so zerbrechlich, so verletzlich, viel schmaler, als Mtito je gewesen war. Sie wollte Aufmerksamkeit, wollte verstanden und endlich wie ein Leopard behandelt werden. Der kurze Blick, der mich traf, war eine einzige Bitte. Auch wenn ich die Konsequenzen keineswegs bedachte, versprach ich ihr mit meinem Blick: Ich hol dich hier raus, du kommst zurück in die Freiheit!

Als Danny aus seiner Besprechung kam, erzählte ich ihm sofort von der Leopardin. »Du kennst ihre Geschichte, sie wurde in Kitengela gefangen. Ich würde sie gern nach Ithumba holen. Sie ist etwa neun Monate alt, damit wäre ihre Auswilderung weniger zeitintensiv als bei Mtito. Sie hat die meiste Zeit ihres kurzen Lebens unter der Führung und Fürsorge ihrer Mutter und einem Geschwister in der Natur verbracht. Nani ist mit Muttermilch aufgewachsen und hat viel von ihrer Mutter gelernt. Sie muss uns gegenüber nicht dasselbe Vertrauen aufbauen wie Mtito, braucht nicht denselben intensiven Kontakt, und wir müssen sie auch nicht in der Wildnis begleiten«, zählte ich all die Argumente auf, die für eine Freilassung im Tsavo sprachen.

Danny hörte sich alles an, überlegte kurz und versprach mir, mich bei diesem Vorhaben zu unterstützen. »Du weißt aber, wie schwierig es ist, eine Auswilderungsgenehmigung gerade für Leoparden zu bekommen«, dämpfte er meine Erwartungen. Dann aber schob er nach: »Andererseits bin ich fast sicher, dass es klappen wird, denn sie ist nicht sehr beliebt beim Pflegepersonal, so aggressiv wie sie ist. Und wenn du sagst, dass sie nur in ihrer Höhle hockt und nie rauskommt, gilt sie auch als schlechtes Exponat für das Waisenhaus. Denn die Besucher bekommen sie nie zu sehen. Du könntest in Nanis Fall Glück haben.«

Danny ging noch mal ins Büro, sprach mit einigen der Verantwortlichen und kam mit dem Versprechen zurück, dass man die Anfrage bearbeiten werde. In der Tat sehe es in diesem Fall ganz gut aus. Man wolle Nani gerne loswerden.

»Dann können wir sie bald mitnehmen?«, drängelte ich.

»Ganz so schnell wird es nicht gehen. Wir müssen auf die offiziellen Papiere warten, dann erst kann Nani vom Tierarzt untersucht und geimpft werden. Das wird noch etwas dauern. Aber ich werde dranbleiben und immer wieder nachfragen«, versprach Danny.

Und es gab auch sonst noch viel vor der möglichen Umsiedlung von Nani zu tun. Wir mussten Sponsoren finden, die das Projekt finanziell unterstützten, mussten einen geeigneten Platz suchen und finden, wo wir ihr Gehege bauen konnten. Und das, obwohl mein Arzt nachdrücklich gemahnt hatte, ich solle mich mehr ausruhen.

»Sie muss sich bei uns nur an die neue Umgebung gewöhnen, an die fremden Gerüche und Geräusche und das heißere Klima. Ich hoffe, dass sie in der Zeit, in der wir sie bei uns gefangen halten müssen, auch gleich ihre Milchzähne verliert, sodass wir ihr durch diese schwere Zeit mit geeignetem Futter helfen können. Danach kann sie wieder in Freiheit leben.«

Ich wusste, unsere Entscheidung war richtig für Nani. Zurück in Ithumba, überbrachte ich Kimwele die Neuigkeit. Er schaute mich mit großen Augen an.

»Du scherzt, Nana, ich glaube das nicht. Noch ein Leopard?«

Als ich ihm ausführlicher von Nani und unseren Plänen mit ihr erzählte, war er dann aber doch einverstanden mit einem weiteren Schützling.

Nun begannen die Vorbereitungen. Ein geeigneter Platz musste gefunden werden. Einerseits sollten wir ihr Auswilderungsgehege gut erreichen können, andererseits musste sie dort alles finden, was eine Leopardin brauchte. Gibt es dort ausreichend Beutetiere in der Regen- wie auch in der Trockenzeit und Wasser in erreichbarer Nähe? Wir mussten auch herausfinden, was es dort an Leoparden, Affen und Löwen gab.

Die Zeit war ein anderer wichtiger Faktor. Wir sollten warten, bis es regnete, sollten die ganze Aktion aber abgeschlossen haben, bevor ich zur Geburt unseres Kindes nach Nairobi musste.

Auch das Gehege musste gut geplant werden. Nani würde, anders als Mtito, über viele Wochen ihre Zeit ausschließlich darin verbringen müssen, um sicher zu stellen, dass sie nicht sofort nach Kitengela nahe des Nairobi-Nationalparks zurücklaufen würde, um ihre Mutter zu suchen. Das Gehege musste so groß sein, dass sie ausreichend Bewegung hätte, und ein Dach haben gegen Sonne und Regen. Und zum guten Schluss musste es nah genug sein, damit ich jeden Tag nach ihr sehen konnte, ohne Mtito zu vernachlässigen.

»Vielleicht hat Nani ja auch einen guten Einfluss auf Mtito. Denn es gibt wieder Ärger mit ihm«, meinte Kimwele.

»Schon wieder? Was hat er denn dieses Mal angestellt?«, fragte ich sofort nach.

»Ein Mechaniker hat einen Leoparden gesehen, wie er aus dem Haus von Wambua Senior kam und etwas im Maul trug.«

»Ich dachte, es sei eine Manguste, die bei Wambua räubert«, ging ich dazwischen.

»Nun ist die Manguste eben zum Leoparden herangewachsen«, erklärte Kimwele nicht ohne Ironie im Tonfall, und er fuhr fort: »Dieser Räuber, ob nun Manguste oder Leopard, geht nachts ein und aus und stiehlt Fleisch aus der Küche, behaupten die Arbeiter. Und der Störenfried durchstöbert nachts auch den ganzen Abfall bei Wambua Seniors Haus.«

»Ich hab Wambua schon mehrfach gesagt, er darf seine Essensreste nicht in eine offene Tonne werfen. Wir leben hier inmitten der Wildnis. Es ist doch nur eine Frage der Zeit, bis sich wilde Raubtiere und Aasfresser des Abfalls bedienen und sich daran gewöhnen«, schimpfte ich. »Und etliche Glasscheiben in seiner Tür fehlen, sodass jedes Tier ein und aus gehen kann und geradezu angelockt wird, wenn dann auch noch Fleisch offen in der Küche liegt.«

»So sind hier viele, sie sind nachlässig und verhalten sich nicht gerade verantwortungsvoll«, bemerkte Kimwele dazu.

»Aber so etwas macht Mtito zu einem Haustier und gefährdet seine erfolgreiche Auswilderung. Fürchterlich!«

»Er hat auch Autos demoliert, hat die Bezüge von Sitzen zerrissen und die Abdeckung von Reservereifen zerfetzt. Die Leute werden ungehalten.«

Ich wollte es nicht glauben, schüttelte den Kopf und meinte zu Kimwele nur noch: »Meinst du, wir müssen Mtito noch einmal umsiedeln?«

»Vielleicht wäre es das Beste«, antwortete er.

»Ich werde die Vorwürfe überprüfen«, sagte ich und wusste schon jetzt, dass es so nicht weitergehen konnte. Mtito musste in jedem Fall noch einmal umziehen. Noch weiter weg von Ithumba.

Es war heiß geworden, die Temperaturen stiegen mit jedem Tag. Tsavo trocknete wieder aus, die dichte dschungelartige Vegetation verschwand scheinbar über Nacht und gab den Blick wieder frei auf die rote Tsavo-Erde.

Vom Küchenfenster aus konnte ich sehen, wie die Felseneidechsen Löcher in den Boden bohrten, um Eier zu legen. Ein Zeichen dafür, dass die Brutzeit im Tsavo wieder anbrach.

Danny kam und ging, wie immer. Wie so oft saß ich am Abend allein auf der Terrasse und lauschte, ob seine Maschine zu hören war. Wenn es dunkel wurde und kein Dröhnen in der Luft lag, wusste ich, dass er auch an diesem Tag nicht mehr heimkehren würde. Wie schrieb Karen Blixen so treffend: Männer gehen raus und beweisen sich, und alles, was Frauen beweisen dürfen, ist ihre Geduld.

Das Thermometer kletterte auf die höchsten Temperaturen seit zweiundvierzig Jahren, und Meteorologen sprachen von einer rekordverdächtigen Hitzewelle in ganz Kenia. Auch die Nächte brachten keine Erholung, waren unerträglich. Wenn wir nicht alle schon total lethargisch gewesen wären, hätten wir verrückt werden können.

Alles ging schief in diesen Tagen. Wambua Junior kam nicht aus seinem Kurzurlaub zurück, so konnte Hassan nicht zu seiner kranken Mutter, Wambua Senior verschwand einfach spurlos für ein paar Tage.

Mtitos Camp hatte kein Wasser. Von den drei großen Tonnen waren zwei verschwunden, und die dritte war leer. Ich konnte die Tonne nicht transportieren, um sie aufzufüllen, mein Auto hatte keine Ladefläche; Wambuas Auto war zusammen mit ihm verschwunden, und Wambua Junior, den wir gebraucht hätten, die Tonnen auf- und abzuladen, war ja auch nicht da. Also zurück zu den alten Zwanzig-Liter-Kanistern.

Als Kimwele für ein paar Tage zu Hause bei seiner Familie war, entwickelte der Generator ein Eigenleben, ging zu den merkwürdigsten Zeiten an und aus, funktionierte aber nie dann, wenn man ihn brauchte. Die Hyänen spielten jede Nacht verrückt, heulten und kicherten so laut, dass ich dachte, sie stünden in meinem Schlafzimmer. Sie fraßen sich die Bäuche mit dem Abfall voll, der in offenen Tonnen neben dem Haus der Ranger stand. Dieses Problem war immer noch nicht beseitigt. Ich konnte nur hoffen, dass es endlich regnen würde, damit die Gemüter sich abkühlten und das Leben endlich wieder normal weitergehen würde.

Trotz der Hitze fuhr ich jeden Tag in die unterschiedlichen Richtungen des Parks und suchte nach einem geeigneten Platz für Nani. Sah die Gegend vielversprechend aus, ging ich zu Fuß weiter, kletterte über Felsen und Geröll.

Wenn die Sonne mich zu kochen schien, wurde mir manchmal schwindelig, und ich fragte mich, ob es wirklich gescheit sei, mit einem Babybauch bei dieser Hitze durch den Busch zu laufen. Sonst, so wusste ich, tut das niemand in der Nähe des Äquators.

Dann endlich kam der lang ersehnte Regen, fast einen Monat verspätet. Heftige hundert Liter Wasser pro Quadratmeter weckten die Schildkröten aus ihrem Tiefschlaf und ließen sie aus ihren Erdlöchern kriechen, bevor sie zu ertrinken drohten. Die Natur feierte ein Fest, und wir feierten mit.

Das Baby in meinem Bauch bewegte sich, boxte besonders gern dann, wenn Danny oder Mtito zugegen waren. Der Regen vertrieb alle Spinnweben, auch die mentalen, wir konnten wieder klar denken und endlich auch einen vernünftigen Plan für die beiden Leoparden machen. Die Gegend am Tiva River schien die beste Option. Danny und ich kannten die Gegend gut, hatten oft an freien Tagen hier Picknick gemacht und den Elefanten zugesehen, wenn sie im Fluss badeten.

»Warum sind wir nicht gleich darauf gekommen?«, fragte ich mich und Danny.

Der Fluss lag rund 20 Kilometer von Ithumba entfernt und war die Lebensader des Parks in der Regen- wie in der Trockenzeit. Ein paradiesisches Fleckchen mit weißen Sandstränden, grünen Riedgräsern, Palmen und einer Vielzahl von Wildtieren, die sich vor allem in der Trockenzeit hier versammelten.

»Mtito hätte genügend Jagdmöglichkeiten«, war ich mir sicher. »Er wird das sandige Ufer und das Wasser lieben, wird Fische fangen und sich an das salzige Wasser gewöhnen. Am Tiva hat er alles, was er braucht. Dasselbe gilt für Nani«, meinte ich zu Danny.

Auch er war von der Idee überzeugt. »Wenn wir beide Gehege in derselben Gegend bauen könnten, wäre das ein logistischer Vorteil, denn zwanzig Kilometer im Park bedeuten eine Stunde Fahrt. Wir sparen uns eine weitere Tour«, unterstützte er meinen Vorschlag.

»Und vielleicht sollten wir die beiden einander vorstellen? Kann sein, dass es Mtito helfen würde, dauerhaft hierzubleiben«, meinte ich.

»Vier Kilometer zwischen beiden Camps sollten ausreichen, sie zunächst getrennt zu halten, aber es böte auch die Chance, dass sie sich über den Weg laufen würden«, ergänzte Danny.

»Dann sollte jetzt alles möglichst schnell gehen«, sagte ich. »Ich möchte gern, dass beide Leoparden sich in die neue Umgebung einleben können, bevor ich für die Geburt nach Nairobi muss und Mtito und Nani für längere Zeit in die Obhut von Hassan und Wambua Junior geben müssen.«

24
Kampf gegen die Shifta

Danny war wieder einmal unterwegs. Er hatte von Dorfbewohnern Informationen bekommen, dass eine Bande Somalis in den Park eingedrungen und hinter Nashörnern her sei. Durch die gute Zusammenarbeit des *Kenya Wildlife Service* mit den benachbarten Dörfern hielten die Leute rund um den Park herum stets Ausschau nach Fremden, die im Park mit illegalen Aktivitäten Geld verdienen wollten. Auf diese anonymen Informanten, die Augen und Ohren offen hielten und sich mit ihren Tipps ein paar Schilling verdienten, waren die Ranger angewiesen. Ohne solche Hinweise hätte es noch mehr tote Wildtiere gegeben.

Danny überflog immer wieder das bezeichnete Gebiet, um nach den Wilderern zu suchen, blieb aber erfolglos. Am Boden suchten Ranger zu Fuß und mit Geländewagen die Gegend am Yatta Plateau ab. Auch sie hatten noch keine Spur gefunden.

Ich saß zu Hause und wartete ungeduldig, denn ich wollte mit Danny zusammen endlich die genauen Plätze für die Gehege am Tiva River festlegen. Und wieder sah es so aus, als würde er auch an diesem Tag nicht heimkommen.

Stattdessen erreichte gegen Abend ein Notruf über Funk das Hauptquartier. »Ranger unter Beschuss auf dem Yatta Plateau!«

Diese kurze Botschaft elektrisierte uns alle. Sämtliche Flugzeuge des *Kenya Wildlife Service* aus der Tsavo-Region wurden umgehend zum Flugfeld in der Nähe von Voi gerufen. Ein Hubschrauber der Ölgesellschaft kam zu Hilfe, ein Kollege von Danny reiste in seiner Cessna aus Nairobi an, Freunde mit Flugzeugen boten ihre Hilfe an.

Über den hektischen Funkverkehr konnten die Ranger in Ithumba das Geschehen mitverfolgen.

»Hinterhalt. Ranger unter Beschuss«, meldete eine Stimme.

Es handelte sich um die Patrouille am Yatta Plateau. Sie hatten Hinweise auf Somali-Wilderer, die Nashörner jagen würden.

Schwanger spaziere ich mit Mtito am Tiva River,
seinem endgültigen Auswilderungsort

Mtito markiert einen Busch mit seiner Duftmarke

Als wilder Leopard am Tiva River, seiner neuen Heimat

Ich genieße am Lake Woodley einen Sundowner

Hassan und Danny zeigen Mtito, wie man fischt – allerdings erfolglos

Danny mit Chloe bei einem Ausflug in den Tsavo Ost

Mit Mtito am Tiva River nach Chloes Geburt

Ich bade Chloe im Busch bei einer Safari am Galana River

Ich füttere Chloe auf der Motorhaube unseres Geländewagens während einer Safari

Chloe ist zu Besuch in Ithumba und füttert mit der Hilfe von Kimwele und Hassan Elefantenwaisen

Hassan entlang des Tiva Rivers auf der Suche nach Mtito

Mtito in Freiheit

Nun waren sie in einen Hinterhalt geraten, und es kam zu einem heftigen Schusswechsel.

»Vier Shifta, einer tödlich getroffen, einer verletzt, zwei entkommen«, hieß die nächste Meldung.

»Ein Verwundeter hat sich in der Höhle oberhalb von uns verschanzt. Er hält uns von dort unter Beschuss, wir können ihn in der Dunkelheit der Höhle nicht sehen«, kam es über Funk.

»Der weiß, dass er da nicht rauskommt«, mutmaßte einer der Ranger. »Und jetzt will er so viele von uns auf seiner Reise in die Hölle mitnehmen, wie er erwischen kann.«

Er sollte leider recht behalten. »Ein Ranger von zwei Kugeln getroffen«, kam bald die schreckliche Meldung. Der junge Mann war durch einen gezielten Schuss in die Brust verletzt worden.

»Wir greifen an, wir werden sie erledigen, aber wir brauchen dringend Hilfe für den Verletzten.«

So kommandierte der Corporal einen erneuten Angriff. Seine Männer rannten mit konstantem Maschinengewehrfeuer auf die Höhle zu, suchten immer wieder Schutz hinter Bäumen und Felsen. Genau in der Sekunde, die es braucht, hinter der Deckung hervorzuschauen, traf eine Kugel den Corporal in den Kopf.

Mehr erfuhren die Ranger in Ithumba zunächst nicht, und ich hörte gottlob gar nichts von der ganzen Aktion, bis Danny am nächsten Tag gegen Mittag heimkam, noch immer voller Zorn und Trauer.

»Ich war auf dem Weg zu einer Besprechung, als mich der Funkspruch erreichte: ›Ranger unter Beschuss, alle verfügbaren Flugzeuge nach Voi‹«, erzählte er. »Ich bin sofort umgekehrt und zum Einsatzort geflogen. Zunächst hatte ich vor, den Verwundeten mit einem Auto nach Ithumba transportieren zu lassen und dich zu bitten, ihn zu versorgen und nach Mutomo ins Hospital zu begleiten. Aber als ich ihn sah, war mir klar, dass er den Transport nicht überleben würde. Er musste ausgeflogen werden. Die *Flying Doctors* wollten den Flug nicht übernehmen, da es ihnen mit all den Hügeln im Dunkeln zu riskant war.«

»Und wie habt ihr reagiert?«, wollte ich wissen.

»Wir beschlossen, es selbst zu versuchen. Alle verfügbaren Autos beleuchteten mit ihren Scheinwerfern die Startbahn. Wir benutzten Taschenlampen, um die Anzeigen auf dem Armaturenbrett im Flugzeug zu erkennen. Das war riskant, aber was blieb uns übrig? Und weißt du, wer der Verletzte war?«

»Ich glaube, ich will es gar nicht wissen.«

»Der junge Ranger aus Lamu, der gerade erst zu uns gekommen war. Er wollte so gern Fahrer bei uns werden. Ich habe sein Gesuch noch vor ein paar Tagen befürwortet: ein zuverlässiger, ganz engagierter junger Mann.«

»Das ist ja schrecklich! Und wie geht es ihm?«

»Als der Flieger in Voi landete, war er schon tot. Die Kugel hatte die Niere getroffen.«

Einen kurzen Augenblick schwiegen wir. Dann erzählte Danny weiter. »Ich habe daraufhin vor Ort versucht, den ganzen Angriff zu rekonstruieren. Karamush, den du neulich mit Malaria ins Hospital gefahren hast, hat gesagt, er hätte versucht, den Corporal davon abzuhalten, aus der Deckung zu gehen und anzugreifen, aber vergeblich. Nachdem er zusammengebrochen war, lag der Corporal immer noch in der Schusslinie. Keiner konnte zu ihm, ohne selbst ein Ziel abzugeben. Der Bandit versuchte, die Ranger auf seine Seite zu ziehen, rief aus der Höhle immer wieder, er sei ein Muslim wie sie, sie seien doch Brüder und Brüder würden nicht aufeinander schießen.« Danny machte eine kurze Pause und holte Luft. »In dieser Situation landete der Hubschrauber mit der Spezialeinheit der Bereitschaftspolizei an Bord. Ich bin in den Hubschrauber eingestiegen, und wir haben versucht, den Banditen zum Aufgeben zu überreden. Aber auch das war vergebens. Du kannst dir nicht vorstellen, was der Somali an Beschuss überlebt hat. Die Ranger glaubten inzwischen, dass er übernatürliche Kräfte besäße. Der hat mehrere heftige Maschinengewehrsalven direkt in die Höhle überlebt. Die Granaten, die aus dem Helikopter in die Höhle abgefeuert wurden, sind nicht einmal explodiert, selbst der direkte Beschuss aus dem Hubschrauber bewirkte nichts. Am Ende war es eine der alten Handgranaten, die seinem Leben ein Ende setzte. Der Kampf hat gute acht Stunden gedauert, in denen die Ranger ihren beschossenen Corporal am Boden liegen sahen und ihn nicht retten konnten. Sie wussten ja nicht einmal, ob er tot oder noch am Leben war.«

»Unglaublich! Was für ein grausamer, widerlicher Krieg!«

Und das alles nur, um aus den Hörnern der letzten Nashörner, die es noch gibt, ein Pulver herzustellen, das nichts anderes in der Zusammensetzung ist als menschliche Fingernägel.

»Manchmal habe ich keine Lust mehr! Ich bin müde und hungrig, seit gestern in den gleichen verschwitzten Klamotten. Ich will jetzt erst mal duschen«, schloss Danny seine Erzählung ab und verschwand im Bad.

Später überlegte er sogar, Ithumba zu evakuieren. Denn zwei der Banditen waren noch immer auf der Flucht, sie könnten am Hauptquartier Rache nehmen wollen.

Dann erreichte uns die Nachricht, dass in der Nähe der kleinen Stadt Mtito Andei ein Somali festgenommen wurde. »Er hat zerfetzte und schmutzige Bekleidung. Seine Beine sind vom Busch völlig zerkratzt, und seine Sandalen sind nass und voller Flusssand«, so die Antwort der Polizei auf Dannys Nachfrage. Ihnen kam der Mann verdächtig vor. Möglich, dass er einer der flüchtigen Banditen war, der versucht haben konnte, sich unauffällig unters Dorfvolk zu mischen.

»Er schweigt«, sagte der zuständige Polizist über Funk.

Somalische Banditen schweigen immer. Mit Sicherheit würde man nie erfahren, ob er einer der Tatbeteiligten gewesen war. Doch Danny ging davon aus, dass dieser Mann einer der Shifta war. Da jetzt nur noch ein weiterer Täter auf freiem Fuß war, glaubte er nicht mehr an einen Angriff aufs Hauptquartier; die Evakuierung wurde im letzten Moment abgeblasen. Doch Ruhe kehrte in diesen Tagen nicht mehr ein. Es war wieder Regenzeit, und das bedeutete erhöhte Gefahr für Elefanten und Nashörner. Denn wenn es genügend Wasser gab, wagten sich Wilderer in den nördlichen Tsavo-Bereich.

Nur zwei Tage später erreichte uns am frühen Morgen ein Bericht über einen sehr besorgniserregenden Vorfall von der somalischen Grenze. Ein Junge aus einem Dorf in Kenia, so erzählte mir Danny, war von Shifta gekidnappt und gezwungen worden, ihnen einen sicheren Weg in den Nationalpark zu zeigen. Danach ließen sie ihn frei, er rannte um sein Leben und erzählte seine Geschichte sofort der Polizei im Dorf. Der Junge sagte außerdem aus, diese Banditen seien mit modernsten Waffen ausgerüstet und hinter den Stoßzähnen von Elefanten her.

»Sie könnten inzwischen Dakadima erreicht haben, die Gegend der großen Elefantenbullen«, befürchtete Danny. »Dort leben die letzten *Big Tuskers.«*

Ich wusste, welche Tiere er meinte: die Elefantenbullen mit besonders langen gebogenen Stoßzähnen, so wie es sie vor den Gemetzeln in der Mitte des letzten Jahrhunderts noch zuhauf gab.

»Das sind doch die Elefantenbullen, die die Herden leiten?«, fragte ich.

»Ja, genau die.«

Normalerweise leben Elefanten im Matriarchat. Herden werden von großen Elefantenkühen geführt, die Bullen gehen zumeist allein ihrer Wege. Aber diese alten und weisen Elefanten sind etwas Besonderes. Es sind die einzigen ihrer Art auf der Welt, die als Bullen ihre Herden anführen.

»Es wäre ein schrecklicher Verlust, wenn sie verschwinden würden. Das könnte man nie wiedergutmachen«, fürchtete ich.

»Ja. Aber zum Glück ist Sergeant Hammud den Banditen auf der Spur. Er ist der Beste, den wir haben. Er wird sie kriegen.«

»Na, das ist ja wieder eine gefährliche Mission«, gab ich zu bedenken. »Ich drücke die Daumen, dass ihm nichts passiert.«

»Sergeant Hammud hat sieben Leben«, besänftigte mich Danny.

»Aber mindestens sechs davon hat er schon aufgebraucht«, konterte ich.

Am folgenden Morgen begleitete ich Danny bei seinem Patrouillenflug über der Northern Area. Die kleine Maschine brummte ruhig, und wir glitten durch die Luft.

»Die Gegend ist voll mit Elefanten, Büffelherden, Zebras und Kuhantilopen, die zu uns in den Norden ziehen. Welche Freude es ist, das zu sehen«, sagte ich zu Danny und deutete mit dem Daumen in die Richtung der ungewöhnlich großen Elefantenherde am Boden.

Es hatte bei uns außerordentlich viel geregnet, mehr als sonst irgendwo im Tsavo, was zu einer Massenwanderung der Tiere hier in den Norden führte, denn die Tiere folgen immer dem besten Nahrungsangebot.

»Hat es früher hier so ausgesehen, als du Kind warst?«, fragte ich Danny.

»Ja, aber wir haben auch schon das komplette Gegenteil erlebt. Die Shifta-Banden hatten hier einmal alles leer gewildert. Eine Zeit lang gab es überhaupt keine Elefanten mehr in der Northern Area. Sie waren alle auf ein kleines Gebiet zurückgedrängt.«

»Jetzt sehe ich hier Hunderte rund um Ithumba.«

»Und das ist ein gutes Zeichen. Es hat lange gedauert, bis die grauen Riesen wieder genug Vertrauen gefasst haben und zurückkehrten. Denn sie haben das sprichwörtliche Elefantengedächtnis. Sie meiden Regionen, in denen sie Schreckliches erlebt haben. Und die Region an der somalischen Grenze war für sie lange Zeit tabu. Heute zählen wir vom Flugzeug aus wieder über eintausend Elefanten im Norden vom Tsavo.«

Mit über 100 Stundenkilometern schraubte sich die Propellermaschine durch den Himmel über Tsavo. Aus der Luft konnten wir keine Lager oder Menschen am Boden erkennen, also auch keine Wilderer.

»Das muss nichts heißen. Die Banditen können uns schon lange vorher hören und verstecken sich dann entweder unter dem grünen Dach des Dickichts oder verkriechen sich in Höhlen«, blieb Danny skeptisch. »Wir suchen mal die Parkgrenze ab«, schlug er vor.

Das Flugzeug drehte ab, und wir nahmen die Flugrichtung von Süden nach Norden, damit uns die Sonne nicht blendete. Unten wanderte unser Schatten über den roten Sand.

Wir waren auch unterwegs, um zu sehen, wie weit die Arbeiten des Bulldozers waren, der eine Schneise zwischen den Nationalpark und die angrenzenden Felder und Dörfer schlagen sollte. Aus der Luft zeichnete sich die Parkgrenze wie eine mit dem Lineal scharf gezogene Linie ab. Abrupt änderte sich das Bild der Landschaft – die grüne und dichte Vegetation wurde von frisch bestellten Feldern abgelöst, und überall wuchsen kleine Hütten aus dem Boden.

»Dank des Elfenbein-Verbots und unserer verstärkten Präsenz im Park hat sich die Zahl der Elefanten im Tsavo von nur viertausend Tieren im Jahr 1988 bis 2002 auf zehntausend mehr als verdoppelt. Aber während der Jahre, die die Elefanten gebraucht haben, um sich von der schlimmen Wilderei wieder zu erholen und zu vermehren, hat auch die Zahl der Menschen im Kitui-Bezirk am Parkrand beträchtlich zugenommen, wie überall im Land«, erklärte Danny. Im Jahr 2002 lebten rund dreißig Millionen Einwohner in Kenia.

»Und deswegen ist die Gegend heutzutage so dicht besiedelt und reicht der Ackerbau bis dicht an die Parkgrenze«, führte ich Dannys Gedanken weiter.

Mir fielen die roten Hügel ins Auge, die sich durch wedelnde Ohren als Elefanten verrieten. Ich begann sie zu zählen.

»Da sind rund zweihundert Elefanten nicht mehr als zwei Kilometer von den Siedlungen entfernt. Das kann ja nur böse enden!«

»Natürlich«, meinte Danny. »Die Elefanten werden von dem Nahrungsangebot angelockt, stehlen sich nachts auf die Felder, trampeln alles nieder, fressen den Großteil der Ernte auf und zerstören so in nur einer Nacht den gesamten Anbau der Bauern.«

»Und dann bleibt den Leuten fast nichts anderes übrig, als zu wildern, illegal Holzkohle im Park zu machen, dort Honig zu sammeln oder durch andere Aktivitäten im Schutzgebiet Geld zu verdienen.«

»Ja, leider. Man kann es ihnen kaum verübeln«, sagte Danny. »Allerdings wird ein Großteil der Holzkohle gar nicht von Leuten am Park verbraucht. Sie wird bis in die Vereinigten Arabischen Emirate exportiert.«

»Und trotzdem: mehr Menschen und mehr Elefanten. Das kann nicht gut gehen. Was kann man tun?«, fragte ich Danny.

»Wir brauchen eine Barriere zwischen den Menschen und den Tieren im Park. Zum Beispiel einen Zaun, einen Elektrozaun. Der kann die Elefanten und Büffel abhalten, auf die Felder und in die Dörfer zu marschieren.«

»Und gleichzeitig wird er auch die Leute daran hindern, im Park zu wildern oder Bäume zu schlagen?«

»Richtig«, sagte Danny. »Allerdings muss der Zaun konstant unter Strom stehen und täglich patrouilliert werden, damit sichergestellt ist, dass keine der beiden Seiten, weder die Tiere von innen noch die Menschen von außen, den Zaun beschädigt und damit außer Betrieb setzt. Aber darüber ist ja auch schon entschieden.«

»Die Distriktverwaltung hat das Projekt genehmigt?«, fragte ich ungläubig.

»Eine Genehmigung hätte der KWS nicht gebraucht, weder von der Verwaltung noch von den Anwohnern. Ich habe es aber für sinnvoller gehalten, die Dorfbewohner in das Projekt einzubeziehen. Und ich hatte recht damit. Es hat sie für das Problem sensibilisiert, und sie hatten das Gefühl, mitentscheiden zu können. Jetzt halten sie den Zaun für eine gute Idee.«

»Prima. Und wann geht es los?«

»Das ist eine andere Sache. Dafür muss viel Geld in die Hand genommen werden. Da stehen eine Menge Entscheidungen an, und mit Sicherheit müssen auch Sponsoren gefunden werden, das kann alles dauern. Jetzt roden wir erst mal einen Streifen zwischen Park und Dörfern. Und dann fangen wir hoffentlich bald an zu bauen.«

Unten zwischen den Hütten standen Kinder und winkten zu uns hoch. Die Sonne näherte sich dem Horizont, und länger werdende Schatten hinter den Bäumen und Felsen führten uns vor Augen, dass es Zeit war, unseren Ausflug zu beenden. Wir drehten ab und machten uns auf den Weg zurück nach Ithumba.

Ich wollte nun keine Zeit mehr verlieren und schnellstens am Tiva River die geeigneten Plätze für Nanis und Mtitos endgültige Aussiedlungscamps finden. Am nächsten Tag schon nahm Danny sich ein paar Stunden Zeit, mich bei der Suche zu unterstützen. Wir zählten unzählige Dik-Dik-Zwergantilopen am Wegesrand, die meist paarweise auftauchten, friedlich grasten und erst zur Seite sprangen, wenn wir mit dem Auto fast neben ihnen fuhren.

Wir fuhren ein Stück am Tiva River entlang. Manchmal ragten Palmen an seinem Ufer auf, in anderen Abschnitten blockierte dichter Busch unsere Sicht auf den Flusslauf. Dann kamen wieder freie Sandbänke zum Vorschein.

»Hier sieht es gut aus«, meinte ich zu Danny. Wir stoppten, stiegen aus und schauten uns um. Es war der Platz des alten kanadischen Bohrloches, den Danny von Anfang an immer empfohlen hatte, auch wegen seiner Zugänglichkeit für Autos.

»Eine flache Ebene und genügend Platz für ein großzügiges Gehege. Ich denke, die Stelle wäre perfekt für Nani. Was meinst du?«, fragte ich Danny.

Auch er fand den Ort gut und zeigte mit einer Hand auf einen Baum, der direkt in der Nähe stand und das überdimensionale Nest eines Hammerkopf-Vogels in seiner Astgabel trug.

»Ein idealer Nachbar für die kleine Leopardin. Von ihrem Gehege aus könnte sie dem Vogel beim An- und Abflug an seinem Nest zusehen«, meinte ich. »Platz Nummer eins haben wir. Jetzt brauchen wir noch Nummer zwei.«

Mtitos Auswilderungsplatz sollte nicht allzu weit weg sein. Nach etwa 4 Kilometern am Flussufer entlang ragte ein kleiner Feigenbaum am Wasser auf. Wir stoppten und schauten uns um.

»Ein idealer Kletterbaum«, stellte ich fest. »Und der Wildwechsel zum Fluss in seiner Nähe bringt ihm das Abendessen direkt vor die Nase.«

»Exzellent«, rief Danny aus, und das bedeutete höchste Zustimmung.

»Wir haben sie gefunden – Mtitos Nahtstelle zur Wildnis!«, rief ich voller Begeisterung aus.

Wir setzten uns unter einen alten Baum, und Danny zeichnete mit einem Stöckchen einen Lageplan in den Sand. Wir begannen, den Standort für Hassans und Wambuas Lager festzulegen.

»In zwei Wochen stehen hier die Gehege«, freute ich mich. Und es wurde auch wirklich Zeit: Bis zur Geburt unseres Babys waren es nur noch zehn Wochen.

25
Ein Paradies für Mtito

»Gute Nachrichten vom *Kenya Wildlife Service*«, überraschte mich Danny, als er zum Lunch von seinem Büro ins Haus kam. Ich saß gerade auf der Veranda und las in dem Buch von Dale Hancock: *A Time with Leopards*.

»So? Was ist denn passiert?«, fragte ich neugierig.

»Grünes Licht für die Umsiedlung von Nani!«, antwortete Danny und freute sich ebenso wie ich mich.

»Ihre letzten Tage hinter Gittern sind gezählt. Kein Käfigleben mehr für sie«, jubelte ich.

Bis zum errechneten Geburtstermin unseres Kindes waren es nur noch neun Wochen. Deshalb wollte ich Nanis Umzug so schnell wie möglich organisieren. »Wenn ich zur nächsten Vorsorgeuntersuchung nach Nairobi fahre, werde ich Nani besuchen und alle Vorkehrungen treffen, die für ihre Umsiedlung nötig sind. Du musst dann nur sehen, wie du den Transport organisierst«, schlug ich vor.

Als ich für die Fahrt kurze Zeit später packte, nahm ich auch eines von Mtitos Handtüchern mit. Die junge Leopardin sollte seinen Geruch aufnehmen können und so schon mal auf Mtito vorbereitet sein.

Der Arzt in Nairobi untersuchte mich. Das Kind machte einen gesunden Eindruck.

»Sie bekommen ein großes Baby«, offenbarte der Doktor mir, stellte aber auch einen erhöhten Blutdruck fest.

»Ruhen Sie sich mehr aus, regen Sie sich nicht auf, und vermeiden Sie Stress«, empfahl er mir. »Ihr Blutdruck ist wirklich zu hoch.«

Gleich nach der Untersuchung fuhr ich zum Tierwaisenhaus und ging direkt zu Nanis Käfig. Vorsichtig lugte sie aus ihrer Holzkiste und kam dann heraus. Ich schaute sie nun noch genauer, noch prüfender an. Und erschrak. Ihr Körper war für ihr

Alter zu klein, ihr Pelz schmutzig, struppig und ohne Glanz. Der Schwanz war kurz und buschig. Ihre natürliche Eleganz und die Schönheit eines Leoparden hatte sie verloren: ein Ergebnis ihres lieblosen und stressigen Lebens in Gefangenschaft.

Nani schien weder glücklich noch gesund zu sein. Unter ihrem Kinn hatte sie eine Wunde, weil sie ihren Kopf oft am Käfigdraht rieb, um einen Fluchtweg aus ihrem Gittergeflecht zu finden. Was für ein schmerzhafter Unterschied in der gesamten Erscheinung zwischen Nani und Mtito.

Während ich auf den Pfleger wartete, sprach ich ruhig und leise mit der Leopardin. Sie schaute mir immer wieder in die Augen, fauchte aber nicht. Erst die Stimme des ankommenden Pflegers ließ sie zusammenzucken, und sie duckte sich.

Als ich sie an Mtitos Handtuch schnuppern ließ, veränderte sich ihre ganze Erscheinung. Als würde sie sich plötzlich erinnern, wer und was sie eigentlich war. Sie fauchte den Pfleger durchs Gitter an, und von einer Sekunde auf die andere warf sie sich gegen den Zaun und lieferte einen perfekten, sehr eindrucksvollen Scheinangriff. Der junge Mann erschrak und machte einen Satz zurück.

»So habe ich sie noch nie erlebt«, stotterte er.

»Vielleicht hat sie einen Hass auf alle grünen Uniformen entwickelt«, versuchte ich ihm Nanis Reaktion zu erklären. »Das Gute an ihrem Verhalten ist, dass sie noch wild und nicht schon durch ihr Leben hinter Gittern völlig apathisch ist. Damit hat sie alle Voraussetzungen, selbstbestimmt und frei in der Wildnis überleben zu können.«

Nani schnupperte noch mal an dem Handtuch und schaute mir dann in die Augen, als wollte sie mehr darüber wissen. Neugierig beobachtete sie mich, jede meiner kleinsten Bewegungen, ohne zu fauchen: ein gutes Zeichen. Mit einer weißhäutigen Frau hatte sie noch überhaupt keine Erfahrungen gemacht, somit auch keine schlechten.

»Komm doch und hilf mir beim Füttern«, bat mich der Pfleger.

»Durch das Gitter?«

»Ja, das ist sicherer.«

Ich hielt das für keine gute Idee, reichte ihr aber gegen mein Bauchgefühl die Fleischbrocken hin. Sie nahm sie und fraß davon. Ein Fleischstück blieb jedoch im Gitter stecken. Nani versuchte, es mit ihren Zähnen zu sich zu ziehen.

Dabei sah ich, dass ihr ein Eckzahn fehlte. Hoffentlich ist es nur ein Milchzahn, dachte ich.

Das Fleischstück fiel zu meiner Seite des Zaunes herunter. Als ich es wieder durchschieben wollte, steckte Nani ihre Pfoten durchs Gitter und packte blitzschnell meinen Finger mit ihren scharfen Krallen. Sofort spürte ich, wie die messerscharfe Kralle sich tief in mein Fleisch bohrte, bis sie zur Hälfte in meinem Finger steckte. Ein scharfer Schmerz durchfuhr meinen ganzen Arm, aber ich biss die Zähne zusammen und zog meine Hand nicht zurück, sonst hätte sie dagegengehalten, und es wäre noch schlimmer geworden.

Ich wartete, bis sie das kleine Fleischstück mit dem Maul hielt. Dann schnippte ich mit den Fingern meiner anderen Hand gegen Nanis ausgefahrene Kralle, so wie Tony es mir im Umgang mit Jipe beigebracht hatte. Und siehe da – es wirkte. Nani zog die Krallen ein und gab meinen Finger frei. Ich zog meine Hand schnell zurück. Und sofort floss Blut aus der tiefen Wunde.

Als ich das entsetzte Gesicht des Pflegers sah, sagte ich schnell: »Es war mein Fehler. Sie hat nur ihre Beute gesichert und mich dabei erwischt. Ich habe ja gleich geahnt, dass es keine gute Idee war, sie durch das Gitter hindurch zu füttern.«

Der Pfleger schaute sich meinen Finger an und holte schnell ein Desinfektionsmittel. Ich presste die Wunde zusammen, so fest ich konnte, damit das Blut jeden Schmutz aus der Wunde spülen konnte.

Als ich mir Nanis generellen verwahrlosten und schmutzigen Zustand anschaute, wurde mir angst und bange, dass ich mir in der Schwangerschaft noch eine Blutvergiftung zuziehen könnte. Dank Desinfektionsbädern und Antibiotikasalbe wurde daraus aber nur eine kleine Entzündung, die bald verheilte.

Inzwischen waren die Gehege für beide Leoparden nach einem Konstruktionsplan von Danny fertiggestellt. Die Dächer wurden mit trockenem Gras und Stroh als Schutz gegen Sonne und Regen abgedeckt, und die Türen hatten kräftige Vorhängeschlösser bekommen.

Dann kam der große Tag. Danny fuhr nach Nairobi, um Nani zu holen, während ich in Ithumba blieb. Im Tierwaisenhaus schienen die Pfleger froh zu sein, das widerspenstige Tier endlich loszuwerden. Die junge Leopardin bekam eine Betäubung, wurde in einen Transportkäfig verfrachtet und auf Dannys Pick-up geladen. So schnell es die Strecke zuließ, kehrte er nach Ithumba zurück.

Dort hatte ich bereits fünf Männer zusammengetrommelt, die helfen sollten, den Käfig vom Auto und das Tier ins Gehege zu bekommen. Als Danny am späten Nachmittag eintraf, quetschten wir uns alle zu ihm ins Auto und auf die Ladefläche und holperten los zum Tiva River.

Meine Aufregung übertrug sich auf das Baby in meinem Bauch, das einen Purzelbaum nach dem anderen schlug.

Die scheinbar endlose Fahrt nutzte ich, um den Männern letzte Hinweise zu geben. »Seid bitte alle absolut ruhig. Vorsicht ist wichtig. Die Leopardin ist wild und hasst Menschen, weil sie bisher nur schlechte Erfahrungen gemacht hat.«

Ich schaute über den Rückspiegel in Nanis Transportkiste. Sie schien von der Fahrt ausgelaugt, durstig, nervös und ängstlich zu sein.

»Jeder Fehler unsererseits kann schlimme Folgen haben«, warnte ich noch einmal alle eindringlich.

Als wir an Nanis Gehege ankamen, wuchteten die Männer den Transportkäfig schweigend von der Ladefläche und schleppten ihn in die Umzäunung. Ich stellte Futter und Wasser bereit und bat alle, das Gehege lautlos zu verlassen und sich zu verstecken, damit die Leopardin niemanden von uns sehen konnte, wenn sie aus der Box kam.

Die Kiste war so platziert, dass ich mit einem Draht durch den Gehegezaun Nanis Box öffnen konnte. Nur noch Danny und ich hockten am Zaunrand. Die Vögel zwitscherten wie immer, sonst war nichts zu hören. Dann zogen wir an der Kette, die Nanis Kiste öffnete.

Zunächst passierte nichts. Minutenlang wartete die verstörte Katze, dann setzte sie ihre Füße vorsichtig tastend heraus. Rundherum rasterte sie die Gegend mit Augen und Ohren ab. Keine Gefahr?

Dann flitzte sie in Windeseile und ohne links oder rechts zu schauen direkt in die kleine Höhle, die wir ihr im Gehege gebaut hatten. Zunächst einmal passierte nichts mehr. Wir verhielten uns weiterhin ruhig und warteten.

Eine halbe Stunde später traute sich Nani heraus. Sie sah uns zwar, war aber noch zu aufgeregt, sich mit uns zu beschäftigen. Mit der rosafarbenen Nase am Boden inspizierte sie jede Ecke ihres Geheges. Sie rollte sich mit ihrem Körper am Boden und nahm ein Staubbad, um den Geruch ihres alten Käfigs loszuwerden. Ich schaute Danny an und strahlte. Alles schien nach Plan zu laufen.

Nach einer Stunde spielte Nani bereits mit Zweigen und Steinchen, warf mit den Vorderpfoten Sand hoch und hüpfte vor Freude in die Luft. Dies war der Beginn ihrer Reise in die Freiheit. Wie schnell sie sich veränderte, was für ein schöner Augenblick! Nani gewann ihren Stolz und ihre Würde zurück. Mir liefen die Tränen herunter. Danny wusste das, ohne mich anschauen zu müssen, streichelte mir kurz den Rücken und flüsterte nur: »Gut gemacht!«

»Und jetzt noch Mtito«, sagte ich leise. Wir zogen uns vorsichtig zurück und ließen Nani allein.

Am Tag nach ihrer Umsiedlung lief ich mit Danny am Morgen ungeduldig zu ihrem Gehege. Schon aus der Ferne sprachen wir laut, damit sie nicht überrascht wurde. Als wir ankamen, hatte sie sich in ihrer Höhle versteckt. Noch außerhalb des Geheges machte ich meine ersten Beobachtungen.

»Sie hat alles aufgefressen und getrunken«, rief ich zu Danny. »Ihre Spuren sind überall im Gehege. Sie ist also nicht am Gitter auf und ab gelaufen wie im Käfig in Nairobi.«

»Großartig!«, freute sich auch Danny. »Ein Zeichen, dass sie sich nicht eingesperrt fühlt.«

Ich öffnete die Tür und ging rückwärts in ihr Gehege, um sie nicht zu verängstigen. Sie schaute aus der Höhle und beobachtete mich genau, drohte mir aber nicht. Mit Dannys Hilfe holte ich die Transportkiste aus dem Gehege, dann legte ich frisches Futter in ihre Näpfe, ließ ihr einen Ball zum Spielen da und zog mich zurück. Wir wollten so wenig Kontakt wie möglich mit ihr, um sie gar nicht erst an Menschen zu gewöhnen.

Zu Hause wusch und desinfizierte ich die Transportbox von Nanis Gerüchen. Mit dieser Kiste sollte nun auch Mtito umgesiedelt werden.

»Na, ob er da so einfach reingeht?«, fragte ich mich laut in Dannys Beisein. »Ich möchte ihn dafür nicht betäuben. Wir brauchen dann aber sein absolutes Vertrauen, sonst kriegen wir ihn nicht in die Kiste.«

»Die Frage ist sicher auch: Kommt er überhaupt in die Nähe der Box? Und was, wenn nicht?«, fragte Danny zurück.

Ich wusste auch keine Antwort.

In großer Eile bauten wir Hassans und Wambuas Lager ab, um es in mehreren Fuhren zu dem neuen Platz am Tiva River zu bringen und schnell aufzubauen. Die diversen Fahrten zwischen Tiva und Ithumba wurden durch Probleme mit meinem Auto erschwert und immer wieder verzögert. Ein Stoßdämpfer brach, mehrere Reifen wurden durch die mächtigen Dornen der Akazien im Gelände durchlöchert, und der Motor stotterte. Ich war zum Umfallen müde. Aber es gab kein Zurück mehr.

Gespannt warteten wir an Mtitos Gehege mit der Transportbox auf den Leoparden. Und wie schon fast erwartet – er kam nicht.

»Der Trubel und der Krach in seinem Revier haben ihn bestimmt verstört«, vermutete ich.

Enttäuscht brachen wir die Aktion ab. Aber kaum erreichten wir das Haus, tauchte er auf: Mtito. Völlig aufgedreht schnappte er sich eine Kühltasche von der Veranda, kletterte damit auf einen Baum und zerlegte die Tasche in ihre Einzelteile. Ich entschloss mich, ihn noch im Dunkeln in sein Camp zurückzubringen. Doch er zeigte sich unwillig und angriffslustig. Nur mit Mühe gelang es mir, ihn wieder zum »Berg des Leoparden« zu geleiten. Dort verschwand er im Dickicht. Spürte er, dass etwas bevorstand, was sein Leben verändern würde?

Hassan schlief diese Nacht in Mtitos Gehege und wurde vom Klappern des Zaunes geweckt. Mtito war aufs Dach des Geheges geklettert und zeigte damit, dass er in Hassans Nähe wollte. Hassan öffnete das Tor und ließ Mtito hinein, und so gelang es ihm, ihn einzuschließen.

Gleich früh am Morgen fuhr ich mit zwei Männern des *Wildlife Service* zum Gehege. Danny war im Park im Einsatz und konnte nicht helfen.

Während ich über die Piste holperte, stellte ich mir immer wieder die Frage, wie es uns gelingen könnte, Mtito in die Kiste zu bekommen, ohne dass er sich zu sehr aufregen, durchdrehen und sich am Ende verletzen würde.

Im Gehege wartete Mtito bereits ungeduldig. Er schien sich zu wundern, warum er eingeschlossen war. Ich gab ihm zwei Fleischbrocken zu fressen, in die ich Schlaftabletten gedrückt hatte, um ihn für die Fahrt etwas ruhig zu stellen.

Mtito schnüffelte daran, schaute mich fragend an, nahm das Futter schließlich ins Maul und kaute es. Hassan kniete sich an den Eingang der Transportbox, wedelte mit einem leckeren Knochen und warf ihn hinein. Mtito dachte sich nichts Böses und hechtete hinterher. Ruckzuck ließ Hassan die Falltür herunter, und der Leopard war gefangen. Doch anstatt zu protestieren und zu brüllen, setzte er sich und knabberte am Knochen.

Ich musste schlucken und war zutiefst gerührt.

»Wie sehr der Kater uns doch vertraut, einfach unglaublich«, teilte ich meine Emotionen mit Hassan. Auch er war überrascht, wie problemlos die Aktion verlaufen war.

Ich hielt meine Hand durchs Gitter. Mtito schob sich heran und leckte sie. Er schien ein wenig nervös zu sein, fühlte sich aber durch meine Nähe beruhigt. Und selbst als Hassan,

Wambua Junior und die beiden Ranger die Kiste mit ihm darin wegtrugen, blieb Mtito sehr ruhig und knackte weiter den Knochen. Sie packten ihn auf die Ladefläche des Wagens, dann fuhr ich los, und Hassan hockte neben Mtitos Box.

Durch den Rückspiegel konnte ich in Mtitos Augen schauen. Er saß in seinem Käfig und blickte die ganze Zeit zu mir. Ich versuchte, alle Schlaglöcher sanft zu durchfahren, damit er in seiner Kiste nicht zu sehr litt. Dennoch schlug er einige Male mit dem Kopf gegen den Draht über ihm, und das machte ihn nervös.

Als wir am Tiva River ankamen, trugen die Männer Mtitos Kiste zum neuen Gehege. Dabei schrammten sie über einen Wurzelstumpf einer alten Palme. Dieses Kratzgeräusch ließ Mtito dann doch ausflippen. Er zerknackte den Knochen in zwei Teile und biss in die Gitter des Käfigs. »Nein, Mtito!«, herrschte ich ihn an, besorgt darüber, er könnte sich daran Zähne ausbrechen, und steckte ihm den herausgefallenen Knochen wieder durchs Gitter. Sofort beschäftigte er sich wieder damit und konnte seinen Beißreflex daran abreagieren. Ich hatte selbst schon so viele Transporte von Großkatzen miterlebt und gesehen, wie die Tiere dabei lebenswichtige Zähne verloren!

An seinem neuen Gehege angekommen, stellten wir die Türen gegeneinander. Hassan hob die Sperre, Mtito kam heraus und war in seiner neuen Boma. Der Umzug hatte geklappt, so weit, so gut.

Aber Mtito schien sich nicht wohl darin zu fühlen. Er drückte seinen Körper an den Boden, den Kopf und Schwanz gesenkt, sodass die Schulterblätter hoch herausstanden, und kroch so durch das Gehege, als wollte er zum Sprung ansetzen. Er war angespannt und verstört; ja, er sah aus wie ein ängstlicher, verlassener Leopardenjunge. Es war deutlich zu sehen, dass er sich in der neuen Umgebung noch nicht zu Hause fühlte.

Die Männer zogen ab, und ich kniete mich an den Zaun und streichelte sein Fell. Die Tabletten zeigten Wirkung, Mtito wurde endlich müde. Doch er schlief nicht ein, Stück für Stück beschnüffelte und markierte er jede Ecke seines neuen Geheges.

Ich ließ ihn nun mit sich allein, und auf dem Heimweg nach Ithumba besuchte ich noch schnell Nanis Gehege. Sie versteckte sich in ihrer kleinen Höhle. Ich lief um das Gehege. Keine Spuren anderer Leoparden und zum Glück auch keine Versuche, sich unter dem Zaun durchzugraben.

Am darauf folgenden Morgen fuhr ich mit einer Fleischration zu Mtitos neuem Camp. Er lag auf seiner alten Transportkiste, und als er mich sah, stellte er die Ohren auf und kam zur Gehegetür, um mich zu begrüßen. Er wirkte von der Medizin und vielleicht auch von all der Aufregung verschlafen, machte aber einen guten Gesamteindruck. Er verhielt sich sehr ruhig, so als wollte er keine Aufmerksamkeit erregen in einer Umgebung, in der er fremd war und sich nicht auskannte.

»Die Nacht war ruhig. Wir haben nur die Elefanten unten am Fluss planschen gehört«, berichtete mir Hassan. Hassan und Wambua hatten ihre Unterkunft fertig eingerichtet und mit einem Buschmesser die Gräser rund um Mtitos Gehege kurz geschnitten. Die neue Unterkunft lag im warmen Nachmittagslicht, die Palmen reflektierten die Sonnenstrahlen in weichem Grün, und eine leichte Brise in ihren Blättern erzeugte ein sanftes und beruhigendes Rascheln.

Die alte, selbst gemachte Bank aus Treibholz stand vor der Boma mit einem perfekten Blick auf den Fluss. Das Innere der Unterkunft war bereits aufgeräumt, auf dem Feuer simmerte ein Topf mit Bohnen, ein richtiges Zuhause. So mochte ich Tiva am liebsten!

Nur zu gern hätte ich mit den beiden getauscht, um mit dem heranwachsenden Leoparden in einem Camp am Tiva zu leben, während Hassan und Wambua vielleicht lieber an meiner Stelle gewesen wären.

Ein paar Tage später war es endlich so weit, dass wir Mtito aus dem Gehege ließen. Bislang hatte er sein neues Zuhause noch nicht verlassen, da ich nicht das Risiko eingehen wollte, dass er nach Ithumba zurücklaufen könnte. Nun aber öffnete ich sein Tor, und Mtito sprintete sofort hinaus, richtete sich an der nächsten Palme auf und zog seine Krallen tief durch die Rinde. Er begann sein neues Revier zu markieren.

Danach lief er zu Hassans und Wambuas Unterkunft. Er roch daran und schien froh, Altvertrautes in der neuen Umgebung zu finden. Überall hinterließ er dort seine Duftmarken.

Ich ging hinunter zum Ufer des Tiva. Der Fluss, die Lebensader der Savanne, plätscherte träge durch sein Sandbett. Ich rief Mtito, und er jagte herbei, so schnell, dass er alle Mühe hatte, rechtzeitig abzubremsen, um sich nicht im Fluss wiederzufinden. Seine Vorderpfoten standen bereits im Wasser, als er zum Halten kam.

»Er ist zum ersten Mal an einem Fluss«, erklärte ich Hassan. Er und ich lachten laut, ließen unserer Freude über die geglückte Umsiedelung freien Lauf.

Offenbar animierte Mtito das noch mehr. Er sprang mit allen vieren in die Höhe und landete auf einer kleinen Insel im Fluss. Immer wieder rannte er kraftvoll und in hoher Geschwindigkeit am Ufer entlang, machte große Sprünge und hielt den Schwanz dabei hoch erhoben.

»Er hat riesigen Spaß«, freute sich Hassan.

»Ja, der weiche Sand und die offene Landschaft am Ufer gefallen ihm wohl sehr«, bestätigte ich.

In den seichten Randbereichen des Flusses entdeckte Mtito kleine Fische. Er starrte sie an und beobachtete sie, machte aber keinen Versuch, sie zu fangen.

»Ich habe gelesen, dass Leoparden Fische gefressen haben, wenn ihnen die Nahrung ausging. Vielleicht sollten wir ihn an den Geschmack gewöhnen. Für den Notfall sozusagen«, rief ich Hassan zu.

»Ja, vielleicht beginnt er danach tatsächlich, Fische zu fangen«, meinte Hassan.

Mtito sprang auf, und von nun an spielte er Katz und Maus mit uns, versteckte sich in der Ufervegetation und hüpfte aus dem Dickicht in unsere Richtung. In kürzester Zeit war ich voller Sand und von oben bis unten nass. Jedes Mal musste ich die rund fünfzig Kilo ausbalancieren, die sich gegen meinen runden Bauch zu stemmen versuchten.

»Halt bloß die Krallen drin«, gab ich ihm immer wieder Anweisung, denn ich sorgte mich um mein Baby, wenn er seine Pfoten auf meinen Bauch setzte. Mtito fuhr sie nicht aus, dafür antwortete das Baby in meinem Bauch mit Tritten und Purzelbäumen, als wollte es mitspielen.

Hassan spielte noch eine Weile mit dem aufgedrehten Leoparden, während ich mich zurückzog.

In der Nacht weckten Leopardenrufe Danny und mich aus dem Schlaf im Haus in Ithumba. Immer und immer wieder hörten wir die Laute, aber aus verschiedenen Richtungen.

»Ich glaube, es ist immer das gleiche Tier, es scheint nur viel herumzulaufen«, sagte ich zu Danny.

»Da ist jemand sehr aufgeregt. Vielleicht sucht dieser Leopard Kontakt zu einem Artgenossen«, folgerte Danny aus dem Rufen.

Am Morgen danach fanden wir jede Menge Tatzenspuren rund ums Haus und im ganzen Hauptquartier der Ranger. Die Fährten hatten die gleiche Größe wie die von Mtito. War es die junge Leopardin, die sich zuvor mit Mtito getroffen hatte?

»Vielleicht sucht Mtitos Freundin tatsächlich nach ihm«, vermutete ich.

Danny grinste. »Möglich wäre es«, sagte er lakonisch und packte mal wieder seinen Rucksack, um aufzubrechen. »Wir haben Elefantenalarm. An der Parkgrenze sind die Tiere in die benachbarten Farmen eingedrungen und haben randaliert.«

»Nichts Neues, oder?«, fragte ich nach.

»Doch. Sie haben dazugelernt. Sie sind inzwischen so clever, dass sie sich vor den Bodenpatrouillen und sogar vor dem Flugzeug verstecken. Das macht es unmöglich, sie zu finden und zurückzujagen.«

»Und die Leute werden wütend?«

»Genau, ihre Geduld ist am Ende. Ich muss hin und ihnen versichern, dass wir einen Elektrozaun errichten werden, um diesen Konflikt zu beenden.«

»Wann bis du zurück?«, wollte ich wissen, und Danny lächelte. Er antwortete wie fast immer: »Kesho.«

Ich seufzte nur. *Kesho* war Suaheli und bedeutete »morgen«. Ich hatte ihm wegen der vielen verschobenen Treffen schon den Spitznamen Kesho gegeben. Denn am nächsten Tag hieß es oft wieder »morgen«.

Die Ranger hielten es dagegen etwas offizieller. ADW, *»Alpha Delta Whiskey«*, kursierte als Kennung für Dannys Flugzeug in der Funkersprache. Und die Kollegen machten daraus »Always disappearing Woodley«. Zu Deutsch: der immer verschwindende Woodley.

Das Brummen von *Keshos* Maschine war kaum verstummt, da brach ich wieder zu den beiden Leoparden auf. Um Nanis Gehege herum fand ich frische Leopardenspuren. Das fremde Tier hatte versucht, sich von außen unter dem Zaun durch zu ihr in das Gehege zu graben. Hatte Nani begonnen, Freundschaft mit einem Artgenossen zu schließen?

Sie fauchte und mauzte. Ihr Fell hatte nun goldene Tupfer in den Rosetten, und an der Schwanzspitze zeigten sich weiße weiche Härchen. Unsere Diät mit Lebertran, die Sonne und die Luft des Tsavo verwandelten sie immer mehr in einen »echten« Leoparden.

Gut gelaunt wegen Nanis Fortschritten, fuhr ich die paar Kilometer zu Mtitos Gehege. Doch dort erwartete mich eine völlig andere Situation. Hassans Gesichtsausdruck verriet bereits eine Menge.

»Mtito ist krank«, sagte er. »Er frisst nicht.«

In der Tat, Mtito sah traurig aus. Er blickte mich an, begrüßte mich aber nicht. Er bewegte sich nicht einen Millimeter und wartete darauf, dass ich zu ihm kam. Erst dann raffte er sich auf, rieb sich an meinen Beinen und setzte sich auf meine Füße. Ich zog sie weg und kniete mich wegen des dicken Bauches nur schwerfällig neben ihn.

»Was hast du denn?«, fragte ich und fuhr ihm mit einer Hand durchs Fell, um es zu kontrollieren. Es war weich wie immer, kein Haar fiel aus, und die Farben hatten sich nicht verändert.

Die Tatzen fühlten sich gewohnt kühl an, auch seine Nase war wie üblich kalt und feucht. Nur die äußeren Ränder der Ohren waren lädiert. Sie bluteten leicht wegen zahlreicher Stiche und Bisse von Fliegen, Zecken und anderem Ungeziefer.

»Nicht schön, aber das erklärt nicht seinen Zustand«, bemerkte ich zu Hassan, der mir zuschaute. »Hat er nachts gerufen?«, fragte ich.

»Nein. Er war völlig still.«

»Er scheint nicht wirklich körperlich krank zu sein. Ich glaube, es ist seine Seele. Ich denke, er hat Heimweh.«

»Vielleicht war es ihm alles zu viel. Der Umzug, das andere Klima hier, die Zecken …«, zählte Hassan auf.

Und ich fuhr fort: »… und die fehlende Freundin noch dazu.«

Hassan grinste. Als er das Fleisch aus dem Auto holte und damit zurückkam, starrte Mtito nicht auf Hassan, nicht auf sein Futter – nur auf das Auto.

»Er will nach Hause«, schloss ich daraus.

»Wie können wir ihn wieder aufmuntern?«, fragte Hassan.

»Vielleicht sollten wir ihm bald Nani vorstellen«, schlug ich vor. »Eine junge Artgenossin könnte seine Laune doch verbessern.«

Mtito schlenderte zu seiner alten Transportbox aus Kindertagen, die wir ihm in sein neues Gehege gestellt hatten. Mühevoll zwängte er sich hinein.

»Nehmt mich mit und bringt mich hier weg, will er uns sagen. Jetzt ist es eindeutig«, meinte ich.

Er nahm meine Hand ins Maul und leckte daran. Immer, wenn ich sie wegziehen wollte, packte er wieder zu, ohne die Krallen auszufahren.

»Großes Selbstmitleid!«, rief ich zu Hassan.

»Er ist ein Clown, ein Schauspieler. Er will unsere Aufmerksamkeit«, deutete Hassan Mtitos Verhalten.

»Gegen Heimweh gibt es leider keine Medizin«, sagte ich zu Mtito und schaute ihm in die Augen. »Du musst hier bleiben. Es gibt keinen Weg zurück nach Ithumba. Da musst du durch.«

Solange es ging, blieb ich bei ihm. Aber als die Sonne sich

für diesen Tag verabschiedet hatte, brach ich auf und fuhr nach Hause.

In dieser Nacht hörte ich wieder die Rufe der Leopardin. Als ich am Morgen ihre Spuren suchte, wurde ich überrascht. Ein Ranger erzählte mir, er habe gesehen, dass sie zwei Junge habe.

»Das könnten Mtitos Kinder sein!«, rief ich aus und freute mich.

Ich hatte meinem Arzt versprechen müssen, meinen Blutdruck zwischendurch überprüfen zu lassen, und musste deshalb nach Ikutha fahren. Wie üblich, wenn ich irgendwohin fuhr, warteten schon mehrere Passagiere darauf, mitgenommen zu werden, und alle waren krank. Zwei der Elefantenpfleger vom *David Sheldrick Trust* sowie der somalische Besitzer des kleinen Kiosks, Kassam, der eine TBC hatte und die ganze Fahrt über Blut hustete.

Als wir die kleine Klinik erreichten, besuchte ich erst mal schnell den Ranger, der mit einer Malaria hier eingeliefert worden war, und wartete dann auf einer sehr schmalen und sehr wackligen Holzbank, bis die Krankenschwester mich rief. Augenblicklich wurde ich von Flöhen gebissen, um mich herum saßen oder lagen Menschen auf dem nackten Boden, die dem Tod näher schienen als dem Leben. Ich wollte gar nicht versuchen, mir vorzustellen, was sie hatten.

Endlich wurde ich aufgerufen, und in einem kleinen hölzernen Verschlag wurde mein Blutdruck gemessen. Der war nicht gut, aber angesichts der hier herrschenden Umstände, fand ich ihn auch nicht schlecht. Ich wusste, mein Arzt würde von dem Ergebnis nicht erbaut sein, aber was sollte ich tun? Ich verzichtete auf das Angebot des Arztes, die Herztöne des Babys abzuhören, erwähnte den erforderlichen Urintest nicht einmal, und war nur froh, endlich wieder an der Luft zu sein. Kassam, der somalische Kioskbetreiber, war noch in Behandlung und musste danach erst eine halbe Stunde ruhen, bevor ich ihn auf der Rückbank liegend transportieren konnte. Ich durfte nicht schneller als mit 30 Stundenkilometern zurückfahren, damit er nicht zu sehr durchgeschüttelt wurde. Wenn man bedachte, dass ich in gut fünf Wochen entbinden sollte, war es vielleicht ein leicht übertriebener Aufwand, vier Stunden in der Hitze und dem Staub unterwegs zu sein, um den Blutdruck gemessen zu bekommen, dachte ich.

Als ich später ins Camp am Tiva kam, erzählte ich Hassan sofort, was mir der Ranger berichtet hatte. »Vielleicht ist Mtito Vater geworden und hat deswegen so ein Heimweh.«

»Heimweh?«, lachte Hassan. »Nein, nein. Ich glaube eher, er ist ein Schauspieler. Kaum warst du gestern abgefahren, kam Mtito aus der Kiste und begann zu fressen. Er wollte nur Aufmerksamkeit.«

Ich schüttelte den Kopf. »Der hat uns an der Nase herumgeführt!«, sagte ich. Wir mussten beide laut lachen.

Eine Woche lang ließen wir Mtito nachts in seinem neuen Gehege eingeschlossen. Jetzt fing er aber an, im Dunkeln großen Krach zu machen, sprang gegen das Gitter und auf seine Box. Er zeigte uns deutlich seinen Unmut darüber, nicht raus und auf Wanderschaft gehen zu können. Damit schien der Zeitpunkt gekommen, ihn auch nachts wieder gehen zu lassen.

»Er muss sein neues Revier unbedingt besser kennenlernen«, gab ich Hassan die Anweisung, ihm das Tor aufzuschließen und ihn ziehen zu lassen. So schnell er konnte, flitzte Mtito hinaus und schüttelte Hassan sofort ab. Stundenlang blieb er allein im Busch, erkundete Fluchtwege und Verstecke. Erst am späten Nachmittag des nächsten Tages kehrte er in sein Gehege zurück.

Oben flog Danny mit seinem Flugzeug über uns. Mtito hob wie gewohnt den Kopf, ließ seinen Knochen liegen und folgte der Maschine mit den Augen. Neu hingegen war für mich, dass mein Baby gegen die Bauchdecke zu trampeln begann, sobald das Motorengeräusch zu hören war.

Nachdem der anderthalbjährige Mtito sich Tag für Tag besser in sein neues Territorium einlebte, beschlossen wir, ihn eine

Woche später seiner Artgenossin Nani vorzustellen. Ein Experiment, das bisher noch von niemandem durchgeführt worden war. Leoparden gelten als Einzelgänger, aber nach unserer Erfahrung in Ithumba wussten wir, dass sie sich sehr wohl trafen und auch suchten. Den Ausgang unseres Experiments konnten wir jedoch nicht vorhersehen oder abschätzen, da es keinerlei Erfahrungen in dieser Hinsicht gab.

An diesem Nachmittag brach ich zu Nanis Gehege auf und brachte ihr das Futter. Sie begann wie gewohnt zu fressen. Hassan und Wambua hatten die Anweisung erhalten, mit Mtito von seinem Camp aus am Flussbett entlang zu uns zu laufen.

Als ich sie in der Ferne näher kommen sah, rief ich Mtito mit leicht gedämpfter Stimme, um Nani nicht zu erschrecken.

»Mtito, komm!«

Er hörte mich, schien aber verblüfft, mich in der fremden Umgebung zu treffen. Vorsichtig machte er sich zu mir auf den Weg. Vermutlich irritierte ihn auch meine ungewohnte Stimmlage.

Nani hörte auf zu fressen, sprang auf ihre Höhle und stellte die Ohren auf. Mtito kam äußerst vorsichtig näher. Er begrüßte mich mit seinem »ptuff« aus der Ferne und blieb stehen. Offenbar nahm er Nanis Geruch auf. Er fauchte, markierte und näherte sich. Als er Nani erblickte, duckte sich Mtito unterwürfig. Nani hingegen reagierte aggressiv und fauchte, machte keine Anstalten, sich zu verstecken. Beide starrten sich an.

Mtito lief zwischen mir und Nanis Gehege unentschlossen auf und ab und setzte sich schließlich Schutz suchend auf meine Füße. Er schien zwar interessiert, reagierte aber völlig unterwürfig. Auch Nani schien einem Kontakt nicht abgeneigt, fauchte aber und blieb die Dominierende in diesem Spiel.

Kurz vor Sonnenuntergang liefen wir mit Mtito zurück zu seinem Gehege. Er schien froh zu sein, dass wir gingen.

»Das war ein wenig enttäuschend«, sagte ich zu Hassan.

»Es war ein erster Versuch. Wir sollten beiden eine zweite Chance geben«, schlug er vor.

Am darauf folgenden Nachmittag wiederholten wir die Prozedur. Ich blieb bei Nani und bemerkte ihre Unruhe. Im Abendlicht glänzte und schimmerte ihr weiches Fell. Sie lief an den Zaun und starrte Richtung Flussbett, als ob sie etwas erwartete.

Direkt in ihrer Blickrichtung kamen Mtito und Hassan. Der Kater schien ebenfalls aufgeregt. Nachdem mich Mtito begrüßt hatte, lief er mehrmals um Nanis Gehege, während sie sich kaum rührte und nur leise fauchte. Beide kannten sich ja bereits.

Mtito ließ nicht locker, drehte weiter seine Runden. Nani hörte auf zu fauchen und legte sich plötzlich am Zaun auf den Rücken, die Beine in die Höhe gestreckt.

Mtito setzte sich vor mich. Ich lief ein Stück an den Käfig, um die Leoparden näher zueinanderzubringen. Mtito aber reagierte mit Fauchen, um mich davon abzuhalten. Ich hatte ihn falsch verstanden – er wollte nicht, dass ich Nani näher kam. Sie war nun offensichtlich seine Eroberung, und ich sollte mich da raushalten.

Nani schien sich zu wundern, wie vertraut Mtito und ich miteinander waren. Sie kam uns so nah wie möglich und beobachtete uns beide genau. Ich akzeptierte Mtitos Wunsch und zog mich zurück. Nani schaute nun nur noch auf Mtito. Sie mauzte, und Mtito antwortete. Nani bewegte sich ein Stück, er folgte ihr auf der anderen Seite vom Zaun. Sie starrten sich beide an, fauchten leicht und richteten die Ohren auf.

Dann lief Nani zur gegenüberliegenden Gehegeseite und schaute Mtito an, als wollte sie sagen: »Komm hierher, hier sind wir ungestört, keine Menschen.«

Mtito folgte ihrer Aufforderung und trottete mauzend und fauchend auf die andere Seite des Zaunes. Dabei markierte er unentwegt auf seinem Weg.

Sie drückte ihre Hinterbeine durch, stand aufrecht, und Mtito begann zu flehmen. Er witterte ihre Geruchsstoffe. Nani rollte sich auf den Rücken, und Mtito sprang am Zaun entlang. Sie beobachtete ihn dabei ohne ein Zeichen der Aggression.

»Das ist zweifellos ein Fortschritt«, staunte Hassan.

»Ja, sie scheinen sich nähergekommen zu sein. Vielleicht sollte Mtito dabei sein, wenn wir sie freilassen?«, fragte ich mich und schaute Hassan an.

»Mein Plan ist es, sie sechs Wochen im Gehege zu lassen, damit sie sich auf die neue Umgebung einstellt. Sie braucht mindestens einen ganzen Mondzyklus, um ihren inneren Kompass, ihren Orientierungssinn umzustellen und sich auf ihre neue Umgebung einzulassen. Umzüge anderer Raubkatzen haben uns das gelehrt. Sonst besteht die Gefahr, dass sie umgehend nach Hause zurückläuft.«

Endlich kam der Tag, an dem wir Nani freilassen wollten. Wir rückten von unserem Plan ab, Mtito mitzunehmen, denn er hatte sich zwei Tage nicht am Gehege sehen lassen und kehrte erst an diesem Tag völlig ausgehungert zurück. Mit Mtito in diesem Zustand würde die Freilassung Nanis wohl kaum zum Vergnügen. Also wurde er in seinem Gehege erst einmal gefüttert, und Danny und ich fuhren zu Nani.

Dort fütterten wir Nani zuerst. Danach öffneten wir ihr Tor so, dass wir selbst in einem separaten Teil ihres Geheges gesichert waren. Während wir das Seil zu ihrem Tor montierten, beobachtete sie uns die ganze Zeit sehr aufmerksam. Sie wartete, bis das Tor ganz weit offen stand. Dann erhob sie sich von ihrer Höhle und ging dorthin.

Ich hatte erwartet, sie würde hinaussprinten, aber sie machte das ganze Gegenteil. Sie lief ruhigen Schrittes mit erhobenem Schwanz und aufgestellten Ohren Richtung Ausgang, schnüffelte am Tor, hielt die Nase in den Wind und hatte offenbar alle Zeit der Welt. Stolz schaute sie in alle Richtungen und blinzelte Richtung Sonne, die gerade begann, am Horizont zu verschwinden. Nani versicherte sich, dass keinerlei Gefahr drohte. Erst dann trottete sie los, drehte sich nach einigen Schritten noch einmal um und starrte uns lange und intensiv an. Mein Herz überschlug sich vor Aufregung.

Dann landete ein Frankolin wie ein Zeichen des Himmels vor ihr. Sie sah den Vogel, startete durch, jagte ihn und verschwand im Busch. Der Vogel flatterte schimpfend auf, und bis auf das Konzert der Grillen kehrte wieder Ruhe ein. Wir lauschten noch einen Augenblick. Aber Nani war nicht zu hören und erst recht nicht mehr zu sehen.

Danny und ich schauten uns breit grinsend an. »Ja!«, sagten wir beide gleichzeitig. Nani war zurück in der Freiheit.

»Ich bin froh, dass sie so selbstbewusst hinausgegangen ist«, gestand ich Danny. »Das hätte ich noch vor Wochen nicht für möglich gehalten.«

Zwei Tage später packte ich meine Koffer. Fünf Wochen vor der Geburt unseres Kindes suchte ich alles zusammen, was ich und das Baby brauchen würden: Babysachen, Bücher, Wäsche. Dann verabschiedete ich mich von Hassan, Wambua, Kimwele und natürlich auch von Mtito. Danny und ich brachen auf nach Nairobi. Wir wussten, wir würden nicht mehr zu zweit sein, wenn wir wieder nach Ithumba zurückkehrten.

26
Lang erwartete Ankunft

Wir warteten und warteten, doch das Baby kam nicht. Mehrfach hatte ich heftige Wehen, fuhr ins Hospital und dann wieder heim in unser vorübergehendes Zuhause, ein kleines Cottage im Nairobi-Nationalpark bei den Elefantenwaisen des *David Sheldrick Trust*.

Jill, Dannys Halbschwester und Tochter von Sheldricks Witwe Daphne, hatte es mit ihrer Familie bewohnt, bevor sie nach Frankreich umgezogen war. Sie hatte uns das Haus zur Verfügung gestellt.

Als die Geburt zehn Tage überfällig war, verlor auch meine Gynäkologin, eine sehr erfahrene afrikanische Ärztin, langsam ihre Gelassenheit. Sie war beunruhigt und wollte die Geburt einleiten. Nachdem auch ein Wehentropf keinen Erfolg brachte, entschloss sich die Ärztin zu einem Kaiserschnitt, gerade noch rechtzeitig für mich und das Kind.

Alles, was schieflaufen konnte, ging schief. Das Kind lag so, dass eine natürliche Geburt von Anfang an ausgeschlossen gewesen war, aber das hatte die Ärztin nicht bemerkt. Die Operation an sich, der Schnitt, war auch kein Meisterwerk, und die vielen Fehler von unerfahrenem Pflegepersonal waren ebenso nicht dazu angetan, sich zu entspannen und Kräfte zu sammeln.

Aber dann war sie da, unsere kostbare kleine Tochter. Absolut perfekt, eine kleine Prinzessin, dichtes dunkles Haar, das schönste kleine Mädchen der Welt: Chloe.

Der Name kommt aus dem Griechischen und meint so viel wie »frischer Spross« oder »Knospe«, ein Name, der nicht besser hätte passen können für unser kleines Zauberwesen.

»Chloe ist da!«, sagte Danny meinen Eltern, die aus Deutschland angereist waren, um ihr Enkelkind zu begrüßen.

Es dauerte eine Weile, bis ich mich von der Geburt erholte. Als ich wieder auf den Beinen war, hatte sich mein Leben verändert.

Drei Wochen nach Chloes Geburt und damit zwei Monate, nachdem ich Ithumba verlassen hatte, kehrte ich in den Tsavo zurück. Zurück in den Busch, mein wunderbares Zuhause, und zurück in die Fürsorge und Weisheit von Kimwele.

Er empfing mich gleich mit einer wunderbaren Geschichte: »In der Nacht, als Chloe geboren wurde, kam eine Leopardenmutter mit ihren beiden Jungen zum Haus auf die Veranda. Vielleicht war das Mtitos Nachwuchs?«

»Wie schön«, freute ich mich. »Das passt doch gut.« Ob es aber wirklich Mtitos Kinder waren, die uns an jenem wichtigen Tag besuchten – wir würden es nie erfahren.

Chloe war das erste Baby, das in Ithumba aufwachsen sollte, und es war eine Herausforderung in mancherlei Hinsicht. Ich konnte sie keine Minute aus den Augen lassen. Die vielen Affen rund um das Haus warteten nur darauf, sich das Baby zu holen. Von den Leoparden gar nicht zu reden. All die kleineren Kreaturen, die Schlangen, giftigen Tausendfüßler und Skorpione waren ebenfalls eine permanente Gefahr, die wir nur zu bald schon kennenlernen sollten.

Um nachts die Windeln wechseln zu können, zog ich meine Stirnlampe auf den Kopf, denn es gab kein Licht im Haus. Da Mücken im Tsavo Malaria übertragen können, brachte ich Chloe dann möglichst schnell von ihrem Bettchen in meins, damit sie so unter dem Moskitonetz blieb. Das wurde sehr rasch zur Routine.

Da ich Chloe stillen konnte, war das Füttern für mich und sie sehr einfach, sicher und gesund, doch weil es jetzt wieder sehr heiß war in Ithumba, musste ich das Baby, das immer durstig war, alle drei Stunden stillen. Dabei hielt ich Chloe tagsüber mit einer Stoffwindel auf dem Arm, um zu verhindern, dass sie mir von der permanent schweißnassen Haut rutschte.

All diese kleinen Beschwerlichkeiten, die die Savanne des Tsavo für einen Säugling mit sich brachte, wurden bei Weitem wettgemacht durch den totalen Frieden, der Chloe umgab. Nichts als die Geräusche der Natur: Vogelgezwitscher, das

Affengebell und das Zirpen von Grillen waren Chloes Welt. Und es war von Anfang an leicht für mich, ihr alle Bedürfnisse von den Augen abzulesen. Denn ich hatte bei Mtito ja auch nichts anderes getan, und Chloe war zudem ein Menschenkind, meine eigene Spezies.

Obwohl ich große Sehnsucht hatte, Mtito zu besuchen, war es mir doch unmöglich, denn allein die Fahrzeit hätte zwei Stunden betragen. Das wollte ich Chloe nach unserer langen Reise nicht gleich zumuten.

Und ich war mir sicher, dass Mtito mich in der Zwischenzeit nicht vergessen haben würde.

In Forschungsberichten hatte ich gelesen, dass männliche Leoparden mindestens zwei Jahre bei ihren Müttern bleiben. Die Dauer hängt aber sehr von der Verfügbarkeit von Nahrung ab. Ist das Angebot reichlich, kann ein männliches Jungtier auch schon mal länger bei seiner Mutter bleiben, besonders dann, wenn die angrenzenden Gebiete bereits Reviere anderer Leoparden sind und es einem jungen Leoparden erschweren, seine eigene Nische zu finden und ein eigenes Territorium zu behaupten.

Weibliche Leoparden verlassen ihre Mütter früher. Die Kater besuchen ihre Mütter auch nach der Trennung gelegentlich, selbst wenn sie dafür das Revier eines anderen Leoparden durchqueren müssen. Auch das ist ein Grund, warum es schwieriger ist und länger dauert, einen männlichen Leoparden auszuwildern als ein Weibchen.

Mtito war zu diesem Zeitpunkt erst ein Jahr und neun Monate alt, und ich wollte auf jeden Fall verhindern, dass er zurück nach Ithumba käme, um mich zu begrüßen.

Während ich mich in Geduld übte, genoss ich unser Familienleben. Meine Eltern waren für einen Monat bei uns und machten mir, trotz der unerträglichen, geradezu lähmenden Hitze, den Alltag so leicht wie möglich.

Meine Mutter kochte abends, was wir liebten, auch wenn sie sich dabei fast in Schweiß auflöste. Und sie trug, wie mein Vater auch, das Enkelkind spazieren, wann immer sich die Gelegenheit bot.

Dann war es endlich doch so weit: Ich würde Mtito sehen, war aufgewacht mit Schmetterlingen im Bauch. Wir nahmen zwei Autos, um zum Tiva-Camp zu fahren. Danny blieb mit Chloe etwas zurück, und ich fuhr allein mit dem zweiten Wagen zu Mtitos Camp. Ich war aufgeregt. Wie würde er auf mich reagieren, würde er überhaupt da sein? Würde Chloe weinen, während ich unterwegs war?

Kaum erreichte ich das Camp, sah ich Hassan, der mir zuwinkte. Aber wo war Mtito? Ich stoppte, stieg aus, und dann kam ein Leopard angerannt, den Schwanz hochgestellt und seinen prustenden Begrüßungsruf von sich gebend. Mtito! Alle Zweifel und Sorgen waren im Nu vergessen, ich war nur glücklich, von Mtito so voller Freude begrüßt zu werden.

Entgegen allen liebevoll gemeinten Warnungen von Danny, Mtito nicht gleich so nah an mich heranzulassen, setzte ich mich zu ihm. Er rieb sein Gesicht an meinem.

»Wie groß du geworden bist!«, sagte ich und strich ihm zärtlich durchs Fell.

»Er misst siebzig Zentimeter Schulterhöhe. Mtito ist jetzt ein ausgewachsener Leopard«, meinte Hassan nicht ohne Respekt vor dem kräftigen Tier.

»Ich schätze sein Gewicht auf mindestens sechzig Kilo, er wiegt mit Sicherheit mehr als ich«, sagte ich.

»Und wenn er läuft, muss er den Schwanz einrollen, sonst schleift er am Boden, so lang ist der«, ergänzte Hassan voller Stolz, als sei das alles unser Verdienst.

Hassan beobachtete Mtito und mich und erzählte mir dabei eine Menge Geschichten aus den letzten acht Wochen. »Er wird zunehmend selbstständiger, entdeckt immer mehr auf eigene Faust sein Territorium und ist häufig auf der anderen Flussseite.«

»Vielleicht will er dort ohne unsere Unterstützung sein neues Revier gründen«, vermutete ich.

»Ja, möglich. Er lässt nun auch oft unsere Fleischration liegen, denn wenn er tagsüber mal ins Camp kommt, hat er oft einen vollen Bauch. Ich habe auch mit eigenen Augen gesehen, wie er einen Buschbock erlegt hat. Ganz nach Leopardenmanier sprang er von hinten auf ihn und tötete ihn mit einem Biss ins Genick.«

»Und hat er seine Beute auch verteidigt?«, wollte ich wissen.

»Ja, es ging einige Nächte hoch her. Hyänen kamen und kicherten aufgeregt. Mtito antwortete ihnen, hat den Buschbock auf einen Baum gezerrt und die Hyänen aus dem Camp gejagt. Und dem Löwenrudel aus der Gegend ist er aus dem Weg gegangen, hat sich verzogen.«

»Wunderbar. Dann hat er ja die wichtigsten Lektionen gelernt«, sagte ich ein wenig stolz.

»Leider müssen wir dir aber noch etwas anderes erzählen«, rückte Hassan dann etwas zögernd mit der Sprache raus.

»Das klingt nicht gut …«

»Wir waren mit Mtito unterwegs. Er jagte ein Dikdik und erlegte es. Als er gerade zu fressen anfangen wollte, hat er sich abgeduckt und still verhalten. Er starrte konzentriert in eine Richtung. Wir haben uns dann umgedreht und gesehen, was Mtito bemerkt hatte: In einiger Entfernung liefen Wilderer«, erzählte Hassan, und Wambua Junior fuhr fort: »Sie trugen Pfeil und Bogen und hatten einen vollen Sack wahrscheinlich mit Fleisch von gewilderten Tieren dabei, die sie gerade aus den Schlingen geholt hatten.«

»Plötzlich haben sie etwas gemerkt und haben sich umgedreht und uns angeschaut«, ergänzte Hassan.

»Es waren Kamba, ich habe einen von ihnen erkannt, der in Kasaala lebt«, schilderte Wambua.

»Und? Hattet ihr keine Angst?«

»Doch«, antwortete Wambua. »Aber glücklicherweise haben sie mich als Kamba erkannt und daher auch für einen Wilderer gehalten. Sie haben gegrüßt und sich dann sehr schnell aus dem Staub gemacht.«

»Da bin ich aber froh«, gestand ich. »Und haben sie Mtito gesehen?«

»Nein. Auf keinen Fall«, versicherte mir Hassan.

»Sonst würden sie vielleicht wiederkommen, um Mtito wegen seines Fells zu erwischen«, fürchtete ich.

»Das glaube ich nicht«, beruhigte Wambua, »Mtito hat sich klein gemacht und die ganze Zeit nicht bewegt. Sie konnten ihn nicht sehen.«

»Hoffentlich. Aber die Schlingen in dieser Gegend machen mir Angst. Mtito könnte sich darin verfangen«, gab ich zu bedenken. »Ich werde Danny bitten, eine Patrouille zu schicken.«

»Gute Idee«, meinte Hassan.

»Und Nani?«, fragte ich neugierig »Habt ihr sie noch mal gesehen?«

»Leider nicht. Eine Zeitlang haben wir noch ihre Fährten gefunden. Zunächst lief sie um das Camp herum, kehrte aber nie mehr in ihr Gehege zurück. Unten am Fluss haben wir mehr von Nanis Pfotenabdrücken gefunden. Aber seit drei Wochen verliert sich ihre Spur. Nichts mehr.«

»Schade. Vielleicht ist sie abgewandert. Aber dass ihr noch fünf Wochen nach ihrer Freilassung Spuren von ihr gesehen habt, bedeutet ja, dass sie selbstständig gejagt haben muss. Sie hat ihre zweite Chance genutzt.«

Mtito merkte wohl, dass wir nicht mehr über ihn redeten. Er stand auf und versuchte, sich mit seinem kraftvollen Körper in seine alte Transportbox zu quetschen. Wir mussten lachen, und genau das war es, was der Leopard wollte. Er mochte es, unsere ganze Aufmerksamkeit auf sich zu ziehen wie ein Clown. Wir spielten ein wenig mit ihm und warfen Stöckchen. Nach einer Stunde ließ ich Mtito am Camp zurück.

An diesem Abend hatte mich das Leben reich belohnt. Im Arm die schlafende Chloe, die zuvor durstig getrunken hatte, im Kopf das Wiedersehen mit Mtito, vor meinen Augen der rote Streif der untergehenden Sonne über dem Horizont vom Tsavo. Und mit dem lieb gewonnenen krächzenden Funk der Ranger im Ohr stiegen wir wieder in die Autos und fuhren heim.

Die brutale Hitze wich allmählich. Grau hingen nun die Wolken tief über der Savanne, und ich konnte den Regen förmlich riechen. Tatsächlich begann an diesem Abend mit einem unglaublich heftigen Gewitter die Regenzeit.

Wir saßen noch auf der Terrasse, als ein ganz ungewöhnlicher Wind aufkam. Eine Weile schon hatten wir in einiger Entfernung Blitze gesehen, die mehr wie ein Wetterleuchten wirkten, als uns plötzlich alles, was auf dem Tisch stand, um die Ohren flog und die Sturmböe die Kerzen auslöschte. Im selben Moment fing es an zu regnen. Es schüttete, es blitzte und donnerte. Wir rannten ins Haus und brachten uns in Sicherheit. Immer wieder wurde es für Sekunden taghell, und es krachte so gewaltig, als würde das Universum explodieren.

Das konnte einen mitten im Nirgendwo, vorsichtig ausgedrückt, schon beunruhigen. Naturgewalten, so stark, so gewaltig, dass man unwillkürlich daran erinnert wurde, wie klein, wie unbedeutend, wie hilflos wir Menschen im Vergleich mit der Natur sind, die wir mit allem Wissen, aller Forschung und Entwicklung nicht kontrollieren können.

Ich hielt Chloe im Arm, die nur kurz wach geworden und gleich wieder eingeschlafen war. Schweigend saßen wir im Wohnzimmer. Bei dem Donnern hätten wir eh kein Wort verstehen können. Und was hätte man auch sagen sollen angesichts eines solchen Naturschauspiels, das wir aus Mitteleuropa nicht annähernd kannten? Ich dachte an die Arche Noah, und es kam mir kurz in den Sinn, dass so das Ende der Welt aussehen könnte.

Nachdem sich das Gewitter entladen hatte, prasselte der Regen noch über Stunden auf den trockenen Boden. Die leeren Flussbetten füllten sich innerhalb kürzester Zeit mit Wasser, und die Fluten rissen alles mit, was am Ufer gestanden hatte oder nicht ausweichen konnte.

Am nächsten Morgen erreichte uns im Hauptquartier ein Notruf: »Hilfe, Mtito ist durch die Wassermassen von uns abgeschnitten! Bitte dringend zum Camp kommen!«

»Was ist los?«, klinkte sich Danny ein, der sich bereits wieder im Flugzeug auf Patrouille befand und mithörte.

»Mtito ist auf der anderen Flussseite gefangen. Er kommt nicht mehr allein zurück«, erklärte Hassan mit panischem

Unterton. »Bringt eine Transportkiste mit. Und etwas Fleisch. Mtito hat seit Tagen nichts gefressen«, schob er noch nach. »Und holt uns auf dem Weg bitte vom Hügel ab. Wir sind viele Kilometer gelaufen, um von hier eine Funkverbindung zu haben«, rief Wambua aus dem Hintergrund.

Danny überlegte. Die Transportkiste war inzwischen zurück in Nairobi, der Tiva nicht passierbar und die anderen Pisten zum Camp waren geflutet. Was tun?

Danny flog über den Tiva und das Camp und suchte Mtito, allerdings ohne Erfolg. Schließlich brach er die Suche ab, landete in Ithumba, und wir beschlossen, es mit dem Auto zu versuchen.

Schnell packten wir Fleisch, Seile, Regenjacken, Gummistiefel, Handtücher und was wir sonst brauchten, zusammen. Wir wollten Mtito notfalls zu Fuss und mit Seilen gesichert durch den Fluss holen. Chloe musste ebenfalls mit, so packte ich auch noch ein Moskitonetz und einige Windeln dazu. Ich bat zudem Kimwele, uns zu begleiten und Chloe notfalls zu betreuen. Wir konnten nicht wissen, wie lange die Aktion dauern würde.

Eilig fuhren wir los. Schwerfällig kämpfte sich der Allradantrieb unseres Wagens durch den Schlamm und tiefe Wasserlöcher. Immer wieder rutschte der Wagen nach links oder rechts weg, weil die Reifen keinen Halt in dem Matsch fanden. Unterwegs sammelten wir Hassan und Wambua wie verabredet auf. Die beiden waren klitschnass und vollkommen verdreckt.

»Mtito hat den ganzen Morgen gerufen. Ich hab ihn dann auf der anderen Seite des Flusses gesehen«, erzählte Hassan. »Als er mich entdeckte, hat er gemauzt wie ein Jungtier.«

»Das macht er nur, wenn er wirklich in Not ist«, erklärte ich.

»Er hat seine Pfoten ins Wasser getaucht, um seine Möglichkeiten zu testen. Aber er zog sie jedes Mal zurück und schüttelte sie dann heftig«, schilderte Hassan.

»Er will zurück ins Camp, kein Zweifel.«

Als wir am Fluss ankamen, brachten wir Kimwele und Chloe schnell in Hassans und Wambuas Camp. Dann schwärmten die

Männer am Ufer aus, um Mtito zu suchen. Ich blieb an seinem Gehege und rief ihn, so laut ich konnte. Aber außer dem Rauschen des strömenden Wassers und einigen Vogelrufen hörte ich nichts.

Im reißenden Fluss trieben Baumstämme, leere Kanister und jeglicher Abfall in hoher Geschwindigkeit. Plötzlich hörte ich hinter mir ein Stampfen. Ich drehte mich schnell um – es war Wambua Junior. Er winkte mir hektisch.

»Wir haben Mtito gefunden. Er rennt auf der anderen Seite auf und ab. Komm schnell, nimm das Fleisch und ein Seil mit.«

Ich schwang mich in den Wagen und startete den Motor.

»Mtito hat versucht, den Fluss zu durchqueren, aber hat sich dann doch nicht getraut«, erzählte Wambua weiter.

Als wir an der Fundstelle ankamen, sahen wir Hassan und Mtito bereits in der Mitte des Flusses. »Hassan konnte es nicht mehr abwarten. Er ist ohne Seilsicherung einfach in die Fluten gestiegen und Mtito entgegengelaufen. Daraufhin sprang der Leopard auch ins Wasser und schwamm bis zur Mitte Hassan entgegen. Zum Laufen war es für ihn zu tief«, berichtete Danny. »Er ist abgetrieben worden, hat aber aus Leibeskräften wie ein Hund mit den Füßen gepaddelt und getreten, dabei seinen Kopf über Wasser gehalten und es irgendwie geschafft, Hassan in die Arme zu schwimmen.«

Beide sahen nun mehr fröhlich als angespannt aus. Kurz bevor sie das Ufer auf unserer Seite erreichten, sprang Mtito aus dem Wasser und rannte auf uns zu. Er schüttelte sich nicht einmal, sondern begrüßte uns stürmisch, so nass wie er war.

Schließlich setzte sich der triefende Kater auf meine Füße, schloss die Augen und leckte meine Hände. Er wurde langsam trocken, ich dagegen durch meine Kleidung hindurch nass. Meiner Erleichterung, dass sein Abenteuer doch noch einen glücklichen Ausgang gefunden hatte, tat das aber keinen Abbruch.

Es war Heiligabend, Chloes erstes Weihnachtsfest, und ich freute mich sehr darauf. Aber dann kam wieder einmal alles anders als geplant.

Ich wachte mit heftigen Schmerzen im Bein auf und konnte kaum laufen. Danny kam aus Voi zurück und bemerkte sofort, dass ich humpelte. Er schaute sich die Wunde an meinem Bein an, die mich schon länger gequält hatte. Sie war inzwischen zur Größe einer Orange angeschwollen, und ihre Ränder färbten sich schwarz.

»Ich bring dich sofort ins Missionshospital in Mutomo«, reagierte Danny, und bevor ich auch nur Luft holen konnte, fügte er hinzu: »Ohne Widerrede und ja, auch an Weihnachten.«

Die Fahrt zum Hospital dauerte durch den Tsavo eineinhalb Stunden. Ich war so nervös, dass ich keinen Blick für die Gegend hatte, obwohl ich sie noch nicht kannte. Ich dachte nur: Was mache ich bloß, wenn die mich über Weihnachten dabehalten? Ich wollte doch unbedingt bei Chloe sein.

»Das soll ein Krankenhaus sein?«, fragte ich erstaunt. Ich hatte ja schon viel gesehen und hielt mich für abgehärtet. Aber dieses Gebäude übertraf meine schlimmsten Befürchtungen.

Am Eingang lehnte ein zum Skelett abgemagerter Mann. Als ich mich an ihm vorbeiquetschen wollte, bekam er einen solchen Hustenanfall, dass ich dachte, er würde auf der Stelle sterben.

»Geh schon hinein«, forderte Danny mich auf.

Ein Poster im Eingangsbereich begrüßte mich mit der Warnung: »69 Prozent aller Patienten in dieser Region sind HIV positiv.«

Ich sah einige der Kranken im Warteraum, die mich meine Beschwerden auf der Stelle vergessen ließen. »Lass uns gehen«, sagte ich, aber Danny schüttelte nur den Kopf.

»Nein. Du wirst dich untersuchen lassen.«

Bisher war ich davon überzeugt gewesen, dass das Leben im Busch das einzig Richtige für mich war, aber hier und jetzt hätte ich mir fast einen deutschen Arzt im weißen Kittel gewünscht.

Bevor ich weitere Überlegungen anstellen konnte, kam eine Schwester, die sich das Geschwür beiläufig ansah und sachlich feststellte: »Da müssen wir mit dem Messer eine kleine Gewebeprobe entnehmen.«

Dann bat sie mich, in den Operationsaal mitzukommen. In diesem Moment sah ich mich schon die Weihnachtstage in dieser schrecklichen kleinen Klinik verbringen. Ohne Danny und ohne Chloe, für die ich ein ganz besonderes erstes Weihnachtsfest geplant hatte.

»Vielleicht ist dieses Geschwür auch eine Spätfolge vom Kaiserschnitt. Irgendwelche Bakterien, die ich mir während der Geburt im Krankenhaus eingefangen habe«, mutmaßte ich Danny gegenüber.

Die Kaiserschnittnarbe hatte sich immer wieder entzündet, und ich hatte seither etliche Infektionen gehabt, die immer mit Antibiotika behandelt worden waren, ohne dass die Ursache geklärt werden konnte.

Zwei irische Nonnen kamen in den OP und sahen sich die Wunde an. Eine der Nonnen erkannte sofort, was die Ursache des Geschwüres war. Sie hatte genau das Gleiche schon zweimal am Fuß gehabt. »Das ist ein Insektenbiss, dessen Gift das Gewebe zerstört und es immer weiter zerfrisst, wenn er nicht behandelt wird.« Sie wusste ganz offensichtlich, wovon sie sprach, und war voller Mitgefühl.

»Ich weiß, wie weh das tut, aber das kriegen wir schnell in den Griff. Ich gebe Ihnen Antibiotika, dann können Sie gehen.«

Eine bessere Nachricht hätte es nicht geben können, auch wenn die Wunde ausgeschabt und gereinigt werden musste und mit einer Salbe versorgt wurde.

»Wissen Sie noch, wann und wo Sie gebissen worden sind?«, fragte die Nonne, die mein Bein verband, und fügte dann hinzu: »Haben Sie vielleicht engen Kontakt mit wilden Tieren?«

Ich überlegte kurz, ob ich ihr wirklich reinen Wein einschenken sollte, entschied mich dann aber, bei der Wahrheit zu bleiben, auch um die richtige Diagnose gestellt zu bekommen.

»Ja, ich arbeite mit Leoparden«, überraschte ich die beiden Frauen.

»Oh. Das ist ungewöhnlich.« Aber es beeindruckte die Nonnen nicht weiter. Sie gaben mir weitere Antibiotika für den Veterinärgebrauch. Offenbar war mir anzusehen, dass ich etwas irritiert war. Ich sollte Medizin nehmen, die eigentlich für Tiere bestimmt war? Eine der Nonnen sagte ganz gelassen: »Keine Sorge, die helfen genauso auch bei Menschen. Die anderen sind uns ausgegangen.«

Ich war nur froh, aus der Klinik rauszukommen. Auf dem Rückweg konnte ich die zauberhafte Landschaft genießen, und die Luft war wunderbar kühl, weil Mutomo sehr hoch gelegen ist. Auf dem Heimweg schlugen wir nun auch endlich unseren »Ersatz«-Weihnachtsbaum, einen *Commiphora*-Balsambaum mit Dornen.

Während der Fahrt berichtete mir Danny, dass er die Patrouille, um die ich ihn gebeten hatte, inzwischen in die Gegend um Mtitos Camp geschickt hatte. Sie hatten nach Fallen gesucht, die Mtito in Gefahr bringen könnten, aber keine gefunden. Dafür aber Fußspuren und verlassene Verstecke. »Wenn der Regen allerdings so anhält, können wir das jetzt nicht weiterverfolgen, denn die Wege werden unpassierbar.«

Wie immer in der Regenzeit wanderten viele Tiere vom Tiva River ab in andere Regionen, die nun genügend Nahrung und Wasser boten. Viele Raubtiere zogen ihrer Beute wie gewohnt hinterher. Mtito aber blieb am Camp.

Hassan und Wambua litten unter schlaflosen Nächten. Sie hörten, wie sich Mtito mit einem anderen Leoparden zunehmend heftig um das Territorium stritt. Wegen des Regens und der daraus resultierenden Abwanderung sank die Zahl der Beutetiere im Revier drastisch, und offenbar gab es nun Streit um die verbleibende Nahrung.

Ich schaute mir Mtito an. Er gefiel mir gar nicht. Er verlor an Gewicht, die Knochen traten aus dem zunehmend struppigen Fell hervor, und er verlor Haarbüschel. Ich beschloss, Mtitos Fleischrationen zu erhöhen.

»Vielleicht ist es besser, ihn nicht mehr an der gleichen Stelle zu füttern«, teilte ich Hassan mit.

»Warum?«

»Möglicherweise entwickeln sich an der Futterstelle Bakterienherde, die ihn krank machen. In der Natur fressen Leoparden immer wieder an anderen Stellen. Eben dort, wo sie gerade ihre Beute schlagen.«

»Und was machen wir stattdessen?«, wollte Hassan wissen.

»Wir verteilen das Futter mehr im Camp, müssen aber die Reste nach kurzer Zeit immer wieder einsammeln. Sonst locken wir seine Konkurrenten an.«

»Wir könnten ihm ja eine Plattform bauen, auf der er frisst. Dann ist die Beute vom Boden weg. Leoparden fressen doch am liebsten auf Bäumen.«

»Du hast recht«, bestätigte ich Hassan. »Ihr könntet ihm eine Plattform in der Nähe des Milia-Baumes bauen. Denkt aber daran, dass sie auch sein Gewicht aushalten muss.«

Hassan freute sich, dass wir eine Lösung gefunden hatten. Kurze Zeit später war die Plattform fertig.

27
Ein schwerer Zwischenfall

Der Regen wurde stetig stärker. Wambua Junior wurde mitten in der Nacht im Camp vom Geräusch heftig rauschenden Wassers geweckt. Beunruhigt und verwundert stand er auf und leuchtete mit seiner Taschenlampe, sah aber erst einmal nur Mtito, der vom Flussufer hochgerannt kam und sich auf den erstbesten Baum im Camp flüchtete, als sei der Teufel hinter ihm her.

Als Wambua zum Flussufer hinunterschaute, wurde ihm klar, was ihn geweckt hatte – eine riesige Flutwelle kam den Tiva River hinunter, eine tosende Wand aus Wasser. Wambua hatte so etwas nie zuvor gesehen, und auch Mtito blieb auf dem Baum hocken, bis er sich an das Geräusch gewöhnt hatte und sicher war, dass die Flutwelle nicht ins Camp kam.

Es regnete und regnete. Als Danny auf dem Rückweg von Voi am Tiva River ankam, sah er schnell, dass es selbst mit dem Geländewagen keine Möglichkeit gab, durch den Fluss auf die andere Seite zu kommen. Er kletterte auf den nächsten Baum, um Empfang für das Funkgerät zu haben, und schickte eine Nachricht, dass wir mit der Planierraupe kommen sollten, um ihn abzuholen. Kurz darauf war die Batterie seines Funkgerätes leer.

Gegen Mittag kamen wir dort an, brachten die Planierraupe durch die Fluten und sammelten Danny auf. Seinen Geländewagen mussten wir am anderen Ufer vorerst zurücklassen.

»Wir holen ihn ab, sobald das Wasser zurückgeht«, sagte Danny, froh, durch den Fluss gelangt zu sein.

Ein paar Tage später war es so weit, das Wasser war merklich zurückgegangen und wir waren dabei, den Wagen zu holen. Wir hatten den Fluss schon durchquert, als das Wasser plötzlich wieder anstieg und eine neue Flutwelle heranrauschte.

»Wenn wir nicht zwischen Lugards und Tiva festsitzen wollen, sollten wir uns beeilen«, riet ich, versuchte aber ruhig zu bleiben. Was mir nicht ganz leichtfiel: Wir waren in keiner Weise vorbereitet, hier länger festzusitzen, und hatten Chloe dabei.

»Ich fahre mit meinem Wagen vor und nehme Chloe, fahr du dein Auto und bleib dicht hinter mir«, sagte Danny. Ich ermahnte mich, nicht auf die Hinterräder vor mir und auch nicht ins Wasser zu schauen Das würde mich nur ablenken und mir Angst machen. Stattdessen blickte ich konzentriert auf das Ende der Furt, um einen Fixpunkt zu haben, den ich ansteuern konnte.

Die Wellen türmten sich höher, und ich sah, wie Dannys Wagen von der Strömung erfasst wurde und schlingerte. Ich zwang mich, stur auf das Ufer der anderen Seite zu blicken und den Fuß auf dem Gaspedal zu halten. Als ich fühlte, wie auch die Hinterräder meines Wagens von der Strömung erfasst wurden, gab ich mehr Gas und schaffte es durch den Einsatz der vollen Motorkraft, kurz hinter Danny das sichere Ufer zu erreichen.

»Exzellent«, sagte Danny und sein Grinsen verriet mir, dass auch er keineswegs sicher gewesen war, dass unsere Aktion gut ausgehen würde. Meine Knie waren weich wie Wackelpudding.

Ein paar Tage später, Mitte April, rief der stellvertretende Direktor des Tsavo East, Peter Leitoro, den Notstand für das Gebiet aus, und Danny wurde nach Voi abkommandiert. Die Verbindung zwischen Ithumba und Voi war nach erneuten heftigen Regenfällen abgeschnitten, und mehrere Touristenbusse, die im südlichen Teil des Parks unterwegs gewesen waren, wurden vermisst oder steckten schon den zweiten Tag fest. Danny überflog die Gegend, fand die gesuchten Busse, und nach etlichen Rettungsaktionen kehrte er nach Ithumba zurück.

Danny und ich brauchten nach den Herausforderungen der letzten Monate dringend Urlaub: Abstand, Ruhe und Erholung. Wir konnten aber Ithumba nicht so einfach verlassen, mussten für unsere Abwesenheit noch etliche Vorkehrungen treffen.

Für jedes erdenkliche Notfallszenario wurden Telefonnummern verteilt, die Tiefkühltruhe bis an den Rand mit Fleisch für

Mtito gefüllt, und auch der Transport von Fleisch und Wasser ins Camp musste geplant und organisiert werden.

Endlich packten wir unsere Sachen und freuten uns auf zwei Wochen bei meinen Eltern in Deutschland. Auch wenn es schwerfiel, loszulassen, so lockte die Aussicht, endlich mal weg und außer Reichweite zu sein. Zwei Wochen ohne schlechte Nachrichten – die Zeit verging wie im Flug und für alle viel zu schnell.

Frisch und ausgeruht, an Leib und Seele unendlich verwöhnt, kehrten wir nach Kenia zurück. Und schon holte uns die Realität wieder ein. Gleich am ersten Morgen, noch in Nairobi, wurden wir von der Nachricht geweckt, dass es in Ithumba einen Angriff von einem Leoparden gegeben habe, der einen Menschen schwer verletzt hatte. Das war alles, was wir erfuhren.

Mir schossen sofort alle möglichen Bilder durch den Kopf. Ich sah Szenarien vor mir, die mich schwindelig machten. Konnte das Mtito gewesen sein? Wie ging es Hassan und Wambua Junior? Hatte Mtito einen von ihnen angegriffen?

Ich versuchte, eine Möglichkeit der Kommunikation mit Ithumba zu finden, und erreichte nach einigen Fehlversuchen Wambua Senior, der sich gerade in Ikutha aufhielt, wo es eine Telefonleitung gab.

»Was ist passiert?«, wollte ich sofort wissen.

»Eine Leopardin hat sich eine Ziege geholt und getötet. Daraufhin ist der Hirtenjunge, der auf die Herde aufpassen sollte, der Raubkatze hinterhergelaufen, um sie zu verjagen. Das Tier hat sich bedroht gefühlt und sich gewehrt, hat den Jungen gebissen und ist dann abgehauen.«

»Und der Junge?«, fragte ich besorgt.

»Er hat es überlebt, mit leichten Verletzungen und mit einem großen Schreck. Die Leopardin hat ihn nur warnen wollen; wenn sie Ernst gemacht hätte, wäre der Junge jetzt tot«, meinte Wambua.

»Wo war das denn? Bei uns in Ithumba?«

»Nein, nein. Das war nahe der Grenze zu Somalia. Und die Herde Ziegen weidete illegal im Park.«

»Und wie habt ihr reagiert?«

»Die Hirten haben uns zu Hilfe gerufen. Leute von uns versuchten daraufhin, die Leopardin mit einer Falle zu fangen, denn sie ahnten, dass das Raubtier zurückkommen würde, um sich seine Beute zu holen.«

Immer wieder knarrte die Leitung, und ich musste manches Mal nachfragen, um alles richtig zu verstehen. »Und haben sie die Leopardin gekriegt?« fragte ich.

»Das war kein Problem. Die Katze lief in die Falle, und Murimi, der leitende Offizier vom KWS, beschloss, sie am Tiva River freizulassen. Sie haben ihren Käfig auf einen Lastwagen gehievt und sie dorthin gefahren.«

»Ging das gut?«

»Nein. Der Käfig wurde auf dem Wagen nicht richtig festgebunden und fiel von einer Seite auf die andere. Und auch die Falltür war nicht richtig verschlossen worden.«

»Das gibt es doch nicht! Das ist unverantwortlich und gefährlich. Durch das Hin- und Herfallen des Käfigs muss das arme Tier ja völlig panisch und äußerst aggressiv gewesen sein.«

»Ja, so war es. Das Tier war auch in keiner Weise gegen die pralle Sonne geschützt, niemand hatte den Käfig abgedeckt«, ergänzte Wambua Senior. »Als sich der Lastwagen beim Durchqueren eines Flussbettes festgefahren hatte, lag der Käfig auf der Seite. Dadurch gelang es der Leopardin mit ihrer enormen Kraft, die Falltür zu öffnen. Murimi stieg aus dem Führerhaus, um zu schauen, wie der festgefahrene Laster wieder frei zu bekommen sei. Als er zur Hinterachse lief, sah er sich plötzlich der Katze gegenüber.«

»Oh nein, er blockierte also ihren Weg in die Freiheit«, stammelte ich.

»Ja, Murimi hatte zwar, bevor er ausstieg, sein Gewehr entsichert, war aber nicht darauf vorbereitet, dass ihn die Leopardin frontal angreifen würde. Sie warf ihn zu Boden, wobei sich ein Schuss aus seiner Waffe löste, der aber in den Himmel ging.

Dann tat das Tier das, was alle Leoparden bei Angriffen tun. Sie biss zu, malträtierte Murimi mit ihren Zähnen und Krallen am Kopf und im Gesicht. Dabei bellte sie sehr laut, und so plötzlich, wie sie angegriffen hatte, verschwand sie auch wieder.«

»Entsetzlich. Wie geht es Murimi?«

»Er blutete heftig, erlitt einen Schock und wurde ohnmächtig. Ein Wagen hat ihn ins Mutomo-Krankenhaus gebracht, und dort wurde er auch behandelt. Er hat die Attacke überlebt.«

»Da bin ich aber froh! Wir sind in ein paar Tagen zurück in Ithumba, dann werden wir nach ihm sehen«, sagte ich noch und verabschiedete mich, trotz allem erleichtert darüber, dass Mtito nichts mit dem Vorfall zu tun gehabt hatte.

Als wir ein paar Tage später nach Ithumba zurückkehrten, fiel mir die Aufgabe zu, mich um den schwer verletzten Offizier Murimi zu kümmern. Er sah fürchterlich aus. Sein ganzer Kopf war geschwollen, überall hatte er Blutergüsse, die Haut war übersät mit tiefen Wunden und Pflastern. Die größeren Wunden waren genäht worden, aber vor allem die Verletzungen durch die scharfen Krallen hatten in der Haut Infektionen ausgelöst. Während ich Murimis Verletzungen versorgte, wollte ich mich mit ihm über den Vorfall unterhalten, doch er reagierte harsch. »Ich kann das Wort ›Leopard‹ nicht mehr hören. Das sind die schrecklichsten und hinterhältigsten Kreaturen, die es gibt«, schimpfte er, noch ganz unter dem Eindruck des lebensgefährlichen Kampfes.

Aber so schnell gab ich nicht auf. Immer wieder, wenn ich seine Wunden neu verband, sprachen wir über den Vorfall, und Murimi begann langsam einzusehen, dass es vielleicht doch nicht allein die Schuld der Leopardin gewesen war. Ihm wurde klar, dass die Ranger einen Fehler nach dem anderen gemacht hatten. Sie hatten die simpelsten Regeln für den Umgang mit Raubkatzen, insbesondere mit Leoparden, einfach nicht beachtet. Vielleicht hatten sie auch nicht gewusst, was bei einer solchen Aktion zu beachten ist.

Murimi hatte ein Trauma erlitten. Das Einzige, was er immer wieder erzählte, worüber er nicht hinwegkam, war die ungeheure Kraft, die das Tier gehabt hatte. »Sie war schmächtig, wog nur etwa dreißig Kilo. Aber dann entwickelte sie solche Kräfte, dass sie mich einfach umwarf und ich gar keine Chance gegen sie hatte. Das ist doch nicht normal«, meinte er.

»Doch, das ist vollkommen normal«, verbesserte ich ihn. »Es gibt eine Faustregel. Ein Leopard ist, gemessen am Körpergewicht, siebenmal stärker als ein Mensch. Wenn die Leopardin dreißig Kilo wog, hatte sie die Kraft eines Menschen mit über zweihundert Kilo. Da hattest du schlechte Karten.«

Murimi konnte es kaum fassen. Beim Gedanken an seinen Kampf schüttelte er immer noch den Kopf und seufzte. »Ich kann nicht glauben, dass du freiwillig mit solchen Tieren arbeitest. Das verstehe ich nicht.«

»So gefährlich ist es gar nicht. Wenn man sich an Regeln hält, sich vorsichtig verhält und versucht, das Tier zu verstehen«, entgegnete ich ihm, »dann ist das Risiko eigentlich gering.«

Nachdem ich seine Verbände gewechselt und die Wunden mit Salben behandelt hatte, gab ich ihm noch eine Packung Zinktabletten, Antibiotika und eine Salbe zur weiteren Anwendung. »Danny wird dich noch nach Voi ins Krankenhaus fliegen. Dort soll sich ein Arzt die Verletzungen anschauen, um sicher zu sein, dass sich keine Blutvergiftung entwickelt.«

Ich ärgerte mich, dass auch bei diesem Vorfall ein Leopard zum Sündenbock gemacht wurde und sich so wieder neue Legenden von menschenfressenden Ungeheuern bilden konnten. Die alten Vorurteile schienen sich immer wieder zu bestätigen. Dabei hatten sich die Menschen falsch verhalten und nicht das Tier.

Ich wollte das schlechte Image ändern und verhindern, dass solche Zwischenfälle immer wieder vorkommen, und begann ein Papier zu verfassen, das den Fang, die Freilassung und die Umsiedlung von Leoparden regeln und sicherer machen sollte. Aus Erfahrungsberichten und meinem eigenen Wissen entstand so ein Leitfaden mit detaillierten Anweisungen und ausführlichen Erklärungen für alle Parkverwaltungen des *Kenya Wildlife Service*. Wenigstens dazu war der Unfall als Anlass gut gewesen.

Nach dem schrecklichen Zwischenfall brannte ich darauf, Mtito wiederzusehen. Ich war, auch wegen unseres Urlaubs, vier Wochen lang nicht bei ihm im Camp gewesen.

Wie gewohnt setzte ich Chloe in ihren Sitz ins Auto und fuhr mit ihr zum Tiva River. Chloe war längst an unsere Ausflüge gewöhnt, an das brummende Auto, die quietschenden Stoßdämpfer und das ewige Schaukeln des Wagens. Geduldig saß sie in ihrem Sitz, schaute mit großen Augen hinaus und reagierte freudig auf alles, was sie sah: die großen Greifvögel in den Bäumen, die schillernden Stare, die vielen leuchtend gelben Webervögel, die ihre Nester in den Akazien bauten. Vergnügt zeigte sie mit dem Finger auf die großen Tiere, die Büffel, die Zebras und die vielen kleinen Dik-Diks, die die Savanne bevölkerten.

Sobald wir am Camp ankamen, sahen wir Mtito am Wegesrand sitzen, als hätte er bereits auf uns gewartet. Bevor ich zu ihm ging, versicherte ich mich, dass alle Fenster des Wagens geschlossen waren, sodass Mtito weder Zähne noch seine Pfoten durch einen Spalt stecken und Chloe gefährlich werden konnte. Allerdings zeigte der Leopard keine Aggression oder Eifersucht meinem Kind gegenüber. Sie sahen sich aber sehr genau an. Chloe schaute mit ihren großen Augen neugierig und freundlich, während Mtito ihre Anwesenheit als selbstverständlich zu nehmen schien.

Der ausgewachsene Kater grüßte mich mit einem kindlichen Mauzen, das Hassan und mir spontan ein Lachen entlockte. Der hohe Tonfall passte so gar nicht mehr zu dem massigen Tier.

Mir fiel auf, dass Mtito mehr Abstand hielt. Er rieb auch nicht mehr so ausgiebig seinen Kopf an mir wie zuvor. Dafür registrierte er aufmerksamer, was um ihn herum in der offenen Landschaft passierte, Mtito schien auch nervöser zu sein.

Als ich sein Futter zur Plattform am großen Baum bringen wollte, warnte mich Hassan: »Wundere dich nicht, neuerdings verhält sich Mtito anders als zuvor.«

Und tatsächlich: Der Leopard kletterte elegant den Baum hinauf, trat auf die Plattform und beugte sich besitzergreifend über sein Futter, knurrte dann heftig und legte die Ohren an. Dabei drehte er uns den Rücken zu, um zu fressen.

»Während der Mahlzeit will er in Ruhe gelassen werden«, schloss ich daraus. »Aber immerhin zeigt er uns noch den Rücken und setzt sich nicht ganz mit seiner Beute ab.«

»Er ist die letzte Zeit auch immer länger vom Camp fort gewesen«, berichtete Hassan. »Ich glaube, er löst sich langsam von uns.«

»Sieht so aus. Ich denke, wir können bald aufhören, ihn zu füttern. Und er braucht auch keine zwei Aufpasser mehr. Es wird reichen, wenn nur noch einer von euch hier übernachtet. Du kannst dich jetzt mit Wambua Junior abwechseln«, leitete ich den nächsten Schritt des Rückzugs ein. Hassan hörte das gern, denn natürlich war das Leben im Hauptquartier komfortabler.

Mtito verschwand nach seiner Mahlzeit wieder im Busch. Ich räumte die Reste weg, denn ich wollte seine Kontrahenten nicht mit dem übrigen Fleisch anlocken.

»Übrigens habe ich Nani gesehen«, erzählte Hassan. »Sie sah gesund und fit aus. Und ich habe mehrmals Mtitos Fußabdrücke nahe bei ihren Fährten gefunden. Es scheint, als folgte er ihr manchmal.«

»Ach, das sind ja gute Neuigkeiten«, freute ich mich mit Hassan. Dann zogen wir uns zurück.

Im Auto quietschte Chloe vor Vergnügen, erzählte sich selbst Geschichten in ihrer eigenen Sprache, die für uns unverständlich war. Auf der Rückfahrt überraschte uns ein Rudel Afrikanischer Löffelhunde, so genannt wegen ihrer großen Ohren. Mit der Regenzeit waren sie wieder häufiger zwischen Ithumba und Tiva anzutreffen. Wegen ihres schwarz-braun-weiß gefleckten Fells bezeichnet man diese Raubtiere auch als »Bemalte Wölfe«. Sie haben einen Ruf als »Killer« und sind in Kenia wie in ganz Afrika äußerst selten geworden. Der Tsavo war eine der wenigen Gegenden, wo sich die Hunde wieder vermehrten.

Dieses Rudel war besonders auffällig und leicht wiederzuerkennen. Alle sieben Mitglieder dieses Trupps trugen die gleiche weiße Ringelung am Schwanzende, waren an ihren schwarzen Gesichtern und einer Zeichnung um die Augen, die aussah als trügen sie Brillen, leicht zu identifizieren.

Ich stoppte den Wagen, um die Löffelhunde in Ruhe zu beobachten. Im Nu umzingelten die Raubtiere das Auto. Neugierig und ohne Furcht beschnüffelten und untersuchten sie uns von allen Seiten. Dabei ließen sie unentwegt ihre Schwänze tanzen und stellten die Ohren auf. Die ganze Zeit kommunizierten sie mit verschiedenen Lauten, fiepten und jaulten. Da es zuvor in dieser Gegend geregnet hatte, tranken die Tiere gierig das frische Wasser aus den Pfützen entlang der Straße.

Im Schein der untergehenden Sonne wurden die Farben um uns herum mit jeder Minute leuchtender: die rote Erde des Tsavo, die »bemalten« Hunde, das frische Grün der Savanne. Gern wäre ich noch geblieben, wusste aber auch, dass es bald dunkel würde, und machte mich auf den Weg. Die Hunde begleiteten das Auto noch eine Weile, liefen hinter uns her und hielten auch bei höherer Geschwindigkeit zu Chloes großem Vergnügen noch eine Weile mit uns mit, bevor sie in der Weite der Savanne verschwanden. Ithumba, dachte ich einmal mehr, ist immer ein magischer Ort gewesen, der alles Mögliche und Unmögliche angezogen hat. Ich dachte an die Frau, die vor ein paar Tagen ins Camp gekommen war und die über unvorstellbare Distanzen zu Fuß unterwegs gewesen war: ohne Nahrung, ohne Wasser, auf der Suche nach innerem Frieden. Hier sind immer wieder Menschen aus dem Nichts aufgetaucht, die hier zur Ruhe kamen, aber hier nicht bleiben konnten und durften, die den Behörden überstellt werden mussten, auch wenn wir wussten, dass das nicht die Hilfe war, die sie brauchten.

Als wir zu Hause ankamen, setzte ich mich mit Chloe auf die Veranda. Vor uns knackten die Samenkapseln der Wüstenrose und sprangen auf. Unendlich viele kleine seidene Samen mit ihren Hunderten von feinsten Härchen stiegen in die Luft und verteilten sich über der Savanne. Wie Schneeflocken trieben sie umher, und Chloe bestaunte sie mit großen Augen, als der Wind sie wegtrug. Bis heute glaubt sie, diese fliegenden Pflanzensamen seien kleine Feen. Die Welt und das Leben um uns herum waren voller Wunder und Magie.

28
Dunkle Zeiten

Der Regen hörte auf und hatte den Tsavo für kurze Zeit in ein Land des Überflusses verwandelt: ein wogendes Meer frischer Gräser, prachtvoller Blumen und Blüten. Grüne Büsche und Bäume tauchten die Savanne in einen ungewohnt fröhlichen Übermut voller Farben. Die Vegetation wurde so dicht, dass ich die rote Tsavo-Erde gar nicht mehr sehen konnte.

Doch die Zeit des üppigen Bewuchses verging so schnell, wie sie gekommen war. Schon bald lichtete sich das Grün wieder, und die meisten Pflanzen starben langsam ab. Die für den Tsavo so typischen Farben setzten sich wieder durch, Erdtöne in allen Schattierungen ergriffen aufs Neue Besitz von der Landschaft.

Im Juli und August herrschte die größte Trockenheit im Tsavo. Jetzt gab es überhaupt keine Blüten mehr, und die Menschen, die am Rande des Parks von der Landwirtschaft lebten, konnten nichts mehr ernten. Da ihre Äcker keine Erträge mehr brachten, mussten die Leute nach anderen Möglichkeiten suchen, ihre Familien zu ernähren. Sie versuchten vermehrt, die natürlichen Ressourcen illegal zu plündern, die der Park bot.

Jetzt war wieder die Zeit, in der die Ranger mehr Schlingen fanden und mehr Festnahmen machten als in anderen Monaten. Danny versetzte daher seine Truppe in erhöhte Alarmbereitschaft und plante auch größere Einsätze gegen Verdächtige, um der Wilderei vorzubeugen.

Nicht nur bei uns im Tsavo, überall in den Schutzgebieten kämpften die Ranger gegen die neue Welle von Wilderei und anderen illegalen Aktivitäten innerhalb der Parks. So war es auch kein Zufall, dass unser alter Freund Tony Fitzjohn, George Adamsons Weggefährte, mir aus Tansania eine traurige Nachricht überbrachte: »Jipe ist tot.«

Diese Nachricht traf mich wie ein Blitz. Jipe war die erste

Raubkatze gewesen, die ich aufgepäppelt hatte. Als Baby war sie aus einem Buschfeuer gerettet worden und hatte dann fünf Monate bei mir gelebt. Dann brauchte sie mehr Platz und mehr Freiheit, als ich ihr damals in unserer Zeit in Voi geben konnte. Zudem fehlte es mir auch an Erfahrung und Wissen für die erfolgreiche Auswilderung einer Löwin. Deshalb hatten wir Tony, der in Tansania lebte, gebeten, sie zu übernehmen. Er bereitete sie Schritt für Schritt auf die Freiheit vor. Jipe bekam zweimal Junge, und die Nachkommen aus dem letzten Wurf waren inzwischen alt genug, um sich selbst zu versorgen, und lebten in Freiheit.

Ich war schockiert über Jipes Tod. »Wie konnte das passieren, sie war doch noch nicht einmal acht Jahre alt?«, fragte ich Tony.

»Massai haben sie aufgespürt und mit Speeren getötet«, erklärte er.

»Aber hat sie denn jemanden attackiert?«

»Nein, sie hat nichts getan, ist nie in ein Dorf eingedrungen und hat auch nie Vieh getötet. Die Massai haben Jipe aus Rache umgebracht, weil sie verärgert sind, dass das Wildlife-Management ihnen nicht mehr erlaubt, ihre Viehherden im Park grasen zu lassen. Sie verstehen einfach nicht, dass das eine notwendige Schutzmaßnahme ist, damit keine Krankheiten von ihrem Vieh auf die Wildtiere übertragen werden können.«

»Und wo war das?«

»Im Mkomazi-Schutzgebiet an der Grenze zu Kenia. Jipe ist den wütenden Massai rein zufällig in die Quere gekommen.«

»Hat dieser sinnlose Tod denn wenigstens Konsequenzen?«, wollte ich wissen.

»Ja. Einige Massai wurden verhaftet und eingesperrt. Sie hatten noch Jipes Zähne, Klauen und Fell bei sich. Ihnen blühen harte Strafen.«

»Das ist ja gut und tröstlich, aber es macht Jipe trotzdem nicht wieder lebendig«, seufzte ich.

»Was die Sache noch schlimmer macht, ist, dass Jipe zwei Junge bei sich hatte, als sie getötet wurde.«

»Nein!«, reagierte ich. »Was ist aus ihnen geworden, weiß man das?«

»Sie sind in Panik in den Busch geflüchtet und haben die Attacke überlebt. Zum Glück sind sie alt genug, um alleine überleben zu können.«

»Auch wenn das schreckliche Nachrichten sind, danke ich dir herzlich, dass du mich informiert hast. Jipe hatte immer einen besonderen Platz in meinem Herzen.«

»Ich weiß«, sagte Tony und verabschiedete sich.

Nicht zum ersten und nicht zum letzten Mal brachte mich eine solche Nachricht an den Rand der Verzweiflung. Ob sich all die Mühe, die Hingabe und der Zeitaufwand lohnten, die wir investierten, um die Tierwelt zu erhalten? Wenn doch alle anderen darauf aus zu sein schienen, die Tiere aus den unterschiedlichsten Gründen umzubringen, das nationale Erbe des Landes und die Umwelt zu zerstören und so auch die Einnahmen für den Staat durch den Tourismus für die Zukunft zu vernichten? Eine Savanne ohne Löwen und andere Tiere würde keine Besucher aus aller Welt mehr anziehen.

Und Mtitos Zukunft? Würde ihm eines Tages etwas Ähnliches widerfahren? Eine hundertprozentige Garantie für Mtitos Überleben gab es ohnehin nicht, das war mir klar.

Noch unter dem Eindruck der Todesnachricht fuhr ich am nächsten Morgen hinaus zum Tiva. Ich musste mich versichern, dass es Mtito gut ging. Hassan kam mir aus dem Camp zwischen Nanis und Mtitos Gehege entgegen und erzählte mir, was er die letzten Tage erlebt und beobachtet hatte.

»Mtito lässt sich oft mehrere Tage am Stück nicht sehen. Er ist sehr selbstständig geworden und braucht unsere Hilfe im Grunde genommen nicht mehr, da er gut für sich selber sorgen kann. Manchmal scheint er einfach nur Gesellschaft haben zu wollen und kommt deswegen zum Camp zurück.«

Mtito war zweidreiviertel Jahre alt. Das letzte Mal, als ich ihn gesehen hatte, hatte er sich gerade wieder neue Wunden zugezogen, die er sich wohl bei Kämpfen mit Kontrahenten eingefangen hatte.

»Je schneller Mtito unabhängig wird und sein Bewegungsradius somit weniger vorhersehbar, desto besser für ihn«, meinte ich zu Hassan.

»Das Stadium seiner Entwicklung, in der wir ihn beschützen können, ist längst vorüber«, bestätigte auch Hassan.

Es würde nicht mehr lange dauern, dann müssten wir endgültig loslassen. Wir beide, Mtito und ich. »Ich bin mir immer nicht sicher, wie weit und wie schnell ich mich zurückziehen sollte, ohne ihn durch zu viel Präsenz oder auch durch das Gegenteil zu behindern oder zu frustrieren«, gestand ich Hassan.

Er konnte das verstehen und gab mir den einzig richtigen Rat: »Du musst da nur nach deinem Gefühl gehen, deinem Instinkt vertrauen.«

Oft genug sah ich Mtito nicht, wenn ich jetzt zum Camp fuhr. Er kam nicht, um mich zu begrüßen, er ging seiner eigenen Wege, und das bestärkte mich in dem Gefühl, dass ich ihn nicht davon abhielt, sich in Freiheit zu bewegen. Trotzdem schaute ich in regelmäßigen Abständen nach ihm, um da zu sein, falls er Hilfe brauchen sollte.

Am nächsten Morgen saß ich im Büro und sortierte Belege für die Sponsoren. Chloe krabbelte im Rückwärtsgang, wie es ihre Art war, vergnügt im Haus herum. Plötzlich kam aus unserem Schlafzimmer ein markerschütternder Schrei. Ich sprang sofort auf, doch noch bevor ich bei Chloe war und sie hochheben konnte, sah ich die Ursache für ihren Schmerz: ein Skorpion, so groß wie ein Fingerglied, orange gefärbt und den Stachel über den Kopf gebeugt.

»Oh nein!«, schrie ich, »Kimwele, hilf mir!«

Chloe hielt sich ihr Bein und brüllte aus Leibeskräften. Es war bereits rot angelaufen und leicht geschwollen. Ich rannte zum Erste-Hilfe-Kasten und rieb Chloe schnell eine Anti-Histamin-Salbe aufs Schienbein. Auch wenn ich nach außen hin ruhig erschien, um Chloe nicht zusätzlich zu verängstigen, zitterte ich innerlich und rief sofort über das Satellitentelefon den Kinderarzt an.

»Kann das Kind einen allergischen Schock bekommen?«, war meine größte Sorge. Chloe weinte immer noch bitterlich.

»Wenn sie noch keine weiteren Reaktionen gezeigt hat, scheint alles gut gegangen zu sein«, beruhigte mich der Doktor. »Sie sollten ihr nur schmerzlindernde Medikamente geben und abwarten. Mehr können wir nicht tun.«

Ich wusste nur zu gut, wie schmerzhaft so ein Skorpionstich ist, und gab Chloe die empfohlenen Medikamente. Sie beruhigte sich, war von der Aufregung und Anstrengung und vom Weinen ganz erschöpft und schlief schnell ein. Fünf lange Stunden beobachtete ich jede ihrer Bewegungen, um sicher zu sein, dass es ihr gut ging und sie nicht doch noch eine allergische Reaktion zeigte. Dann wachte sie auf, etwas blass zwar, aber schmerzfrei. Bald mümmelte sie wie gewohnt Bananen und Avocados: ein gutes Zeichen.

Danny und ich setzten uns nach Sonnenuntergang auf die Veranda. Chloe schlief bereits fest und friedlich. Danny erzählte mir von den zunehmenden Erfolgen im Einsatz gegen Wilderer.

»Sergeant Hammud bekam einen Hinweis auf ein Versteck. Er suchte es mit seinen Leuten auf. Die Ranger hatten ihre entsicherten Waffen bereits im Anschlag, als sich der Sergeant kurzerhand entschloss, erst einmal allein in das Versteck zu schleichen.«

»Typisch Sergeant Hammud, er hat eben vor nichts Angst, auch nicht vor dem Tod«, kommentierte ich.

»Tatsächlich traf er auf einen alten Wilderer. Direkt neben dem Mann lagen Zähne, Klauen und das Fell eines Löwen, Reste von einem Kudu, einer Oryx-Antilope, einer Kuhantilope und eines Büffels«, berichtete Danny weiter.

»Wie wollte er denn das alles alleine aus dem Park transportieren?«

»Der alte Mann war Teil einer ganzen Bande. Die hatte sich offensichtlich über das Aufteilen der Beute zerstritten, und die anderen Männer waren abgehauen. Nur den Alten hatten sie zurückgelassen. Sie wussten genau, dass er sich nicht allein mit all dem Zeug aus dem Staub machen konnte. Der alte Mann hat dann aus Rache die Namen der übrigen Wilderer verraten. Jetzt werden wir sie bald festnehmen können.«

Diese kleine Erfolgsmeldung tat gut nach all den Niederlagen gegen die Wilderei in der letzten Zeit.

»Psst«, flüsterte Danny plötzlich. »Da ist etwas im Busch.«

Gespannt lauschten wir. Tatsächlich, erst war da ein leises Knacken, dann hob sich eine Silhouette gegen den Hintergrund ab – ein Leopard! Völlig entspannt kam er näher, trottete zur Vogeltränke, schlabberte Wasser und verschwand wieder.

»Mtito ist weg. Die Leoparden der Gegend wissen das. Nun trauen sie sich völlig ungeniert ans Haus«, vermutete ich.

In der folgenden Nacht gegen drei Uhr in der Früh weckten uns panisch bellende Paviane. Wir standen auf und schauten aus dem Fenster. Im hellen Licht des Vollmondes sahen wir drei Leoparden, die auf der Wiese vor dem Haus hin und her rannten und miteinander balgten.

Zwei von ihnen richteten sich auf und schlugen sich mit den Vorderpfoten wie in einem Boxkampf.

»Das sind zwei junge Männchen«, flüsterte ich Danny zu.

Die beiden Kater prügelten sich und versuchten, sich mit den Mäulern zu fassen zu kriegen.

»Vielleicht kämpfen sie um das Weibchen, das zuschaut«, ergänzte Danny leise. Die Leopardin stand unbeteiligt am Rand.

Am nächsten Morgen erzählte ich Kimwele vom nächtlichen Spektakel. Er nickte und meinte lächelnd: »Das war eine *arusi ya chui*, eine Leoparden-Hochzeit.«

Ob es wirklich so war, wussten wir nicht. Aber die Idee gefiel uns, und es sprach auch einiges dafür, denn nach übereinstimmenden Beobachtungen von Verhaltensforschern sind es oft die Weibchen, die entscheiden, wer sich mit ihnen paaren darf.

Danny brach früh mit vielen bewaffneten Rangern zu weiteren großen Aktionen gegen Wilderer auf. Der Erfolg ließ nicht lange auf sich warten. Einige Stunden später sah ich aus der Ferne geschäftiges Treiben am Büro des Hauptquartiers. Offenbar hatten die Ranger Wilderer festgenommen.

Danny kam zum Haus zurück, um schnell etwas zu essen, bevor er mit den Verhören begann. Gerade als wir auf der Terrasse standen und er wieder loswollte, kam ein Rangerauto zu uns hochgefahren.

Wir dachten zuerst, sie wollten Danny sprechen, aber dann sahen wir beide auf der Ladefläche des Wagens einen gefesselten Mann. Danny schaltete schnell und rief den Rangern zu: »Fahrt sofort zum Büro zurück, ich komme gleich dorthin.«

Unwillkürlich sah ich den Gefangenen an und bemerkte, wie er mich mit stechenden Augen anstarrte. Sein Blick ging mir durch Mark und Bein.

Es gab den strikten Befehl, keine Gefangenen in die Nähe des Hauses zu bringen. Niemand sollte mich sehen, und dafür gab es gute Gründe, die die Ranger bestens kannten: Man wollte so Racheakte an mir vermeiden, die Danny treffen sollten. Der stechende, hasserfüllte Blick verfolgte mich noch eine ganze Weile.

Danny war sehr wütend über den Fehler, doch der war nicht mehr rückgängig zu machen. Am Abend, nach den Verhören, brachte Danny noch mehr Neuigkeiten mit.

»Wir haben heute unter anderem einen der meistgesuchten Wilderer in einem kleinen Dorf an der Parkgrenze festgenommen. Es ist der, der immer wieder Schilder für uns hinterlassen hat, dass dem *Kenya Wildlife Service* hier und dort der Zutritt verboten ist.«

»Ach, Mister ›MK‹, wie er sich selber nennt?«

»Ja, er nennt sich *Museveni, Kenia*. Nun hat er gesungen. Er kennt viele Leute, jeden Platz im Park und weiß eine Menge. Zu viel.«

»Was meinst du damit?«

»Er weiß von unseren Aktivitäten. Aber schlimmer noch: Er kennt Mtitos Camp und viele Details. Er erzählte von zwei Leoparden und zwei Pflegern, von denen einer kein Kamba sei.

Damit meinte er natürlich Hassan. Und er wusste von einer weißen Frau, die häufig allein zum Camp kommt.«

Ich bekam eine Gänsehaut. »Museveni wusste von mir?«, rief ich aus. »Dann hätte mich jederzeit jemand kidnappen oder angreifen können?«

Danny schwieg vielsagend.

»Museveni ist ein cleverer Kerl. Er durchquert Flüsse rückwärts laufend und täuscht damit seine Verfolger. Nie hat er sein gewildertes Elfenbein bei sich. Er bezahlt Leute, die es für ihn auf Fahrrädern aus dem Park schmuggeln. Aber er scheint seine Leute nicht gut behandelt zu haben. Nun haben sie es ihm heimgezahlt und ihn verraten.«

»Und wie reagiert er?«

»Er singt wie ein Vogel im Käfig«, freute sich Danny. »Er sprach von etwa fünfzig Wilderern, die allein aus seinem Dorf jeden Tag illegal in den Park laufen. Sie hätten es vor allem auf Löwen und Leoparden abgesehen.«

»Nein, das heißt Mtito ist wirklich in Gefahr«, fürchtete ich.

»Ich glaube nicht. Wir haben sofort eine Menge Leute festgenommen, deren Namen Museveni uns gegeben hat. Da wird erst einmal Ruhe herrschen.«

»Es wird Zeit, dass der Zaun fertig wird.«

»Vom Zaun gibt es auch keine guten Neuigkeiten. Nicht weniger als siebenhundert Meter Draht sind dort über Nacht verschwunden, ganze fünfzig Kilo. Aber wir haben ihn dank Insidertipps gefunden und die Verdächtigen erwischt.«

»Was für ein Tag«, stöhnte ich und legte mich mit unguten Gefühlen schlafen. In dieser Nacht träumte ich schlecht.

Im ersten Sonnenlicht lief ich mit Fleischrationen zu Mtitos Camp und rief ihn. Eine Weile passierte nichts. Dann hörte ich es im Busch rascheln.

»Mtito?«, rief ich fragend, doch er kam nicht. Ich lief zum Dickicht, und plötzlich erhob sich ein Mann vor mir. Ich erkannte ihn sofort: Es war der Wilderer! Kleine Muskeln zuckten neben seinen weit aufgerissenen Augen, er zitterte vor Wut …

»Nein«, schrie ich auf und … saß aufrecht im Bett.

»Was ist los?«, fragte mich Danny sofort.

»Der Mann mit den stechenden Augen ist da.«

Ich war noch ganz benommen und durcheinander.

»Nein, keine Sorge. Du hattest einen Albtraum«, beruhigte mich Danny und nahm mich in den Arm.

Ich konnte vorerst nicht mehr einschlafen und las bei Kerzenschein in meinem Buch weiter.

Ein paar Tage später fuhr ich alleine mit Chloe zu Mtito ins Camp. Ich musste an Musevenis Worte denken und fühlte mich das allererste Mal unsicher und verletzlich, vor allem mit Chloe an meiner Seite. Die Ranger hatten gerade zwei weitere Kamba-Wilderer in Notwehr erschossen. Was, wenn andere Wilderer mich als Racheakt überfallen wollten? Steckte hinter Musevenis Worten eine verborgene Drohung?

Da, war da nicht jemand? Ein Mann, der gebückt durch den Busch rannte. Mir stockte der Atem. Ich kam näher, doch dann entpuppte sich dieser Jemand als ein fuchsgroßer Schakal, der vor mir Reißaus nahm.

Ich ärgerte mich über mich selbst, dass ich nun schreckhaft und paranoid zu werden schien. Der Busch, der mir doch immer als der sicherste Platz auf Erden vorgekommen war, schien auf einmal wie verändert.

Ich beschloss, dass ich diesen Ängsten hier und jetzt die Stirn bieten musste, sonst würde ich nie wieder furchtlos allein durch die Savanne fahren oder gehen können.

Mtito sah ich an diesem Tag nicht, und als ich nach Hause kam, erzählte ich Kimwele von der Fahrt und meinen Ängsten.

»Ich glaube, du hast nichts zu befürchten«, sagte er mit einem Unterton, als wüsste er mehr.

»Wie meinst du das?«, fragte ich nach.

»Du weißt, wir Kamba glauben an Götter und Geister. Von meinen Besuchen in den Dörfern weiß ich, dass viele glauben, du hättest einen Fluch ausgesprochen.«

Ich wusste, dass das Volk der Kamba bekannt ist für Hexerei

und Zauberkräfte, aber nun wollte ich es genauer wissen. »Ach ja? Welchen Fluch denn?«

»Jeder, der sich dir oder Mtito mit böser Absicht nähert, wird vom Zauber erfasst und ist für immer mit einem Fluch belegt. Viele der Wilderer aus der Gegend glauben fest daran und lassen euch deswegen in Ruhe.«

»Das würde erklären, warum nie etwas passiert ist, obwohl Hassan und Wambua oft ganz in der Nähe Spuren fanden.«

»Ja, natürlich. Wilderer sind in der Gegend, aber sie meiden dich und Mtito wie die Fledermäuse das Tageslicht.«

Ich zweifelte nicht, dass dieser Glaube uns bislang geschützt hatte. Aber ich hatte das Gefühl, dass Kimwele bei seinen Besuchen im Dorf an der Bildung dieses Mythos nicht unbeteiligt gewesen war. Guter alter Kimwele!

Mtito tauchte immer seltener im Camp auf, und ich beschloss, ihn nur noch alle sechs Tage zu füttern, da er nicht mehr von unserer Zugabe abhängig zu sein schien. Nach dem Regen hatten viele Tiere die Ufer des Tiva River verlassen. Impalaherden, Antilopen und Büffel hatten sich auf der ganzen Fläche des Parks verteilt, da es wieder überall Futter und auch Wasser gab. Diesmal schien auch Mtito seinen Beutetieren gefolgt zu sein. Ich fand keine Spuren mehr von ihm am Camp. Zum ersten Mal verließ er sein neues Revier und verzichtete auf unsere Unterstützung. Es war nun endgültig so weit, Mtito gehen zu lassen.

Ich erzählte Danny, dass Mtito sein Territorium verlassen hatte.

»Das sind ja gute Nachrichten«, befand er. »Wenn Mtito jetzt völlig unabhängig von uns ist, können wir ja das Camp abbauen.«

»Gut. Aber wenn er uns dabei zuschaut und dem Lastwagen dann bis nach Ithumba folgt, weil er sich verstoßen fühlt?«, zögerte ich, ob es nicht doch noch zu früh wäre.

»Nein, mach dir keine Sorgen. Er ist jetzt alt genug, selbstständig und kräftig. Er wird irgendwo da draußen Buschböcke jagen und für Nachwuchs sorgen.«

Ein paar Tage später begannen wir alles zu entfernen, was nicht niet- und nagelfest war. Zurück blieb nur noch das leere Gehege. Für alle Fälle.

Mtito tauchte wieder nicht auf, und so war ich mir sicher, dass wir die richtige Entscheidung getroffen hatten. Wie immer hatten wir eigentlich die Entscheidung Mtito überlassen, er hatte uns den richtigen Zeitpunkt gezeigt und war derjenige, der nun seinen eigenen Weg ging. Endlich. Für die nächste Zeit beschlossen wir, noch regelmäßig in sein Revier zu gehen, um zu sehen, ob er zurückkam, Hilfe brauchte oder auch nur unsere Gesellschaft suchte.

Und ich wusste schon jetzt, wann immer ich ihn endgültig losließ, würde eine tiefe Sehnsucht bleiben, ihn wieder und wieder gesund und munter sehen zu können.

29
Ein kranker Kater

Mtito verschwand für mehr als einen Monat, kam für ein paar Tage zurück, um dann wieder seiner Wege zu gehen. Jetzt war er zum ersten Mal sechs Wochen unterwegs gewesen, und er gab mir eine überwältigende Begrüßung, als er wieder auftauchte.

Er kam von weit her in gestrecktem Galopp auf mich zu, den Schwanz hoch erhoben und die Ohren gespitzt.

»Was für ein Anblick, was für ein wunderschönes Tier!«, dachte ich.

Mtito war nicht nur am Leben, er strotzte vor Gesundheit und Freude. Mein Herz hüpfte vor Glück, und Hassan, das verriet sein Gesichtsausdruck, fühlte dasselbe, als er sah, wie Mtito auf uns zustürmte.

Wir hatten, wie immer, wenn wir nach ihm schauten, vorsorglich Futter mitgenommen und fütterten ihn jetzt auf seiner Plattform mit Fleisch, Blut und der Silberlösung, meine Geheimwaffe zur Stärkung des Immunsystems. Nach einer Weile verließen wir ihn dann wieder.

Den ganzen Heimweg über lachten wir und freuten uns über Mtitos Fortschritte und sein Wohlergehen.

»Ich kann es kaum glauben, dass Mtito es so lange ohne uns in der Wildnis geschafft hat, dass er sich offensichtlich behauptet und sich Beute geschlagen hat«, sagte ich zu Hassan.

»Und dass Mtito uns auch in der Freiheit und seiner Selbstständigkeit nicht vergessen hat«, freute sich Hassan gleichermaßen.

»Mtito ist wieder ein wilder Leopard«, stellte ich fest.

Es erfüllte mein Herz mit Stolz und Freude. Zugleich tat es auch ein wenig weh. Aber wie sagt man immer: »Was man liebt, muss man auch loslassen können, wenn es an der Zeit ist, die Flügel auszubreiten.«

Wir sahen Mtito noch zweimal, bevor er wieder auf Entdeckungstour ging, vielleicht zurück in sein neues Revier.

Dieses Mal war er sogar für zwei Monate unterwegs, bevor er zum Camp zurückkehrte.

Es verblüffte mich, wie es möglich war, dass ein Leopard, das listigste und scheueste Wesen unter den Raubkatzen, es fertigbrachte, in der Wildnis zu überleben, den Wilderern zu entkommen, allen Gefahren auszuweichen und trotzdem immer noch zu dem Platz zurückzukehren, an dem er betreut worden war. Er suchte noch immer den Kontakt zu uns, war anhänglich, liebevoll und voller Vertrauen zu Hassan und mir – wie eh und je.

Mtito war inzwischen drei Jahre alt und ausgewachsen, und weil er als kleines Tier gut gefüttert worden war, war er größer als die meisten wilden Leoparden des Tsavo. Das brachte ihm Vorteile gegenüber Kontrahenten und Feinden, mein Plan war aufgegangen.

Vier Monate nach den großen Aktionen gegen Wilderer im Park alarmierten patrouillierende Ranger Danny über Funk.

»Elefantenkadaver am Tiva River«, meldeten sie. »Stoßzähne fehlen.«

Danny fragte nach und fand heraus, dass die Tat nur 4 Kilometer von Mtitos ehemaligem Camp entfernt stattgefunden hatte. Und damit noch nicht genug. »Etliche Fangeisen für Leoparden gefunden«, berichteten die Ranger.

Natürlich dachte ich sofort an Mtito. War er wohlauf? Seit fünf Wochen war er nicht mehr aufgetaucht, obwohl ich alle drei bis vier Tage zum Camp gefahren war, um zu sehen, ob er da war oder ob er Hilfe brauchte.

»Mtito wird bestimmt nicht eher an den Tiva zurückkehren, bis auch seine Beutetiere wieder dort ankommen«, glaubte ich ihn in Sicherheit.

»Auch in den trockensten Regionen hat es jetzt noch geregnet«, beruhigte mich Danny. »Er wird irgendwo weit draußen jagen, aber nicht am Tiva oder gar am Camp.«

Ich behielt die Nerven und glaubte an Mtitos Instinkte, Menschen auszuweichen. Und doch ließ mich die Meldung von Wilderern in der Nähe des Camps nicht zur Ruhe kommen.

Danny, Hassan und ich fuhren hinunter zum Fluss. Schon bald fanden wir Spuren im Sand. Aber nicht die von Mtito, sondern die von Wilderern! Wir stiegen aus und schauten sie uns an, verglichen Größe und Muster der Sohlen.

»Die sind nicht von uns«, erkannte ich sofort. »Lasst uns schauen, wohin sie führen.«

»Hier sind auch Fährten von Leoparden«, rief Hassan.

Gemeinsam liefen wir den Spuren nach. Als sie direkt in Mtitos ehemaliges Camp führten, trauten wir unseren Augen kaum.

»Das ist mein alter Tisch«, rief Hassan entsetzt aus. Sein provisorisch aus Treibholz gefertigtes Möbelstück lag verkohlt in einer Feuerstelle.

»Und hier«, rief er und hob einen Textilrest aus der Asche, »das war mal einer meiner Socken. Den hatte ich beim Aufräumen vergessen.«

»Eindeutig ein Lagerfeuer von Wilderern«, befand Danny und zeigte uns auch die spärlichen Reste eines erbeuteten und geräucherten Dik-Diks.

»Das war ihr Abendessen«, rief er.

Hassan verglich die Fußspuren wie ein Detektiv. »Es waren drei Männer«, meinte er. »Sie haben unterschiedliche Schuhe getragen.«

»Und sie waren noch heute Morgen hier«, ergänzte Danny, der in der Feuerstelle wühlte. »Die Kohle unter der Asche ist noch warm.«

Ich war schockiert über die Spuren der unerwarteten Eindringlinge. »Meint ihr, sie hatten es auf Mtito abgesehen?«, fragte ich besorgt.

»Ich schau mal, ob er hier war«, antwortete Hassan und suchte nach Fährten des Leoparden zwischen den Büschen am Boden. Es dauerte nicht lange.

»Hier sind welche«, rief er. »Zwischen dem Camp und der Futterstelle am Baum.«

»Dann war er hier, das ist sicher. Denn sie sind noch ganz frisch«, ergänzte ich.

Der Leopard aber blieb verschwunden. Das musste nichts Schlimmes zu bedeuten haben, aber angesichts der Wildererspuren im ehemaligen Camp beruhigte es mich auch nicht gerade, ihn nicht anzutreffen.

»Was würde ich dafür geben, wenn er sich jetzt zeigen würde«, meinte ich.

»Wir werden den Spuren nachgehen und versuchen, die Wilderer zu stellen«, reagierte Danny und befahl einen Einsatz der Ranger.

Noch am Abend schwärmten die bewaffneten Männer aus und durchkämmten die Gegend. Doch auch in der Nacht fanden sie keinen der Wilderer, dafür aber noch mehr Fußspuren von ihnen.

Am nächsten Tag fuhren wir wieder zum Tiva und suchten nach Fährten, riefen immer wieder Mtitos Namen. Frankoline flogen auf und schlugen Alarm, aber wohl unseretwegen und nicht, weil sich ein Leopard näherte, denn bald verstummten sie wieder. Und Mtito war immer noch nicht da. Damit schwand auch meine Hoffnung, ihn heute zu sehen.

Ich packte das Fleisch zusammen und war schon mit einem Bein im Auto, als Mtito plötzlich doch noch auftauchte. Er kam um die Kurve, die der Weg machte, und trottete den Weg entlang auf mich zu.

»Mtito ist hier!«, rief ich Danny freudig zu.

Aber der Leopard lief sehr langsam und schwerfällig, als ob jede seiner Pfoten Tonnen wiegen würde. »Irgendetwas stimmt nicht mit ihm, es geht ihm nicht gut«, meinte ich zu Danny, der nun zum Wagen eilte. Ich packte schnell das Futter aus und platzierte den Trinknapf am Futterbaum.

»Mtito, komm«, rief ich ihm zu. Doch der Leopard kam nicht wie gewohnt angerannt. Er grüßte auch nicht. Als er sich näherte, sah ich, dass seine Pupillen nur so groß waren wie Stecknadelköpfe. Das bedeutete, dass er in einer schwer einzuschätzenden Laune war, wild und gefährlich. Mtito war nur noch Haut und Knochen und gab nicht einen einzigen Laut von sich, um mich zu begrüßen.

»Das gefällt mir gar nicht. Wir müssen etwas unternehmen«, meinte ich zu Danny.

Nur mit Mühe kletterte Mtito auf die Plattform am Baum. Seinen Getränkemix aus Wasser und Blut ignorierte er zum ersten Mal und fraß auch nur widerwillig von dem ausgelegten Fleischbrocken.

Währenddessen schaute ich mir sein Fell an, das einen guten Eindruck machte, lief um ihn herum und suchte nach Verletzungen. Aber da waren keine.

»Was hat er bloß?«, überlegte ich laut. »Ist er vergiftet worden? Oder hat er vielleicht Zeckenfieber? Ich denke, wir sollten einen Tierarzt rufen«, sagte ich zu Danny.

»Du hast recht«, meinte er. »Lass uns den Veterinär des *Wildlife Service* aus Voi rufen.«

Danny kontaktierte Dr. David Ndereeh über Funk, und der versprach, am nächsten Tag zu kommen. Wir sperrten Mtito für die Nacht in sein altes Gehege und trafen dann den Tierarzt am nächsten Morgen an der Furt über den Tiva, von wo aus er uns ins Camp zu Mtito folgen konnte.

Der Leopard begrüßte mich mit einem ganz erbärmlichen Prusten, aber immerhin reagierte er wieder auf mich. Dr. Ndereeh schaute sich Mtito sorgfältig an und beschloss, das Tier zu narkotisieren.

»Das wäre das erste Mal«, war ich besorgt. »Wird er die Narkose auch bestimmt überleben?«, wollte ich wissen, denn ich kannte zu viele ähnliche Fälle, die kein gutes Ende genommen hatten.

»Keine Sorge«, versuchte mich der Arzt zu beruhigen. »Das geht schon gut. Ich habe viel Erfahrung mit Großkatzen. Ich werde die Dosis an seine schlechte Verfassung anpassen und spritze lieber noch mal nach, als ihm gleich eine hohe Dosis zu geben. Wir haben leider keine andere Wahl, denn ich muss ihn genauer untersuchen.«

Ich wusste um die professionelle Arbeit des Veterinärs und zweifelte nicht an seinen Fähigkeiten. Daher akzeptierte ich seinen Vorschlag, wenn auch schweren Herzens und sehr nervös.

Dr. Ndereeh schätzte Mtitos Gewicht und lud sein Luftdruckgewehr mit einem Betäubungsmittel in einem Pfeil. Hassan und ich lockten Mtito an die eine Seite des Geheges und redeten ihm zu. Der Arzt steckte den Gewehrlauf durch den Zaun und zielte. Für einen Moment herrschte absolute Stille.

Paff – der Pfeil traf Mtito ins Hinterbein, der Kater zuckte, drehte blitzschnell seinen Kopf und zog die Nadel mit den Zähnen umgehend wieder aus der Haut. Dabei fauchte er und zeigte sich wenig erfreut.

Noch einmal lud der Arzt geduldig sein Gewehr nach und schoss. Diesmal blieb der Pfeil stecken. Und nach fünf Minuten schlief Mtito ein.

»Das ist aber schnell für eine große Katze«, merkte ich besorgt an. War die Dosierung doch zu hoch? Versagte Mtitos Kreislauf?

Als Mtito ruhig am Boden lag, gingen der Arzt, Danny, Hassan und ich zu dem Tier ins Gehege. Schnell bekam der Leopard ein paar Tropfen in die Augen, um ihr Austrocknen zu verhindern. Die Betäubung machte ihn zwar bewegungsunfähig, aber Mtito hörte, sah und roch noch alles um sich herum. Damit er nicht panisch reagieren würde, legten wir zur Beruhigung auch noch ein Handtuch über seinen Kopf. Nun konnte er nicht mehr sehen, was mit ihm passierte.

Äußerst angespannt schaute ich die ganze Zeit auf Mtitos Bauch, um zu sehen, ob er noch ruhig atmete. Der Arzt maß währenddessen Mtitos Körpertemperatur.

»Neununddreißig Komma fünf Grad. Das ist nur ein wenig erhöhte Temperatur«, stellte er fest. »Aber sein Zahnfleisch und die Augen zeugen von extremer Blutarmut. Und die Muskulatur hat sich zurückgebildet«, diagnostizierte er. »Seine Klauen und seine Zähne sind jedoch völlig in Ordnung.«

Mtito wurde vermessen und gewogen. »Er wiegt 45 Kilogramm«, sagte der Doktor.

»Dann er hat rund ein Drittel seines Gewichts verloren«, gab ich zu bedenken.

Nach wenigen Minuten äußerte der Arzt seine Vermutung.

»Er hat eine Infektion oder eine Vergiftungserscheinung, aber hier draußen kann ich keine genaueren Untersuchungen vornehmen.«

»Was schlagen Sie vor?«, fragte ich.

»Ich gebe ihm ein Medikament gegen Parasiten, ein Breitband-Antibiotikum gegen Infektionen und Multivitaminpräparate zur Stärkung seiner Abwehrkräfte«, schlug Dr. Ndereeh vor. »Wenn sein Immunsystem in Ordnung ist, kommt er bald wieder auf die Beine. Er ist ja ein kräftiges Tier.«

Dann versorgte der Doktor die Wunde, die durch den Pfeil verursacht worden war, noch mit einer Salbe und gab Mtito eine weitere Injektion, die ihn wieder aufwecken würde. Umgehend verließen wir das Gehege und beobachteten den Kater nun aus der Distanz. Der Leopard kam erstaunlich schnell wieder auf die Beine, torkelte aber noch und schien völlig desorientiert. Als ob Mtito gewusst hätte, dass wir ihm mit dieser Aktion nur helfen wollten, zeigte er sich danach genauso vertrauensvoll wie vorher.

»Ich hoffe nur, dass die Medikamente anschlagen und wir das Problem damit beseitigt haben«, sagte ich Danny auf unserem Heimweg.

In den folgenden Tagen fühlte ich mich morgens beim Aufwachen wie ausgetrocknet und ausgelaugt. Die einfachsten Alltagsbeschäftigungen erschienen mir anstrengend. Trotzdem raffte ich mich zweimal am Tag auf, mit Mtitos Futter zum Tiva River hinauszufahren und bei ihm zu sein. Und unsere Pflege zeigte Wirkung.

Der Kater grüßte mich wieder und wollte gestreichelt werden, bevor er fraß. Er nahm wieder zu, und die Muskulatur entwickelte sich wieder zu dem, was sie mal gewesen war: kräftig und belastbar.

Mit jedem Tag schien er sich mehr zu erholen. Er lief wieder frei herum, kehrte aber noch regelmäßig zum Camp zurück.

Nur ich empfand alles als zunehmend anstrengend. War es die Hitze? Oder machten die Sorgen um die Gesundheit von Chloe und Mtito, dass meine Kräfte nachließen?

Ich verdrängte den Gedanken. Es würde schon wieder besser werden, und eigentlich hatte ich keine Zeit, krank zu werden.

In dieser Zeit kündigte sich ein besonderer Gast an. Eli Weiss von der *Wildize Foundation,* die unser Mtito-Projekt von Anfang an finanziell unterstützt hatte, kam zu Besuch. Sie hatte den Leoparden zuletzt als Kätzchen gesehen. Danach sah sie Mtito nur auf den Fotos, die ich ihr in regelmäßigen Abständen geschickt hatte.

»Es ist jetzt genau drei Jahre und einen Monat her, dass du ihn zum ersten Mal gesehen hast«, erinnerte ich Eli.

»Ich bin begeistert, wie das Projekt verlaufen ist«, meinte sie. »Wer hätte gedacht, dass die Bindung zu einem wilden Leoparden so stark sein kann? Ich bin gespannt, wie er jetzt aussieht.«

»Ich kann dir nichts versprechen«, warnte ich. »Mtito kommt und geht, wann er will.«

»Ach, lass es uns versuchen. Ich bin so gespannt«, drängelte Eli, und ich konnte es ihr nicht verübeln, hatte sie Mtitos Pflege doch maßgeblich finanziert und unterstützt.

Also fuhren wir mit Hassan den bekannten Weg zum Tiva River hinunter. Als wir am Camp ankamen, blieb Eli wie vorher abgesprochen im Auto.

»Lass die Scheibe oben und beobachte das Geschehen nur durchs Glas«, empfahl ich ihr. Sie nickte und prüfte noch mal die Kurbel am Beifahrerfenster.

Ich stieg aus und schleppte mit Hassan Teile eines Tierkadavers zu einem der Futterplätze. Fertig geschnittene Fleischbrocken sollte Mtito nicht mehr bekommen.

Und dann ging es blitzschnell. Kaum hatten wir den Kadaver abgelegt, kam der Leopard auch schon den Weg entlanggaloppiert. Nicht zu fassen, was für ein Glück wir hatten! Ich bedeutete Eli mit Handzeichen, dass Mtito im Anmarsch war. Ihre Freude war nicht zu übersehen, und sie zückte ihren Fotoapparat.

Mtito zeigte sich äußerst vorsichtig und nörgelte mehr als sonst. Er raunzte und mauzte. Der Leopard spürte, dass jemand

Fremdes in der Nähe war. Immer wieder schaute er zum Auto und fauchte leicht.

Dann begann er an dem Futter zu kauen und zu nagen. Jede kleinste Bewegung meinerseits während seiner Mahlzeit kommentierte er mit Grunzen und Knurren. Er kroch beim Fressen über sein Futter, streckte seine Vorderbeine darüber aus und gab die ganze Zeit Laute von sich. Offenbar wollte er ungestört und unbeobachtet von uns fressen.

Für Eli musste es ein großartiges Erlebnis sein, den ausgewachsenen Mtito zu sehen. Sein Fell glänzte im Sonnenlicht, die Muskeln traten wieder überall am Körper kraftvoll hervor, sein langer Schwanz pendelte durch die Luft wie eine wirbelnde Peitsche, und er hatte einen wuchtigen Schädel ausgebildet. Ein Leopard wie aus dem Bilderbuch.

Hassan und ich liefen zurück zum Auto und stiegen zu Eli und Chloe. Wir beobachteten ihn noch für ein paar Minuten. Dieser Augenblick, als wir ihn allein zurückließen, war ein ganz spezieller Moment für mich. Aber das sollte ich erst viel später erfahren. Erst einmal kehrten wir zufrieden und glücklich zurück und feierten mit Eli unseren erfolgreichen Ausflug.

»Was für ein Glück mein Leben doch ist«, dachte ich. Mit Mtito hatte ich erreicht, was ich oft selbst nicht für möglich gehalten hatte, und Chloe war ein solcher Sonnenschein, ein so glückliches kleines Mädchen, dass ich mich auch durch sie vom Schicksal verwöhnt fühlte. Sie war jetzt anderthalb Jahre alt und begrüßte jeden Tag mit einem Lachen.

Nur sprechen wollte sie sehr lange nicht. Das lag vielleicht zum einen daran, dass unser Haushalt dreisprachig war. Ich sprach mit Danny Englisch, mit Kimwele Kisuaheli und mit Chloe Deutsch. Danny redete Englisch mit seiner Tochter. Zum anderen sah das Kind vielleicht aber auch einfach keine Notwendigkeit, sprechen zu lernen.

Ich war es durch den Leoparden gewohnt, mittels Mimik und Körpersprache zu kommunizieren, konnte immer, wenn ich ihn ansah, verstehen, was er wollte. Mit Chloe war es noch viel einfacher, ich verstand sie auch ohne Worte. Das hat sie sicherlich nicht gerade ermuntert, sich verbal zu artikulieren.

Die Akazien um uns und das Haus herum blühten, und Affen aller Art gerieten in einen Rausch, diese wohlschmeckenden Blumen zu fressen. Aber als die Blüten weniger wurden, begannen sich die Meerkatzen und Paviane um die Delikatesse zu streiten und veranstalteten ein anhaltendes Affentheater ums Haus. Chloe lernte, die Affenlaute von anderen Tierrufen zu unterscheiden. Immer, wenn sie die Affen hörte, rannte sie hinaus, um mit ihnen zu spielen. Perfekt hatte sie geübt, die Gesten und die Körpersprache von Meerkatzen und Pavianen nachzuahmen, sodass sie sich mühelos unter einen der Affentrupps hätte mischen können. Nur die Affen machten nicht mit – sie nahmen Reißaus vor dem Menschenkind.

Einige Tage nach dem Ausflug mit Eli zu Mtito saßen wir auf der Terrasse, und Chloe flitzte ums Haus, um mit uns Verstecken zu spielen. Plötzlich unterbrach ein spitzer Schrei von Chloe die Idylle: ein Schrei, der nur Unglück bedeuten konnte.

Wir rannten sofort zu ihr hinter das Haus. Sie saß am Boden und schrie wie am Spieß. Uns wurde schnell klar, was passiert war. Mit ihren Händen und Füßen war sie über eine Metallplatte gekrabbelt, die einen Abwasserablauf abdeckte. Die Sonne hatte die Platte derart erhitzt, dass Chloe sich sofort die Fußsohlen und Handinnenflächen schwer verbrannte.

»Das sieht nicht gut aus«, stellte Danny sofort fest; er kannte sich aus mit Verbrennungen. »Ich werde die *Flying Doctors* alarmieren, Chloe sofort abzuholen und in eine Klinik zu bringen.«

Noch während des Telefonats mit den einsatzbereiten Ärzten hielt Danny Chloes Hände und Füße unter fließendes kaltes Wasser, um die verbrannten Stellen ausgiebig zu kühlen. Ich packte reflexartig ein paar Sachen für Chloe und mich zusammen und versuchte sie mit gutem Zureden zu beruhigen. Sie schrie aber weiterhin vor Schmerzen.

Als das kleine Flugzeug der fliegenden Ärzte in Ithumba landete, stieg ich sofort mit Chloe ein, und wir starteten umgehend Richtung Nairobi. Fast drei Stunden später stand ich mit Chloe im Krankenhaus. Zunächst verabreichten ihr die Ärzte schmerzstillende Medikamente. Sie diagnostizierten Verbrennungen ersten bis dritten Grades. Ihre Hände und Füße wurden weiß bandagiert; der Anblick schnürte mir die Kehle zusammen.

Meine kleine Maus sah so zerbrechlich aus. Aber die Mittel wirkten schnell. Wenigstens hatte sie keine Schmerzen mehr, beruhigte sich und fiel in einen tiefen Erschöpfungsschlaf. Die ganze Nacht über blieb ich an ihrem Bett und bewachte ihren Schlaf.

Chloe musste drei Tage im Krankenhaus bleiben. Ihre Wunden heilten schnell und gut, Hauttransplantationen waren entgegen ersten Vermutungen nicht nötig geworden. So gingen wir, als wir das Nairobi Hospital verlassen durften, erst mal ein dickes Eis essen, was für ein Kind, das in der Wildnis lebt, eine ganz besondere Belohnung ist.

Doch nur einen Tag später wendete sich das Blatt wieder. Chloe erbrach sich unentwegt und hatte Durchfall, bekam hohes Fieber und wirkte teilnahmslos und schlapp. Diesmal fuhren wir sofort in eine renommierte Kinderklinik im Norden Nairobis. Die Schwestern wiesen Chloe ein, und sie wurde umgehend an einen Tropf gehängt.

Wieder blieb ich bei ihr im Krankenhaus und lauschte den Geräuschen, die sie im Schlaf machte, um gegebenenfalls eingreifen zu können, wenn es ihr schlechter ginge.

Am frühen Morgen des nächsten Tages kam der Arzt. »Wir haben Rota-Viren in Chloes Blut gefunden«, sagte er. »Dieser Erreger ist in Kenia für die höchste Sterberate bei Kindern unter fünf Jahren verantwortlich. Das ist eine ernste Sache«, warnte er. »Wir können leider gar nichts weiter tun, als ihrem Körper so viel Kraft wie möglich zu geben. Die Viren bekämpfen muss sie selbst, denn ein Heilmittel oder Medikament gegen das Rota-Virus gibt es nicht.«

Offenbar hatte sich Chloe im Nairobi Hospital angesteckt, wo ihre Brandwunden behandelt worden waren. Sie war blass, apathisch und schwach. Und auch wenn ich an Chloes Seite war und sie betreute, so merkte ich doch, dass es auch mir nicht gut ging. Mir war ständig schwindelig, mein rechter Arm kribbelte permanent und mein Sehvermögen war erheblich eingeschränkt. Ich ertrug es auch nicht mehr, wenn viele Leute gleichzeitig sprachen.

»Können sie bitte nacheinander reden«, herrschte ich die Schwestern an, als sie laut plappernd Chloes Zimmer betraten. Mir fiel es schwer, meine Nerven im Zaum zu halten und nicht im wahrsten Sinn des Wortes auszuflippen. Ich lief auf letzter Reserve meiner Körperenergien. Doch hier ging es um Chloe, und ich mobilisierte alles, was ich hatte.

Die Ärzte stabilisierten Chloes Gesundheitszustand, und sie konnte die Viren besiegen. Farbe kehrte in ihr Gesicht zurück, und sie zeigte wieder ihr wunderbares Strahlen. Zwei Wochen nach dem Unfall kehrten Chloe und ich nach Hause zurück. Sie war wieder völlig genesen. Aber dafür hatte ich nun endgültig das Ende der Fahnenstange erreicht. Mein Körper zog die Notbremse. Die Batterien waren leer. Und dann kam der Tag, der mein Leben völlig veränderte.

30
Flug ins Ungewisse

Zwei Tage nach unserer Rückkehr in unser Haus in Ithumba wachte ich auf und konnte mein rechtes Bein nicht mehr fühlen.

Ich versuchte, der aufkommenden Panik nicht nachzugeben. Zwar hatte ich keine Schmerzen, konnte mein Bein aber nur noch hinter mir herschleifen. Danny war in Nairobi, und ich musste Chloe versorgen. Aber ich brauchte einen Arzt, so viel war sicher.

Immer wieder versuchte ich, Danny zu erreichen. Schließlich klappte es, und er charterte und schickte mir sofort ein kleines Flugzeug, das sich auf den Weg machte, mich aus dem von der Hauptstadt 350 Kilometer entfernten Ort im Park abzuholen. Als es nach etwa einer Stunde eintraf, verabschiedete ich mich von Kimwele und Ithumba. Eine Reise ins Ungewisse und voller Angst lag vor mir.

Mühsam stieg ich mit Chloe in das Flugzeug, das mich nach Nairobi bringen sollte. Die Stunde, die der Flug dauerte, war bestimmt von einer tiefen, dunklen Angst. Unaufhörlich rannen Tränen über mein Gesicht. Ich hatte nur einen Wunsch: Lass mich aufwachen aus diesem Albtraum! Vielleicht, so hoffte ich, brauche ich nur die richtigen Medikamente, ein paar Injektionen, und alles wäre wieder gut. Immer wieder zwickte ich in mein Bein, ich schlug darauf, aber ich spürte nichts. Es war taub, ein lebloses Anhängsel meines Körpers.

Als wir in Kenias Hauptstadt landeten, wartete Danny schon an der Landebahn auf uns, und wir fuhren gleich weiter zum Krankenhaus, wo unser Hausarzt bereits auf mich wartete.

»Ich habe für Sie die nächstmögliche Kernspin-Untersuchung reserviert. Es dauert nicht mehr lange«, sagte er. »Nach allem, was ich von Ihnen gehört habe, untersuchen wir Sie auf Verdacht einer Multiplen Sklerose.«

Seine Worte schockierten mich. Ich wusste, dass diese Krankheit heimtückisch und nicht heilbar ist. Tausend Gedanken schwirrten mir gleichzeitig durch den Kopf, allen voran die Sorge, wie es weitergehen sollte mit Chloe. In den achtzehn Monaten, die sie auf der Welt war, waren wir noch keinen einzigen Tag getrennt voneinander gewesen.

Ich nahm sie in den Arm und wusste nicht, was ich ihr sagen sollte. So stark ich auch sein wollte, ich musste weinen. Chloe schaute mich an und streichelte mein Gesicht. Sie ahnte sicherlich, dass mit mir etwas nicht in Ordnung war, und als ich sagte, dass sie nicht bei mir im Hospital bleiben könne, ging sie tapfer mit ihrem Papa fort.

Die erste Untersuchung erbrachte keine eindeutigen Befunde. Es folgten zwei lange, einsame und nervenaufreibende Nächte im Hospital, in denen ich mir nichts sehnlicher wünschte, als wieder gesund zu sein, rauszukommen und mein altes Leben wieder zurückzubekommen.

Am Abend des dritten Tages fuhr mich ein Ambulanz-Transporter ans entgegengesetzte Ende der Stadt in ein anderes Krankenhaus, das über bessere Geräte verfügte.

Das Blaulicht flackerte, die Sirene heulte und der Fahrer hupte unentwegt, als ginge es um Leben und Tod. Waghalsig drängte er sich durch die dichte Blechlawine und holperte durch die vielen Schlaglöcher im Asphalt. Er fuhr so wild, dass ich fürchtete, er würde jeden Moment krachend in einen Unfall verwickelt. Meine Hände krampften sich in die Liege und lösten sich erst wieder, als wir das Ziel erreichten – dass wir unversehrt dort ankamen, erschien mir wie ein Wunder. Ich wurde in einen Rollstuhl gehievt und auf einem Gang der Klinik geparkt. Kein Blaulicht mehr, keine Eile, keine Unfallgefahr. Dafür Minuten der quälenden Ungewissheit.

Ich war gerade erst vierunddreißig Jahre alt und wartete darauf, dass mein Gehirn untersucht wurde. Das war doch kein Alter, um derart krank zu sein. Verdammt, was war denn falsch gelaufen? Warum war ich von einer gesunden, glücklichen Frau, die mit einem Leoparden jeden Tag 10 Kilometer bei großer Hitze durch den Busch spazieren ging, zu einer Patientin geworden, die ihr Bein weder bewegen noch fühlen konnte?

Dann wurde ich in die nächste Röhre geschoben, während der Scanner meinen Rücken lautstark rasterte. Ich schloss die Augen, um nicht zu sehen, wie wenig Raum zwischen mir und der Maschine war, um keine Platzangst zu entwickeln. Den Notfallknopf in der Hand, lenkte ich meine Gedanken auf anderes, dachte an meine kleine Tochter und an Mtito, den Leoparden. Versuchte mir vorzustellen, was er in genau diesem Augenblick machte. Sah ihn am Tiva auf mich zugaloppieren, fühlte sein weiches Fell und versuchte mich zu erinnern, wie es sich anhörte, wenn er mich begrüßte.

Nach etwa einer halben Stunde hämmerte ein starker Druck in meinem Kopf von innen gegen die Schädeldecke. In meinem ganzen Körper kribbelte es vor Angst. Ich wollte mich bewegen, raus hier, normal atmen, schreien. Dann dachte ich an meine kleine Tochter und daran, dass ich die Prozedur über mich ergehen lassen musste. Je schneller das alles vorbei wäre, desto eher würde ich sie wiedersehen.

Plötzlich war Ruhe. Alles vorbei?

Die Bahre bewegte sich raus. Okay, dachte ich, jetzt ist alles überstanden.

Aber nein, das war gerade mal der erste Scan von dreien! Dieser hatte meinen Rücken untersucht, der nächste würde mein Gehirn durchleuchten. Dafür befestigte eine Schwester einen Stahlkäfig um meinen Kopf. Mein Herz pochte wie ein Trommelfeuer, und ich fühlte mich wie Hannibal Lecter im *Schweigen der Lämmer*. Ich holte noch einmal tief Luft, und dann schob mich die junge Frau wieder in die enge Höllenmaschine. Dreißig Minuten Gewummer des unsichtbaren Strahls, der die inneren Körperschichten sichtbar machen sollte.

Nachdem ich auch diese Prozedur überstanden hatte und gelassener auf die dritte Untersuchung wartete, kam der Mitarbeiter, der den Kernspin bediente, und sagte spontan und freudig: »Ich habe schon etwas gefunden.«

Mir wich das Blut aus dem Gesicht, ich wurde sicher fahl vor Schreck. *Was* hatte er gefunden?

Fast im gleichen Moment schien er zu bereuen, was er gesagt

hatte. Doch es war schon zu spät. Mein Herz raste, ich bekam unendliche Angst.

»Was haben Sie gefunden? Was haben Sie in meinem Gehirn gesehen?«, fragte ich, doch der Mann schwieg.

»Bitte, sagen Sie es mir«, bettelte ich, während mir gleichzeitig die Tränen liefen. Aber je mehr ich fragte, umso schweigsamer wurde der Mann und verwies nur auf den Doktor, der später mit mir reden würde.

Die dritte Untersuchung am Nacken war die pure Hölle für mich. Die ganze Zeit dachte ich nur darüber nach, was er gesehen haben könnte. Die Maschine arbeitete und arbeitete, sie schien nie mehr aufzuhören.

»Der Verdacht auf eine Multiple Sklerose hat sich bestätigt«, sagte Dr. Saio, unser Hausarzt. »Es tut mir leid. Sie sollten nach Deutschland und dort detailliertere Untersuchungen machen lassen.«

Ich versuchte, mich zusammenzureißen, und rief meine Eltern an – der schwerste Anruf meines Lebens. Ich erzählte ihnen, so ruhig es ging, was passiert war, und buchte dann in aller Eile unsere Flugtickets. Alles sollte jetzt so schnell gehen. Aber Stress war Gift für mich. Immer wieder litt ich unter Sehstörungen und heftigen Kopfschmerzen.

Da wir unsere Pässe und alle wichtigen Dokumente noch zu Hause hatten, mussten wir vor unserer Abreise noch einmal nach Ithumba. Auch Danny war von den Ereignissen mitgenommen und nicht in der Verfassung, selbst zu fliegen, deshalb nahmen wir eine Chartermaschine nach Tsavo.

»Hitze hat einen schlechten Einfluss auf MS-Patienten«, hatte mich der Arzt noch gewarnt. Ithumba und Tsavo sollte ich auf alle Fälle meiden, vielleicht sogar Kenia insgesamt. Deshalb wollte ich mich beeilen, nicht lange in der Hitze bleiben. Der Flieger wartete ohnehin, um uns zurück nach Nairobi zu fliegen. So blieben mir nur ein paar Stunden, unsere Sachen und alles, was wir für Deutschland brauchten, zu packen.

In Ithumba begrüßten mich die KWS-Offiziere und -Ranger mit sorgenvollen Mienen. »Pole sana«, sagten sie in Kisuaheli, was so viel bedeutet wie: »Es tut mir leid.« Nur mit Mühe konnte ich die Tränen zurückhalten. Mein Herz schien vor Schmerz zu zerreißen. Ein Auto brachte uns vom Flugfeld bis zum Haus. Die letzten Meter humpelte ich zu Fuß.

»Langsam, Nana, pole pole«, rief mir Kimwele entgegen. Sein Gesicht sprach Bände. Hatte er doch gehofft, die Ärzte in Nairobi würden mich wieder gesund pflegen. Doch nun sah er, wie ich mich schwerfällig und mit Mühe ins Haus schleppte.

»Was sagen die Ärzte?«, wollte er wissen.

Ich brachte nicht den Mut auf, ihm von der Diagnose zu erzählen. Danny übernahm das für mich und erklärte es Kimwele.

In unserem Haus packte ich hastig alle wichtigen Unterlagen und einige Kleidungsstücke zusammen. Dann räumte ich, automatisch und ohne nachzudenken, Chloes Spielzeug in die Schränke, um das Haus wie gewohnt aufgeräumt zu verlassen.

Auch Hassan kam und fragte aufgeregt, was passiert sei.

»Lass es dir bitte von Danny erklären«, war alles, was ich antworten konnte.

Nach Mtito konnte ich nicht schauen, dafür blieb keine Zeit mehr. Es wäre auch keine gute Idee gewesen, ihm humpelnd und völlig aufgelöst zu begegnen. Das hätte den Leoparden nicht nur verstört, sondern bei ihm sicherlich auch die falschen Signale und Instinkte ausgelöst.

Mit der Vorstellung, Mtito vielleicht nie wiederzusehen, konnte ich weder umgehen, noch wollte ich mich ihr überhaupt stellen. Schnell steckte ich ein paar Fotos von ihm ein, um mich ihm auch in der Ferne nah fühlen zu können, komme da, was wolle.

Dann stieg ich unter Tränen in die wartende Maschine. Der Propeller startete, und nach einigen Minuten schwebten wir in den Himmel über Ithumba. Als würde ein Film rückwärtsgespult werden, entfernte sich von mir alles, was ich so lieb gewonnen hatte.

Ich sah, wie unser Haus unter mir immer kleiner wurde, immer weiter in die Ferne rückte, wie ein Ballon, aus dem die Luft entwich. Hier lebte ich seit sechs Jahren und wollte eigentlich für immer bleiben. Tief bohrte sich ein unbeschreiblicher Schmerz in meine Magengrube.

Ich musste nicht wirklich hinunterschauen, um zu wissen, wo wir waren und wie unbeschreiblich schön es dort unten war. Ich wusste um die weißen Blüten der Kletterpflanzen und die violetten Sterne der Prunkwinde unter mir, musste daran denken, wie gern Mtito spielerisch in sie hineingebissen und sie durch die Luft gewirbelt hatte. Aber auch, welche Delikatesse sie für die Impalas und die Elefanten waren. Der Tiva River wand sich unter uns durch die Savanne, und irgendwo da unten hob vielleicht ein dreijähriger Leopard seinen Kopf, weil er unser Motorengeräusch hörte. Mich von Ithumba zu verabschieden, ging fast über meine Kraft. Nur mit Mühe konnte ich vermeiden, zu heulen wie ein Schlosshund.

Wir flogen über die märchenhafte Northern Area des Tsavo mit seinen Bäumen, Büschen, Felsen und der roten Erde. Als wir den erstarrten Lavastrom des Yatta Plateaus hinter uns ließen, hatten wir mein Paradies schon verlassen, waren zurück in der Zivilisation. Vereinzelt tauchten bereits Viehherden auf trockener Erde und kleine Hütten auf.

Schließlich erschienen die grünen Hügel der quirligen Kleinstadt Machakos. Immer weiter flogen wir nach Westen. Wir kreuzten die legendäre Eisenbahnlinie aus dem 19. Jahrhundert, die Mombasa mit Kampala verbindet und sich wie eine prähistorische Schlange aus Eisen am Boden entlangwindet.

Immer mehr Dächer kleiner Siedlerhäuser zeigten sich. Zum Schluss brummten wir über die Athi-Ebene mit den vielen weidenden Thomson- und Grant-Gazellen, den Impala-Antilopen und Zebras, die zwischen den Viehherden der Massai-Nomaden grasten. Gleich danach tauchten die gläsernen Wolkenkratzer Nairobis am Horizont auf. Unmittelbar hinter dem Nationalpark der Hauptstadt sank die Maschine zum Landeanflug auf den kleineren Wilson Airport am Rande der Metropole.

Auf dem benachbarten internationalen Flughafen wurde ich mit einem Rollstuhl in einen großen Jet nach Europa verfrachtet. Manche Fluggäste schauten mich mitleidsvoll an, andere guckten betroffen weg, und einige ärgerten sich, dass ich bevorzugt behandelt wurde. Auf alle Fälle hatte ich meine Anonymität verloren. Menschen nahmen mich als Behinderte wahr, und ich konnte mich ihren Blicken nicht entziehen.

Dann raste der Jumbo über die Piste des *Jomo Kenyatta International Airport*, und die Räder verließen schließlich die Startbahn. Sanft stieg die schwere Maschine in die Höhe Richtung Europa. Ich hatte den afrikanischen Kontinent verlassen und buchstäblich den Boden unter meinen Füßen verloren.

Meinem Schicksal ausgeliefert, schaute ich von oben auf den Wilson Airport mit dem kleinen Haus am Rande, dem Aero Club. Dort hatte ich vor über drei Jahren zum ersten Mal in einen Korb mit einer kleinen gefleckten Katze geblickt, die so dringend meine Hilfe brauchte. Ich schwor mir in diesem Augenblick, genauso tapfer und erfolgreich um mein Leben zu kämpfen, wie es der Leopard getan hatte.

31
Der Abschied

Ich musste monatelang in Deutschland bleiben. Lange Zeit gab es keine eindeutige Diagnose, nur immer wieder Untersuchungen, Infusionen, Injektionen und Blutabnahmen und endlos lang erscheinende Krankenhausaufenthalte.

Am Ende wurde ich mit der Diagnose »Verdacht auf Multiple Sklerose, der sich erst mit einem weiteren Schub bestätigen lassen kann« von den deutschen Ärzten verabschiedet und in eine sehr ungewisse Zukunft entlassen.

Nur ganz allmählich kehrte wieder Energie in meinen Körper zurück, mein rechtes Bein hingegen spürte ich noch eine lange Zeit nicht, und es gab auch keine Garantie, dass ich es jemals wieder spüren würde. Ich musste geduldig sein. Etwas, was ich erst noch lernen musste, da Abwarten nicht gerade zu meinen Stärken zählte.

Danny flog heim nach Kenia. Er hatte seinen Jahresurlaub mit Duldung seines Arbeitgebers bei Weitem überzogen, musste jetzt aber wieder arbeiten.

Chloe und ich blieben bei meinen Eltern, die etwa eine Autostunde entfernt von Köln in einem Haus direkt am Waldrand lebten. Ich begann mit therapeutischem Yoga, und das half mir sehr. Nach wochenlangem Üben konnte ich endlich mein Bein wieder spüren und bewegen. Anfangs kribbelte es noch bei jeder Anstrengung, aber auch das gab sich mit der Zeit.

Die Tage vergingen langsam, und ich hatte viel Muße, um nachzudenken. Ich musste meine Zukunft planen, ein neues Leben beginnen und verlor mich doch immer wieder in Tagträumen. Ich schaute über den blühenden Garten hinaus auf den Wald, und die Gedanken kehrten immer wieder zurück in den Tsavo. Ich hörte die Papageien in dem großen Baobab kreischen, das sägende Geräusch eines rufenden Leoparden, das Krächzen der Klippschliefer und die zarten Laute der kleinen Eule. All das war Alltag gewesen und plötzlich unerreichbar, nur noch Erinnerung.

Ich schloss meine Augen und erinnerte mich an die Vollmondnächte und die vielen Buschbock-Weibchen rund um unser Haus in Ithumba. Wie oft war ich nachts aufgestanden, nur um für einen kurzen Moment ihre Silhouetten in dem silbernen Licht zu erhaschen. Ich sah ihre stämmigen Körper gemächlich durch das Gras wandern. Manche senkten ihren Kopf, um zu fressen. Andere hielten wachsam die Häupter hoch und stellten ihre Ohren auf. Ihr dunkles und lautes Bellen bei Gefahr blieb für immer eines meiner Lieblingsgeräusche der Savanne.

Vor allem in den Vollmondnächten in Deutschland zerriss mich das Heimweh. Ich lief auf und ab im Atelier meiner Mutter unter dem Dach, das ich mit Chloe bewohnte. Ich schaute im fahlen Licht über die Wiese zum Waldrand, bis ich müde genug war, dass ich wieder einschlafen konnte.

Ich musste lernen, die Vergangenheit loszulassen, den Tsavo wie Mtito. Auch wenn ich wusste, dass mein Herz und meine Seele in Ithumba bleiben würden, musste ich neu anfangen, dankbar sein für die Zeit und die Erfahrungen in der Wildnis, und in die Zukunft schauen.

Nach langen Monaten ging es mir wieder gut genug, um nach Kenia zurückzukehren und mein neues Leben in Angriff zu nehmen. Der Abschied von meinen Eltern fiel mir nicht leicht, sie waren eine unglaubliche Stütze gewesen, und wir hatten als Familie eine sehr innige Zeit miteinander.

Als das Flugzeug, das Chloe und mich zu Danny brachte, in Nairobi landete, war mein Herz in totalem Aufruhr. Ich freute mich über alle Maßen, wieder in Kenia, wieder zu Hause zu sein. Ich war auch stolz, es geschafft zu haben, wieder hier am Schalter der Einwanderungsbeamten zu stehen. Das hatte eisernen Willen, Kraft und Disziplin verlangt. Meine gesamte Ernährung hatte ich umgestellt, und ich wusste noch nicht, ob ich dies in Kenia so durchhalten konnte, ob ich alles, was ich an Lebensmitteln brauchte, in Kenia bekommen würde.

Ich hatte aber auch große Angst, wieder krank zu werden.

Würde es mir gelingen, einen erneuten Schub der Multiplen Sklerose zu vermeiden?

Nach Ithumba konnte ich nicht zurück. Dieses Kapitel meines Lebens war abgeschlossen, und das wusste ich. Hitze und emotionaler Stress galten als Gift. Danny fand ein neues Zuhause für uns rund 350 Kilometer nördlich von Ithumba, nahe der Kleinstadt Nanyuki am Fuße des schneebedeckten Mount Kenya. In fast 2000 Metern Höhe herrschten angenehme kühle Temperaturen, und rundherum befanden sich ergiebige Anbaugebiete für eine gesunde Ernährung, sodass es ein Einfaches war, mich mit frischem Obst und Gemüse zu versorgen.

Schon Dannys Eltern hatten hier lange gelebt, und so war es für ihn ein Stück Heimat, in das er zurückkehrte. Möglich wurde dieser Umzug, weil Dannys Arbeitgeber, der *Kenya Wildlife Service*, uns wie eine Familie unterstützte und extra für ihn eine neue Funktion innerhalb des Ministeriums geschaffen wurde, die es ihm erlaubte, mit uns in der Kleinstadt zu leben. Danny wurde der Chef der Einheit, die in der Bergregion am Mount Kenya und landesweit bei Konflikten zwischen Menschen und Tieren schlichtend eingreifen sollte.

Für die nächsten zwei Jahre konzentrierte ich mich darauf, wieder gesund zu werden. Anfangs litt ich noch immer unter heftigen Kopfschmerzen, war oft schwach und müde. Aber ich lebte nach einer strikten Diät, machte täglich mein spezielles Yogaprogramm und ging nachmittags auf lange Spaziergänge mit Chloe, die hier morgens in einen Kindergarten ging. All das half.

Nur mein Heimweh nach Tsavo wurde kein bisschen weniger. Ich vermisste den Kontakt mit den Rangern, sehnte mich nach dem Busch und der roten Erde.

Auch Danny zog es immer wieder nach Tsavo – egal, ob Ost oder West. Er nutzte jede Gelegenheit, um dort in allen möglichen Positionen auszuhelfen. Und so klopfte mein Herz vor Freude, als der *Wildlife Service* Danny eines Tages die Stelle als leitender Parkmanager im Tsavo West anbot.

Dannys Vorgesetzter nahm mich zur Seite und wollte von

mir wissen: »Lässt Ihre Gesundheit es ohne Risiko zu, dass Sie wieder in den Tsavo gehen?«

Am liebsten wäre ich in die Luft gesprungen und hätte vor Glück laut geschrien, antwortete aber mit einem lakonischen: »Ja, das ist kein Problem. Es geht mir gut.«

Ich war zwar nicht voll belastbar, aber was könnte besser für mich und meine Seele sein, als zurück in die Wildnis gehen zu dürfen, in die Weite des Tsavo?

Das Klima im Tsavo West war wesentlich moderater als in Ithumba, längst nicht so heiß, und es gab eine kleine Stadt in der Nähe, Mtito Andei, wo auch Obst und Gemüse zu bekommen waren. Insofern war das Risiko für meine Gesundheit nicht allzu groß.

So zogen wir von Nanyuki zurück in den Tsavo, nach Kamboyo, ins Hauptquartier des Tsavo West National Park. Uns wurde ein verfallenes Haus zugeteilt, das die Fledermäuse und Termiten vorübergehend in Besitz genommen hatten, doch wir renovierten es mit Hilfe eines Freundes und machten ein Traumhaus daraus.

Danny hatte als Kind schon in Kamboyo gelebt, als sein Vater diesen Park für einige Jahre geleitet hatte, und jetzt spielte seine Tochter unter denselben Bäumen, in die er schon als Junge geklettert war. Wie wunderbar sich hier ein Kreis schloss!

Erst diese Rückkehr nach Tsavo gab mir die Kraft und den Mut, die Erinnerungen an meine Jahre in Ithumba, in denen ich mein Leben mit einem Leoparden geteilt hatte, wieder wachzurufen und für dieses Buch niederzuschreiben. Während ich an meinem Schreibtisch saß, liefen Elefanten an meinem Fenster auf ihrem Weg zum Wasserloch vorbei, das genau vor unserem Haus lag.

Wenn ich von meinen Notizen aufschaute, sah ich Zebras, große Herden von Büffeln und Warzenschweine mit ihren Frischlingen vorbeiziehen. Und blätterte ich abends in meinen dicken Tagebüchern aus jener Zeit, so lauschte ich oft gleichzeitig dem kräftigen Brüllen der Löwen.

Nur in dieser Umgebung, in dieser Atmosphäre konnte ich mich an meinen Computer setzen, um zu schreiben. An jedem anderen Ort wäre es zu schmerzhaft gewesen, es auch nur zu versuchen. Selbst im Tsavo war es alles andere als leicht für mich, die glücklichen und traurigen Momente meines Lebens wieder lebendig werden zu lassen und festzuhalten.

Ich musste mich nicht nur erinnern, ich musste wieder lernen, dem Leben und mir selbst zu vertrauen, daran zu glauben, wieder ganz gesund zu sein und zu bleiben.

Drei Jahre nach meinem letzten Krankenhausaufenthalt in Deutschland versicherten mir die Ärzte schließlich, ich sei vollständig genesen. Keine Symptome mehr, im Gegenteil: Ich fühle mich bis heute gesund und stark. Nur große Hitze vertrage ich nicht mehr.

Ein Karakal, eine afrikanische Luchsart, kam in unser Leben, kurz darauf auch eine Servalkatze. Ich habe sie wie Mtito gesund gepflegt und beide erfolgreich in die Wildnis entlassen.

Ich widmete mich der kleinen Chloe, die jeden Tag von mir unterrichtet wurde, weil es keine Schule in der Nähe gab. Es zahlte sich aus, dass sie die ersten zwei Jahre ihres Lebens Tag und Nacht an meiner Seite gewesen war. Das trug sicherlich dazu bei, dass sie zu einer sehr selbstsicheren kleinen Person voller Selbstvertrauen heranwuchs, voller Liebe für fast alle Kreaturen, die ihr begegnen, und mit viel Respekt für die Natur.

Nun fand ich auch die Zeit, mein Buch, die Tsavo-Trilogie, zu schreiben, Artikel zu veröffentlichen und einer Naturschutzorganisation bei der Suche nach Sponsoren zu helfen, indem ich ihre Projekte fotografisch dokumentierte und die Texte dazu schrieb.

Die schwierigen Jahre, die hinter uns lagen, hatten aber noch einen anderen Tribut verlangt. Danny und ich hatten uns voneinander entfernt, wir hatten uns auseinandergelebt und einander verloren, auch wenn wir noch immer versuchten, uns wiederzufinden.

Hassan arbeitete inzwischen als Tierpfleger für den *David Sheldrick Trust*, der sich um die Auswilderung verwaister Elefanten kümmert. Kimwele leitet als Herz und Seele unser altes Ithumba-Camp, das zu einer Lodge für Paten von Elefantenwaisen des *David Sheldrick Wildlife Trust* ausgebaut wurde. Wambua Junior ist seiner Wege gegangen, und wir haben uns aus den Augen verloren.

Und Mtito? Ich sollte die Chance bekommen, es aus erster Hand zu erfahren. Denn Danny überraschte mich zu meinem vierzigsten Geburtstag.

»Wir fahren nach Ithumba«, sagte er. »Das ist mein Geschenk an dich. Du sollst deinen Lieblingsplatz besuchen und schauen, ob du Mtito noch mal sehen kannst.«

Mir fehlten die Worte. Die Überraschung war gelungen. Ich war glücklich. »Ich bin extra die letzten Tage mehrfach mit meiner Maschine über Mtitos Territorium am Tiva River geflogen, um ihn wissen zu lassen, dass wir zurück sind.«

Ich packte neben Kleidungsstücken einige Fleischportionen ein. Chloe, inzwischen sieben Jahre alt, quetschte sich auf den Rücksitz, und wir überflogen nach kurzer Zeit die Northern Area von Tsavo mit ihrer trockenen, harschen Wildnis. Die Gegend ist so weitläufig, heiß und trocken, dass sich selbst eine normale Reifenpanne zu einer lebensbedrohlichen Situation zuspitzen kann.

Ich blickte aus dem kleinen Fenster nach unten auf das Yatta Plateau, das schon so viele Menschen- und Tierleben gefordert hatte. Selbst die besten Männer der Kamba verliefen sich dort unten, manche starben. Erfahrene Ranger waren hier schon stecken oder liegen geblieben und fast verdurstet. Und somalische Banditen brachten sich dort gegenseitig für nur einen Tropfen Wasser um.

Allein in den Jahren, die ich hier gelebt hatte, waren achtundzwanzig Menschen ertrunken, als sie versuchten, angestiegene Flüsse mit ihren Autos zu durchqueren. Einhundertachtundsiebzig Wilderer waren getötet worden, und zwanzig Ranger hatten ihr Leben in diesem Krieg gelassen.

»Es ist so weit«, quäkte Dannys Stimme durch die Kopfhörer. Er zeigte auf die rote Landepiste. Als wir, wie so oft zuvor, die Räder des kleinen Flugzeugs auf den roten Boden setzten und die Staubwolken hinter uns aufwirbelten, wusste ich, ich war zurück in Ithumba. Zu Hause.

»Ich kann es kaum erwarten«, verriet ich Danny und ruckelte unruhig auf meinem Sitz hin und her. Mein Herz pochte bis zum Hals, dann sah ich schon Kimwele auf uns zukommen, der uns am Flieger begrüßte.

Natürlich wollte ich sofort wissen, ob es Neuigkeiten von Mtito gäbe. Und tatsächlich: Im Jahr 2009, so erzählte man mir, sei ein großer, kräftiger Leopard genau dort gesehen worden, wo Mtito früher sein erstes Auswilderungsgehege hatte. Zwar war die Boma am *Milima ya chui* abgebaut worden, doch der Leopard hätte sich tagelang genau auf den Felsen gelegt, der früher Mtitos Lieblingsplatz in seinem dortigen Gehege gewesen war. Danach war der gleiche Leopard zum Ithumba-Hauptquartier gewandert, wo er für ein paar Tage um unser altes Haus gesehen wurde.

Der neue leitende Warden von Ithumba, Dannys Nachfolger, der jetzt in unserem alten Haus wohnte, hatte nachts aus der Verandatür geschaut und einen ausgewachsenen Leoparden mit extrem langem Schwanz genau vor seiner Tür liegen sehen – dort, wo Mtito als Jungtier am liebsten gelegen hatte. Das konnte doch kein Zufall sein!

Der Kater blieb für etwa eine Woche in dieser Gegend. Leider hatte Hassan zu diesem Zeitpunkt keinen Dienst in Ithumba. Er hätte Mtito leicht identifizieren können. Aber alle Indizien deuteten auf Mtito. Ich bin sicher, er kam als siebenjähriger Leopard zurück, um nach mir zu suchen. Dann verschwand er wieder und ging in sein Territorium zurück. Nie gab es eine Meldung, dass Mtito Probleme bereitet hätte.

Nach den Begrüßungen und Gesprächen machten wir uns mit Kimwele und Chloe auf die Fahrt zum Tiva River. Ich trug meine alten Leopardenklamotten und hatte meine Laufstöcke dabei. Dort, in Mtitos altem Revier, fanden wir jede Menge

Leopardenspuren. Viele davon hätten seine sein können, aber sicher waren wir uns nicht. Wir liefen die alten Routen und Wege ab und riefen Mtito beim Namen. Frankoline gaben Alarm, genauso wie früher, bevor Mtito plötzlich aus dem Busch auftauchte. Aber er ließ sich nicht blicken. Doch ich wusste und fühlte, dass er nicht weit von uns entfernt war.

Plötzlich kamen mir Zweifel. »Ich weiß gar nicht, ob es gut ist, ihn nach so langer Zeit zurückzurufen. Mtito ist schon so lange selbstständig. Was für einen Nutzen hätte es für ihn, uns zu treffen? Es wäre doch nur für mich, und das ist kein guter Grund, ihn zu uns zurückzurufen«, versuchte ich meine Gefühle zu erklären. Im Kopf hatte ich begonnen, mich von Mtito zu verabschieden. Ich hörte auf, ihn zu rufen.

»Wir sollten ihn einfach in Frieden lassen«, schlug ich Danny vor. Er respektierte meinen Wunsch. Bevor wir den Tiva River verließen, legte ich noch die mitgebrachte Fleischportion ab. Dann fuhren wir zurück zum Camp.

Chloe war sehr enttäuscht, dass wir Mtito nicht trafen. »Wieso warten wir denn nicht, bis er kommt?«, fragte sie unter Tränen.

»Es ist besser so für ihn«, war ich überzeugt, »Mtito ist jetzt ein wild lebendes Tier.« Stattdessen nahm ich Chloe mit zu Mtitos erstem Gehege an unserem alten Haus vor unserem Schlafzimmerfenster und erzählte ihr dort von Mtitos ersten Monaten. Auch wenn sie damals, als der Leopard am Tiva River lebte, noch sehr klein war, so bin ich doch ganz sicher, dass sie ein paar Erinnerungen an Mtito hat. Bis heute besitzt Chloe den engsten Spielkameraden, den Mtito je hatte: Elsa, den Stofflöwen. Das Kuscheltier aus meiner Kindheit hat alle Liebkosungen und Attacken des Leoparden unbeschadet überstanden, sitzt jeden Abend auf Chloes Bett und erinnert uns an Mtito.

Vor dem Haus zeigte ich Chloe den Baum, den wir nach ihrer Geburt gepflanzt hatten. Nun waren sie beide gleich groß. Kimwele beteuerte, er hätte ihn gelegentlich gegossen, damit er gut gedeihe. Auch Chloe nahm eine Kanne und wässerte das Bäumchen.

»Wir sollten den Wert unseres Lebens nicht nach der Zahl

der Atemzüge beurteilen, sondern eher nach der Zahl der Momente, die atemberaubend sind«, sagte ich zu Chloe, die mir gespannt zuhörte. »Ich habe so viele unbezahlbare Erinnerungen gesammelt. Sie helfen mir durch harte Zeiten und erden mich in schwierigen Momenten. Und ich bin sicher, auf mich warten noch mehr solche unvergesslichen Erlebnisse.« Chloe schwieg und dachte nach. Und dann schob ich noch nach: »Das Leben ist ein wunderbares Abenteuer, wenn du es zulässt.«

Dann ließ ich Chloe allein mit ihrem Baum und meinen Erinnerungen freien Lauf, nur für mich allein. Schließlich kam Kimwele zu mir und erzählte, dass er glaube, ich sei das Opfer eines Fluches von Kamba-Wilderern geworden. Meine Krankheit sei der einzige Weg gewesen, auch Danny in Ithumba loszuwerden. Dadurch konnten die Wilderer wieder effektiver Jagd auf die Tiere machen. Die Magier vom Kamba-Volk sind für ihre Künste bekannt und geachtet. Ich maße mir nicht an, über ihren Zauber zu urteilen, auch wenn ich nicht wirklich daran glaube.

Beim Sundowner am Lake Woodley in Begleitung von Chloe und einer ganzen Herde von Elefanten gaben Danny und ich uns noch einmal das Versprechen, den Versuch zu machen, unsere Ehe zu retten. Aber das war wohl eher den Erinnerungen geschuldet, in denen wir schwelgten, weil wir beide die guten Zeiten und Jahre in Ithumba nicht wirklich loslassen wollten.

Später, zurück im Alltag unseres neuen Lebens, konnten wir das Versprechen nicht halten. Die Brücken des Vertrauens zwischen Danny und mir waren irreparabel gekappt. Wir beide verdienten es, glücklich zu sein, schafften es aber nicht mehr, uns gegenseitig glücklich zu machen. So mussten wir uns am Ende loslassen und uns trennen.

Mir wurde klar: Die Vergangenheit kann man nicht zurückholen. Aber ich werde meine Erinnerungen hüten wie einen Schatz.

Ich warf einen letzten Blick auf Mtitos altes Gehege und blieb ganz ruhig. Ich dachte an den Nachmittag, an dem ich der Sponsorin Eli den gesunden großen Kater gezeigt hatte. Was ich damals nicht wusste: Es blieb meine letzte Begegnung mit diesem wundervollen Tier.

Mtito hatte mich in den drei gemeinsamen Jahren viel gelehrt und mir in schweren Stunden meines Lebens den Weg gezeigt. Wie er, so musste auch ich die Herausforderungen des Lebens annehmen und meinen Weg aus der Gefangenschaft meiner Krankheit in die freie Welt der Selbstbestimmung finden.

Mtito ist eine wilde Kreatur, und genau dafür habe ich jahrelang hart gearbeitet. Am Ende haben wir erreicht, was wir wollten. Acht Jahre nach unserer ersten Begegnung habe ich Mtito auch in meinem Herzen losgelassen. Für immer.

Danksagung

Mein besonderer Dank gilt dem *Kenya Wildlife Service*, für das Vertrauen und die Genehmigung dieses Projekts, sowie der *Wildize Foundation* und *Amara Conservation* für die finanzielle Unterstützung.

Ein Dank geht auch an Hassan und Wambua Junior für ihre Hingabe und Zuneigung zu ihren Schützlingen. An Kimwele, dessen Weisheit und Fürsorge mich über die Jahre im Tsavo begleitet hat. An Danny dafür, dass er mir »seinen« Tsavo gezeigt hat und mich mit seiner Liebe und Leidenschaft für diese letzte wirkliche Wildnis Kenias angesteckt hat. Auch dafür, dass er an meine Chance geglaubt hat, Mtito rehabilitieren zu können. An Simon Dufresne und Carolyn Roumegere, die mehr als einmal ausgeholfen haben in unserem Tsavo-Leben. An Tanya Saunders für ihr unerschöpfliches Wissen über alle Kreaturen im Tsavo und ihre Hilfe mit einigen meiner Zöglinge. An Tony Fitzjohn für seinen Rat und an die Tierärztin Surita Ghalay für ihre professionelle und liebevolle Behandlung aller Tiere. An Duncan Willetts, Emma und Anthony Childs, Claudia Somm und Danny Woodley für einige der Fotos. An das »Mtito-Team« – meine Agentin Christine Proske (Ariadne-Buch), Mareike Neukam (Bastei Lübbe), Herbert Ostwald und Ulrike Strerath-Bolz (usb bücherbüro) – für die Hilfe, mit der dieses Buch zu dem wurde, was es nun ist.

An meine Eltern, die mich immer meinen Weg gehen ließen und mich bei jedem Schritt des langjährigen Buchprojekts unterstützt haben. Und schließlich auch an Chloe, dafür, dass sie die wundervollste Tochter auf Erden ist.

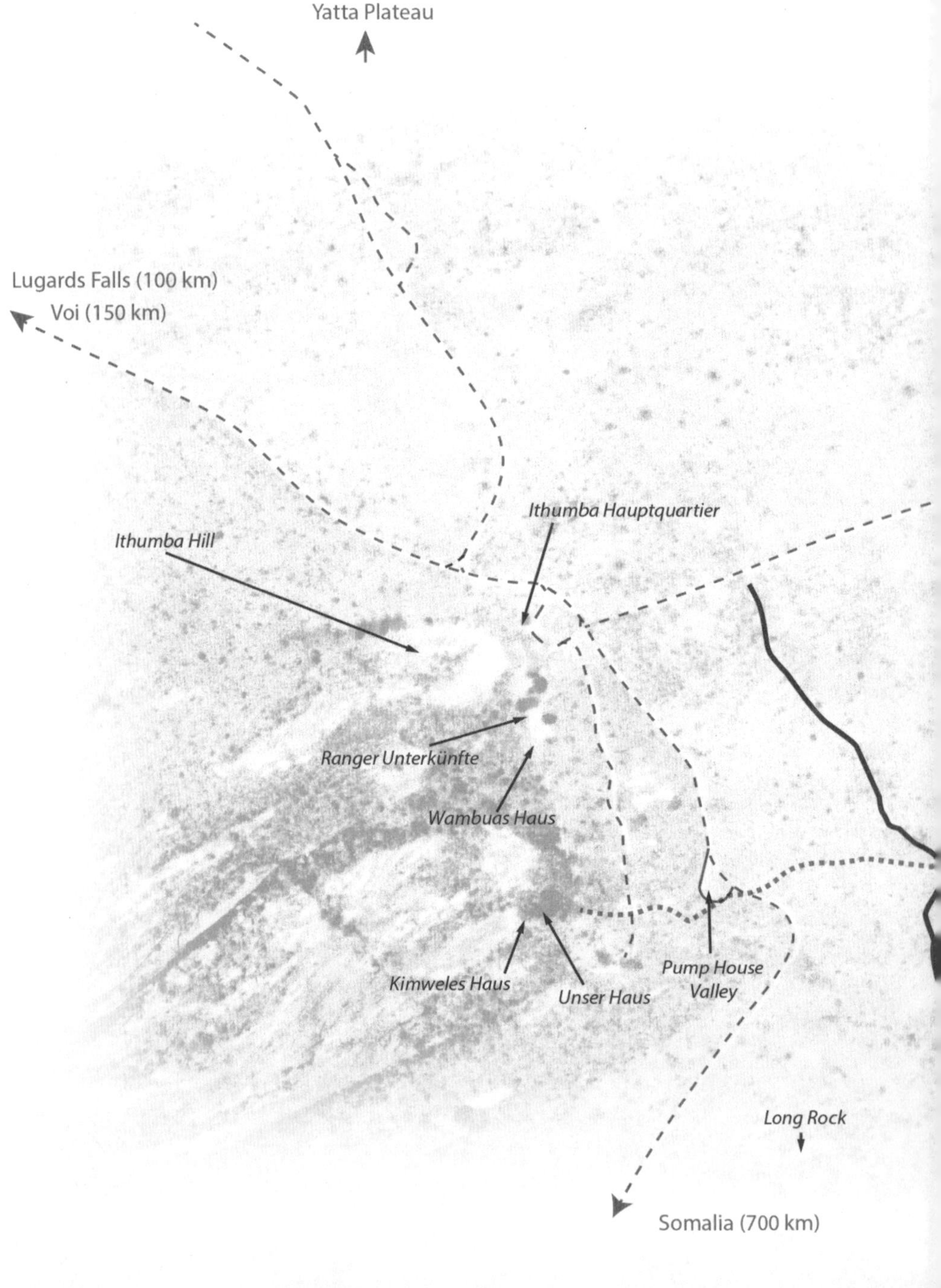
Yatta Plateau
Lugards Falls (100 km)
Voi (150 km)
Ithumba Hauptquartier
Ithumba Hill
Ranger Unterkünfte
Wambuas Haus
Kimweles Haus
Unser Haus
Pump House
Valley
Long Rock
Somalia (700 km)